THE WORLD FOR SALE

「ザ・ワールド・フォー・セール」

世界を動かす
コモディティー・ビジネスの興亡

ハビアー・ブラス　ジャック・ファーキー
Javier Blas and Jack Farchy

松本剛史 訳

Money, Power and the Traders Who Barter the Earth's Resources

日本経済新聞出版

THE WORLD FOR SALE

（ザ・ワールド・フォー・セール）

世界を動かすコモディティー・ビジネスの興亡

目次

序章　最後の冒険家たち

機体が急激にバンクし、同時に降下を始めた。

はるか眼下で、地中海の穏やかな海面が退き、北アフリカの不毛な砂漠の広がりへと変わった。地平線上に何本も煙の柱が見える。小型のプライベートジェットの機内で、こわばった顔の同乗者たちがシートに強く体を押しつけるうちに、機体は腹をよじらせるらせん降下を繰り返しながら着陸場所を目指していく。

歴戦のイアン・テイラーにとっても、今回は通常の出張とは勝手がちがった。石油の取引を続けて四〇年、カラカスからテヘランにいたるまで、ありとあらゆる危険な土地に降り立ってきた。だが今回の旅は、また新たな経験だった――目的地は内戦まっただ中の街、リビアのベンガジなのだ。

窓の外を見渡しただけで、自分がどれほどの危険を冒しているかがひしひし迫ってきた。三〇〇メートル下を北大西洋条約機構（ＮＡＴＯ）のドローンがぽつんと一機、こちらの機に付き添うように飛んでいる。世界最大の石油商社ビトルの最高経営責任者（ＣＥＯ）であるテイラーは思う。

どうしてイギリス政府の友人たちは、もっとまともな護衛のジェット機をよこしてくれなかったのか。

いまは二〇一一年の初め、北アフリカのこの地域全体が、のちにアラブの春と呼ばれるようになる民衆蜂起のうねりの中にあった。リビアでは、四二年間におよぶムアンマル・カダフィ大佐の独裁に反旗をひるがえした勢力が、東部最大の都市ベンガジを制圧し、暫定政権を樹立したばかりだった。

ところが寄せ集めの反政府勢力には、大きな問題があった。燃料が尽きかけていたのだ。軍用車両のディーゼル燃料とガソリン、発電所用の重油燃料が緊急に必要とされた。だがリビア国内の製油所は戦闘で閉鎖され、遠いエジプトから数百台のトラックが苦労して細々と運んでくるわずかな燃料に頼らざるを得なかった。

この血なまぐさい戦争のさなかに、反政府軍に物資を供給するというリスクを冒せる者がいるとしたら、イアン・テイラーはまさにその人物といえた。[1] 髪が薄くて痩せっぽちだが疲れを知らず、中規模の燃料販売業者だったビトルを超大手石油商社にまで押し上げた当人だ。[2] その過程でビトルは世界経済に確固たる地位を占め、ドイツ、フランス、スペイン、イギリス、イタリアの五カ国に行き渡るだけの量の石油を毎日取り扱うようになった。このとき五〇代半ばだったテイラーは、イギリスのエスタブリッシュメントらしい気さくな魅力と、石油トレーダーには必須の冒険好きな気質とを併せ持っていた。そして石油と金、権力が密接にからみ合う世界で、地政学的にきわめて重要な意味を持つ取引を前に尻込みするような人間ではなかった。

その数週間前、リビアの反政府勢力との取引の可能性が出てきたときも、テイラーは躊躇しなかった。中東のビトルのチームがカタール政府からの連絡を受けていた。地下資源に恵まれたペルシャ湾岸の小国カタールは、リビアの反政府勢力を政治的、財政的に支援する重要な存在となり、欧米諸国との仲介役を務めながら、武器や現金を供給していた。とはいえ、タンカーいっぱいの石油精製品を買って交戦地帯まで届けるのは、カタール政府の手にあまる。コモディティー商社の力が必要だった。カタールはビトルに、ベンガジまでディーゼル燃料とガソリン、燃油を供給できるかどうか打診してきた。

ビトルに与えられた猶予は四時間。だが「イエス」と答えるには四分とかからなかった。ただひとつ、大きな難点があった。反政府軍には現金がない。代わりにビトルは、反政府勢力が押さえた油田から産出する原油で支払いを受けることになる。理屈のうえでは、とくに問題はないはずだった。ビトルは地中海からベンガジの港まで燃料を届け、代わりにパイプラインを通ってくる原油を、戦闘から遠く離れたエジプト国境近くの沿岸の街トブルクで受け取ればいい（巻末付録1の地図参照）。

テイラーをはじめとするビトルの上層部は、急きょ提案を取りまとめた。ビトルほどの大手商社ともなれば、あるコモディティーを別のコモディティーと交換するのは、とくに資金繰りに困っている顧客が相手だという場合、目新しいことではない。実際にほかにも、リビアの反政府勢力との取引に加わろうとする商社はいた。だがビトルはどこよりも積極的だった。燃料の輸送を請け負うばかりか、反政府勢力への与信枠を広げ、実質的に貸し付けを行ったのだ[3]。

ビトルにはさらに別の強みもあった。ロンドン、ワシントンとの政治的なコネクションである。生粋の社交家で、天性の政治家ともいうべきカリスマ性を備えたテイラーは、与党である保守党の有力な寄付者だった。ロンドンの政財界のエリートたちに顔が利くという点で、彼に並ぶ者はない。そのわずか数カ月後には他の財界人たちに混じって、ダウニング街一〇番地での首相との晩餐会に出席していた。「もちろん、政府からゴーサインはいただいた」と本人はのちに振り返っている。[4]

イギリスでは外務省の「石油スパイ《オイル・セル》」がひそかに活動中で、カダフィ軍が燃料を入手したり、原油を海外に売ることを阻止していた。ワシントンは制裁の執行差し止めを認め、アメリカ企業がビトルからリビア産石油を買い入れることを許可した。そしてもちろん、ＮＡＴＯのドローンもあった。

このようにロンドンとワシントンがビトルの任務を後押ししてはいたが、これからテイラーが降りていくのはれっきとした交戦地帯なのだ。何かが起これば自分だけで対処するしかない。

カダフィ軍からの対空砲火の可能性を考えると、通常どおりの着陸では危険すぎるため、パイロットは可能なかぎりの高速で急降下していった。テイラーは小さな機体のなかで、ひとり座っていた。ほかにいるのは雇われの護衛に、クリス・ベイクという固太りの体つきをした、ビトルの中東事業を統括するニュージーランド人だけ。

急降下に胃がよじれる思いをしても、下の大地に目をやって見えるものは気持ちの足しにもならなかった。二〇一一年春、ベンガジは不安定な無法状態にあった。悪臭を放つ礁湖を取り囲むように埃っぽいコンクリートのビルが立ち並んでいる市街は、いまだに続く激しい戦闘の最前線からわずか数百キロの位置にあった。空気には戦争の音とにおいが満ち、腐臭の漂う病院には手足を失った者や負傷者があふれていた。埃だらけの通りは、背中にカラシニコフのアサルトライフルをかけた男や少年たちでいっぱいだった。

夜には思い出したように停電で街から明かりが消え、それが何時間も続いた。重武装した若者たちからなる警ら隊が、街じゅうの道路に検問を置いた。こうした無法な環境のなかから武器を持った群衆が現れ、一年後にはアメリカ領事館を襲って、駐リビア大使クリス・スティーブンスを殺害するにいたった。
数十年におよぶ独裁と、数カ月におよぶ戦争に倦み疲れたベンガジ市民は、家のなかに閉じこもった。カダフィの息子サイフ・アル・イスラムはたびたび国営テレビに登場しては、さらなる殺戮を誓う恐ろしい演説をした。「われわれは最後の男ひとり、最後の女ひとりとなるまで、最後の弾丸が尽きるまで戦う[5]」

ベンガジは長らく、リビアの石油産業の中心だった。この国で最も豊かな油脈があるのは東部の人気のない砂漠地帯で、位置的には首都のトリポリよりベンガジのほうに近い。トリポリはいまもカダフィの厳然たる統制下にあった。戦火が国内を覆い尽くすうちに油田の大半は放棄され、リビアの一流の地質学者や石油技術者たちが夜な夜なベンガジの広場に集まり、故国の苦境について語り合っていた。数キロ先にはリビア国営石油会社の地域本社があるが、その隣のかつて警察署だったビルは反政府勢力に焼き討ちされ、黒焦げの骨組みだけになっていた。

飛行機が着陸すると、テイラーとベイクはその場所へ向かった。待ち受けていたのはヌーリ・ベルイエンだった。長年エンジニアとして働いてきたベルイエンは引退の準備を進めていたが、その矢先に内戦が勃発した。そして二〇一一年の春には、リビア国営石油会社の反体制派の支部を統括して、この革命を支援するための取引を行っていた。

テイラーとしては、反政府勢力と商売をするのなら、その相手がどんな人間であるかを知っておきたかった。中東での何十年もの経験から、入念に練り上げた契約書の文言よりも、個人どうしの確約がものを言うことはわかっている。それにどうせ、国の首都から一〇〇〇キロ離れた仮の庁舎で臨時政府と取引をするというときに、紙の契約などものの役にも立たない。

テイラーは満足した。ビトル側のリスクはきわめて高いものの、相手側の代表はいかれた戦争狂ではなく、まっとうな石油業界のプロだとわかった。がっちり握手を交わすと、テイラーはロンドンへ戻った。のちにこう語っている。「ギャンブルではあったが、勝算のある賭けだった」。一方のベルイエンもほっとしていた。ビトルからは「最高の条件」を提示されたし、戦争保険に入れとうるさく言われもしなかった[6]。

ビトルの介入からほぼ間を置かずに、戦局の均衡に変化が起きた。十分な燃料を確保することは、北アフリカの何もない砂漠においては、つねに勝利を決定づける要因となる。第二次世界大戦中、「砂漠の狐」の異名で広く知られるドイツ軍のエルビン・ロンメル将軍の部隊が、燃料の尽きたあとに壊滅したのもこの場所だった。

いまリビアの反政府軍は、ロンメルの轍を踏まずにすむだけの燃料を手にした。ビトルのおかげで戦車を、そして「タクティカル」を動かすことができる。ピックアップトラックの荷台に機関銃を溶接して取りつけた間に合わせの軍用車両「タクティカル」は、反政府軍のお気に入りだった[7]。

ＮＡＴＯからの航空支援、カタールからの資金援助を得ながらも、反政府軍はベンガジ周辺の拠点を越えて前進することができずにいた。テイラーが訪れる二〇一一年春まで、彼らの占領地はベンガジの東部地域と、南西に伸びる一五〇キロの海岸線のみだった。

重要な戦略目標は、さらに西のほうに続いているマルサ・アルブレガ、ラスラヌフ、エスシデルといった石油の街を占領し、まだカダフィ派の手にある石油資源を奪い取ることにあった。ビトルから最初の燃料が届いたあとの七月一七日、反政府軍はマルサ・アルブレガを陥落させた。数週間以内にはラスラヌフとエスシデルも占領し、そこを拠点として、一九五九年にリビアで初めて石油が発見されたシルテ盆地の油田を掌握した。

そして一〇月には、カダフィ派をシルテ西部の狭い地域まで追いつめた。ある日、反政府軍のグループがカダフィの車列に奇襲をかけた。四〇年にわたってリビアを無慈悲に支配してきた男は逃げ出すと、排水管の奥に身を潜めた。反政府軍の兵士はそれを引きずり出し、殴り殺した――携帯電話で撮影されたその凄惨な勝利の瞬間は、世界中に放送された。

だがビトルにとって、勝利はまだはるか先にあった。春にテイラーとベルイエンがベンガジで握手を交わしてからわずか数日後、ビトルの計画は大きくつまずくことになった。取引の存在は内密にするという確約があったにもかかわらず、反政府勢力が原油を売るのと引き換えに燃料を受け取るという合意をしていたことが明るみに出た。これを受けてカダフィ派の軍は砂漠の奥まで工作員を送り込み、サリル―トブルク・パイプラインを爆破した。このパイプラインは反政府勢力が支配する油田と、支払われる原油の受け渡し場所となるはずの地中海沿岸の輸出港トブルクとをつなぐものだった。「あれで当面、原油の積み出しはできなくなった」。ベイクは険しい顔でそう振り返る。[8]

テイラーは岐路に立たされた。ビトルが出荷した原油の支払いを受けられるすべがなくなったのだ。いまではこの商社が燃料を一カーゴ引き渡すごとに、反政府勢力の財政リスクが増えていくことになった。反政府勢力は政府も中央銀行も持たず、国際的な地位もゼロに等しい。このままテイラーが燃料を供給しつづければ、反政府勢力が戦争に勝つことに社の命運を事実上賭けることになる。

テイラーはリスクを取る決意をした。それまで彼は、三〇年もかけて中東でのネットワークを築いてきた。いまリビアから手を引けば、反政府勢力を見殺しにするだけでなく、カタールでの長期にわたる契約まで棒に振ることになる。カタールはずっと以前からビトルに実入りのいいビジネスを提供してくれる国だった。

テイラーがリビアの反政府勢力との取引を続けたのには、おそらくもうひとつ理由があった。ライバル社のトレーダーたちもそう見ている。カダフィが欧米に保有する数十億ドルの銀行口座が凍結されていたのだ。もしこの戦争がビトルの取引にとって良くない結果になったとしても、欧米各国の政府にいるテイラーの友人たちが、その凍結された資産からビトルへの返済が行われるよう計らってくれるだろう、と（実際に二〇一一年九月、欧米にあるリビアの資産三億ドルが凍結解除されて、ビトルへの支払いに充てられた）[9]。「われわれには誰からの保証もなかった」とデイビッド・フランセンは言っている。スイスにあるビトルの会長で、テイラーの最も長いパートナーのひとりだ。「ただ何度かこう言われただけだ、〝君らは大丈夫だから、やってくれ〟と」[10]

それから数カ月にわたって、ビトルのタンカーはつぎつぎ燃料を運んだ。船は夜間ひそかにリビアの港へ滑り込み、指示どおりに荷揚げを終え、夜明け前には出港していった。ときには近距離で激しい戦闘が行われ、引火性の高い何万バレルもの燃料の上に立っている乗員の耳にもその音が聞こえるほどだった。

出荷をするたびに、ビトルの賭け金は高くなった。五カ月でリビアに出荷したガソリン、ディーゼル燃料、燃油、液化石油ガスなどは三〇カーゴにおよんだ。誰もが戦争が終わり、石油の生産が再開されるのを待ち望んでいたある時点で、暫定政府がビトルに支払う額は一〇億ドル以上に膨らんでいた――ビトルそのものの存続を脅かすほどの大金である。もし戦争がちがう形で終わっていれば、損失を取り戻すのに四苦八苦することになっただろう。「正直を言うと、思っていたよりずっと大きな取引になった」とテイラー本人も言った。「とてもとても、悪い方向へ進んでもおかしくなかった」[11]

かりにビトルが反政府勢力に燃料を送り届ける取引に乗り出していなかったら、そしてその燃料の支払いが望めなくなったあとも出荷を続けていなかったら、リビアの戦況がどうなっていたかはわからない。他のコモディティー商社がビトルの代わりを務めていただろうか。あるいはカタール政府が何か別の方法を見つけて、反政府勢力へ燃料を供給していたかもしれない。

それでも、論をまたない点がひとつある。もしあの大事な時期に、一〇億ドル分の燃料がなかったら、反政府勢力はまちがいなく敗北していた。「ビトルの燃料は、わが軍にはきわめて重要だった」と二〇一一年に語ったのは、反政府勢力の統制下に置かれたベンガジのアラビアン・ガルフ・オイルの幹部アブデルジャリル・マユフである。[12] 一石油商社が中東の歴史を形づくるのは、これが初めてではなく、また最後でもなかった。

だがリビアにとって、物語はハッピーエンドには向かわなかった。テイラーがベンガジへ飛んでから何年も、この国では争いが絶えず起こっていた。カダフィの死後も戦闘は終わらず、国の西部と東部の軍閥が石油資源をめぐって戦いつづけた。そして二〇一四年、リビアは再び内戦に突入し、この本を書いている時点でもまだ戦火は燻《くすぶ》っている。またカダフィの失脚は、この地域全体を不安定にするという結果をもたらし、リビア軍の兵器庫から武器が紛争地域へと横流しされ、そのひとつであるシリアではテロ組織イスラム国が足場を得はじめていた。[13]

リビア国内に死体が山をなし、内戦の影響が中東全域に波及していくと、テイラーは自分が介入したことは賢明だったのかと疑問を抱くようになった。二〇一九年にはインタビューに答えて、「われわれがすべて正しかったのかどうか、よくはわからない」と語った。「このあいだもリビアのことを考えていて、ひどく動揺してしまった――あれはやるべきではなかったのかもしれない」[14]

ビトルがリビアで行った取引は、コモディティー商社が現代の社会で振るっている巨大な力を如実に示すものである。リビア国民のように、その力をじかに経験する人は少ないとしても、知っているいないにかかわらず、私たちはみなそうした商社の顧客なのだ。ほとんど誰もが、自動車を満タンにし、新しいスマートフォンを買い、コロンビアコーヒーを注文することが簡単にできるのを当然のように受け入れている。だが、私たちの消費の大半を根底で支えているのは、天然資源の国際取引という熱気あふれる世界だ。そして、その取引を支えているのが、スイスやニューイングランドの静かな町にオフィスを構えるコモディティー商社なのである。

注目もほとんど浴びず、ろくに顧みられることもないが、コモディティー商社は現代経済に欠かせない歯車となっている。こうした商社がなければ、ガソリンスタンドからはガソリンが消え、工場の生産は停止し、パン屋の小麦粉は尽きてしまうだろう。この業界の先駆者のひとり、ルドウィグ・ジェセルソンの言葉を借りて言うなら、「国際的な必需品の中央集配所」なのだ[15]。

その影響力は経済だけにとどまらない。コモディティー商社は世界の戦略的資源の流れをコントロールすることで、自らが有力な政治的勢力にもなっている。現代世界においてマネーと権力ががいにどう作用するかを把握し、どのように石油や金属が資源国から流れ出して、現地の顔役や独裁者の懐に現金が流れ込むかを知るには、まずコモディティー商社、コモディティー・トレーダーというものを理解しなくてはならない。彼らはいつも、自分たちは政治とは無関係だ、動機は権力の追求ではなく利益にあると言うのがつねだ。しかしリビアの反政府勢力とビトルの取引が示すように、彼らが歴史を形づくってきたことに疑いの余地はない。

イラクでは、サダム・フセインが国連の制裁をくぐり抜けて石油を売るのに手を貸した。キューバでは、フィデル・カストロ相手に砂糖と石油を交換し、社会主義革命が生き延びるのを助けた。何百万トンもの米国産小麦とトウモロコシをひそかにソ連に売り、冷戦たけなわの時代にモスクワを支えた。ロシアの大手石油会社ロスネフチの社長で、プーチン大統領の盟友であるイーゴリ・セチンが、短期間で一〇〇億ドルを調達する必要に迫られたときに連絡をとった相手は？　コモディティー商社だった。

いうなれば、グローバル資本主義の最後の冒険家たちだ。他の企業が足を踏み入れようとしない場所でも進んでビジネスを行い、非情な姿勢と個人的魅力の組み合わせによって大きな結果を出す。しかしここ数十年、コモディティー商社がどんどん重要性を増す一方で、依然としてその数は多いとはいえない。世界で取引される資源の大半をほんの数社で取り扱い、その会社を数人の人間が所有している。最大手の石油商社五社で、日量二四〇〇万バレルの原油とガソリンやジェット燃料などの精製品を扱っており、これは全世界の石油需要のほぼ四分の一に相当する。[16] 最大手の農業商社七社は全世界の穀物と油料種子の半分弱を商い、[17] 金属商社最大手グレンコアは電気自動車の重要な原材料となるコバルトの世界供給の三分の一を占めている。[18] だがこうした数字も、トレーダーの役割を伝えるにはまだ十分ではない。市場で誰より早く、誰より積極的に動き出すことで、その取引が価格を決めてしまうこともたびたびある。

私たちは記者として過去二〇年も天然資源を取材してきたが、とくに驚かされたのは、この業界の持つ力や影響力がごく少数のコモディティー商社に集中していることだった。そしてまた、そうした存在の知名度がほとんどないこと——とりわけ規制当局や政府にも知られていないことに強い印象を受けた。それはある程度まで意図されたことでもあった。コモディティー商社には非公開会社が多いため、上場企業と比べて自社情報を開示する義務は少ない。商社の多くは従来から情報へのアクセスを競争力として捉え、自社に関する情報を一切明かさないようにしてきた。二〇二〇年に死去したイアン・テイラーは、本書のためのインタビューを受けながら、私たちにこう言ったものだ。「これは書かないでもらえるとありがたいのですが」[19]

だからこの業界は、たまに世間の注目が集まることをのぞけば——たいていは価格の高騰やスキャンダルの発覚が原因である——ずっと陰に隠れていた。過去四分の三世紀で、コモディティー商社について書かれた本は片手で数えられるほどしかない。記者たちは、わずかな例外をのぞき、いくら質問をしても沈黙の壁（そしてときには脅すような法的文書）に阻まれた結果、こうした企業について書こうとするのをあきらめてしまっていた。

それは私たち著者がフィナンシャル・タイムズ紙やブルームバーグ・ニュースで仕事をするあいだ、身をもって体験したことでもある。二〇〇〇年代初めにコモディティー関連の記事を書きはじめたとき、私たちはこうしたトレーダーたちに興味をひかれた。天然資源の業界では多くの人たちが、価格の変動や政治的な事件の陰にコモディティー商社の存在があると考えていた。しかしそれが公の場や新聞紙面に登場することはまずなかった。私たちの同僚にもそうしたトレーダーたちと話をしたことはおろか、うわさを耳にしたことのある者も少なかった。

好奇心がどんどん膨れ上がったすえに、初めて具体的な接触を試みた。グレンコアはすでに社内の財務担当者のひとりを代理に立てて、丁重ながらきっぱりと、質問があるならどこかよそで聞くようにと記者たちに伝えていた。その担当者は最初に、あなたがたの関心は的外れなものだと、私たちを納得させようとした（グレンコアは当時すでに世界最大のコモディティー商社だった）。「私どもは誰の関心をひくにも当たらない、ささやかな会社です」と担当者は言った。「もっと面白い会社のことを書くのに時間を費やされたほうがよろしいのでは」

大手農産物商社のルイ・ドレフュスは、さらにシンプルな対応策をとっていた。質問対応を担当する幹部のメールアドレスと電話番号を記者たちに知らせてきたのだ。けれどもいくら電話しても応答はなく、メールも返ってこない。何週間かたって、ようやくその幹部が電話に出ると、ああ、もちろんメールは見たと言った。ではなぜ、返信をくれなかったのか、せめて「ノーコメント」とだけでも。それが広報担当者のお気に入りの返事なのでは？　すると向こうは謎めいたことを言った。こちらが答えないこと自体が、ある意味で返答だと思えばよかったのじゃないか。そして電話を切った。

本書はこういう謎めいた企業や個人について理解し、説明したいという思いから生まれたものだ。ちょうどタイミング的にも恵まれた。私たちが興味を抱いたのは、コモディティー商社が日陰から表へと姿を現してくる時期と重なっていた。二〇一一年にグレンコアはロンドン市場史上最大の株式上場を果たし、そのために財務内容を公開し、投資家やメディアからの質問にも応じざるを得なくなった。その競合他社もまた、つぎつぎ広報コンサルタントを雇い入れて財務情報を公開し、記者たちのインタビューに答えはじめた。

私たちはこの本の取材に一年以上をかけ、一〇〇人以上の現役または引退したコモディティー・トレーダーから話を聞いた。何人かには断られたものの、それ以上の人たちが進んで話をし、時の流れに後押しされたのもあってか、外部の人間に対して自分たちの世界を開陳してくれた。グレンコアの現・元パートナー二十数名、トラフィギュラの創業者でいまも健在の人たち全員、そしてビトルの現・元幹部十数名にインタビューを行い、またその過程でコモディティー取引が生み出す富についてもそれなりの知見を得ることができた。世界一有名な現役石油トレーダーといっていいアンディ・ホールと会ったときは、ハノーファー近郊の一〇〇〇年の歴史のある城で、現代美術に囲まれてのインタビューになった。また、ある引退した石油トレーダーは、イングランドのホーム・カウンティにある馬の牧場に私たちを招待した。スイスの高級スキーリゾートのシャレーでもてなしてくれたトレーダーもいた。

現在あるコモディティー商社の多くは、私たちと関わり合いになることに警戒心ありありだったが、それでも大手の商社は、アーチャー・ダニエルズ・ミッドランド以外はすべて、直接会ってもいいと言ってくれた。石油、金属、農産物の各商社のCEOたちがインタビューに応じた。なかにはより協力的な人たちもいた。グレンコアのCEOアイバン・グラゼンバーグは取材当時、米司法省から汚職とマネーロンダリングの捜査を受けていたが、自社の箱型をしたスイスのオフィスの最上階へ招き入れてくれた。そして右側に弁護士、左側に広報担当者を従え、五時間にわたって私たちの質問を受け流しながら、この会話の大半は引用してもらっては困ると強く求めてきた。

本書で語られる歴史は、主にこれらのインタビューすべてに基づいたものだ。過去の出来事や出会いの場面は、少なくとも関係者ひとりの証言をもとにした。また人によって細かな点の記憶が異なる場合は、本文中にその旨を記してある。

コモディティー商社のトレーダーたちは、私たちに対してつねに全面的に正直だったのか。その判断は読者にゆだねようと思う。話がコモディティー取引というビジネスの疑わしい部分におよんだとき、先方が示した反応はさまざまだった。ある元グレンコアのトレーダーは、私たちとの会話をこう切り出した。「これから私が話すことは、事実ありのままというのではないが、事実でないものもない。つまり、私が話さないこともいろいろあるということだ」。また別のトレーダーは、話が自らのキャリアのいささか品格にもとるくだりになるたびに、会話を打ち切った。もっともその人物は、ポーカーのプレーヤーには向かなかっただろう。どうやってナイジェリアやイランであれほど有利な石油取引を成立させられたのかと尋ねたとき、彼の顔をさっとよぎった笑み、きらりと目に宿った光が、口には出さないすべてを物語っていた。

ただコモディティー・トレーダーたちの自分語りだけを頼りにしたわけではない。本書は私たちがコモディティー商社について二〇年間学んできたことの成果である。そのあいだには何百人ものトレーダーに会ってインタビューをしただけでなく、紛争に苦しむリビアからアメリカ中西部の大農業地帯まで数十カ国を訪れ、トレーダーの取引相手たち、交流のある政府関係者、彼らの活動の影響を受ける一般市民からも話を聞いた。またコモディティー商社の財務状況や所有する企業のネットワーク、取引の仕組みなどを細かく記した文書を何千ページ分（その多くは未公開）も集めたりもした。

「コモディティー・トレーダー」という言葉からは、怒号の飛びかうシカゴのトレーディングピットからコンピュータの画面がずらりと並ぶウォール街のトレーディングフロアまで、さまざまなイメージが浮かんでくる。しかし本書で焦点を合わせるのは、現物商品の売買をビジネスとする企業および個人だ。世界中の天然資源の流れを制御しているのはこのトレーダーたちであり、彼らの手には唯一無二ともいえる種類の政治的・経済的な力が集中している。

コモディティー・トレーダーの定義からは、ウォール街の銀行やヘッジファンド、つまり一バレルの原油や一ブッシェルの小麦、一トンの銅といった現物には近寄りもせずに、価格の変動に巨額の金を賭ける者たちは除外される。巨大な鉱山会社や石油会社もここには含まれない。そうした企業は自分たちの鉄鉱石や銅、石油を扱う高度な販売網を世界中に持ってはいても、自ら生産していないコモディティーの売買をビジネスにしようとは考えないだろう。

もちろんコモディティー・トレーダー、あるいはコモディティー商社という区分の境界はいささかあいまいだ。ＢＰやシェルなどの大手石油会社には、自社所有の油田で生産されたもの以外の石油も大規模に取引しているところもある。ゴールドマン・サックス、モルガン・スタンレーなどの銀行も歴史のさまざまな局面で、現物商品《コモディティー》の主要なトレーダーとなった。日本にも「総合商社」の長い歴史があり、日本の製造業に必要な天然資源を確保し輸入することを主な役割としてきたが、国際的なコモディティー取引にも手を出し、ときには悲惨な結果を招いたりもした。

そんな例も本書には登場してくるが、私たちがとくにスポットを当てようとしたのは、コモディティーを生産したり消費したりするのでなく、主に売り買いしている個人や企業である。こうした会社は「独立系商社」と呼ばれることもある。とはいっても、古今を通じてあらゆるコモディティーを扱ってきたあらゆるトレーダーのことを逐一説明するのは難しい。代わりに、過去七五年にわたって石油、金属、農業の取引市場を支配し、グローバル経済の発展に重要な役割を果たしてきた会社に焦点を合わせている。

そうした会社の多くは、あるひとつの企業帝国に属するものだ。現在のコモディティー取引を牛耳っているのはグレンコアだが、一九八〇年代にはマーク・リッチ＆カンパニーが、六〇年代と七〇年代にはフィリップ・ブラザーズが支配的な役割を担っていた。この両社にはファミリーといってもいいほどのつながりがある。マーク・リッチはフィリップ・ブラザーズで上級トレーダーを務めたが、退社して自らの名を冠した会社を立ち上げた。そしてマーク・リッチ＆カンパニーは、同社のトップトレーダーたちが創業者のリッチを追い出したあとで、グレンコアと改称された。

今日のグレンコアは世界最大の金属商社であると同時に、上位三位に入る石油商社であり、世界最大の小麦商社でもある。マーク・リッチの影から抜け出して、優良株の一流企業へと成長した。スイスの静かな町の目立たないビルから、カナダの小麦、ペルーの銅、ロシアの石油まで、いたるところへ手を広げている。ここのトレーダーたちはみんな、CEOのグラゼンバーグを鏡に映したようだ――はきはきと歯切れよくしゃべり、上司に付き合って朝のランニングをし、かなりの数が上司と同じく会計学の訓練を積んだ南アフリカ人である。そして日曜の朝六時に記者を呼び出して議論をすることもいとわない上司の、疲れを知らない勤労意欲も共通している。

トラフィギュラも同じ帝国に属する。一九九三年、マーク・リッチに不満を抱いて独立した元社員グループが立ち上げた会社だ。いまや世界第二の石油および金属商社となったトラフィギュラは、創業者クロード・ドーファンから受け継いだフランス流のセンスに加え、後発組としての精神を守りつづけている。

石油業界での代表格がビトルで、経営陣はみんなイギリスの特権階級らしい自信を漂わせている――なにしろ同社のオフィスはバッキンガム宮殿からわずか数メートルのところにあり、長年ビトルのCEOを務めたイアン・テイラーはダウニング街一〇番地の首相官邸を定期的に訪れてもいた。

農産物ではカーギルが王者だ。アメリカはもちろん世界でも最大の穀物商社で、中西部の何世代にもおよぶ富の上に築かれ、静かな自負心をもって事業を展開している。業界の頂点に最も長いあいだ君臨してきた大手として、最も企業らしい企業でもある――自前の記録保管人と、全三巻で合計一七七四ページにおよぶ公認の社史があるぐらいだ。

こうした企業の内部にいるのは、並々ならぬ個性的な人物ばかりである――異常なまでに仕事熱心で、おそろしく頭が切れ、とてつもない人たらしで、とにかく金儲けに余念がない。この業界に足りないものがひとつあるとしたら、それは女性だ。コモディティー商社と比べれば、ウォール街の銀行ですらジェンダー多様性では進歩的に見える。グレンコアが初めて女性取締役を任命したのは二〇一四年だが、イギリスのFTSE100指数の有力企業のうち、最後まで取締役全員を男性が独占していた会社だった。[20] コモディティー取引の業界では、女性が取締役に占める割合は二〇人中一人にも満たない。[21] ビトルやトラフィギュラなど最大手のコモディティー商社には、上級管理職に女性が一人もいないところもある。グレンコアは二〇二〇年三月に出した年次報告書に、投資家たちが設定した、年内に上級管理職の三分の一を女性にするという目標は実現できないだろうと書いている。「今日でもまだ、上級職を……女性で埋めることは難しい」[22]。コモディティー商社に足りないのはジェンダー多様性だけではない。その上層部は圧倒的に男性というだけでなく、圧倒的に白人で占められている。

コモディティー商社の基本ビジネスは、拍子抜けするほど単純だ――ある時期、ある場所で資源を買い、別の時期に別の場所で売り、その過程で利益を得ようとする。そうした役割がなぜ存在するかというと、コモディティーの需要と供給がしばしば一致しないためだ。鉱山や農場、油田のある場所はたいてい、その産物の買い手たちがいるところとは異なる。そして銅の採掘業者や大豆農家のすべてが、その産品を売るための販売網を世界中に持てるわけではない。さらにいえば、コモディティー市場はほぼいつでも、供給がだぶつくか不足するかのどちらかの状態にある。そして明敏で柔軟なコモディティー・トレーダーたちはいつも、適切な価格のときに生産者の手から商品をもぎ取ろうと、あるいは消費者が喜んで支払おうとするときに供給しようと手ぐすねをひいている。

実際にどんな仕組みかといえば、つい最近あった二〇二〇年の原油価格の暴落がその好例だ。新型コロナウイルスの感染が世界中に広がり、飛行機が欠航し、人々がステイホームを強いられると、原油価格はみるみる落ち込み、一時は史上初めてゼロを下回る取引となった。そこへトレーダーが介入し、石油を底値で買ったあと、需要が回復するまで保管したのである。なかにはマイナス価格で買い入れ、生産者がお金を支払って石油を手放すような事態も起こった。

コモディティー・トレーダーは、価格の変動を抜け目なく利用しようとする、優れたさや取り業者《アービトラージャー》である。しじゅう売ったり買ったりの取引をしているので、コモディティーの価格全体が上がるか下がるかには概してあまり関心がない。彼らにとって大事なのは価格差——場所のちがい、生産物の品質や形態のちがい、受け渡し期日のちがいから生じる差だ。これを活用することで、価格のシグナルに応じて最も高い価値を生む用途に資源を振り向け、市場を効率化するのに貢献する。ある学者の言葉を借りるなら、アダム・スミスの「見えざる手」が目に見える形で表れたものだ[23]。

　そして彼らは成長するにつれ、グローバル取引の重要なパイプ役にもなっていった——産油国に原油の代金を先払いしたり、銅を製造業者に信用供与したりする、一種のシャドーバンキング部門である。マーク・リッチ＆カンパニーの元石油取引部門トップのジム・デイリーがこんな言い方をしている。「石油はマネーのひとつの形だ[24]」

　とはいえ、本書は二〇世紀後半のコモディティー商社の台頭を描きながらも、さらに広範なストーリーを語るものだ。その物語は現代世界が動く仕組みについての洞察に満ちている。すなわち、市場こそが王であり、国際企業が規制の試みをほぼすべてやり過ごすことができ、グローバル金融の巨人が選挙で選ばれた政治家を超えた力を持つ、そんな世界である。

　コモディティー取引は商業そのものと同じくらい古いものだが、この業態が現在のような形をとるようになったのは、ようやく第二次世界大戦から数年後のことだった。商社が初めて本当の意味でグローバル化したのはこの時期であり——そしてこれが重要な点だが、石油が取引可能なコモディティーになりはじめたのだ。それまで狭いニッチで活動していたコモディティー商社が、一九五〇年代に入って突然、世界経済成長の大きな波の頂点に立つことになった。アメリカが超大国の地位に就いて、世界中で取引を推し進め――初期の商社がその使節役となった。世界における製品と天然資源の取引額は、ドルに換算すると、第二次世界大戦直後に六〇〇億ドル弱だったのが、二〇一七年には一七兆ドルを上回った。その四分の一を占めているのがコモディティーなのだ。[25]

そして経済的繁栄が欧米から世界へと広がっていくあいだ、コモディティー商社はその先陣を切りつづけた。商社は他の投資家たちが「新興国市場」という存在に気づく何年も前から、インドやロシア、中国、インドネシアといった国に最初にオフィスを開設した欧米の企業だった。「気弱な人間にできる仕事ではないね」とカーギルのCEOデイビッド・マクレナンは言う。「他の連中が行かない場所へ行くのが、カーギルの歴史だった。チャンスはそういった場所にある。危機があろうと脅威があろうと、リスクの高い状況だろうと、それはチャンスを示しているんだ」[26]

本書のストーリーの軸にあるのは、グローバル経済をコモディティー商社にとって有利な方向に形づくることになった四つの変動だ。一つめは、かつては厳格に統制されていた市場が――なかでも石油の市場が開放されたことである。「セブン・シスターズ」と呼ばれる大手石油会社七社の支配が、一九七〇年代に中東諸国で高まった国有化の波のためにゆるんだ。すると突然、油井から製油所、ガソリンスタンドにいたるまで一企業のサプライチェーンに縛られていた石油が、自由に取引できるようになり、固定されていた価格も動きはじめた。いまと同じように、中東やラテンアメリカの指導者たちが売ることのできる石油を手にした。コモディティー商社はそれを分け隔てなく取り扱うことで、新たな形のグローバルパワー、すなわち石油国家の創出に寄与した。

二つめは、一九九一年のソビエト連邦の崩壊である。この事件は世界の経済関係と政治的主従関係のネットワークを一気に描き直した。ここにもコモディティー商社が出張ってきて、それまでの計画経済に市場の法則を持ち込んだ。混乱のなかで苦境にあえぐ鉱山や工場にとって重要なライフラインとなり、政府全体を下支えすらした。それと引き換えに、天然資源をきわめて有利な条件で手に入れることができたのだ。

三つめは、二一世紀の最初の一〇年に起こった中国の目覚ましい経済成長である。中国経済の工業化に伴い、膨大なコモディティーの新規需要が生まれた。たとえば一九九〇年に中国が消費した銅の量はイタリアと変わらなかったが、現在は地球上にあるすべての銅の半分が中国の工場に呑み込まれている。[27] また中国の農村人口が都市に移動したことで、食料と燃料の輸入に対する新たな需要も生み出された。その結果、国際的なコモディティー取引がまた一段と活発化し、価格も大幅に高騰した。底なしの需要に応えようと、トレーダーたちはコモディティーを求めて世界中を駆け回り、中国とラテンアメリカやアジア、アフリカの資源国のあいだに新たな経済関係を作り出すのに貢献した。

四つめは、一九八〇年代に始まった世界経済の金融化、および銀行部門の拡大である。以前の商社は買った金属や穀物を出荷するごとに支払える資金がなくてはならなかったが、いまの商社は急に借入金と銀行保証を利用できるようになり、はるかに大量の取引とはるかに多額の資金調達が可能になった。

以上に挙げた四つの変動の結果として、グローバルなコモディティー取引を支配する一握りの企業や個人の持つ資産とパワーは驚異的な拡大を遂げた。トレーダーたちの狙いは、利ざやの小さな取引を大量に行って利益を出すことにある。そしてその量はたしかに膨大だ。二〇一九年、世界最大のコモディティー商社四社の取引高は七二五〇億ドルという、日本の輸出総額を超える数字だった。[28] この業界が手にした利益もやはりすさまじかった。マーク・リッチ&カンパニーは一九七九年の石油危機で大儲けし、アメリカで最も高収益の企業一〇社に入っていたと思われる。中国主導のコモディティーブームに沸いた二〇一一年までの一〇年間で、最大のコモディティー商社三社が上げた利益の合計は、アップルやコカ・コーラといった有名なグローバル商取引の超大手企業よりも大きかった（巻末付録2の表を参照）。

　さらに驚くべきは、こうした利益を分け合っているのがきわめて少数の人間であることだ。コモディティー商社は多少の例外をのぞき、ずっと非公開のまま、一握りのパートナーや創業者で利益を分かち合い、そうした個人一人ひとりを途方もない金持ちにしてきた。ビトルはいまでも社員だけが所有する会社で、過去一〇年だけで一〇〇億ドル以上を株主の社員たちに分配している。カーギルのオーナー一族には一四名もの十億長者《ビリオネア》がいるが、これは世界のどのファミリーよりも多い。[29] 歴史ある穀物商社ルイ・ドレフュスはほぼ完全にひとりの人物だけが所有している。グレンコアは二〇一一年に上場したときに、七人の十億長者を生み出した。

　巨額の金、戦略的に重要な資源、他の人間が足を踏み入れたがらない場所で活動しようとする意志が組み合わされば、節操の足りないコモディティー取引業界の面々に囲まれて不正を行う機会には事欠かなくなる。それが広く可能になったのは、コモディティー取引に対する規制や政府の監視が驚くほど不足しているという事情が大きい。

　コモディティー・トレーダーたちの活動がこれほど長きにわたって監視の目を逃れてきた理由のひとつは、彼らの仕事の場が国際金融システムの最も不透明な領域であることだ。彼らが輸送するコモディティーはしばしば国の規制のおよばない公海上に置かれ、通常はオフショアの国や地域のペーパーカンパニーを通じて取引が行われる。また商社の本拠はだいたい、スイスやシンガポールなど、規制がゆるいことで知られる国にある。チューリヒの有名な法律事務所はこう言っている。「コモディティー取引活動への規制は、スイスにはほとんど存在しない」。くだんの事務所ペスタロッチは、誰よりもそのことをよく知る立場にある。事務所名の元になった人物ペーター・ペスタロッチは、マーク・リッチ&カンパニー、のちのグレンコアの弁護士として三〇年も勤務し、二〇一一年まで同社の取締役も務めていた。[30]

そのためか、コモディティー・トレーダーが見出しになる場合には、なんらかの不正行為がらみであることが多かった。なかでも悪名が高く、そしてコモディティー・トレーダーに対する一般の認識を最も強烈に形づくったのは、マーク・リッチの一件だろう。多くの点で現代のコモディティー取引の創始者ともいえるリッチは、脱税に加え、テヘランで数十人のアメリカ人が人質に取られている最中にイランとの取引をしたかどで起訴され、スイスに身を潜めていたのである。

私たちがインタビューしたトレーダーのなかには、賄賂や腐敗だらけだといわれるこの業界の評判について、驚くほどあけすけに語る人物もいた。「これは残念ながら、コモディティーの業界をずっと悩ませている問題だ」。石油商社グンバーの共同創業者でCEOのトルビョルン・トルンクビストは、私たちにそう語った。「不都合な秘密はいくらでも埋まっているが、その多く、いや、ほとんどは掘り出されずじまいになるだろう」[31]

二〇〇二年までグレンコアの最上級パートナーのひとりだったあるトレーダーは、現金をいっぱいに詰めたスーツケースを手にロンドンへ定期的に出向いていた、と平然と語った。そしてこうも言った。あの当時はもちろん、「手数料」を支払うのはスイスの企業には合法というだけでなく、税控除の対象でもあったのだ、と。[32]

PRなどでよく出てくる決まり文句に逃げ込む人たちもいた。この業界が不正だらけだという評判は過去のものだ、われわれは腐敗に対して「ゼロトレランス」、つまり徹底的に排除する方針で臨んでいる、と。たしかに状況は変わった。海外での「手数料」はもう以前のような税控除の対象ではない。いまは銀行も融資先の企業にはずっときびしく問い合わせをしている。コモディティー商社の多くはコンプライアンス部門を置き、社内における警察官の役割をさせている。

それでもこの業界を否定的に描く話は絶えることがない。ごく最近になっても聞こえてくるのは、コモディティー・トレーダーが利益を上げるためにはいまだに道徳や法律を棚上げしがちだということを示している。コンゴ民主共和国やコートジボワールからブラジルやベネズエラにいたるまで、世界最大の商社の多くが反腐敗を掲げる検察当局の標的になっているのだ。

とはいえ、コモディティー商社の活動のなかでも最悪の例によって、業界全体が特徴づけられてしまうのは行きすぎだろう。「ハリウッドのプロデューサー全員がハーベイ・ワインスタインでないのと同じように、コモディティー商社すべてが賄賂を使っているわけではない」と、中規模の金属商社を経営するマーク・ハンセンは主張する。[33]

ただし、コモディティー商社の評判が上々というのにほど遠いのは、腐敗がらみの部分だけにとどまらない。その多くが低税率の国に本社を置いているおかげで、巨額の利益に比べると税金の額が驚くほど少ないという事情もある。ビトルは過去二〇年間、二五〇億ドル以上の利益に対して一三%の税金しか支払っていない。[34]

また、気候変動という現実を受け入れつつある世界にあって、いまだに環境を汚染するコモディティーに大きく依存している事業モデルを改善しようという姿勢があまり見られない。たとえば石炭は、このコモディティーの世界最大の輸出企業であるグレンコアにとって、最も重要な利益源のひとつだ。グラゼンバーグは、もともと石炭ビジネスでキャリアをスタートさせ、かつて「世界は石炭に飢えている」と誇ったくらいに「石炭となると目の色が変わる」し、[35]いまも大ファンでありつづけている。[36]石油と天然ガスは相変わらず、トップトレーダーの多くにとってはきわめて重要な存在のままなのだ。私たちが話を聞いたかぎりでは、誰もそのことを倫理的な面から憂えている様子はなかった。世界が化石燃料を消費しつづけるかぎり、われわれも取引を続けると主張するばかりだった。とはいえ、当人たちが気候変動に及ぼす影響を気にかけていないにしろ、化石燃料についての世論の変化が彼らのビジネスの脅威となってくることに変わりはない。

その未来がどうなるにしても、ひとつ確かなことがある。コモディティー商社はここ四分の三世紀のうちに、世界できわめて重要で影響力のある存在となった。ところがその活動は、あまりにも長いあいだほとんど理解されず、その意義も過小評価されてきたということだ。

本書がその認識を変える一助となることを願っている。

第1章　先駆者《パイオニア》たち

ソ連国境が近づいてくると、テオドア・ヴァイサーは不安に身震いをした。一九五四年に西ヨーロッパからソ連へ向かおうとするのは、誰でも怖気づかずにはいられない旅だったろうが、ヴァイサーはとくに勇気を奮い起こさなくてはならなかった。彼はかつてドイツ軍の一兵士で、第二次世界大戦中にソ連軍に捕らえられ、東部戦線で捕虜にされるという経験をしていたのだ。

四〇代になったいまも、ソ連の捕虜収容所で過ごした記憶は生々しかった。これが自由民となってから初めてのロシア旅行である。いよいよとなると、戦時中に会った人間に見咎められるのではないかという恐怖に駆られ、赤い帽子を買って目深にかぶった。[1]

ヴァイサーがいるのは、世界にかつてなかった領域だった。西側諸国では冷戦という言葉が公の言論を支配していたこの時代、彼は共産主義の首都へ向かっていた。一九四八年にチェコスロバキアでソ連が支援するクーデターが起きてから、西ヨーロッパでは強権的なソ連の脅威が目前に迫ってくるという警戒の声が次第に強まっていた。アメリカでは「赤狩り」旋風が吹き荒れ、ジョセフ・マッカーシー上院議員が共産主義者と疑われる人物を公然と非難していた。

ヴァイサーはしかし、簡単にくじける男ではなかった。石油を買い付けると決めてハンブルクを出発した以上、手ぶらで帰るつもりはない。モスクワのだだっ広く閑散としたハイウエーに車を走らせ、外国人が泊まれる数少ないホテルの一軒に着くと、ソ連の官僚組織が自分に目をつけてくれるのを待った。

そう長く待つ必要はなかった。しばらくたって、エフゲニー・グーロフと食事をともにする約束を首尾よく取りつけることができた。グーロフはソ連の石油取引を統制する政府機関ソユーズネフチエクスポルトのトップだった。誰よりも早く、石油を戦略兵器として使う可能性に注目したイデオローグである。[2] 一方のヴァイサーを駆りたてていたのは、イデオロギーではなく利益だった。西ドイツ国内に燃料を配給する彼の会社マバナフトは、赤字に苦しんでいた。顧客に回す石油の新たな供給元を見つけなくてはならず、それは同業者がまず行かないような場所へ行くことを意味していた。

二人がどこで会い、何を食べたかの記録は残っていない。だが、さぞ異様な光景だっただろう。ソ連の貿易担当のトップが戦時中の元捕虜とテーブルをともにし、ソ連国家保安委員会（ＫＧＢ）の監視のもと、新たな知己を得たことを祝って乾杯していたのだから。

時間は多少かかったものの、ヴァイサーの粘り強い交渉は報われた。ソユーズネフチエクスポルトがディーゼル燃料を一カーゴ売ってくれ、西ドイツでの転売が可能になった。だが、このトレーダーのパイオニア精神は、少なくとも当初は高くつくことになる。ドイツに帰国すると、自ら進んで冷戦の敵国と取引をしたことがたたり、石油業界の大半から関わり合いを避けられた。それまで国内の輸送に使っていた船会社は、ソ連から来た石油をうちの船に積んだりしたら他の顧客が寄りつかなくなると言って、用船を断ってきた[3]。

それでもヴァイサーには勝算があった。気さくで屈託のない顔に明るい笑みをたたえるヴァイサーは、人脈作りの達人だった。彼には今回のモスクワへの旅で重要な唯一のもの、つまり鉄のカーテンの向こうとのつながりを確保したという確信があった。この最初の取引を嚆矢《こうし》として、その後長年にわたって続いていくこの関係は、ヴァイサーのトレーディング事業の利益を支えるものとなる。一九五六年にはグーロフがヴァイサーのもとを訪れ、ミュンヘンでマバナフトにディーゼル燃料を売る一年契約に署名をした。そしてドイツ人トレーダーはほどなく、原油もソ連から買い付けるようになっていた。

ソ連との初期の取引は、ヴァイサーにとっては個人的な勝利であり、勇気と粘り強さと魅力の証明だった。だがそれはまた、世界が変化を遂げつつあり、そのなかでヴァイサーのようなコモディティー・トレーダーの果たす役割が次第に重要になっていく兆しでもあった。

数十年におよぶ経済の不況と停滞、戦争を経て、世界は安定と繁栄の時代に入ろうとしていた。戦争の恐怖が去ったあとには、増強するアメリカの軍事力に維持される平和、すなわちパックス・アメリカーナの時代が到来した。価格統制や配給制が生活の象徴だった一九四〇年代半ばが終わり、一九六〇年代には欧米と日本で、テレビや冷蔵庫や自動車を持つ家庭が増えていった。アメリカでは一九五〇年から五五年のあいだに半分以上の家庭がテレビを購入した[4]。

ナショナリズムと保護主義は自由貿易とグローバル市場に取って代わられ、いたるところで新たな通商ルートが開かれつつあった。世界経済は記録的な急成長を遂げ、天然資源の消費はますます増大した。やがて資本主義の黄金期と呼ばれるようになる時代[5]。ヴァイサーはこの新しい世界が、国際取引を事業とする企業に未曾有のチャンスをもたらすことを理解していた――コモディティー・トレーダーがこれほど広い世界のカンバスに絵を描けるようになるのはいまだかつてなかったことだった。

ヴァイサーひとりではない。世界中で新たな世代のコモディティー・トレーダーたちが、好況に沸く世界経済から生み出されたチャンスをものにしていった。ニューヨークで同様のビジョンを持っていたのが、ナチス・ドイツの反ユダヤ主義を逃れてアメリカへ渡った優秀かつ勤勉な若き金属トレーダー、ルドウィグ・ジェセルソンである。彼は自分の会社フィリップ・ブラザーズをウォール街の最大手銀行と手を組むほどの有力企業に育て上げ、今日でも世界のコモディティー市場を支配する商社のファミリーを誕生させるようになる。

ミネソタ州では、家族経営の会社を引き継いだ穀物トレーダーのジョン・H・マクミラン・ジュニアが、自社の命運を好転させようという意志を固めていた。その会社カーギルはやがてアメリカ最大の民間企業となり、マクミランの子孫はこの星で最も裕福な人々の仲間入りをすることになる。

この三人は、現代のコモディティー取引産業の父祖といっていい。前任者たちがニッチな地域に力を注ぎ込んだのに対して、彼らには世界中がひとつの市場になろうとしていることが見通せた。あらゆるものが売りに出され、いたるところに買い手がいる。「グローバル化」が経済の流行語になる何十年も前に、彼らは実質的にグローバル化を基盤とするビジネスを創り出した。国際取引が拡大して、現代経済の中心になると、彼らの会社はその先駆けとなって、国際取引から利益を得ると同時にそれを形づくっていく――そうして今後の数十年間のコモディティー取引産業を定義する事業モデルが確立されていったのだ。

つぎの二〇年間で、コモディティー取引は小さなビジネスから世界経済の最も重要な産業へと変貌を遂げていく。ヴァイサー、ジェセルソン、マクミランらのトレーダーたちは新しい経済秩序の模範となり、途方もない富を築き、世界の天然資源を操る達人として世界中の大統領官邸に迎えられるほどになった。

　だがこれは、政治家や一般の人間には総じて知られることのない革命だった。数十年にわたって静かに成長を続けたあとで、世界はようやくコモディティー商社がグローバル経済の中心となったことを理解した。一九七〇年代にそれが明るみに出たとき、その革命は地球上で最も豊かな国々をひざまずかせることになる。各国の政策立案者たちは突然、存在すら知らずにいたコモディティー商社なるもののグループが、世界中のエネルギーや金属や食料を支配するほどの力を蓄積していたという事実に気づかされたのだ。

　コモディティー取引の歴史は人類の夜明けのころ、最初の定住者がおそらく穀物と引き換えに、石や金属を売買しはじめたときまでさかのぼる。実際に「運んでいって交換する」、すなわち取引をするという傾向は、現代人類の行動の始まりを示す活動だと人類学的にもみなされている。[6]

　だが、現在のトレーダーにいくらかでも似たコモディティー商社が初めて登場したのは、一九世紀になってからである。その何世紀も前から冒険好きなトレーダーたちは、自国に帰って売るための貴重な資源を求めて世界中を旅していた。なかでも成功を収めたのが東インド会社で、数十年にわたってインド亜大陸を支配した。

　ところが産業革命が起きると、資源取引は一変した。蒸気船が発明されたことで、史上初めて長距離のコモディティー取引が風まかせでなくなったのだ。商品の輸送コストが急激に下がり、結果として茶葉や香辛料、貴金属のみならず、穀物や鉱石といった比較的価値の低い商品の長距離輸送も可能になった。そして電信はほぼ瞬時にグローバルな通信が可能となる時代をもたらした。一八五八年八月に大西洋を横断する最初の電信線が開通し、ロンドンからニューヨークまで二週間近くかかっていた通信がわずか数分に短縮されたのだ。

こうした技術の発展を背景に、最初のコモディティー商社が出現した。成長する工業化時代の廃棄物である金属スクラップなどを売買する商人たちが登場してきたのだ。そして穀物トレーダーたちは腹をすかせた労働者を抱える大都市に食料を送り届けた。

一九世紀の金属取引はヨーロッパの工業地帯で発展し、ドイツの三つの会社に支配されていた——アロン・ヒルシュ&ゾーン、メタルゲゼルシャフト、ビーア・ゾントハイマー&カンパニーである。のちにルドウィグ・ジェセルソンに率いられるフィリップ・ブラザーズも、このドイツの伝統から生まれた会社だった。創業者のユリウス・フィリップは、一九〇一年にハンブルクのアパートからトレーディングを始め、一九〇九年には弟のオスカーがロンドンに渡ってフィリップ・ブラザーズを設立した。

初期の農産物商社はもっと散らばって存在していた。特定の地域やニッチ市場を支配しようと、さまざまな企業が立ち上げられた。世界の穀倉地帯では穀物商社が設立されて、農場で穫れた小麦やトウモロコシを都市部へ運んだ。アメリカではそうしたなかに、カーギルがいた——一八六五年にスコットランド移民の息子が初めて穀物のサイロを開いたときに設立された会社である。

第一次世界大戦と第二次世界大戦の戦間期、この業界は苦境に立たされた。ヨーロッパにあった大きな商社群はすべて消滅し、その背後にいた家族——その多くはユダヤ人だった——もナチスの進軍から逃れなければならなかった。しかし全員が逃げおおせたわけではない。ユリウス・フィリップはオランダで捕らえられ、一九四四年にドイツ北部の強制収容所で死亡した。

戦争が終わると、コモディティー商社にとって新たなチャンスの地平が開けた。破壊されたヨーロッパやアジアの都市の再建には、鉄鋼やセメントや銅が必要になる。戦時中は政府にきびしく統制されていた天然資源の取引も、新しい平和な時代にはゆるやかに自由化へ向かっていく。そして世界の舞台におけるアメリカの支配は、経済成長と自由市場という新時代の幕開けを告げる先触れだった。[7]

コモディティー取引の先駆者たちは、その背景や生い立ちはまったくばらばらだ——マクミランはアメリカ中西部の裕福な家庭に生まれた。ジェセルソンは南ドイツの商店主の息子、ヴァイサーはハンブルクの中流家庭育ち。だが彼らには持って生まれた国際感覚、新しいチャンスを求めて世界中を旅して回る意欲という共通点があった。戦後の余波のなかで、彼らは自分の会社を本物の国際企業へ育て上げようとする企てにとりかかった。そしてグローバル化する世界経済から利益を引き出しつつ、そのなかで新たな経済を形づくっていった。

それはつまり、いまもコモディティー取引業界を引き継いだ人間の多くが実践している信条を取り入れるということだった——「政治は無視し、倫理もおおむねさて措いて、どこへでも行け」。彼らは共産主義国も資本主義国も分け隔てせず、現地の強欲な商売人や政府の官僚を相手に取引した。目的はただひとつ、利益を上げること。フィリップ・ブラザーズの初期のトレーダーのひとりがこう言ったように。「フィリップ・ブラザーズの基本原則のひとつは、ビジネスこそが至高であること。そして政治的な事柄はビジネスではないということだ[8]」

この三人のなかでも、世界を飛び回るという初期のトレーダーらしい姿勢を最も具現化していたのは、ルドウィグ・ジェセルソンだった。鋭いまなざしが頭の切れぐあいを引き立てている印象のジェセルソンは、一九三七年にヨーロッパを席巻する反ユダヤ主義を逃れてアメリカへ来た。そしてほどなくニューヨークのフィリップ・ブラザーズで金属スクラップ取引の仕事に就いた。第二次世界大戦のために若いころのキャリアは足踏みしたものの、その野心が翳《かげ》らされることはなかった。

一九四六年、すでに上級トレーダーとなっていたジェセルソンは、フィリップ・ブラザーズをグローバル企業に育て上げようと決意し、世界を渡り歩く旅に出た。戦争が残した荒廃も、当時三六歳で精力にあふれていたジェセルソンの目にはチャンスとしか映らなかった。ニューヨークから日本、インド、エジプト、ドイツ、ユーゴスラビアと移動した。当時はまだ、民間の航空機が各大陸を横断するようになるのは何年も先のことで、空の旅は不規則で長い時間がかかり、揺れもひどかった。

しかしジェセルソンは、少々の逆風には動じなかった。同僚から「フィリップ・ブラザーズの点火プラグ」と呼ばれる彼には、必ず好景気が来るという絶対的な確信があった。[9] そして新しいトレーダーを何十人も雇い、世界各地にオフィスを開設しはじめた。

禿頭で無尽蔵のエネルギーにあふれ、縁の厚い眼鏡の奥から刺すような目を光らせるジェセルソンは、若いトレーダーたちの尊敬と忠誠心をかきたてた。「みんなジェセルソンを父親のような存在だと、若い社員に機会を与える人物だと見ていた」。ジェセルソンの指導のもとに育ち、一九七〇年代から八〇年代にかけてフィリップ・ブラザーズの経営に携わったデイビッド・テンドラーはそう語っている。[10]

一九五七年にジェセルソンは会社の経営を引き継ぎ、彼の指揮下でフィリップ・ブラザーズは、社員五〇人ほどの中規模の金属スクラップおよび鉱石の取引業者から世界有数の金属商社へと変貌する。そしてこの会社のDNAはつぎの世代のコモディティー・トレーダーへと受け継がれ、現在も世界のコモディティー取引業界を特徴づける商社の王朝を創り出していく。

石油でのヴァイサーと同じように、ジェセルソンは共産主義世界との金属取引を主導する先駆となった。まず最初に射止めたのは、一九四六年に彼が世界行脚で訪れていたユーゴスラビアだった。国営の金属公社ユーゴメタルとその生産物すべてを販売する契約を締結し、チトーの社会主義政府と資本主義アメリカとをつなぐ役割を果たした[11]。一九五〇年にはその価値は一年あたり一五万～二〇〇万ドルにも達し、フィリップ・ブラザーズの数年前の全売上高を上回った[12]。

一九五〇年代後半になると、フィリップ・ブラザーズはさらにソ連から合金鉄、東ドイツから銑鉄を買い付けていた。一九七三年には、「長年にわたってソ連のみならず他の東欧諸国とも相当量の取引を行ってきた」と年次報告書でも誇ることができた。結果としてフィリップ・ブラザーズは、モスクワに事務所を持つのを初めて許されたアメリカ企業一〇社のひとつとなった[13]。コモディティー商社は冷戦時代の敵国から輸入した金属を米軍の備蓄として供給すらした。ジェセルソンには政治的な意味合いなど関係なかった。重要なのはそれが儲けの出るビジネスであるかどうかだけだった。

ジョン・H・マクミラン・ジュニアは、ジェセルソンとはまたちがった世界の人間である。一〇歳以上年長で、スコットランドにルーツを持つアメリカ中西部の裕福な家庭で育った。だが両者とも、トレーディングというビジネスにかける情熱と尽きることないエネルギーにあふれ、ついていく者たちがへとへとになるほどだった。

誰からも「ジョン・ジュニア」と呼ばれたマクミランは、生まれながらにコモディティー取引の世界の住人だった。先代である父親もカーギルの経営者で、息子の教育はトレーダーたちが大声で注文を叫び合うミネアポリス商工会議所のフロアから始まった。それはきびしい、だが重要きわまりない修業時代といえた。カーギルでは、「トレーダー」でなく「ビジネスマン」とみなされるのは何にもまさる侮辱だった。

四角いあご、手入れされた口髭《ひげ》に、いつもしゃれた身なりのマクミランは、いかにも同族企業の社長らしく見えた。だが、その中西部人らしい落ち着きの裏にいるのは、創造性にあふれたビジネスマンだった。「とんでもなく忙《せわ》しない人で、絶えず発明し、創造していた」というのが実の息子による評だ。「父には何よりも、会社が一番だった。家庭よりも」[14]

そして一九五〇年代の初めに、マクミランはこの会社に新しい方向性が必要なのをさとった。カーギルはアメリカの国内市場に特化した閉鎖的な企業で、国際取引のブームに乗り遅れようとしていた。「われわれが大規模な輸出ビジネスの機会を逃しかけているのは恐ろしいことだ」とマクミランは部下の上級社員に語っている。[15]

この出遅れの理由の一端として、カーギルの創業場所が運よく世界有数の急成長を遂げる穀倉地帯だという巡り合わせがあった。おかげでカーギルは中西部の小麦やトウモロコシ、大豆を東海岸と西海岸の発展する大都市へ送り込む堅実な事業を展開できた。ヨーロッパや南米の競合他社が新しいビジネスを求めて海外に目を向けることを強いられたのに対し、カーギルにはその必要がなかった。

マクミランはその状況を変えようとした。フィリップ・ブラザーズのジェセルソン、マバナフトのヴァイサーのような世界展開を目指したのだ。そして一九五三年、世界市場への先鋒となるトラダックス・インターナショナルを設立した。一九五六年にはカーギルの国際取引の拠点として、トラダックスのジュネーブ本社を開設した。この都市が選ばれた理由は、「旅行と通信のためのすばらしい施設」があること、多言語の伝統、そして「ほどほどの法人税」だった。[16] トラダックス本社の開設は、スイスと国際的なコモディティー商社との長きにわたる実入りのいいパートナーシップの始まりを告げる出来事となった。

マクミランの戦略によってカーギルは、フィリップ・ブラザーズやマバナフトと同様、共産主義世界との新たな経済的結びつきを築くようになる。しかし他の先駆者たちの取引では、西側が共産圏からコモディティーを輸入していたのに対し、カーギルはそれとは逆方向の、アメリカの余剰農産物を世界へ向けて輸出する関係を作ろうとしていた――そこには鉄のカーテンの向こうにある国々も含まれていたということだ。この取引を後押ししたのが政府からの太っ腹な補助金だった。増産する一方のアメリカの農産物は国内だけではとても吸収しきれず、ワシントンは農家を支援するために何十億ドルもの輸出金融を行い、自国の食品を世界中に広めようとした。そして穀物商社は米国産穀物の波を伝播させるのに貢献した。カーギルの米国産穀物の輸出量は一九五五年から六五年のあいだに四倍に増えた。[17]

当初、穀物の輸出先はアメリカの同盟国だった。だがまもなく、カーギルをはじめとする穀物商社が共産圏にも穀物を売るようになった。先駆けとなったのはハンガリーで、一九六三年の後期に米国産穀物を一〇〇〇万ドル買い入れた。ついでカーギルはモスクワへ自社トレーダーを派遣し、さらに大規模な交渉をさせた――四〇〇〇万ドル相当の小麦の取引である。共産主義諸国とのビジネスはカーギルにとって願ってもない恵みとなり、一九六四年には過去二番目の年間利益を計上した。株主に対して、ソ連との取引は「社の根柢を支える刺激」だと説明しているほどだ。[18]

数百万ドル分の米国産小麦が共産圏に売却された件は、ワシントンに波紋を投げかけた。港湾労働者はストを打ってソ連行き穀物輸送船への積み込みを拒否し、労働組合はカーギルなどのコモディティー商社をボイコットするように組合員を促した。実際に売買を阻止しようとする議員も現れたが、実現は見なかった。

こうした騒動は、コモディティー取引の持つ政治的性質と、コモディティー商社が国際商取引の先駆者として蓄えてきた力を初めて示す実例となった。カーギルをはじめとする先駆者たちは、東西間の新しい取引ルートを確立していくなかで、政治家たちも予想していなかった米ソ間の商業上の和解を推進したのだ。しかしさらに数年もたつと、一九六三〜六四年のモスクワとの取引も単なる練習台に見えるほどの、はるかに大規模な、そしてはるかに政治的な危険をはらんだ取引が行われるようになった。

カーギルの国際戦略は圧倒的な成功を収めた。マクミランは一九六〇年に死去し、自分の会社がグローバル取引の頂点に上りつめるところは見ずに終わったものの、カーギルをその方向へ向かわせたのが彼であることは疑いない。「ジョン・マクミラン・ジュニアはカーギルの国際展開をお膳立てした天才だった」とカーギルの現CEOデイビッド・マクレナンは言う。「彼は現代的な会社を創り出したのだ[19]」

そのあとにテオドア・ヴァイサーが現れた。ジェセルソンとマクミランが一九世紀から続く金属・穀物取引業界の老舗の末裔なら、ヴァイサーはたったひとりで新しい事業を興した一匹狼だった。ナチス・ドイツが敗北し、ソ連の捕虜となったあとに帰国した彼は、かつての石油会社の勤め口がもう存在しないことを知った。そうした辛い経験もすべて、彼が自ら事業を興すという夢を叶えるための励みとなった。

新たなプロジェクトを開始するはずみとして、ヴァイサーはマーカード&バールス・ナフトプロダクトという休眠会社を七万ライヒスマルク（現在では一〇万ドル相当）で買い取った。主な理由として、この会社は輸出入許可証を持っており、形の上ではまだ外国の占領下にあるこの国では価値があった。ヴァイサーがモスクワを訪れる一九五〇年代には、その会社は草創期の精製品市場で広く知られるようになっていた。実際の呼び名は電報の略号――商号のマーカード＆バールス・ナフトプロダクトを短縮した「マバナフト」である。

　しかしヴァイサーのやったことは、ただ新しい取引ルートを開拓するだけにとどまらなかった。それまでなかったところに新しい産業を創り出すのに貢献したのだ。ヴァイサーがモスクワへ向かった一九五四年当時、本当の意味での石油の国際取引は存在せず、一握りの巨大企業だけがほぼ無制限の力を市場に及ぼしていた。一八五九年にアメリカのペンシルベニア州タイタスビルで石油が発見されたあと、一九世紀には石油取引が盛んに行われた時期も少しあった。だがスタンダード・オイル・トラストの創業者ジョン・ロックフェラーがアメリカの精製工場をほぼすべて買収して押さえてしまうと、石油取引が急に途絶えた。町に買い手がひとりしかいなければ、競争は起こらず、市場もなくなる。[20] そして石油の価格はロックフェラーが決定するようになった。

　アメリカ政府は一九一一年にスタンダード・オイルを解体したものの、石油市場はその後もずっと、油井と製油所、小売店などを垂直統合した少数の大企業による寡占状態が続いた。一九五〇年代、石油市場を支配する大企業は七社あった。のちに「セブン・シスターズ」と呼ばれる、現在のエクソンモービル、ロイヤル・ダッチ・シェル、シェブロン、ＢＰの前身となる企業群である。またその多くは、スタンダード・オイル解体後に作られた末裔だった。原油は各地の精製業者が設定した「公示価格」で買われていたが、この慣行はロックフェラーが始めたものだ。こうした石油メジャーによる寡占の外側で行われる国際取引は存在しないに等しかった。

国際石油市場の黎明期、セブン・シスターズは自らの市場支配力が脅かされるのを警戒し、ヴァイサーのような独立系トレーダーとの取引を避けようとした。大手企業による排他的な石油市場の支配を打破しようとするとき、必要なのは創造性と冒険心である――ヴァイサーはそれにうってつけの人物だった。友人たちから「テオ」と呼ばれる彼は、異国への旅が好きな生粋の冒険家で、世界のまだ見ぬ土地へ何週間、何カ月と続けて出張する不自由さもなんら意に介さなかった。

飛行機はファーストクラスに乗り、座席を一列分すべて予約し、どこへでも持ち運ぶ書類の詰まった大型のスーツケース数個をそばに置けるようにしていた。[21] 一九五一年、ヴァイサーはアフリカをめぐる三カ月の旅に出た。この大陸はほどなくフランス、ベルギー、イギリスの旧植民地が独立を迎える根本的な大変革のとば口にあった。モロッコのタンジール、カサブランカから入り、ダカール、ついでベルギー領コンゴのエリザベスビル（現在のルブンバシ）、レオポルドビル（同キンシャサ）へと移動した。そして行く先々で交渉を重ね、マバナフトがアフリカ大陸へ燃料を供給できるようにした。

モスクワとの取引を実現したとき、ヴァイサーは石油メジャーを迂回し、その包囲網の外で初めて原油を商った独立系トレーダーとなった。神をも恐れぬその暴挙の報いとして、彼はソ連から帰国するとすぐに国内での取引を拒否された。石油メジャーには懸念を持つ大きな理由があった。ヴァイサーの取引は、国際石油トレーダーが台頭しはじめるきっかけとなっただけでなく、ソ連の石油輸出の大幅な増加の始まりを示すものでもあったのだ。

マバナフトの創業者が初めてモスクワを訪れた一九五四年ごろ、ソ連の石油生産量は比較的少なく、ほぼ全面的に共産圏内で消費されていた。[22] セブン・シスターズの支配がおよばないところではあったが、向こうもアメリカの石油帝国に影響を与えることはなかった。

ところがヴァイサーの努力で開かれた輸出ルートは、まもなくグローバルな石油市場に大きな意味を持つようになる。一九五〇年代まで、ソ連で石油を主に産出していたのはカスピ海沿岸のバクーで、この地方の資源はすでに一九世紀から開発されていた。だが、地質学者たちの手でボルガ・ウラル盆地の新しい鉱床の開発が進み、ソ連の石油生産量は一九五五年から六〇年にかけて倍増した。[23] ソ連はベネズエラを押しのけて、一位のアメリカに次ぐ世界第二位の産油国となったのだ。

大地から得られるこの恵みは、モスクワの政治の風向きが変わり、書記長のフルシチョフが海外貿易の拡大を推し進めたのと時期的に一致していた。ソユーズネフチエクスポルトといったソ連の輸出機関の動きも活発になった。いわゆる自由世界へ向けたソ連の原油と石油精製品の輸出は、一九五五年から六五年にかけて日量一一万六〇〇〇バレルからほぼ一〇〇万バレルまで増加した。[24] この石油輸出キャンペーンは、西側の外交官たちが「ソ連の経済攻勢」と呼ぶものの最も目立つ表れとなった。

そのあいだコモディティー・トレーダーたちは、表立って派手に動くこともなく、世界の経済秩序の変革に力を尽くしていた。それまで鉄のカーテンの向こうに閉ざされていた供給元と、西側市場のあいだに取引のつながりを築き上げることで、多くの市場を支配していた寡占状態をこじ開けるのに貢献したのだ。そして数年のうちに、その波紋は世界中へ広がっていった。

しかしヴァイサー、ジェセルソン、マクミランの特筆すべき点は、経済的な影響力だけではない。今日でもまだ通用するコモディティー取引事業のモデルを創り出したことだ。

それ以前のトレーダーたちが特定の場所や市場に注力していたのに対し、マバナフトやフィリップ・ブラザーズ、カーギルは、自分たちが扱うコモディティーを世界的に商うことを目指した。第二次世界大戦前、フィリップ・ブラザーズのような金属商社は、すでにそのあとに売る相手が決まっている金属をパッケージで買うような取引に専念していた。たとえば廃品回収業者が電話で、金属スクラップを数百トン売りたいと言ってくる。すると商社は他のあちこちの取引業者に電信を送り、商社側に利益が出る価格で買い取ってくれる業者が見つかった時点で、金属の買い取りと売却の両方がほぼ同時に合意を見るというものだ。[25]そしてもうひとつのタイプは、生産者の代理として一トンにつきいくらという固定価格で販売するものだ。これは安全かつ予測可能な取引ではあったが、とくに大きな利益が得られる可能性はほとんどなかった。

ジェセルソンのもとで、フィリップ・ブラザーズはぐっと野心的になった。より大規模かつ長期的な取引を始めたのだ。生産国からの長期購入契約を、しばしば融資と引き換えに結ぶようになった。そうしてグローバルな供給取引のネットワークができあがれば、市場の混乱で価格が乱高下したときに多大な利益を上げられる。「いつも売るものを手元に持っておくことだ」と、同社で銅、鉛、亜鉛を専門にしていたエルンスト・フランクは説明した。「つねに取引できる状態でいれば、たまに本当の品薄が起こることがある。そのときに売るものがあれば、たっぷり儲けが出る」[26]

より大規模な取引には、より大規模で長期的な契約が必要になる――それには商品の供給元と消費者の名がぎっしり詰まった住所録がなくてはならない。先駆者たちは絶え間なく人との関係を育み、膨大な時間と資金を注ぎ込んで重要な取引先を確保しようとした。こうした個人的コネクションの重視は業界全体の強いこだわりとなり、一部の商社に古色蒼然とした魅力を与えていた。ビジネスコミュニケーションの主な形が、対面での会議から電子メールやビデオ会議に取って代わったあとも、トレーディング業界での傾向は変わっていない。たとえば金属商社のトランサミンでは、取引で損害を出したトレーダーよりも、取引先をまずい昼食に連れ出したトレーダーのほうが首を切られる可能性が高いといまだに言われるほどだ。[27]

石油取引という新興の分野では、とりわけ人脈作りが重要になってくる。この分野ではしばしば少数の政府関係者が、自国の莫大な石油資源をどう売るかの決定権を握っていた。そしてヴァイサーは誰とでも親しい関係を結ぶことのできる、生まれついての人たらしだった。毎年のようにニューヨークのセントラルパークにあるサンモリッツ・ホテルに石油関連の知人たちを集め、シャンパンと世界各国の料理が並ぶ豪華なパーティーを開いたりもした。ソユーズネフチエクスポルトのグーロフとはすでに関係を作り上げていたが、とても共産主義世界にとどまっていられるような人間ではない。ピッツバーグではガルフ・オイルの手強い幹部たちを口説き落とした。テキサスでは大富豪のハント一族が所有するハント・オイルとの契約をものにした。中東ではきわめて有力な首長《シェイク》や石油関係者たちとファーストネームで呼び合う仲になり、サウジアラビアの石油大臣シェイク・アーメド・ザキ・ヤマニなどは個人的な友人だと見ていた。

とくに抜け目のない商社はグローバルなネットワークを駆使して、世界経済の現状に関して比類ない洞察力を身につけていた。世界中の支社にトレーダーを配するだけでなく、社全体で情報を迅速に共有できるように通信システムにも資金を注ぎ込んだ。そして何十人もの社員が来る日も来る日もテレックスのメッセージを選り分けて貴重な情報を引き出そうとした。「わが社の通信システムは、おそらく国防総省や中央情報局を例外として、世界で最も進んだものだろう」と、一九八一年にフィリップ・ブラザーズのある幹部は豪語している。[28] こうした先進的な市場情報のネットワークとともに、各商社が自分たちの知見を守ろうとする秘密主義の文化が生まれた。

しかも商社の情報網はきわめて優れていたため、ライバルより確かな情報に基づいて市場に賭けることができた。一九五六年にイスラエルと英仏の軍隊がエジプトに侵攻したスエズ危機の際、ジュネーブにいるカーギルのトレーダーたちは輸送コストが上昇するほうに賭けた。やがてスエズ運河が閉鎖され、船がアフリカ回りの長いルートをとらざるを得なくなり、運賃は跳ね上がった。カーギルの政治と市場に対する洞察力の組み合わせが成果を出したのだ。[29] これは初期のトレーダーたちが開拓してきた戦略の精髄ともいえるものだった。可能なかぎり多くの契約者のリストを作り、あらゆる人脈から情報を引き出す――そしてその情報を利用して取引から利益を上げる。

だが、事業モデル以上に重要なのはおそらく、先駆者たちの社員への接し方だったろう。彼らが後継者たちに伝えた企業文化は、今日にいたるまでトレーダーに影響を与えつづけている。初期のコモディティー商社は、成り立ちやスタイルはいろいろでも、勤勉さや忠誠心、パートナーシップを重要視する点では共通していた。

若手社員はきびしい徒弟制で育てられた。フィリップ・ブラザーズでは、若手はみんな底辺の下働きからキャリアを始め、さまざまな部署に回されたあげく、やっとビジネスの基本を理解し、会社への忠誠を証明したと上司から認められるようになる。一九一九年に一五歳で見習いとしてフィリップ・ブラザーズに雇われたメンデル・バーンベルクは、だいたい朝の八時に郵便物を開封して仕分けをし、夜の一〇時に郵便物と電信を準備して郵便局に届けるのが日課だったと振り返る。

数十年たっても事情はさほど変わらなかった。一九五〇年代半ばにフィリップ・ブラザーズに入社し、のちにマーク・リッチ&カンパニーのトップに就任したフェリックス・ポーゼンも、やはり当初は郵便室に勤務し、電信で送られるメッセージの暗号化や復号化に励んでいた。「猛烈に働くのがいやだという人間は、フィリップ・ブラザーズに入るべきではない」とポーゼンは回想している。[30]

何世代もの若いトレーダーたちがこの儀礼を通過した。徒弟として経験を積み、根性や几帳面さ、謙虚さとともにコモディティー取引の基本も学んでいった。そして多くがその道に進み、何人かは世界有数のコモディティー・トレーダーとなった――そのなかに、一九五四年にニューヨークで見習いとしてキャリアを始めたマーク・リッチがいた。

徒弟としての長い年月が商社への忠誠を作り出した。ヴァイサーは社員を家族のようにみなし、彼らの欠点もほとんど不問に付した。だが、フィリップ・ブラザーズのトレーダーたちをこれほど強く結束させたのは、同じ経験の共有だけではない。経済的利害の共有もあった。一九五六年にフィリップ・ブラザーズは四〇人ほどの社員に自社株を分配し、結果として大富豪を何人か生み出した。何十人もの株主がいて、ひとりの大きな声が支配を振るうことがない、こうしたパートナーシップ構造は、その後に続くコモディティー商社のモデルとなった。それが社のトップトレーダーたちを固く結びつけ、社業に注力しようという強い動機を生み出したのだ。「われわれは社員を家族のように扱う」と、一九八一年にジェセルソンは語った。「つねにひとつのチームとして働く。誰も自分の意志を無理に押し通すことはしない。それが組織の変わらぬ強みとなっている」[31]

この事業モデルは功を奏した。一九七〇年代にはコモディティー商社が新たな経済秩序の重要な役どころを担うようになっていた。カーギルの上げる利益は、一九四〇年の約一〇〇万ドルから一九七〇年には二四〇〇万ドルに達し[32]、一九四七年に五五万ドルだったフィリップ・ブラザーズの利益は[33]、一九七〇年には三八七〇万ドルまで増えた[34]。またコモディティー商社は、単にグローバル取引の増加を利用しただけではない。輸送や資金調達の手段を整備し、世界中の買い手と売り手を結びつけるなど、取引を促進する役割も担っていた。

だが、そうしてコモディティー商社の規模と収益が高まっていくあいだも、世界はその増大する力にほとんど注意を向けなかった。なにしろコモディティーの供給は何年も前からずっと潤沢で、価格も安かったのだ。一握りのトレーダーたちが世界中の天然資源の流れに重要な役割を担っている、などと気づく者はごく少数だった。だが一九七〇年代、誰もがその安寧から揺り起こされることになった。世界で最も重要なコモディティーの価格がひとつ、またひとつと高騰しはじめたのだ。最初の衝撃が襲ったのは、最も基本的なコモディティーである穀物を扱う市場だった。

一九七二年夏、カーギルは好調の波に乗っていた。ジョン・H・マクミラン・ジュニアの弟子であるアーウィン・ケルムの指揮のもと、同社は売上高五〇億ドルを誇る企業へと成長し、世界最大の農産物商社の称号をわがものとした。鉄のカーテンの向こう側とのつながりを批判されながら、それもしのいでいた。楽な時期はほとんどなかった――絶えず市場に翻弄され、六〇年代の末には諸費用をまかなうのもぎりぎりになった。それでもケルムは一貫してカーギルのグローバル展開を推し進め、不況下でも国際ビジネスへの意欲を失わずに社の舵取りをしていった。

だから一九七二年の夏、ソ連の穀物公社エクスポルトフレブのトップ、ニコライ・ベローゾフがニューヨークを訪れてきたとき、カーギルは躊躇なく彼と協働しようとした。ベローゾフはヒルトン・ホテルで、カーギルの穀物部門トップのウォルター・〝バーニー〟・サンダースと顔を合わせ、翌年に二〇〇〇万トンの米国産穀物を買い入れる交渉に入った。その時点ではたしかに、総じて良い取引のように思えた[35]。

だが、やがてカーギルは衝撃に見舞われる。ベローゾフは白髪のまじった長身痩軀の人物で、ほとんど訛りのない完璧な英語を話した。そして共産主義体制下に生まれ、教育を受けたとはいえ、こと取引となるとアメリカのライバルに劣らず明敏だった。彼はニューヨークに着いてから、カーギルだけでなく、そのライバル社にも片っ端から電話をかけていた。

どの商社もひとつ残らず動き出した。ライバル社の幹部たちが取るものもとりあえず、はるかパリやブエノスアイレスからニューヨークまで飛んできた。あの一九六三年四月を、ソ連がカーギルから四〇〇〇万ドルの穀物を買い付けたときのことを覚えていたのだ。しかし今回のモスクワの狙いはそれどころではなかった。冴えないソ連の一官僚が、農産物取引史上最大の契約を締結させようとしていたのである。

ベローゾフは大手の穀物商社すべてとつぎつぎ交渉していった。カーギルと会う以前から、コンチネンタル・グレインのオーナー社長であるミシェル・フリブールと対面し、米国産小麦その他の基本食品を四億六〇〇〇万ドル分買い入れるという過去最大のコモディティー取引を成立させていた。その後もルイ・ドレフュス、ブンゲ、クック・インダストリーズ、アンドレ&シーの代表と会った。[36]そしてすべての商社から買い付けをした。どの商社も自分だけがロシアと大きな取引をしていると思い込み、他の商社がどれだけの量を売っているのかほとんど知らずにいた。

ベローゾフが買った穀物の総量が明るみに出たとき、各商社はさとった——これでは米国産の穀物が足りなくなる。このころソ連は穀物が不作になり、大飢餓の危険に瀕していたのだった。ベローゾフが穀物商社から買い付けた穀物と油料種子は、およそ二〇〇〇万トンにおよんだ。なかでも小麦の量は常軌を逸していた。一一八〇万トン——アメリカの小麦収穫量のほぼ三〇%である。市場がこの小麦の売却に気づいた時点で、国内での消費分、従来からの輸入国の需要分、そしてソ連に買われた分を足した量をまかなえるだけの穀物がアメリカにないのは明らかだった。

小麦、トウモロコシ、大豆の価格が高騰し、アメリカがこの一世代で経験したことのなかった食料インフレーションを引き起こした。ソ連がコンチネンタルと話し合いを始める直前の七月三日、カンザス州の製粉用小麦の価格は一ブッシェルあたり一・四四ドルだったが、その後一〇週間で六〇%上昇した。状況はさらに悪化した。ソ連との取引の翌年には、小麦の価格は三倍になった。トウモロコシと大豆の価格も上昇した。穀物価格の上昇に伴い、肉類の価格も高騰した[37]。国民は怒りに沸き立った。この出来事は一九六三年の大列車強盗をもじって「大穀物強盗」と呼ばれるようになった。

カーギルはこの怒りを受けて、自分たちがアメリカ市民の飢えから利益を得たわけでないことを示そうとした。一〇七年におよぶ社の歴史のなかで初めて、取引に関する情報を公にしたのだ。さらに監査役に依頼して、ソ連での販売で損失を出したことを証明する報告書を作成した。もはや確かなことだった。ベローゾフは西側の穀物商社を出し抜いたのだ。この業界がこよなく愛する秘密主義が、このときは裏目に出た。どの商社もみな契約内容を隠していたために、契約したのが自社だけでないことを知ったとき、苦境に立つことになった。どの商社もまだ手に入れていない穀物を、あとから公開市場で買えると当てにして、売ってしまっていたのだ。そして商社すべてが同時に買い入れようとしたために、価格が跳ね上がった。カーギルは議会に対し、ソ連の契約による損失は六六万一〇〇〇ドルに上ると公表した[38]。

しかしこの損失は、これが実際には黄金期であることを覆い隠すものだった。カーギルが議会で話さなかったことがあった。同社は市場に対する投機的な賭けで、一〇〇万ドルの儲けを得ていたのだ。一九七二—七三年度には一億七八〇万ドルの純利益を計上したが、これは前会計年度の一七〇%近い数字だった[39]。「記録的な利益、記録的な売上高、記録的なトン数、記録的な利ざや、記録的な問題の数々、記録的な出費、記録的な交通渋滞、記録的な価格と管理、記録的な数のアスピリン錠剤、そして記録的な人数による記録的な成果の年だった」とカーギルの幹部のひとりは言った。[40]

その利益の多くは、農家から現物の穀物を買って消費者に販売するという従来のビジネスではなく、純粋な投機によるものだった。カーギルの市場への賭けは、主にスイスのトラダックスが行っていた。ミネアポリスにあるカーギル本社のトレーダーたちは、トレーダー用語で「フラット・プライス」といわれる穀物価格の動向に賭けることはめったになかった。だがトラダックスでは話はちがった。ソ連の買い付けによって小麦が不足することを察したトレーダーたちは、価格が上昇するほうに大きく賭けたのだ。「フラット・プライスもプレミアム・ポジションも、かつてないほど大きく取った」というトラダックスの賭けは、もちろん当たった。一九七二年にトラダックスは六〇一七万ドルの利益を計上し、[41]ボーイングやコルゲート・パーモリーブといったアメリカ屈指の大企業の同年の収益を上回った。[42]

アメリカ政府の鼻先で、地政学上の最大の敵におよそ一〇億ドル分もの穀物を売る——それはコモディティー商社が蓄えてきた力を示すのに十分な出来事だった。第二次世界大戦後の一〇年間、アメリカは世界最大の穀物供給国となり、商社は穀物輸出の先陣を切って、米国産食品を世界に届ける大使の役割を果たした。だが実際の大使とはちがい、商社はアメリカ政府に雇われる立場ではない。政府は商社を規制する力をほとんど持たないばかりか、例の売却のことも事件が発覚するまで何も知らなかった。そして気前のいい輸出信用のおかげで、ソ連による穀物買い付けは底値で行われ、その支援のためにアメリカの納税者が払った三億ドルもの現金が使われたのだ。[43]世論は即座に反応し、轟々たる非難が巻き起こった。一九七二年九月のニューヨーク・タイムズ紙の第一面には、「ソ連との穀物取引はクーデターに等しい」という見出しが躍った。[44]

ベローゾフがニューヨークのホテルで行った数々の取引は、世界がコモディティー商社の手に蓄えられた権力に気づくきっかけとなった。二〇年にわたるグローバルな成長のあとで、世界はかつてないほどの量の天然資源を消費し、またそうした資源の国際取引に頼るようになっていた。それはつまり、世界がそうした取引の先駆けである少数の人間にますます依存しているということでもあった——コモディティーの流れの周囲に独自の業界を発展させてきた、ヴァイサー、ジェセルソン、マクミランとその後継者たちに。

だが、ソ連がアメリカの穀物倉庫を急襲したこの事件は、やがて起こることの前触れにすぎなかった。まもなく穀物市場と同じような混乱が、二〇世紀の経済すべてにとって最も重要なコモディティーに降りかかることになる。テオドア・ヴァイサーが二〇年前にソ連を口説き落として引き出した資源——すなわち石油に。

第2章　石油のゴッドファーザー

一九六八年四月二五日、リンドン・B・ジョンソンの机に、中央情報局（CIA）から届いた「大統領日報」が置かれていた。世界中のニュースを簡潔にまとめた極秘文書であり、いわばCIA版リーダーズ・ダイジェストだ。

この日はベトナム戦争、ソ連情勢、中国の弾道ミサイル開発に関する最新動向のあとに、大統領の目を引き寄せるものがあった。アメリカのスパイ組織が要注目とみなした石油の地政学に関する情報で、内容はこうだった。

「イスラエルがスエズ運河を迂回するために、四二インチの石油パイプライン建設に着手する見込み」と日報は始まっていた。添えられた地図には、紅海を臨む港町エイラートからイスラエル国内を北へ向かい、地中海岸のアシュケロンにいたるパイプラインのルートが示してある（巻末付録3の地図を参照）。同パイプラインの建設は、イスラエルとその最大の敵と目される国とのあいだに、石油と鉄鋼で築かれた同盟関係があることを示している、とCIAは締めくくっていた。「同パイプラインに相当する量の石油の供給源と考えられるのは、イラン一国のみ」[1]

　このパイプラインの敷設とＣＩＡが寄せる関心は、石油が世界経済に果たす役割が重要度を増しつつあること、また中東の危うい政治に依存していることの表れだった。そしてアメリカ政府の利害も大きくなりつつあった。一九六〇年代後半から七〇年代初めにかけて、世界の富裕国は石油を大量に求めるようになった。一九四八年から七二年のあいだに、アメリカの石油消費量は三倍に膨れ上がった――まったく前例のない増加だったが、他の国々での状況はそれをはるかに上回った。同じ期間に西ヨーロッパ諸国の石油需要は一五倍、日本では一〇〇倍以上も増加したのだ[2]。

　そして同じころ、セブン・シスターズの市場支配は次第に揺らいでいた。一九五四年のヴァイサーの訪ソに端を発した一連の出来事によって、産油国は欧米の大企業の販売網とは別のところで自国の原油を売ることが容易になった。市場の開放が始まり、モスクワはセブン・シスターズの設定した「公示価格」をはるかに下回る価格で原油を売った。

　徐々にむしばまれていた欧米企業の寡占がさらに重大な転機を迎えたのは、一九六〇年八月だった。ソ連産の石油に市場支配力を弱められたスタンダード・オイル・オブ・ニュージャージー（のちのエクソンモービル）の幹部たちが、自らの責任で中東の公示価格を七％引き下げたのだ。ただしその石油を産出している当の国々の政府に諮ることをしなかったため、中東の首長たちは怒り心頭に発した。収入が減ること、値下げの相談がなかったことに憤った産油国は、行動を起こすと騒ぎ出した。一カ月後、サウジアラビア、ベネズエラ、イラン、イラク、クウェートの各石油大臣がバグダッドに集結した。そして四日におよぶ協議の末、一九六〇年九月一四日に、石油輸出国機構の誕生を発表した――ＯＰＥＣである。

　これが一九六〇年代から七〇年代にかけてエネルギー業界に起きた変化の第一歩だった。ＯＰＥ

Cの保護のもと、各国は断固とした姿勢を強めながら、石油資源の国有化を進めはじめた。外国企業が留まるのを許された地域でも、以前より多くの利潤と税金をその国に渡さざるを得なくなった。この変化が幕開けとなって、新たな時代が到来した――OPECが石油市場と世界経済を覆し、セブン・シスターズの支配を永久に終わらせ、コモディティー商社の手に巨大な力がもたらされる時代だ。産油国が石油産業を国有化するにつれ、コモディティー商社はその原油を国際市場へ売りに出すための重要なパイプ役となった。石油の売買を決定する主役が大手石油会社からコモディティー商社へと移り、中東、アフリカ、ラテンアメリカの新たな石油国家へと権限がもたらされた。

折しも世界中で、アメリカの寡占企業の手で慎重に統制される経済から、市場が神となる自由競争経済への変化が起きつつあり、結果としてコモディティー・トレーダーがその先駆けとなった。それから一〇年にわたって原油価格は乱高下し、アメリカからイランまであらゆる国を巻き込んだ政治的混乱のなか、グローバル経済の輪郭は描き直されることになる。そしてこの新しい時代の可能性を誰よりも見通し、全身全霊をかけてつかみ取ったトレーダーがいた。その名をマーク・リッチという。

当時フィリップ・ブラザーズの若手トレーダーだったリッチは、一〇年以上前にヴァイサーが示したとおりのことに気づいていた――原油は取引可能であると。そしてのちにはグローバルな石油市場を操るようになる。だがその訓練の場となったのは、イスラエルが秘密裏にイランの支援を受けて建設していたエイラート―アシュケロン・パイプラインだった。

一九七九年のイスラム革命以前も、この両国は奇妙にねじれた関係にありながら、経済的利益で結びついていた。イランは石油の売り手として、イスラエルは買い手として、ともにスエズ運河を通らずにペルシャ湾から地中海まで石油を運ぶ手段を求めていた。

そして数年前から内密にパイプライン建設を画策していたが、なかなか進展が見られなかった。だが、すべてが一九六七年に一変した。中東での緊張が高まっていたさなかに、イスラエルがエジプトとシリアに奇襲攻撃を仕掛けたのだ。エジプト大統領ガマル・アブデル・ナセルはスエズ運河閉鎖という対抗策で応じた。戦争は六日間で終わったものの、運河は一九七五年まで再開されなかった。この閉鎖はあまりに突然で、一五隻の船舶が運河内に閉じ込められ、八年間も出られないという事態になった。

スエズ運河閉鎖はグローバル取引に多大な影響を及ぼした。この水路は当時もいまも、石油市場にはきわめて重要な航路で、イラン、サウジアラビア、アラブ首長国連邦の巨大油田から欧米に石油を運ぶ最短ルートである。ナセルによる閉鎖で、中東の石油はアフリカの角を回って南下するルートをとらざるを得ず、配送の遅れと大きなコスト増を強いられた。

イランとイスラエルはこれに対抗しようと、運河を迂回する形で、紅海からイスラエル国内を通って地中海に達する、全長二五四キロのパイプライン建設計画を早急に進めた。両国の代表が秘密裏に会合を持ち、細部を徹底的に話し合った。当時のイランの国王《シャー》がじきじきに仲介に立ったあと、両国はつぎのとおり合意を見た。トランスアジアティック・カンパニーという共同出資の事業体をスイスに設立し、石油パイプラインの建設・運営を行う。それぞれの国が半分ずつ所有していることを隠すために、イラン側はリヒテンシュタインのペーパーカンパニーを、イスラエル側はパナマにある事業体を利用する。[3] 今日でもイスラエルのハアレツ紙はこの会社を、「イスラエルで最も秘密に包まれた企業[4]」と評している。

この陰の世界に入り込んできたのが、コモディティー商社だった。ヨーロッパの石油輸入業者は、パイプラインを通ってきた石油を扱えば、イスラエルを排斥しているアラブ諸国と敵対することになると恐れた。イランとイスラエルには、自分たちの新しい取引ルートを活かしつづけるために助けが必要だった——そうなったときに、ほぼ電話と鋭い洞察力だけで世界のどこでも石油を売買してみせる、新しいタイプのトレーダーたち以上に頼れる存在がいるだろうか。マーク・リッチのような野心的で積極的なコモディティー・トレーダーにとっては、まさに絶好のチャンスだった。

のちに石油市場のゴッドファーザーとなるその人物は、一九三四年にベルギーのアントウェルペンで、マルセル・ダーフィト・ライヒとしてユダヤ人の家庭に生まれた。父親は織物や靴の売り買いで生計を立てていたが、ドイツ育ちだったため、幼いマルセルはドイツ語とフランス語を話しながら育った。

彼の幼少期は、当時の多くのフィリップ・ブラザーズのトレーダーと同様、ヨーロッパでのナチズムの台頭によって形づくられた。一九四〇年五月に彼の父親は、その後の目的のために買った黒のシトロエンに家族みんなを乗せ、フランスへ逃げた——ドイツ軍がアントウェルペンに進攻する一週間前のことだった。一家はフランスから船でモロッコまでたどり着き、難民キャンプで数カ月を過ごした。そしてなんとかアメリカの入国ビザを手に入れた。一九四一年、六歳のマルセル・ライヒは、英語もろくに話せないままアメリカの土を踏んだ。

一家はまずニューヨークの叔母の家に落ち着き、その後フィラデルフィア、カンザスシティーと移り住んだ。その結果、自分の意思でマーク・リッチとアメリカ風の名前に変えた少年は、ほぼ毎年ちがう学校に通うことになった。[5] このころからリッチは、自分がアウトサイダーだという意識を持ち、その後もずっと失わずに持ちつづけた。ビジネスへの情熱を見いだしたのもこの時期だった。

一九四〇年代末に一家はニューヨークへ戻り、リッチは空いた時間には麻袋用のジュートを輸入する父の仕事を手伝っていた。一〇代のリッチはハイスクールの卒業アルバムに、自分にとっての夢の職業はもうわかっていると書いた——それは「ビジネス」だと。[6]

リッチはニューヨーク大学に入学したが、卒業することはなかった。父親の知人のつてで、フィリップ・ブラザーズに見習いの職を得たのだ。一九五四年には一九歳で、金融地区のウォール街から角ひとつ曲がったパイン通り七〇番地の高層ビルにあるオフィスに勤めはじめた。まずは他の見習いたちと同じく、郵便室からのスタートだった。

だが、そこに長くいることはなかった。リッチには見逃しようのない才能と意欲があった。「彼はすばらしい同僚でした。じつに頭が良く、数カ国語を操り、とてつもなく仕事熱心だった」と、リッチとともにフィリップ・ブラザーズで、のちにはマーク・リッチ&カンパニーでも働いたフェリックス・ポーゼンは振り返る。[7]やはり同期だった別の人物の記憶では、リッチはいつも朝一番に出社し、八時半になって他の準社員たちが出社してくると、「グッド・アフタヌーン」と嫌味を言っていた。[8]彼が郵便室から昇格し、上級トレーダーのひとりのもとで仕事をするようになるのに、長い時間はかからなかった。

このころリッチがすでに示していたビジネスの才と、進んでリスクを取ろうとする意欲との組み合わせは、やがて途方もない成功をもたらすことになる。彼は水銀取引の責任者を引き受けた。水銀はコモディティーにおけるニッチ市場で、駆け出しのトレーダーにまかせても問題ないという程度の扱いだった。古くは銀の抽出、体温計、梅毒の治療などの用途があったが、一九五〇年代にはいろいろなバッテリー、とくに軍用機器に使われるようになっていた。水銀の需要は急速に高まっていく。リッチは次第にそう確信するようになり、生産者と交渉して供給を確保した。まもなくワシントンには資源不足を警告する声があふれ出し、リッチの正しさが証明された。一九五四年半ばに政府が開始した大規模な備蓄計画によって、グローバルな水銀生産のほぼ三分の一に相当する量の水銀の買い付けが指示されたのだ。そのためにマーク・リッチの水銀は突然、ひっぱりだことなった。

それ以来リッチはフィリップ・ブラザーズの新星として、ビジネスの確保や問題解決のために世界各地へ赴任するようになった。ボリビアで六カ月過ごしたあと、革命後のキューバに飛んで、フィデル・カストロの新政権と交渉した。南アフリカ、インド、オランダでも一仕事した。一九六四年には三〇歳でマドリード支社長に任じられ、社の次世代リーダーのひとりとして地歩を固めた。

必要とあれば、リッチは魅力を振りまくこともできたが、親しい友人は少なかった。彼と食事をしたある鉱山会社の幹部の記憶では、感じの良い人物だが、どこか冷たい印象があったという。[9]「彼にとっては、ビジネスと趣味は同じものだった」とダニー・ポーゼンは言い、こう振り返る。自分が準社員だったころ、よくリッチのリムジンの前で夜遅くまで待っていたが、リッチはずっとオフィスのなかでその日届いたテレックスに囲まれ、仕事の議論にふけっていた。[10]

その徹底した目的意識は、対人関係にまでおよんでいた。温厚で鷹揚な態度でいるときも、相手から何か情報や利益を得ようとしている印象が拭えなかった。ペルー人のロケ・ベナビデスは家族で鉱山業を営んでいるが、リッチの家で食事をしたときのことを、「彼はすばらしいホストだった」と回想する。ワインが惜しみなく注がれ、ベナビデスは「すっかり酔っぱらって」ホテルまで帰った。しかしリッチはそれと同時に求めるものを手に入れていた。ベナビデスの鉱山からの一〇年におよぶ購入契約を。[11]

フィリップ・ブラザーズで初めて石油を扱ったトレーダーは、実はリッチではなかった。その名誉にあずかったのはミラノ支社長のアラン・フラックスである。一九六九年にチュニジアの顧客を訪れたとき、二万五〇〇〇トンの石油が売りに出されるかもしれないという情報を入手したのだ。

フラックスはマンチェスター出身の金属トレーダーで、石油のことはまったくといっていいほど疎かった――フィリップ・ブラザーズの他の社員もそれは同じだった。とはいえ、金属を商うのとそう変わりはないはずだ。彼はそう考え、何本か電話をかけて、その石油を買い取ろうという精製業者を見つけた。数日の話し合いの末に、チュニジア側と価格面で合意すると、すぐにそれより少しだけ高い価格で売り渡した。事実上リスクがゼロのこの取引で、フィリップ・ブラザーズはおよそ六万五〇〇〇ドルという、当時としては破格の金額を手にすることになった。「あれはバック・ツー・バック取引で、保管の問題もからんでこないし、金も前払いだったので、とても安全だった」とフラックスは語った。[12]

しかしリッチの持ち前の積極性、それに新たなコモディティーへのむき出しの熱意によって、彼はたちまちフラックスに取って代わり、社の看板石油トレーダーの地位に就いた。「私がコモディティー商社で働いていた時期、セブン・シスターズの寡占が終わろうとしていた。世界が突然、産油国から消費国へ石油をもたらす新しいシステムを求めるようになった。私がやったのはまさにそれだった」。二〇一三年に死去する数年前、彼は伝記作家にそう語っている。[13]「セブン・シスターズがいようと石油の取引はできる、そのはずだと思った」。そして初期の成功を果たす鍵となったのが、エイラート―アシュケロン・パイプラインだった。

パイプラインを通じての取引は、秘密のベールに包まれていた。イラン側は港湾当局に対して、ペルシャ湾でイラン産の原油を積み込んだタンカーが「注文に応じてジブラルタルへ向かう」と伝える。しかしそのタンカーがジブラルタルに現れることはない。船は秘密裏にエイラートに入港し、積み荷の原油を降ろすと、空荷でまたイランに現れる。見ている側は、どこで積み荷を降ろしているのか、ただ想像するしかない。一九七〇年にサンデー・タイムズ紙はこの取引について記事を発表し、「消えるタンカーの謎」と呼んだ。[14] イスラエル側もやはり秘密主義を保った。イスラエル政府は、自国の港で原油を積み込んでヨーロッパの顧客に供給している船舶についての情報を完全に遮断し、この石油の流れ全体を実質的に隠蔽していた。

リッチがこの取引をやり遂げるには、生涯の協力者となる同僚の存在がなくてはならなかった。ピンカス・グリーン、通称「ピンキー」は、ステンレス鋼の合金に使われるクロムの取引で経験を積んだ人物である。一九六八年当時のイランは世界第八位のクロム生産国で、[15] グリーンは取引の交渉のためにたびたびテヘランとのあいだを往復していた。

グリーンがイランとのコネクションをもたらす一方——彼は「提督」ともあだ名されるほどの海運の達人でもあった——リッチはなんとかして石油を市場に出せるだけの山師的な資質を持っていた。「そこにパイプラインがあった。じつに魅力的だと私は思った」とリッチは言った。「だが石油がイスラエルを通ってくるということで、みんなそのパイプラインを使いたがらなかった」

リッチは躊躇しなかった。彼とグリーンはこのパイプラインをどんどん活用し、ヨーロッパ中にイラン産石油を売りまくった。買い手としては、政治的にデリケートなパイプラインとのあいだにフィリップ・ブラザーズが介在してくれるのだから、このお買い得のチャンスを逃す道理はない。「価格面で大きなアドバンテージがあった」とリッチは言った。「パイプラインを通じてイランの原油を輸送するのは、アフリカをぐるっと回るよりもずっと安上がりだった」

「大地主」――イスラエルでイランのシャーはそう呼ばれた――は大喜びした。この二五四キロのパイプラインで、アフリカ南端を回り込んだときの二万二〇〇〇キロの移動が必要でなくなるため、イランの原油は地中海のどのライバルよりもはるかにコスト競争力があった（巻末付録3の地図を参照）。石油の供給は一九六九年一二月に始まり、翌年には一六二隻のタンカーが降ろした七五〇〇万バレル近く（日量約二〇万バレル）がパイプラインに流れ込んだ。

しかしフィリップ・ブラザーズの社内では、イスラエルのパイプラインは高リスクだとみなされていた。リッチはパイプラインで運ばれる石油に保険をかけていなかったことで会社の上役たちから手ひどい叱責を受け、首を切られるのではと心配した[16]。だがそんな叱責にもリッチの勢いは鈍らされなかった。初めはフィリップ・ブラザーズで、のちには自分の会社で、彼はエイラート―アシュケロン・パイプラインを通じて年間六〇〇〇万～七五〇〇万バレルのイラン産石油を輸送しつづけた。それはリッチ本人の言葉でいえば、「とても、とても重要なビジネス」だった[17]。

リッチが石油取引を始めたのは、これ以上ない最高の時期だっただろう。

一九六〇年から七〇年にかけて、独立系石油商社の突き上げが次第に強まってはいたものの、セブン・シスターズはまだ市場をおおむね支配していた。石油価格もほとんど変動していなかった。中東産の原油価格の基準となるアラブ・ライトは、一九六〇年代初めに一バレルあたり一・九〇ドルだったのが、一〇年後には一・七六ドルになった――この下落は、ヴァイサーらトレーダーたちに導かれて市場に出たソ連産原油の輸出が増えたことによる。ところが七〇年代が始まるとトレンドが逆転し、原油価格は上昇を始めた。石油市場に危機が起きようとしていた。その要因や意味合いは誰の目にも映っていたはずだが、関心を向ける者は少なかった。

一九七一年、アメリカ大統領リチャード・ニクソンは、それまでずっと米ドルの価値を支えてきた金本位制を廃止した。その動機は石油とはほとんど関係がなく、アメリカ経済を下支えするという意味合いが強かった。だが、石油市場に及ぼす影響は甚大だった。アメリカ通貨の価値が下がると、ドル建てで石油を売っていた中東諸国の収益も悪化した。そこからOPEC諸国で、自国の資源の支配権を欧米企業から奪還しようという動きが強まった。アルジェリアからイラクにいたるまで、どの国もそれまでセブン・シスターズにほぼ支配されていた石油産業の収益からもっと多くの取り分を求めるようになった。そうした声はすぐに大きく高まり、完全な国有化を要求するまでにいたった[18]。こうした流れに長らく抵抗していたサウジアラビアもアラムコを通じて、アメリカ企業が支配する莫大な石油備蓄を一部還元することを強く求めはじめた。一国また一国と、グローバルな石油市場に築いたセブン・シスターズの牙城は崩されつつあった。

石油メジャー各社とも、値上げ以外にほぼ道はなかった。一九七一年に一バレルあたり二・二四ドルだったアラビアン・ライトは、七二年には二・四八ドル、七三年には三・二九ドルに上がっていた。さらに悪いことが待っていた。一九七三年四月にアメリカの外交官ジェームズ・エイキンズがフォーリン・アフェアーズ誌に「石油危機——今度こそ狼は来る」と題する小論を発表したのだ[19]。マーク・リッチがこの記事を読んだかどうかはともかく、彼にも原油価格が高騰するという確信があった。

一九七三年の春、イラン国営石油会社がリッチとグリーンにある話を持ちかけてきた。一〇〇万トン（約七五〇〇万バレル）の原油を売りたいという。大きな契約だが、ひとつ問題があった。現行の一バレルあたり三・二九ドルの公定価格ではなく、バレル五ドルだというのだ。テヘランで商談を主導していたグリーンは、原油価格がさらに上昇しつづけると確信し、契約を結んだ。賭けは賭けだが、勝算のある賭けだった。リッチとグリーンは独自の人脈から、石油市場で何か大きなことが起きようとしていることを聞きつけていた。具体的に何かはわからないが、それでも二人は取引に応じた。

ジェセルソンはその話を聞いて、逆上した。「無責任だ、そうとしか言いようがない」と怒り心頭で言った。[20]何カ月も前からジェセルソンはリッチとグリーンに、もっとペースをゆるめるように、過度のリスクを避けて「会社を危険にさらさない」ようにと釘を刺していた。自分とニューヨークにいる上層部は「ショックを受けた」と、ジェセルソンは語った。あの二人が取引の一部に、「同時に当該の石油を売却する契約を成立させないまま」合意していたからだった。[21]ジェセルソンのような金属トレーダーなら、ロンドン金属取引所を利用することで市場の変動へのエクスポージャーを相殺できるのだが、石油には取引所がないため、リッチとグリーンは石油価格の急な変動が契約に及ぼすリスクを排除できなかった。二人がある量の石油を買えば、その時点と場所で価格が固定される。もし価格が上がれば大儲けできるし、下がればその分がまるまる損失となる。

イランとの取引は、ジェセルソンの我慢の限界を超えていた。契約の額面は三七五〇万ドル。もし価格が期待したように上がらず、公定価格で売らざるを得なくなれば、一三〇〇万ドル近い損失をこうむることになる――当時のフィリップ・ブラザーズにはたいへんな額だった。

大西洋を挟んで激昂した会話が交わされたあと、ジェセルソンはリッチとグリーンに、買い手を見つけてイランの石油をただちに処分するよう命じた。「誰もあの二人をというか、ビジネスを制御できなかった。二人は速く動きすぎていた」と、のちにフィリップ・ブラザーズで石油部門のトップとなるトム・オマリーは振り返っている。[22]

それでもリッチとグリーンは、難なく石油の買い手を見つけた――そして一バレルあたり五ドル強という多少の利益が得られる価格で、アメリカの石油精製会社アシュランド・オイル（現在のマラソン・ペトロリアム）に売却した。これは社の上役たちにとって、リッチとグリーンの市況観が正しいという証拠となるはずだった。一九七三年の半ばには、一バレルあたり三・二九ドルの公定価格はもう実質価格ではないことがはっきりしていた。すでにバレル五ドル以上で原油が売買されていたのだ。だがジェセルソンは注意を向けなかった。彼が自身の見込み違いを目のあたりにするのは、そのわずか数週間後のことだった。

一九七三年九月、国際石油会社のグループとOPECがウィーンで協議の席に着いた。多くの人間の目には、原油価格が大幅に高騰するかどうかというのではなく、それが「いつ」起こるかの問題なのは明らかだった。当時の日本の首相がテレビインタビューで発言したことは、緊急の警告だと感じられたにちがいない。「一〇年以内に石油危機が来るのは明らかだ」。だが実際には、一〇日後というほうが近かった。[23]

一九七三年一〇月六日、ユダヤ教の最も神聖な日「ヨム・キプール」を迎えて、イスラエルは静まった。だが同じころ、エジプトとシリアは、一九六七年に失った領土を回復しようとして、戦いの準備を進めていた。その日の午後、エジプト軍がスエズ運河を渡ると同時にシリア軍はゴラン高原へ移動し、連係してイスラエルに攻撃を加えた。

戦争が激化するなか、ウィーンでのOPECと欧米の大手石油会社との協議は二カ月目に入り、膠着状態に陥った。産油国側は価格を二倍にすることを求めていた。各国政府から圧力を受けた石油会社側は、せいぜい一五％の値上げにしか応じられないと主張した。会議は深夜におよび、代表たちの部屋は煙草の煙でかすんでいた。アラブの石油担当官たちは戦況を伝える新聞の切り抜きを回し読みしながら、欧米各国の政府がイスラエル支持であると感じ、憤っていた。石油メジャーの幹部たちは自分たちに不利な空気を感じ取っていた。そしてＯＰＥＣ諸国が石油を武器に使おうとするのを恐れた。

エクソンのジョージ・ピアシー、シェルのアンドレ・ベナールが大手石油会社を代表して協議を主導し、それぞれの本社に指示を仰いだ。各社ともその問いかけをそれぞれの国の政府に伝えた。反応はほぼ同じだった。ワシントン、東京、ロンドン、そして欧州数カ国の政府は、断固として譲るなと答えた。ＯＰＥＣが求める大幅な値上げに世界経済は耐えられない、と。

開戦から六日たった一〇月一二日、石油会社の幹部たちはインターコンチネンタルホテルの最上階にあるスイートに、サウジアラビアの石油担当大臣シェイク・ヤマニを訪ねた。彼らは悪い知らせを携えていた——何もニュースがない、というニュースを。石油会社側にＯＰＥＣの要求に応じる用意はなかった。サウジアラビアの外交官として長年の経験を持つヤマニは、夜どおし交渉を続ける覚悟でいた。この取引で合意を取りつけられなければ、中東はさらに大混乱に陥る。そう恐れたヤマニは、石油会社の幹部たちに、あなたがたの姿勢はまちがっていると警告した。そしてひとりずつにコーラを注文し、ゆっくりとグラスにライムを絞りながら、幹部たちがどう出るかを待った。

だが、何も出てこなかった。ピアシーは無骨なエンジニアで、外交的なお追従を並べる余裕はなかった。彼にしてみれば、これ以上の話し合いに意味はなかった。ヤマニはため息をつくと、幹部たちがいる目の前で電話の受話器を取り、その知らせをアラブの他の代表に伝えた。さらにバグダッドに電話をかけ、アラビア語で興奮気味にまくしたててから、石油会社の幹部たちに告げた。「彼らはたいへん怒っている」。ウィーンの同じホテルに投宿していたクウェートの石油大臣も、翌朝早くパジャマ姿で協議に加わった。だが、議論できることはあまりなかった[24]。

結局、進展のないまま散会となった。幹部たちが部屋を出ていくとき、ひとりがヤマニに、このあとどうなるのかと訊いた。「ラジオを聴けばわかる」とサウジの石油大臣は答えた[25]。

数日後、産油国の大臣たちが集まったクウェートからのラジオ報道があった。そしてまもなく、原油価格の上昇に賭けたリッチとグリーンの先見の明が確かなものとなった。一〇月一六日、産油国側は一方的に七〇%の価格引き上げを発表した。ヤマニは意気揚々としていた。「私が長らく待ち望んでいた瞬間だ。その時が来た。われわれは自分たちのコモディティーを取り戻した[26]」

翌一〇月一七日にまたOPECの会議が開かれ、今度はアラブ諸国だけが参加した。戦況の激化に伴い、一部の大臣たちはイスラエルと、アメリカを含むその同盟国に対する全面的な経済封鎖を強く求めた。会議の終了後、アラブ諸国はひと月に五%の減産を「イスラエルに関するアラブの政治的要求が叶えられるまで」実施すると発表し[27]、アメリカをはじめイスラエルに友好的だとみなした国々への禁輸に踏み切った。かつての十年一日のごとく安定した原油価格の時代は終わりを告げた。それ以降、世界で最も重要なコモディティーの価格は、中東の政治の意のままとなっていく。

原油価格が一バレル一あたり一一ドル五八セントに高騰し、リッチが数カ月前にイランから原油を買うことで合意していた価格の二倍以上になっていた。この契約をフィリップ・ブラザーズから引き継いだアシュランド・オイルは、まんまと大儲けした。かりにリッチとグリーンが契約を継続するのを許されていれば、とてつもない利益が上がっていただろう――ただ一回の取引で五〇〇〇万ドル近くという、フィリップ・ブラザーズのそれまでの年間収入をはるかに上回る額だ。

リッチとグリーンは、石油市場が激動の時代に入りつつあるのを理解していた。そしてそれは、大手企業よりもコモディティー商社が優位に立つ時代だった。「われわれが目のあたりにしているのは、石油産業における重心の移動なのだ」と、この市場を初期に記録していたヤン・ナスミスは書いた。石油業界の力の中枢は、ロンドンやニューヨークやサンフランシスコにある大手石油会社の本社ではなく、コモディティー商社が本拠とするスイスの街へ移った。「チューリヒ、ジュネーブ、バーゼルのオフィスは、以前なら大手石油会社も満足しただろうと思われるほどの規模で原油を提供しており、いまは実際にそうした石油会社も顧客として加わっている」とナスミスは記した。[28]

グローバル経済と世界政治にとって、それはすさまじい大変動だった。石油はここ数十年でいつのまにか、世界経済が健全であるために欠かせないコモディティーとなっていた。市場は長年にわたって安定し、予測可能だった。ところがいま、石油価格は手綱を解かれ、一夜にして三倍、四倍に暴騰して、未曾有の変動性の時代の先触れとなった（巻末付録4の表を参照）。第二次世界大戦後から続いていた世界的な好景気は、唐突に終わった。経済学者は「スタグフレーション」について説明し、景気後退と高インフレが同時に起こるこの現象は一世代にわたって爪痕を残す、といった暗い話をしはじめた。とくにショックが大きかったのは、どこの国にもまして自動車を熱狂的に信奉するアメリカだった。アメリカのドライバーたちは突然、給油のために列を作らなくてはならなくなった。

中東の油田の国有化は、セブン・シスターズが数十年かけて慎重に築き上げ、培ってきた寡占体制をこじ開けた。OPEC諸国は石油資源を掌握することで、オイルダラーの流れ込む先を石油メジャーの金庫から自分たちの国庫へと逆転させたのだ。欧米諸国は中東の石油に依存しきっていたことを懸念しはじめ、それがつぎの半世紀にわたる外交政策の大きな動因となった。[29]

セブン・シスターズの支配の外でどんどん石油が売られるようになり、マバナフトやフィリップ・ブラザーズなど独立系商社にもチャンスが増えていった。セブン・シスターズが支配下に置く市場が減りはじめると、価格を決める力も衰えていった。代わりに売り手と買い手が入り乱れる競争市場のなかで価格が決まるようになった。そして市場の王として君臨したのが商社だった。

それまでも小麦、コーヒー、銅などの他のコモディティーでは、商社が長らくブローカーの役割を果たしてグローバル取引の流れを円滑にしていたのだが、石油市場も同じような様相を呈しはじめた。そして原油価格の高騰は、その利益が桁外れなものになることを示していた。フィリップ・ブラザーズなどの古いコモディティー商社もまもなく、原油を買って売れば、それまで数十年続けてきた金属取引より多くの儲けになることに気づいた。この状況はたちまち穀物、コーヒー、砂糖の取引にも拡大していった。「大穀物強盗」の一件でたんまり現金を得た農産物商社も、他の市場に目を向けはじめた。カーギルは一九七二年に金属商社C・テナント・サンズ&カンパニーを五九五万ドルで買収し、金属取引に参入した。[30] その後は鉄鋼と石油にも進出した。こうしてエネルギー、金属、農産物を同時に扱うことのできる最初のグローバルなコモディティー商社が出現したのだ。

石油はまた、商社を権力のほうへ近づけもした。それまで各国政府は、金属、鉱物、農産物を戦略的に重要な資源とみなすことが多かった。しかし石油は事情がちがった。金額はずっと大きく、産油国の政府はほぼ全面的にオイルダラーに依存していた。商社のトレーダーたちは石油で富を得た中東やアフリカ、ラテンアメリカの指導者たちと親しくなり、また石油を安く手に入れたくてならない欧米諸国の政府も、供給を確保するために商社を頼った。その石油はどこから来るのか。答えを知っていそうなのは、いまではグローバルな金融と政治の中心にいるトレーダーたちだけ――そして彼らは誰にも教えようとしなかった。「どうしてミツバチを蜂蜜のところまで連れていかなきゃならない?」。一九七〇年代に石油価格が乱高下した時期、フィリップ・ブラザーズのある幹部はそう言った。「これだけ言っておこう。われわれは世界中から石油をかき集め、世界中に分配しているんだ[31]」

一九七三年当時はマーク・リッチでさえ、こうした事態を予測することはできずにいた。フィリップ・ブラザーズに戻った彼とグリーンは、もっと身近な問題で歯噛みをしていた。社の上役が臆病風に吹かれなければ、もっと大きく儲けられていたはずなのだ。それでもフィリップ・ブラザーズの石油取引はまだ利益をもたらしていた。一九七三年の税引き前利益は、前年比七五％増の五四九〇万ドルという過去最高の数字だった。

しかしリッチは不満だった。フィリップ・ブラザーズの上司たちから活動に制限をかけられたせいで、グリーンと二人ですべて思いどおりに取引することができなかったばかりか、十分な報酬も受け取っていない。リッチはもっとお金がほしいとジェセルソンに働きかけはじめた。当時、彼の年収はボーナスを含めて一〇万ドル程度だったが、自分自身とグリーンに五〇万ドルずつ（現在の価値で約三〇〇万ドル相当）を要求した。現代のトップ経営者たちのボーナスと比べれば平凡な金額だが、ジェセルソンにとっては法外な大金だった。

数週間にわたって激論が戦わされた。リッチは、自分とグリーンの石油取引は何千万ドルもの黒字をもたらした、来年はさらに何千万ドルも多くの利益が出るはずだと言った。ジェセルソンはより保守的な姿勢で、石油取引という新しい世界で利益を得る見込みには慎重でなくてはならないと反論した。「リッチが決めてきた石油買い付けの契約は、ありとあらゆる売り手、それもかなり珍しい政府が相手のものが多かったが、高騰する市場でそんなものがすべて守られるだろうか」とジェセルソンはのちに回想している。「異常な価格変動、不安定な国際情勢が原因になって、契約が撤回されることにはならなかったか。そしてリッチの契約のほとんどが利益どころか、大きな損失を出していた可能性もある」[32]

一九七四年二月、リッチはマドリードからスイスのツークにあるフィリップ・ブラザーズの欧州本社へ飛んで、話をつけようとした。ジェセルソンがアルプスでスキー休暇を過ごすためにこの町まで来ていたのだ。コモディティー取引の大御所とその若い弟子がまたしても、報酬のことで激しくぶつかり合った。再度リッチは、一〇〇万ドルほしい、それをグリーンと自分で分け合うと言った。ジェセルソンはその返答として、君にはニューヨークへ戻って、フィリップ・ブラザーズを引き継いでもらいたいと申し出た。だがリッチはごまかされなかった。それは「報酬の面で折り合いがついたうえでの」ことだと応じた。ジェセルソンは折れなかった。彼が育ってきたのはトレーダーたちを家族として見る会社であり、あまりに我の強い野心家がいる余地のない会社だった。そして原則にのっとり、リッチとグリーンが要求している金額の数分の一しか出せないとつっぱねた。[33]

リッチはすでにグリーンと話し合いをすませていた。フィリップ・ブラザーズを退社して自分の会社を作りたい、とCEOに告げた。するとジェセルソンは、ふと傲慢な気分に駆られたのか、その瞬間にどんな意味があるかわかっていなかったのか、「じゃあ元気で」と言い残すとスキー靴を履き、フィリップ・ブラザーズのヨーロッパ事業のトップと一緒にゲレンデへ向かった。「だからもう辞めるしかなかった」とリッチは伝記作家に語っている。「辞めたかったわけじゃない。二〇年も勤めてきた、好きな会社だった。ジェセルソンのことも好きだったし、彼も私を気に入っていたと思う」[34]

数日後、ジェセルソンの休暇は、ツークとマドリードからの緊急連絡で中断された。リッチとグリーンだけでなく、他の上級トレーダーたちも社を辞めたという。上層部はみんなショックを受けていた。フィリップ・ブラザーズでの勤めは一生ものの仕事であって、解雇も途中退社もめったにない。ましてライバルの商社に転職することはさらにまれだった。

ジェセルソンの受けた痛手は大きかった。率直な気持ちを吐露した一九七九年のインタビューで、リッチに去られたのは生涯のなかでも「ひどく悲しい出来事」だったと振り返った。「みんな実の息子のようなものだった。私が一から育て上げた。なのに彼らは、背を向けて出ていった」[35]（リッチは皮肉げにこう応じている。「それはそうかもしれないが、彼は遺言状に私のことを書くのを忘れてしまった」[36]）。ヨーロッパのフィリップ・ブラザーズの幹部たちがことの次第を知ったのは、年次報告書の写真撮影のために集まったときで、ジェセルソンとリッチが袂《たもと》を分かってから数日たっていた。リッチの姿がその場にないことに、誰もが驚いた。ジェセルソンが切り出した。「うわさになる前に言っておきたい。リッチとグリーンは、われわれのルールや伝統を破る高いボーナスを要求してきた。二人は抜けた。いまこそ結束を固めるときだ」[37]

六週間後の一九七四年四月三日、リッチはツークにある法律事務所へ足を運び、新会社「マーク・リッチ&カンパニーAG」の登記を行った。この日をもって、コモディティー取引の新時代が始まったのだ。マーク・リッチはそれから二〇年にわたってこの業界を支配し、一九八〇年代と九〇年代のコモディティー・トレーダーの一般的なイメージを決定づけることになる。彼が設立した会社は、のちにグレンコア、トラフィギュラという大企業も生み出していく。フィリップ・ブラザーズに端を発し、現在もコモディティー市場を支配しつづける企業王朝である。

リッチはある意味で、フィリップ・ブラザーズという機械が生み出した理想の産物だった。頭が切れて想像力に富み、世渡り上手で人当たりがよく、しかも勤勉。「このビジネスで成功する秘訣は、トレンドを見抜くことにある」と彼の競合相手のひとりは言った。「マーク・リッチは私の知る誰にもまして素早く、トレンドを見抜く男だ[38]」

しかしまた別の意味で、フィリップ・ブラザーズの姿勢は、リッチにはあまりに厳格で、あまりに保守的だった――そしてリッチは、伝統ある老舗企業とその経営者たちにとってはあまりに意欲的で、あまりにリスクテイカーだった。何年もあとにリッチは、自分のビジネス哲学を、部下のある若いトレーダーにこう語っている。彼はナイフを手に取り、その刃の上に指を載せてバランスをとった。「トレーダーになったら、しょっちゅうこの刃の上を歩かなきゃならない。気をつけて、まちがった側に落ちないようにすることだ[39]」

けれども一九七四年四月、彼の初仕事は、とりあえずビジネスが始まる前に失敗しないようにすることだった。なにしろいきなり、フィリップ・ブラザーズの歴史、信用枠、顧客、世界的な拠点網を失ったのだ。リッチの隣にはグリーンが、そして二人とともに船に飛び乗ったフィリップ・ブラザーズのトレーダーたちがいた。マドリード支社のジョン・トラフォードとジャック・ハチュエル、そしてツーク本社のアレキサンダー・〝アレック〟・ハッケル。合わせて五人が最初のパートナーとなり、二〇〇万スイスフラン（約六五万ドル）の資本金をかき集めた。リッチは自分の家族から借金をし、他のパートナーたちは貯金をこの新会社に注ぎ込んだ。それまでマドリードでリッチの助手をしていたトラフォードは、愛車を売って現金を調達した[40]。

のちにコモディティー市場の最大にして最強の勢力となる会社のスタートは、かなり地味なものだった。マーク・リッチ&カンパニーの船出に怒りを燃やすフィリップ・ブラザーズが、全力を上げて妨害に回ったのも、好材料とはいえなかった。一九七〇年代のコモディティー商社とはいっても、いまと同じで、銀行から融資を受けることが重要なのに変わりはない。フィリップ・ブラザーズの幹部たちは銀行を回り、新参のトレーダーたちのことを警告した。「あの連中を信用しちゃならない。あいつらは本気じゃない」[41]

だがこの作戦は失敗した。銀行の人間たちはほんの数カ月前、ジェセルソンがリッチのことを自分の後継者候補だといって紹介していたことを忘れていなかった。警告があったにもかかわらず、バンカーズ・トラスト、チェース・マンハッタン、パリバ銀行などが続々と、設立したての新会社に融資した。リッチはパリバで、クリスチャン・ワイアーという幹部銀行員と出会い、その後数十年にわたって続く付き合いが始まった。リッチとワイアーはともに信用状を利用し、これを石油取引の資金調達の主要な手段として普及させていく。信用状とは商社がちゃんと支払いをするという銀行からの実質的な保証のようなもので、何世紀も前から使われてきたが、それを石油取引に適用することによって、商社は最小限の保証金で莫大な量の石油を売買できるようになった。[42] そしてパリバ――のちのBNPパリバ――はやがて、コモディティー商社にとって最上級の融資元となる。

リッチのタイミングは、またしても申し分なかった。彼がビジネスに復帰したとき、石油市場はまだ史上最大の激動のさなかにあった。そしてマーク・リッチ&カンパニーはほぼすぐに最初の利益を上げるのだが、それはチーム最年少のジョン・トラフォードの手柄だった。彼はフランスの石油会社エルフ（現在のトタル）からナイジェリアの石油を買い入れ、アメリカの石油精製会社スタンダード・オイル・オブ・オハイオに売る取引を成立させた。これはむしろ保守的なバック・ツー・バック取引で、皮肉にもフィリップ・ブラザーズの幹部たちが好んだスタイルだった。最初の利益は上々といえる一六万五〇〇〇ドル。だがリッチとグリーンはすぐに、より高リスクでより儲けの多い取引に手を出すようになった。その年の終わりには、まだ設立から八カ月たつかたたないかの時点で、二八〇〇万ドルもの利益を計上した。翌年には、利益は五〇〇〇万ドルに達した。創業三年目の一九七六年にはすでにフィリップ・ブラザーズを追い抜き、二億ドルの利益を上げていた。[43]

フィリップ・ブラザーズでも石油が記録的な利益をもたらしていた。リッチの退社のショックから覚めると、同社はすぐに組織を改変し、トム・オマリーを石油取引の責任者に据えた。金属は依然としてフィリップ・ブラザーズの重要なコモディティーだったが、次第に主役は石油に変わりつつあった。一九七三年までずっと年間の税引き前利益が三五〇〇万ドルを超えたことのなかった会社が、一九七四年から七九年まで年間一億二五〇〇万ドル以上を稼いだ。[44] 一九七七年には石油が同社の収入の三分の一以上を占め、ほかに扱っている一五〇のコモディティーを圧倒した。[45]

けれども市場に参入してきたのはマーク・リッチ&カンパニーとフィリップ・ブラザーズだけではなかった。一攫千金を夢みて石油市場に引き寄せられてきた多くの者たちも、もはやセブン・シスターズの支配から脱した石油を急に確保できるようになり、にわかに生じた価格の変動性から利益を上げようとした。一九七五年から八〇年にかけて、独立系石油商社の数は三〇〇超まで急増したが、その多くは市場に参入したと思うまもなく破綻した。[46] この恐れを知らぬギャンブラーたちが荒稼ぎを狙う新しい世界は、やがて「ロッテルダム市場」と呼ばれるようになる。

一九七〇年代の中ごろ、ロッテルダムは石油取引産業の中心となった。その広い港は、教会の尖塔のように空へ弓形に突き出すクレーンの列と、何十基ものずんぐりした円筒形の石油貯蔵タンクが点在する、ヨーロッパ最大の寄港地だった。大西洋と、ソ連産石油がますます大量に出荷されるバルト海の港町とを戦略的に結ぶ位置にあるロッテルダムは、ヨーロッパの石油市場の焦点といえた。最盛期にはサウジアラビア、イラン、ナイジェリア、クウェートなどあらゆる国から毎週のように巨大タンカーが到着しては、北海からロッテルダムへとつながる深い運河を航行し、街外れで原油を荷揚げする。原油は数カ所の大規模製油所で精製され、その製品がバージ船に載って大河ライン川をさかのぼり、ヨーロッパ北部のいたるところにいる買い手たちのもとへ送られるのだ。ロッテルダムの周辺地域には石油の匂いがたちこめ、巨大なガソリンスタンドを思わせた。

しかし一九七〇年代のロッテルダムは、ただの巨大な港という以上の存在だった。急速に発展する当時の石油産業において、グローバル石油市場の中央集配センターとなっていたのだ。それまでの数十年はセブン・シスターズの各社が、いまは石油が多すぎる、もしくは少なすぎると気づいたときに、たがいにある程度の量を融通し合っていた。いまはそれと同じ機能をロッテルダム市場が果たすようになった。セブン・シスターズの衰退は急速に進み、石油メジャーが国際石油取引に占める割合は一九七〇年代を通じて九〇%から四二%へと落ち込んだ――そして多くの石油がロッテルダムで競売にかけられるようになった。[47]

セブン・シスターズが一九七三年に原油価格の支配権を失うと、価格決定の権限はOPECへと移った。だがOPECは依然として、いったん発表された価格が尊重されるという、セブン・シスターズの古い寡占的なシステムに頼っていた。そこへ商社が台頭し、価格を決める力は完全に自由市場の手に移った。まもなくロッテルダムでは、OPECが発表したのとは大きく異なる価格で石油が取引されるようになった。そしてロッテルダムの石油価格はすぐに、新興の石油「スポット《オン・ザ・スポット》」市場の指標となった――この名の由来は、石油が将来のいつかの日にちではなく、その場でじかに受け渡しされるよう売買されていたことによる。

ロッテルダムで石油を扱っている商社のなかで、このオランダの街を実際に本拠にする商社は少なく、ほとんどはツーク、ジュネーブ、ロンドン、モナコ、ニューヨークなどのオフィスから交渉にあたっていた。それで不都合はなかった。ロッテルダムは新たな荒々しい石油市場の中心として、また野放図な投機の代名詞として悪名をはせるようになった。新しいタイプの独立系商社は、まるでカジノのチップを扱うように、原油や精製品を売り買いした。

利益の追求にかけては容赦を知らず、そのためには進んでライバルを踏み台にする。「ジャングルと同じだ……とにかく油断のならない連中ばかりだ」とロッテルダムを統括するBPのトレーダーは言った。[48]また別のトレーダーはこの競合相手を、あれはサメの群れだ、ライバルがまずいことになったという兆しが少しでもあれば飛びかかろうと待ち受けている、と表現した。「ロッテルダムにはすばらしく鼻の利く連中がいる。こちらが臆病風に吹かれれば、誰かがすぐに嗅ぎつけてくる[49]」

以前はごく安値で安定していた原油価格が、いまは似ても似つかぬものになった。一九七四年から七八年にかけて、原油は一バレルあたり一〇～一五ドルの価格で取引されていた。ほんの数年前には考えられなかった価格である。石油契約を取り結ぶ才覚と価格に賭ける度胸を備えたトレーダーには、願ってもない環境だった。数日か数週間で途方もない利益が生まれ、同じ速さで失われた。ライン川の燃料輸送から始まったオランダの商社は、バノル、トランソル、ブルク・オイルなどの重要なトレーダーに成長していった。やはりオランダの会社であるビトルは、精製品市場で重要な存在となったが、数年後まで原油にはほぼ手を出さずにいた。テオドア・ヴァイサーの会社マバナフトは、その利益をもとにオイルタンキングという世界最大級の石油貯蔵企業を立ち上げ、五大陸に資産を持つ数十億ドル規模の企業に育て上げた。

ほかにも投機家や実業家が続々と石油取引業界へ入り込んできた。マリンペックスのゲルト・ルター、コースタル・コーポレーションのオスカー・ワイアット、ベイオイルのデイビッド・チャルマース、そしてコーク兄弟。ルターは何年もかけてソ連やイランの高官に取り入って石油取引を成立させ、アパルトヘイト（人種隔離政策）全盛期の南アフリカに何百万バレルも供給していた。アメリカの石油王ワイアットは、初めて手がけた天然ガス事業がほぼ破綻したあと、中国とアメリカとをつなぐ石油取引の先駆けとなった。のちにはサダム・フセインやムアンマル・カダフィとの親交も深めている。チャルマースはイラクとの取引に特化していく。チャールズとデイビッドのコーク兄弟は、アメリカ国内を専門とする家族経営の精製会社をグローバルな石油商社へと変貌させることになる。

大手石油会社もトレーディング業界で力を誇示しはじめた。そのときまで石油メジャーは自前の原油を扱い、自前の精製品を流通させていたが、それ以外の部分では石油取引というものを軽んじていた。しかし中東が国有化の波に覆われると、自社のための石油供給が枯渇してしまい、他のところから買わざるを得なくなった。それで石油商社に対抗しようと、ロッテルダムに子会社を作った。シェルはペトラを、ＢＰはアンロを、エルフはコーエルフを設立した。こうした会社は今日でも、石油の生産と精製という本来の活動に加えて、大規模な石油取引を続けている。

だが、一攫千金を夢みてロッテルダム市場の荒野へ引き寄せられてきたギャンブラーや相場師のなかでも、一番に名前が挙がるのは、ヨハネス・クリスティアーン・マルティヌス・アウフスティヌス・マリア・デウスだろう。マーク・リッチと並んで、一九七〇年代から八〇年代の石油市場を支配することになるデウスは、自由奔放なトレーダーの典型だった。フィリップ・ブラザーズの一派が理想とする保守的なトレーディングとは対極の存在といえる。何はばかることなく政略を弄し、イランのアヤトラやアラブの首長、ソ連の官僚とも自由に交流して、オマーンのスルタンの顧問にもなった。原油価格の変動に思うさま持ち金を賭け、一度に何億ドルも儲けたり失ったりする。「ジョン・デウスは神話的な人物だ」と、石油ブローカー会社ＰＶＭの元幹部で、彼と何度も取引をしたビル・エミットは言う。「いつも舞台裏で動き回ろうとしていた」[51]

リッチとは対照的に、デウスはとにかく脚光を浴びるのを避けて回った。人前ではめったに話さない。インタビューも数えるほどしか受けない。利益も損失も詮索の目に触れないようになんとか隠そうとする。だがそれほど目立つのが嫌いでも、結果的に見出しになってしまうことも何度かあった。たとえばロシア、カザフスタンの両政府と、石油メジャーのシェブロンのあいだに自ら仲介者として入り込み、中央アジアから伸びる数十億ドル規模のパイプライン建設に重要な役割を果たしたときだ。これはいくつかの別々の政府をたがいに競わせることで最大限の利益を得ようとする、デウスの典型的なやり口だった。このときは結局、アメリカのアル・ゴア副大統領が自ら介入し、デウスをプロジェクトから追い出した。

薄茶色の髪をていねいにサイドで分け、やけに下襟の大きなピンストライプのスーツを着たデウスの姿は、一九八〇年代の金融業界の荒っぽい取引を描いた映画、『ウォール街』の登場人物を思わせる。だがその暮らしぶりは、むしろジェームズ・ボンドの悪役に似ていた。バミューダ諸島に拠点を置き、所有する全長一八七フィート、三本マストのヨットに関係者や友人たちを招いてはもてなした。まわりを取り巻くのは二頭のイングリッシュ・シープドッグ、ボディガードの一団、魅力的な女性アシスタントたちからなる側近グループだ。そして二機あるガルフストリームのプライベートジェットのどちらかで、世界中を飛び回っていた。「彼には大きな別荘があり、そこではビキニ姿の女性が何人もくつろいでいた」とフリゾ・エントは言った。オランダのＮＲＣハンデルスブラット紙の記者で、デウスに直接インタビューをした数少ないひとりである。「女性が何かの取引に関連のあるテレックスを持ってくると、彼がイエスかノーで答え、女性がその指示を実行しにいく、というぐあいだった」[52]

一九四二年にオランダのナイメーヘンで生まれたデウスは、一九七〇年代前半にJOCオイル（「ジョンズ・オウン・カンパニー」の頭文字を取っている）という会社を通じて初めて取引に手を出した。[53] そしてほどなく、二〇年前にテオドア・ヴァイサーが首尾よく取引をまとめたソ連の輸出機関ソユーズネフチエクスポルトとの関係を築くことに成功した。

一九七六年一一月のパリでの協議では、誰もがうらやむ戦利品を手にした。一九七七年に数億ドル相当のソ連産原油を輸出するという契約である。一月から六月のあいだに、モスクワは三九カーゴをデウスのもとへ送った。JOCオイルは最初の六カーゴ分の代金は支払ったものの、残りの三三カーゴ（一億一〇〇〇万ドル相当）については、すでに売却して利益を得ていたにもかかわらず、代金を支払わずじまいだった。[54] その後の一〇年間、デウスはKGBの暗殺者を恐れ、絶えず背後に気を配りながら過ごすことになった。[55]

だがモスクワとの悶着があっても、デウスが立ち止まることはなかった。JOCオイルが法的紛争に巻き込まれて損失が出るとなると、あっさりトランスワールド・オイルという新会社を設立した。[56] そのころにはデウスは、一九七〇～八〇年代の石油市場向けに編み出したビジネスモデルを完成させていた。石油をてこにして発展途上国の政府に近づき、その関係を活用して石油の取引で儲けるのだ。ある日にはマルタへ飛び、[57] 製油所建設のプロジェクトの交渉をしたかと思うと、また別の日にはボツワナにいて契約について議論する。[58] さらにはトルコに現れ、政府に石油買い付けの資金二億ドルを貸そうと持ちかける。[59]

やがてデウスの石油取引は、彼をグローバルビジネスの最も暗い、コモディティー商社が武器商人やスパイと交錯するような世界へと引き込んでいった[60]。デウスはそうした危ういパーリア国家との取引にすっかり安住していて、口さがない業界の人間からは、トランスワールド・オイルの頭文字TWOは第三世界の石油《サード・ワールド・オイル》という意味じゃないかと当てこすられるほどだった。政治には一切関心がないと言い張るマーク・リッチとは対照的に、デウスは自分が石油市場に及ぼす力を積極的に政治利用した。彼にとってマネーとは、政治的影響力の代わりだった。なぜそこまでマネーが重要なのかと訊かれると、彼はこう答えた。「わからないかな、パワーの問題だよ、そしてマネーとはパワーなんだ。ただそれだけの、簡単な話だ[61]」

ジョン・デウスの存在はそのまま、石油市場の重心がセブン・シスターズからトレーダーたちへ移行したことを示していた。一九七〇年代末にはすでにリッチもデウスも、数年かけて資金とパワーを蓄えていた。だが中東での新たな危機は石油市場の様相を一変させ、彼らに新たな規模の富をもたらそうとしていた——そして彼らを地政学的に重要な地位に押し上げ、そこに世界中の政府の注目が集まることになる。

一九七九年二月一日、テヘランに一機の飛行機が着陸した。そこから降り立ったのは、黒い長衣に身を包んだ白髭の老人だった。旅客係に付き添われて歩く人物の名は、アヤトラ・ルホラ・ホメイニ。一五年におよぶ亡命生活を経ての帰国は、イラン革命の頂点であると同時に、グローバルな石油市場の新時代の始まりを示すものだった。

すでに七〇代ながら、ホメイニ師は大きな、しっかりと通る声で支持者たちに語りかけた。「われわれは成功しつつある、だがこれは第一段階にすぎない[62]」。その数週間前、ペルシャの最後の国王となったモハンマド・レザー・パーレビは、一九七三〜七四年の石油危機で手にしたオイルダラーで贅沢なパーティー三昧だったことで知られる。そして休暇と称して出国したあと、二度と帰ってこなかった。

　石油市場にとって、イラン革命は青天の霹靂といえた。イランはＯＰＥＣ内ではサウジアラビアに次ぐ二番目の産油国だった。ホメイニ師がテヘランに降り立つ数カ月前から、すでに石油危機は起こっていた。一九七八年の早い時期からイラン南東部の石油労働者がストライキを打っていたのだ。同年の初めごろのイランの産油量は日量約五五〇万バレルだったが、年末にはほんの微々たるものになっていた。[63]

　イランの革命は石油市場のプレーヤーすべてに等しい影響を与えたわけではない。最大の打撃を受けたのは、アングロペルシャン・オイル・カンパニーから発展したブリティッシュ・ペトロリアム（ＢＰ）だった。革命が起こるまで、ＢＰはテヘランと契約を結んでいたおかげで、自社の製油所に必要な分のみならず、ほかにも回せるだけの原油を確保できていた。ところが突然、その供給が完全に絶たれた。ＢＰの社員は避難を余儀なくされ、ついで社の資産も国有化された。ＢＰはにわかに、自社の製油所に供給する石油をわざわざ買わなければならなくなったのだ。日本の製油所も、ＢＰなどが供給するイラン産原油に大きく依存していたため、供給不足に陥った。アメリカの製油所も同様だった。

　サウジアラビアが産油量を大きく引き上げてイランの生産不足を補おうとしたにもかかわらず、一九七九年から八〇年にかけてのＯＰＥＣの公式石油価格は、最初は一バレルあたり一八ドル、ついで二八ドルにまで急騰した。スポット市場での取引価格はバレル四〇ドルを超え、五〇ドルになったといううわさも出るほどだった。それまで一〇年間も二ドルで固定されていた数年前からすると、考えられない価格である。

石油価格はセブン・シスターズのくびきからすっかり解き放たれ、そしてこの変動の激しい新たな市場の主は、リッチやデウスのようなトレーダーだった。世界は石油に飢えていた。突然イランからの供給を絶たれた企業は死物狂いになった。どこから来た石油だろうと、いくらかかろうとかまわない。「われわれに課せられたのは、どこからでも、誰からでもいい、とにかく原油を見つけて買うことだった」と、アトランティック・リッチフィールド・カンパニーのジェームズ・モリソンは語っている[64]。

商社が簡単に利益を得るための秘訣は、公定価格で石油を買う長期契約を結ぶことだ。そのあとでスポット市場の価格が上がれば、同じ石油を一バレルにつき五〜一〇ドルも高値で転売できる。商社はそんなうまい契約をどのようにして取ってくるのか。「この契約を取るのにしなくてはならないのは、しかるべき関係者に、笑えるほどわずかな手数料を払うことだった」と大手石油会社の元幹部は言う。「ときには茶封筒を渡すように求められることもあった[65]」

「茶封筒」――つまり賄賂――や「手数料」はまちがいなく、世界のあちこちの場所でビジネスをするのにずっと以前から必要なものだっただろう。しかし一九七〇年代の石油危機は新しい腐敗の経済を作り出した。グローバルな石油産業が新たに国有化され、誰が契約を手にできるかを決められるのは、もはや大手石油会社の幹部ではなく、安月給で使われる政府の役人だった。そして突然、原油価格の高騰のおかげで、彼らは何百万ドルもの契約を抜け目ない石油商社に割り当てる権限を手にしたのだ。

リッチは、石油を手に入れるのに必要なら何でもやろうとするタイプのトレーダーだった。当時、イラン産石油の契約を取りつけるのに必要な額は、イラン国営石油会社のしかるべき人物に渡す一二万五〇〇〇ドルほど。[66]「賄賂を渡したのは、ビジネスができるようにするためだ」とリッチは伝記作家に語った。「売り買いに関与する政府が不利になるほどの価格ではない」[67]。アメリカでは腐敗行為防止法が導入されていたが、ヨーロッパではそうした規制がない国もあった。賄賂は、しばしば企業の隠語で「ファシリテーション・フィー」と呼ばれたが、スイスではこれを税控除の利く出費として計上することすら可能だった。

一九七三年の第一次石油危機で、トレーダーたちはうまく立ち回った。マーク・リッチ&カンパニーの四人の元幹部によれば、一九七九年には一〇億ドル超の利益を上げたという（ただし公表された税引き後利益の額は、それよりいくぶん少ない約七億ドルだった、とそのうちのひとりは語っている）。

石油取引を行う他の商社も、どんどん荒稼ぎをしていた。マバナフトは、まだマーク・リッチ&カンパニーほどのグローバルな勢力を築いてはいなかったが、その年に二億ドイツマルク（一億ドル強）の利益を上げた。[68]フィリップ・ブラザーズは、それまでの税引き前利益は二億ドルを超えたことがなかったが、一九七九年に四億四三〇〇万ドル、一九八〇年には六億三〇〇〇万ドルに達した。[69]カーギルは一九七九年に一億七八〇〇万ドル、一九八〇年に二億六九〇〇万ドルを稼いだ。[70]

数十億ドルという数字に慣れた現在から見ると、当時こうした利益がいかに巨額であったかが忘れられがちだ。フィリップ・ブラザーズはその棚ぼたの利益を注ぎ込んで、ウォール街で最も有名な投資銀行のひとつ、ソロモン・ブラザーズを買収した。マーク・リッチ&カンパニーの一九七九年の利益は、ゼネラル・エレクトリックやフォード・モーターといった大企業と肩を並べ、その年アメリカで最も利益を上げた一〇社のうちの一社になった。

だがこれらの企業とはちがって、マーク・リッチ&カンパニーはほんの一握りの人間が所有する会社であり、社の活動についてはほぼ何も公表せず、規制も事実上受けなかった。一九七〇年代になって政治家たちは、自分たちがいかにコモディティー商社のことを何も知らないかに気づきはじめた。あのトレーダー連中はある年など一〇億ドルもの穀物をソ連に売り、いまでは原油価格を支配しているようではないか、と。だが、その状況をどうすればいいかがわからなかった。

　最初の対応は、透明性を高めることだった。米農務省は世界の穀物市場の需給予測を発表しはじめた。国際エネルギー機関（ＩＥＡ）も石油について同じことをした。これらの報告書は今日でも、トレーダーたちが熱心に注視しているものだ。

　しかし実際にコモディティー商社を制御するとなると、規制当局には何も打つ手がなかった。一九七九年の先進七カ国（Ｇ７）の会合で、フランス、西ドイツ、イタリア、日本、イギリス、カナダ、アメリカの首脳は、石油会社とＯＰＥＣ諸国に「スポット市場取引を緩和する」よう促し、「国際石油取引を登録する」仕組みを作ることを検討した[71]。それは史上初めて世界各国が、コモディティー・トレーダーの持つ力は無視できないと認めた瞬間だった。それでも市場を規制しようとする動きにはいたらず、ロッテルダムのカジノは相変わらず華々しくも不透明なまま継続された。

　一〇年間で石油市場はその土台から覆され、今後数十年にわたって世界がエネルギーを手にする仕組みが定義し直された。

　市場はもはや、中東やアフリカ、ラテンアメリカで植民地的ともいえる石油取引を寡占的に行ってきたセブン・シスターズのものではなくなった。代わりに登場したのがマーク・リッチをはじめとする、リスクに飢えた、過去の歴史はおろか、場合によっては倫理にも縛られないトレーダーたちだった。彼らはトレーディングを通じて、近代ではまれに見る地政学的・経済的な大改革を成し遂げた——産油国が天然資源を占有し、オイルダラーが国際金融の重要な要素として現れ、国際政治において石油国家が台頭を果たした。

石油の価格は自由になった。もはや少数の大企業がロンドンやニューヨークの会議室で、欧米各国の政府と協議して決めるものではなくなった。今後は世界で最も重要なコモディティーの価格決定が、生き馬の目を抜くロッテルダム市場の手にゆだねられる。この変化は石油以外のところでも起こった。金本位制の崩壊は、ドルの価値もまた市場で決まるということを意味した。いたるところで、欧米の政府や制度が世界経済に及ぼす支配がゆるみはじめ、より非情な資本主義の新時代が誕生しつつあった。

コモディティー・トレーダーの時代が到来したのだ。

第3章　商社は最後の頼みの綱

一九八〇年代初めのある金曜日の夕刻のこと。ジャマイカ政府の閣僚のひとりが、自国の資金が底を突いたことを知った。

鉱山エネルギー大臣のヒュー・ハートは、議会の会期中の午後六時にその知らせを受けた。中央銀行の役人が何やら沈痛きわまりない様子で、話があるので待っているという。ハートは議事堂の外に出た。役人のメッセージは簡潔だった――ジャマイカの国庫は空になった。中央銀行は一カーゴの石油の代金となる現金を調達できなかった。

「ちなみに」と役人は付け加えた。「石油の備蓄は日曜日にゼロになります」

「何をどうすればいいのか、皆目わかりませんでした」とハートは振り返る。[1]

ジャマイカは月あたり三〇万バレルの石油を買い入れ、首都キングストンにあるカリブ海唯一の製油所へ送っていた。月ごとに中央銀行が石油の代金として一〇〇〇万ドルを保証することになっていた。だがこの月は、中央銀行にある金額が不足したため、石油はもう手に入らない見込みとなった。石油がなければ、製油所でのガソリンとディーゼルの製造は止まり、ジャマイカのガソリンスタンドは閉鎖せざるを得なくなる。

もともと弁護士だが、義兄である首相の誘いに乗って政治の最前線に立つようになったハートは、その意味するところを理解していた。ジャマイカ経済は一九七〇年代の石油危機で大打撃を受け、いまだその回復途上にあった。その惨禍は政治的暴力へと波及し、キングストンの街を戦争地帯へと変えた。一九八〇年代初めには最悪の状態は脱したものの、ジャマイカの経済と社会基盤はまだ脆弱なままだった。

誰かこの危機を回避するのに手を貸してくれそうなのは？　ハートは唯一思い当たる人物に電話をした――ウィリー・ストロトット。マーク・リッチ＆カンパニーのニューヨーク支社を統括する、長身で政治家然とした風貌のドイツ人トレーダーだ。あの商社はジャマイカへの投資に深入りしていた。カリブ海の風光明媚な島国ジャマイカは、アルミニウムの原料となるボーキサイトとアルミナの世界有数の産地で、どちらの鉱物もアルミニウムの製造に欠かせない。[2] そしてマーク・リッチ＆カンパニーは世界一のアルミニウム商社だった。

「ヒュー、たいへん心苦しいが、私にはどうにもできない。どうにかできそうな人間も思いつかない」とストロトットは言った。最後の頼みの綱として、彼はツークにいるマーク・リッチの電話番号を教えた。「ただし言っておくが、スイスはいま夜中の二時だから、私だったら電話はしないよ」

ハートはリッチと話したことはなかった。これまで取引をする相手は、ストロトットに限られていたのだ。多少の気後れはあったが、ツークに電話を入れた。マーク・リッチの眠そうな声が応えた。

「どうも、ミスター・リッチ、ヒュー・ハートです」と切り出した。「私のことはご存じないでしょうが」

「ああ、いえいえ、よく存じてます」とリッチは応じた。「いったい何事かな、わざわざ夜中の二時に」

「実はちょっとした、生きるか死ぬかの問題でして」。ハートはジャマイカの苦境について説明した。

「それで、私にどうしろと？　いま金曜の午前二時で、おたくの中央銀行は一〇〇〇万ドルを都合できない。どうしようもないでしょう」

ハートは必死に頼み込んだ。しばらく沈黙があった。

「一時間したら、ウィリーに連絡して」とリッチは指示し、電話を切った。

ハートがニューヨークのストロトットにまた電話をしたときには、原油を満載したタンカー一隻がすでにジャマイカへ向かっていた。リッチはアメリカの東海岸まで運ぶ予定の原油を積んだ船を、途中でキングストンに寄港させるよう手配していた。そして土曜日の夕刻、ジャマイカの石油が完全に尽きるまであと二四時間を切ったころ、三〇万バレルの石油を荷揚げしたのだ。

この取引は、マーク・リッチが石油市場を操ることで、どれだけ強大な力を振るえるようになったかを示す好例といえた。一九七〇年代の石油危機でコモディティー商社の金庫は満杯になり、トレーダーたちは新たに手にした資金力を、他の投資家にはまずまねのできない大胆不敵な行動へとつなげていった。そして一九八〇年代には、他社が手を出さないところに資金を投じることが、コモディティー商社のトレードマークとなった。

ジャマイカがその最高の例だった。この国は破綻に瀕し、金融機関からも避けられていたが、リッチは正式な契約書にサインもせずに一〇〇〇万ドル相当の石油を届けたのだ。それでも、リスクを取るだけの価値はあった。ジャマイカ政府はリッチに破滅から救われたことを忘れはしなかった。このカリブ海の島国はそれから数十年にわたって、リッチと彼の後継者たちの利益の源となっていく。

「あれほど肝を冷やしたことはめったにありません」とハートは振り返る。「率直に言うと、あのままなら政権は倒れていただろうと思います」

マーク・リッチとジャマイカとの取引は、一九七〇年代から八〇年代にかけて世界経済に起きていた変化の象徴だった。数十年にわたるグローバルな経済成長が、ジャマイカからサウジアラビア、ガイアナ、ペルーにいたるまで、世界中のコモディティー生産への大規模な投資に拍車をかけていた。いま中東からアフリカ、ラテンアメリカの各国政府は、国有化の波に乗って、自国で生産されるコモディティーを掌握しつつあった。欧米の大手石油・鉱業会社から第三世界と呼ばれる国々の政府へ力が移ったおかげで、コモディティー商社に絶好の機会が開かれ、トレーダーたちはそれを積極的に利用した。その過程で彼らは、新たに権利を主張しはじめた多くの国々とグローバルな金融システムとのつなぎ役となり、他の資金源を持たない政府や指導者たちのところへドルが流れ込むのを助けた。

それが顕著に現れたのが、アルミニウム産業だった。第二次世界大戦後の好景気に沸く世界で、アルミニウムは最も人気の高い金属となった。銅より安く、鉄より軽くて用途も広いため、飛行機や自動車、コンシューマリズムの新時代の象徴である白物家電などに幅広く使われたおかげで、消費量が急増したのだった。

戦前まで、アルミニウムは比較的ニッチな原材料だった。しかし軍に膨大な航空機の需要ができたことで、製造業者にはかつてない量のアルミニウムが必要になった。アメリカの市民たちは軍の需要に応えるために、家のまわりにあるアルミニウム製品をかき集めてスクラップにするよう奨励された。ニューヨークのあるラジオ局が「アルミで防衛を」という番組を放送し、子どもたちは丸めて捨てられたアルミホイルを集めると、引き換えに無料で映画チケットがもらえた。[3]

終戦が近づくころ、アルミニウム産業にはやがて来る消費ブームに供給できるだけの力が備わっていた。生産量は一九四五年の一〇〇万トンから一九七〇年には一〇〇〇万トンまで上がった。[4]これが引き金となって、世界中でボーキサイトの争奪戦が始まった。ボーキサイトはギニアやオーストラリア、ジャマイカ内陸部の有名なブルー・マウンテンズで産出する赤褐色の土だ。それがまず白い粉状のアルミナへ、そして最終的には金属のアルミニウムへと作り変えられる。

石油市場がセブン・シスターズに牛耳られていたように、アルミニウム市場も数十年にわたって少数の、それもほぼ北米の大企業に支配されていた。アルコアはアルミニウムの抽出プロセスを開発した人物が一八八八年に設立した会社だが、その支配ぶりの度が過ぎたため、一九五一年にはアメリカの裁判所命令で、カナダの会社アルカンのもとにまとめてあった国際資産を完全に分割させられた。一九五五年には、アルコアとアルカンを筆頭とする大手アルミニウム企業六社が、非社会主義世界で供給されるボーキサイトの八八%、アルミナの九一%、アルミニウムの八六%を押さえていた。[5]一九六〇年代から七〇年代まではほぼずっと、東欧圏から来たアルミニウムでさえ、制限の多い「紳士協定」のもとで大手生産者が販売にあたり、自由に市場へ流れ出るのを阻んでいた。[6]

やはり石油市場と同じく、大手生産者は価格もコントロールし、あらゆる地域で金属の販売価格を公表していた。だがこれも石油と同様に、一九七〇年代のうちに状況が変わりはじめた。新たに独立した旧植民地の国々が旧宗主国からの自治権の拡大を求めるにつれて、「資源ナショナリズム」の趨勢が世界を覆い、価格が高騰してコモディティー部門は実入りの良いターゲットとなった。

アルミニウムの部門では、ガイアナで国有化が始まった。ベネズエラと国境を接し、ボーキサイトの生産では世界第五位だった国である。[7] 一九七一年三月一日、ガイアナ議会はボーキサイト産業の国有化を認める法律を制定したが、当時ガイアナ最大の企業だったカナダの大企業アルカンの子会社もそこに含まれていた。この措置がもたらした衝撃は欧米各国の首都や会議室をゆさぶった。「世界のボーキサイト産業の販売経路と投資プランは、カリブ海地域における民族主義者の策動に脅かされている」とＣＩＡは警告した。[8] とはいえガイアナが国有化を成功させる可能性をＣＩＡが高く見積もっていたわけではない。むしろ大企業六社がガイアナの生産物を敬遠し、ボーキサイトとアルミナの買い手がいなくなるだろうと予測していた。しかしＣＩＡはフィリップ・ブラザーズを計算に入れていなかった。この商社の上級役員二人がガイアナの首都へ飛び、ボーキサイトとアルミナの全生産量の売却を許可するよう政府を説得したのだ。[9] 一年後にＣＩＡは、ガイアナがアルミナを売却しようとする試みは、「積極的な新しい商品取扱者であるニューヨークのフィリップ・ブラザーズ」の支援を受けたと記している。[10]

ジャマイカはコモディティー商社にとって、またはるかに大きな獲物だった。一九六〇年代までにジャマイカは、世界最大のボーキサイト生産国にして主要なアルミナ供給国のひとつとなり、大手アルミニウム企業のほぼ全社から投資を受けていた。ジャマイカのカリスマ的な社会主義者で、一九七二年に首相となったマイケル・マンリーは、産業界の上げる利益から政府に入る取り分を増やそうとし、最終的にはこの国のボーキサイト鉱山とアルミナ製錬所の大半を政府所有にするという思いきった措置に出た。それがコモディティー商社に対して扉を開くことになった。つまり一九七〇年代末のジャマイカ政府は、売るためのボーキサイトとアルミナを持っていながら、販売や輸送のノウハウをほとんど持たなかったのだ。コモディティー商社にとっては夢のような筋書きだった。

冷戦は激しさを増していき、一九七〇年代後半にはキングストンの街角という小さな世界で、モスクワとワシントンの覇権争いが繰り広げられた。一方はソ連寄り、もう一方はアメリカ寄りの二大政党に忠実なそれぞれのギャングたちが、ジャマイカの首都で流血の縄張り争いに明け暮れていた。当時のアメリカ大使の回想によると、毎朝のように大使館の玄関先に倒れている新しい死体をまたいで通らなくてはならなかったという。[11]

左翼の革命勢力はこの周辺地域のいたるところで勝利を収めつつあった。カリブ海の島国グレナダの政府は、すみやかにキューバおよびソ連と同盟を結んだ一派によるクーデターで倒された。ニカラグアではサンディニスタがソ連の支援を得て政権を奪取した。

こうした背景も手伝い、マンリーはアメリカにとって不安の種となった。フィデル・カストロと親交があり、ソ連を相手に取引もしている男である。一九八〇年の選挙でマンリーの党が優位を失うと、アメリカはマンリーの政敵エドワード・シアガの新政権を支える意志を固めた。

そのための手段がボーキサイトだった。アメリカ大統領に選出されて間もないころ、ロナルド・レーガンはホワイトハウスへ招く最初の外国人指導者としてシアガを選んだ。「市場の魔法」の存在を信じるレーガンは、この地域の政治的な流れを逆転させるためにアメリカの巨大な経済資源を投入し、ジャマイカを自らの政策の最重点項目とした。[12]レーガンは国の備蓄機関に対し、一九八二年から八四年までにジャマイカ産のボーキサイトを合計三六〇万トン買い入れるよう指示したが、これは同国の生産量の六分の一に相当した。[13]ジャマイカにとってじつにありがたい話ではあったが、いまとにかく必要なのは現金だった。そこへマーク・リッチ&カンパニーが介入し、最終的にアメリカへ売られるボーキサイトの代金をジャマイカ政府に前払いしたのである[14]。「大して儲かったわけじゃない」とマニー・ワイスは言う。マーク・リッチの商社に属するトレーダーのひとりで、この取引の実現に一役買った人物だ。「あれはジャマイカとの関係を始める手段だった」。この取引が嚆矢《こうし》となって、ジャマイカ政府とコモディティー商社との深くもつれ合った関係が始まった。ヒュー・ハートが尽きる寸前の石油を求めて夜中にマーク・リッチに電話をしたのもその一コマだった。

とはいえマーク・リッチ&カンパニーがこのカリブ海の国を助けたのは、そうした方法だけではなかった。たとえば、一九七〇年代から八〇年代にかけて多くの途上国がそうだったように、ジャマイカも国際通貨基金（ＩＭＦ）からの借り入れに大きく依存していた。だがＩＭＦは一定の財務目標を定期的に達成するなどのきびしい条件を課してきた。それでときには、ジャマイカ政府の口座が数百万ドル不足するという事態になった。

そこで政府はマーク・リッチ&カンパニーを頼った。ハートの回想によれば、あるとき彼はストロトットに電話をして、ジャマイカ政府がＩＭＦの要求を満たすためにどうしても五〇〇万ドル必要なのだと伝えた。ドイツ人のトレーダーはすぐに融通してくれた。このときもマーク・リッチの商社がジャマイカ政府を救った。やはり契約書にサインもせずにそうしたのだ。こうした取引には、いささか巧妙に仕組まれた会計処理が必要になる。ＩＭＦを納得させるには、商社からジャマイカ政府の口座に振り込まれた金額を負債として示すわけにはいかなかった。「もちろん負債なのですが、負債だとは示されませんでした」とハートは言う。「帳簿の上では何も借りていないことになっていた」からである。

それで終わりではなかった。ジャマイカ政府が自国にある製油所をエクソンの子会社から買い取ろうとしたときには、マーク・リッチ&カンパニーがその資金を貸し付けた。一九八四年のロサンゼルス五輪ではジャマイカチームを資金援助し、一九八八年のカルガリー冬季五輪ではボブスレーのチームを派遣する費用を出した――そのありえないような大会までの道のりは、ディズニー映画『クール・ランニング』に描かれている。[15]

批判的な見方をするなら、マーク・リッチはジャマイカをあまりに支配しすぎたのかもしれない。「実質的にジャマイカの経済を乗っ取った」と、あるアメリカ政府関係者は語っている。[16]

それでもハートは、三〇年が過ぎたいまも、マーク・リッチ&カンパニーの元トレーダーたちとの親交がある。そして、もしあのコモディティー商社がなかったら、自分の故国は失われていただろうと言う。

「まちがいなくマーク・リッチにはひとかたならぬ恩義があります。じつにすばらしい関係でした。たしかに彼らは大儲けをした。大儲けをしてしかるべきだったでしょう。もっとも、ジャマイカがどこかの時点で市場を開放していたら、あれと同じか、もっとましになっていただろうと思いますが」[17]

マーク・リッチ&カンパニーにとってジャマイカとの関係は、カリブ海の島国から始まってアメリカの工業地帯にまで達する輝かしい一連の取引の始まりだった。そのおかげでグローバルなアルミニウム市場で抜きんでた地位に立ち――結果的に何億ドルもの利益を手にすることになった。そしてつぎにもまた同社のトレーダーたちは、貧しい政府との関係を自分たちの経済的利益に結びつけるというあざやかな手際を見せつけた。

一九八〇年代の半ばになると、アルミニウム業界はきびしい不況に陥った。理由はエネルギーコストにあった。アルミニウムは地殻中に豊富に含まれている元素だが、純粋な金属にするには費用のかかる二段階の工程が必要になる。まずボーキサイトをアルミナへ、そしてアルミナをアルミニウムへと変えるわけだが、この過程で膨大なエネルギーが消費されるのだ。

アルミニウム一トンの生産に、アメリカの一家庭が一年間で消費するのと同じ量の電力が使われる。あまりにもエネルギーが食われるので、トレーダーたちは冗談まじりにアルミニウムを「電気のかたまり」と表現するほどだ。水力発電のシベリア、地熱発電のアイスランド、天然ガスの中東など、電力が安く使えるところに製錬所が作られる理由はそこにある。

一九七三年まではアルミニウム会社も、電気代をさほど気にかけてはいなかった。ところが原油価格の高騰のために、エネルギーコストが跳ね上がり、業界は危機的状況に陥った。それと同時に、この業界で価格を決定する権限は大手企業から、トレーダーたちが金属を売買するロンドン金属取引所（ＬＭＥ）へ移りつつあった。アルミナから料理ホイルまで、あらゆるアルミニウム関連製品の価格が、次第にＬＭＥ相場を基準に定められるようになっていった。そして消費が低迷するとともに、ＬＭＥ価格は下落した。

ジャマイカの産業は大打撃を受けた。ジャマイカのアルミナ工場は一九五〇年代から六〇年代に、石油を動力とする発電機と一緒に建設されたため、石油価格の高騰にはとりわけ影響を受けた。アルミナとボーキサイトの生産量は激減した。[18] アルミニウム大手のレイノルズは一九八四年、ジャマイカのボーキサイト事業を閉鎖すると発表した。さらに一九八五年には、アメリカ企業アルコアの工場長がハートのオフィスを訪ねてきて、数日以内に工場を閉鎖すると告げた。[19]

これはジャマイカ経済の壊滅をもたらしかねない事態だと察し、ハートはただちにアルミナ産業の救済計画を練った。そして政府が工場を買い取ることを決めた。しかし問題があった。そのための資金がなかったのだ。計画が機能するには、アルミナを買おうと言ってくれる相手が必要になる。だが、とても簡単に見つかりそうにはない。市場は供給過剰で、価格は落ち込んでいる。しかも悪いことに、アルミナは空気中の水分を吸収するので、長期間の保存ができないのだ。それでハートはスイス行きの飛行機に乗り、唯一当てにできそうな相手に会いに行った――マーク・リッチ&カンパニーのトレーダーたちに。

ストロトットとワイスは躊躇しなかった。交渉の末に、アルコアの工場であるジャマルコからアルミナを買い入れる一〇年契約を結んだ。さらに工場の主な投入コストである燃油と苛性ソーダを供給するだけでなく、代金の一部を前払いし、ジャマイカ政府がアルコアの株式を取得する資金も援助することにした。

つまりジャマイカのアルミナに対して、現金を前貸しし一定の市場を提供するのと引き換えに、底値ぎりぎりの価格を確保したのだ。供給の大部分はLMEアルミニウム価格の九・二五%で算出した価格で販売されることになる。[20] じつに有利な契約だった。世界銀行は数年後にこの取引を検証し、「一般的な契約条件より約二五%低い」比率だと指摘した。[21]

これがマーク・リッチ&カンパニーの手掛けたなかでもひときわ大きな収益を生む取引の始まりだった。不況に苦しんでいたのはジャマイカのアルミナ生産者だけではない。影響は世界にまでおよび、アルミナを製錬してアルミニウムに変える各地の業者も財政難に陥っていた。そこでトレーダーたちは製錬業者に取引を持ちかけはじめた。こちらがアルミナを供給し、その支払いとして生産されたアルミニウムを引き取ろうというのだ。このように原料と引き換えに製品を受け取る取引は「トーリング」と呼ばれ、石油や亜鉛の分野では以前から行われていたが、リッチの商社はそれをアルミニウム部門に持ち込んだのだった。

「あれは山火事のように広まった」とワイスは言う。商社は「生産品を所有するという問題とは無縁の生産者のように」なった[22]。マーク・リッチ&カンパニーは一九八六年の数カ月で、オレゴン州、オハイオ州、サウスカロライナ州の製錬業者と取引契約を結んだ[23]。ジャマイカ政府相手のアルミナ購入契約とアルミニウムのトーリング取引契約の組み合わせもあり、マーク・リッチの商社はアルコアやアルカンといった超大手と肩を並べる世界最大級のアルミニウム取引業者になった――実際には製錬所を経営してもいないにもかかわらず、である。そして一九八七年には、さらに一歩進んだ。サウスカロライナ州の州都チャールストン郊外にあるマウントホリーで、あるアルミニウム製錬業者の株式の二七%を買ったのだ――最初の大規模な資産投資だった。そしてこの製錬所の生産量の半分を引き受けるトーリング取引も交わした。

またタイミングも絶妙だった。一九八七年初め、ワイスはアルミニウムの価格が大幅に上昇するという確信を持つようになっていた。ブラジルは新たに大きな供給源になると期待されたものの、この国のアルミニウム産業は電力カットの打撃を受けた[24]。他のどの国も、電気料金の高騰のせいで生産削減に陥っていた。さらに一九八〇年代初めの景気低迷が終わり、アメリカ経済は加速しつつあった。マーク・リッチ&カンパニーはすでに、安定した金属供給を保証するトーリングのおかげで、利益を上げられる立場にいた。だがワイスはさらに踏み込み、LMEでアルミニウムを直接買い付け、価格が上昇するほうに大きく賭けはじめた。

アルミニウム価格はただ上昇するどころか、うなぎ登りに上がっていた。自動車や家電製品に使われるアルミニウムへの需要が急に高まり、在庫が危険なレベルにまで減っていた。アルミニウムの消費者がわれ先に買おうと押し寄せた結果、ＬＭＥ関連の倉庫の在庫が底を突いた。ワイスもそこに加わった。ピーク時には、彼のポジション――マーク・リッチ＆カンパニーの上役たちからは一〇万トンに制限されていた――はＬＭＥの倉庫に残っている在庫すべてを上回った。

状況は壊滅的だった。アルミニウム価格は一九八五年を底に、一九八六年六月にはピークに達し、四倍を上回る増加を示した。その影響は広く遠くおよび、台所で使うアルミホイルの価格を三分の一以上も押し上げた[25]。

ワイスはアルミニウム市場を独占していた。世界中のアルミニウムを所有してはいなかったが――それはさすがにマーク・リッチ＆カンパニーの資金力をもってしても無理だったろう――その必要もなかった。ＬＭＥでも、他の先物取引所でも、商社はある特定の日にコモディティーの受け渡しをするという契約を売買する。期日がやってくれば、先物契約を売った商社はその買い手に現物を届けなくてはならない。ＬＭＥではつまり、ＬＭＥの倉庫にある金属を引き渡すということになる。

ところが一九八八年夏のアルミニウム市場では、ＬＭＥの倉庫に引き渡せるだけの金属が残っていなかった。それでアルミニウムの先物を売った者は八方ふさがりとなった。契約を決済できるだけの金属の在庫がなければ、債務不履行を回避する方法はただひとつ、売った契約を買い戻すしかない。そしてそれは十中八九、ワイスから買うことを意味する。

そのためのコストはおそろしく高くついた。即時渡しのアルミニウム価格は一トンあたり四二九〇ドルにまで高騰した――これは三カ月後に引き渡す契約より一〇〇〇ドル以上高い値で、不足のひどさを物語っていた。そのあまりの価格差に、一部のライバル商社は可及的すみやかにアルミニウムを補充するべく、アメリカからアルミニウムをジャンボジェット機でロッテルダム近郊のＬＭ

E倉庫まで空輸しはじめた[26]。ワイスの利益は一〇〇万ドルの単位におよんでいた。

やがて相場は、上昇したときと同じく、あっという間に下落しはじめた。日本の商社は需給逼迫、いわゆるスクイーズを解消しようとして在庫を売りに出た。だがマーク・リッチ&カンパニーは東京の人脈から日本の売りの情報をつかみ、すでにポジションを売り払っていた。ワイスは、自分は市場を買い占めにかかったわけではない――ただアルミが十分に出回らなくなることを見越していただけだと言っている。「買い占めだと誰でも思うかもしれないが、そうじゃない。運が良かっただけだ[27]」

ともあれ、マーク・リッチ&カンパニーはさらに富を蓄えた。一九八八年には金属部門が石油を抜き、社に利益をもたらす最大の源泉となった[28]。その年はアルミニウムだけで一億ドル以上を稼いでいた[29]。

だが、コモディティー商社がアルミニウムの富をほしいままにする一方で、ジャマイカでは野党の政治家たちが、政府はこの狡猾な商社に食いものにされたのだと主張していた。一九八九年の選挙でマンリー前首相が、前政権とマーク・リッチの取引を調査するという公約を掲げ、政権に返り咲いた。だがマンリーはたちまち、この商社の力を見せつけられることになった。マーク・リッチを実入りのいい取引から締め出そうとするなら、一戦交えるしかない。そしてジャマイカにはまだこの商社の資金が必要だった。

新任の鉱業大臣ヒュー・スモールは、前政権とリッチの関係を最も公然と批判していたひとりだった。ベネズエラを訪問した際にスモールは、ベネズエラのある大臣に脇へ連れていかれ、マーク・リッチ&カンパニーはじつにすばらしい、あの商社には非友好的な立場をあまりとらないほうが「最もジャマイカのためになる」のではないかと言われた。それからほどなく、スモールは巨大アルミニウム企業アルカンとの交渉のためにカナダにいた。そこでもマーク・リッチのことが話題に出た。このときカナダ側は、世界のアルミニウム産業におけるこの商社の重要性を事細かに描いたドキュメンタリー映画をスモールに見せた。[30]

スモールがウィリー・ストロトットに会いに行くと、ストロトットはマーク・リッチ&カンパニーの契約に基づき、アルミナ価格を少し上げることに同意した。[31] だが、ひとつ問題があった。ジャマイカ政府はマーク・リッチへの調査をとりやめると発表するようにストロトットが求めてきたのだ。スモールはその交換条件に腹を立てて、拒否した。だがジャマイカに選択の余地はほぼなかった。どうしてもリッチの現金が必要なのだ。六月の末に、マンリーは国会で、政府はＩＭＦの目標を達成するために、マーク・リッチ&カンパニーから新たに四五〇〇万ドルの融資を受けたと発表した。「マーク・リッチがジャマイカのためになるのであれば、それ以上言うことはない」と彼は言った。ストロトットが求めていた謝罪とまではいかなかったが、ほぼそれに近いものといえた。[32]

マーク・リッチ&カンパニー、そして後継のグレンコアにとって、ジャマイカは三〇年近くにわたって大きな利益の源泉でありつづけた。たとえば二〇〇〇年代半ばには、コモディティー価格が高騰するなか、グレンコアは数年前に締結した契約のおかげで、ジャマイカ政府にアルミナの市場価格の半分以下しか支払っていなかった。二〇〇四年から〇六年までのたった三年間でも、もしジャマイカ政府がグレンコア相手にではなく、スポット市場でアルミナを売りさばいていれば、三億七〇〇〇万ドルの追加収入があったはずなのだ。[33] この商社が取引で上げた利益も同程度の規模だったとみなすのが妥当だろう。

マーク・リッチ&カンパニーとグレンコアは、ほぼ三〇年にわたってジャマイカに一〇億ドル近い資金を提供することになる。[34]「グレンコア、そして以前のマーク・リッチは、まさに〝最後の頼

み の綱〟だった」と、商社との多くの交渉に関わったジャマイカの元文官トップであるカールトン・デイビスは言う。[35]

ジャマイカでの取引は、コモディティー商社の新たな影響力を見せつける典型的な例だった。かつてない資金力とコモディティー市場への支配力のおかげで、マーク・リッチ&カンパニーなどの商社は、ジャマイカのような国の経済の弱点を突くことができた。欧米の石油や鉱業の大手企業が撤退し、規制当局の監視もほとんどなく、ウォール街の銀行もまだ新興国市場を見つけていない状況下で、商社は思いどおりに立ち回ることができた。

一九八〇年代初めに飛ぶ鳥落とす勢いだったコモディティー・トレーダーは、マーク・リッチだけではない。この時期にはウォール街が過剰な活動ぶりで悪名をはせたが、コモディティー・トレーダーたちの報酬や趣味嗜好もそれに劣らず豪勢なものだった。マーク・リッチ&カンパニーのトレーダーたちはエルメスの高価なネクタイを締めてメイフェアのオフィスに出社した。金のかかるコカインを常用する者もいたし、クリスマスパーティーでは会社からスポーツカーが景品に出されたりもした。

トレーダーたちの幸運は多分に、グローバルな政治情勢の変化のおかげだった。ジャマイカの財政難は世界的になんら珍しいものではなかった。一九七〇年代の石油価格の高騰は、多くの輸入国を混乱に陥れた。ラテンアメリカ諸国は債務危機で崩壊寸前となり、中産階級が一掃されて何百万人もが貧困に突き落とされた。その一方でモスクワとワシントンは、ニカラグアからアンゴラにいたるまで、世界各地で代理戦争を繰り広げていた。通商禁止措置はさらに拡大した。

途上国世界の各政府が国有化していたのは、ボーキサイト産業だけにとどまらなかった。どこの国でも、コモディティー市場の支配はアメリカの大企業の手から奪い取られていた。たとえば銅は、世界上位の輸出国のうちチリ、ペルー、コンゴ民主共和国、ザンビアの四カ国が、一九六〇年代から七〇年代に鉱業の一部またはすべてを国有化した。[36]東ヨーロッパの共産圏は鉛、亜鉛、石油の供給源として、そうした国と進んで取引をしようとする者たちにはぐっと重要な存在になった。いたるところでコモディティー市場が開かれつつあった。サプライチェーンは細かく解体され、大手石油・鉱業会社の影響力は薄れていく。価格は少数の支配的な企業が決めるのでなく、市場によって決定されるようになった――そしてその真空地帯にコモディティー商社が入り込んできたのだ。

コモディティー商社は、誰もが難しい相手だと考える国々とあえて関わり合いを持ち、現金不足でリスクも高い、だがとてつもない見返りのある世界を見つけたのだった。一九八一年に世界銀行のあるエコノミストが、発展著しい第三世界の、急速にグローバル経済に組み込まれつつある国々を表すのに「新興国市場《エマージング・マーケット》」という言葉を造語したが、コモディティー商社はそうした国を誰よりも先に発見していた。[37]ブラジル、インドネシア、インドといった、いまでこそ主流の投資家も避けては通れない国々も、かつては資本主義世界のフロンティアだったのだ。

新興国市場において、コモディティー商社はただ原料を売り買いしただけではない。マーチャントバンキングやプライベート・エクイティへも手を広げ、あるときにはナイジェリア政府に資金を貸し付け、またあるときにはペルーのアンチョビー工場に投資をした。とくに効果を上げたのは、資本の裁定取引である。先進国で資金を調達し、新興国で投資することで、より大きなリターンを得ていたのだ。

けれどもそこは、政治的危機に悩まされたり、為替管理にじゃまされたり、官僚主義に縛られたりの、リスクの大きな世界でもあった。それでもうまくタイミングを捉えれば、大当たりを取れる。たとえばブラジルやアルゼンチンへの投資は、先進国なら一〇年かそれ以上かかるところを、ほんの二、三年で元を取ることができた[38]。商社には元が取れるという自信があった。自分たちなしではどの国も製品を輸出できず、貴重な決済通貨を手に入れられないのだから。

リッチのように、相手が誰だろうとリスクを取って取引をする気が満々のトレーダーには、こうした環境は理想的といえた。左翼の政府が資源産業を国有化した？　だったらトレーダーが手を貸してコモディティーを売るようにできる。右翼勢力がクーデターで政権を奪取した？　ふむ、やはりコモディティーを売るための助けが必要になるだろう。

まさにそのとおりのことがジャマイカで起きていた。左派政権がモスクワ相手に、ボーキサイトとソ連製自動車のラーダを交換する取引をしたときには、マーク・リッチ&カンパニーが物流の管理に協力した。そしてつぎの政権がアメリカ政府との取引で、ボーキサイトを米国産穀物や粉ミルクと交換したときにも、マーク・リッチの商社が仲介役を務めたのだ。

「おおよそフェアな競争とはいえない」。競合するフランスの大手企業のトレーダーはそうこぼした。「たいがいの会社だと、ジャマイカに金を貸しましょうと言おうものなら、窓から放り出されるだろう[39]」

一九八〇年代には、「たいがいの会社」が取引をしようとは夢にも考えない国のリストがどんどん長くなった。どこで線引きをするかは個人的嗜好の問題だった。インドやフィリピンのように複雑な国とは喜んでビジネスをしても、紛争地域やパーリア国家には関わろうとしないトレーダーもいた。また世界のどの地域でも分けへだてなく取引するトレーダーもいた。

マーク・リッチは、経済制裁下にある国も含めて、どことでもなんら躊躇なく取引をするタイプのひとりだった。「禁輸措置下では、小国の国民ばかりが苦しむことになる」と、マーク・リッチ&カンパニーの上級パートナーだったエディー・エグロフは言っている。「われわれは他人の法ではなく、自分たちの法にのっとってビジネスをしたんだ[40]」。そうしてリッチは、チリのアウグスト・ピノチェトの右派政権とも、ニカラグアのダニエル・オルテガの左派政権とも等しく喜んで取引をした。彼の行動原理は政治ではなく、ひたすらマネーだった。

一九八〇年代にいろいろな難しい状況を抱える国でコモディティー・トレーダーが躍動したなかで、彼らのモラルを顧みないやり方がとりわけ如実に示されたのが、アパルトヘイト下の南アフリカ共和国だった。そしてモラルを手放したことの見返りは膨大なものだった。「誰もかれも南アフリカと取引していた」とエリック・ド・テュルケームは回想する。マーク・リッチ&カンパニーの財務部門トップで、のちにトラフィギュラの創業パートナーとなる人物だ[41]。リッチ自身も、南アフリカとの取引は「最も重要な、最も収益性の高いものだ」と語った[42]。

とはいえ、一握りの石油商社と幹部たちの儲けは少なからず、南アフリカの黒人の苦難を長引かせることの上に成り立っていた。石油は南アフリカのアキレス腱だった。この大陸の他の国々は石油資源が豊富にあったが、南アフリカは地質学的にあまり恵まれていなかった。国内で唯一のガソリン供給源といえば石炭で、第二次世界大戦中にナチス・ドイツが開発した割高な抽出プロセスを用いる必要があった。本物の石油がほしければ、国外から輸入する以外にない。

一九四八年に「白人優先」のルールが課されてから数年は、南アフリカも世界と自由に取引ができていた。当時はこの差別立法も、冷戦の同盟国を進んで支持したいワシントンやロンドンの多くの目には、まだ場違いには映っていなかったのだ。

ところが時間とともに、南アフリカの人種差別政策は次第に圧力にさらされるようになった。一九六〇年にケープタウンで行われたイギリス首相ハロルド・マクミランの演説は、そうした姿勢の変化を反映していた。「変革の風がこの大陸に吹いている。たとえ好もうと好むまいと、国民の意識の高まりは政治的な事実だ。われわれはこれを事実として受け入れなくてはならない」とマクミランは言った[43]。さらに白人が占める南アフリカ警察が虐殺を犯したというニュースが流れると、世界中の怒りは高まった。南アフリカは一九六四年の東京オリンピックからは排除され、こうした禁止措置の最初の例となった[44]。だが、スポーツや文化のイベントでは世界の舞台からボイコットされても、南アフリカ経済にまだ大きな影響はなかった。石油はまだ自由に入ってきていた。

変化が起こりはじめたのは一九七三年、OPECに加盟するアラブ諸国が、南アフリカがイスラエルと友好関係にあるとみなし、石油禁輸措置をとったことがきっかけだった。その後一九七七年に、南アフリカ政府が一年前のソウェト蜂起を暴力で鎮圧したことへの制裁として、国連総会が石油の禁輸を求めた。それでも南アフリカはまだ、イランのシャーを当てにできた。世界中が何を思おうとかまわずに、シャーは自国の石油を供給しつづけた。イランは南アフリカへの石油供給のおよそ八〇%を占めるようになり、一部の製油所はイラン産原油のみを精製するように管理された。だがこの取引は一九七九年のイスラム革命をもって、少なくとも公式には終了した。ホメイニ師が政権に就いたイランは、南アフリカへ直接、石油を売ることをやめた。

こうして南アフリカ政府は、コモディティー商社に頼るしか道がなくなった。商社は南アフリカがイランやソ連、サウジアラビア、ブルネイの石油を確保するのに手を貸した――かなりの見返りを得て。この取引は秘密のベールに包まれていた。ほとんどの産油国が南アフリカへの石油販売を認めていなかった。ただし公式には、である。多くの場合、政府関係者たちは見て見ぬふりをしながら、積極的に国の外貨収入を確保し、ときには賄賂も手にしていた。当時はまだ、人工衛星が海上の船をすべて追跡するようになる前の時代だったので、コモディティー商社はたやすくその動きを隠せた。マーク・リッチ&カンパニーが契約したタンカー〈ダグリ号〉の船長はあるとき、船体に書かれた船名を消すように指示された。船長はこの要請に面食らい、テレックスでこう返信した。「私の指揮下ではいかなる状況でも船名を塗りつぶすことはありえないが、天候が許せば帆布で船名を覆うこととする。以上[45]」

またコモディティー商社は、社内の通信などで不穏当な国を示すときには秘密のコード名を使っていた。ビトルのテレックスでは、南アフリカを指すのは「チューリップ」だった[46]。マーク・リッチ&カンパニーでは、南アフリカ担当トレーダーのウド・ホーストマンにちなんで「ウド」と呼ぶようになった。イラニアン・ライト原油は「クルード3番」だった。マーク・クランドールは、一九九〇年代初めに同社の石油部門トップとなり、のちにトラフィギュラを共同設立する人物だが、一九八〇年代末にテキサスで、南アフリカに製油所を所有するシェブロンの子会社カルテックスの幹部たちと会合を持ったときのことを覚えている。アメリカ当局に目をつけられないように、全員がコード名を使って話したという。「われわれはダラスで、アメリカの白人たちとテーブルを囲んで、〝さて、来年は今年よりもクルード3番が手に入りやすくなると思うかい?〟などと言っていたわけさ[47]」。ヨハネスブルクのマーク・リッチ&カンパニーのオフィスには、独自のテレックス回線と南京錠付きのドアを備えた特別な部屋があり、石油取引はそこから行われていた[48]。

こうした策を弄したにもかかわらず、さまざまな情報網や保険報告書の使用状況から、非政府組織のシッピング・リサーチ・ビューロー（SRB）は多くの取引を追跡することができた。一九七九年一月から一九九三年一二月のあいだに、南アフリカで荷揚げをしたタンカーは八五〇隻超。その積み荷の大部分に責任があったのは、当時の石油取引の紳士録に名を連ねるマーク・リッチ&カンパニー、トランスワールド・オイル、マリンペックスだったが、それだけではなかった。他の荷主にはBP、トタル、ロイヤル・ダッチ・シェルといった大手石油会社、そしてさらに割合は少ないが、ビトルなど他のコモディティー商社も含まれていた。

アパルトヘイトの廃止後、南アフリカは石油取引の関連文書を機密扱いから外したため、さらに詳細がわかってきた。同国の石油取引を初期に支配していたのはデウスとトランスワールド・オイルだった。たとえば一九八二年には、南アフリカの石油購入の半分以上をデウスの商社が占めていた。このことは、南アフリカの石油貯蔵を管理するストラテジック・フューエル・ファンドのある高官が残したメモから明らかになった。[49] 一九八〇年代前半にデウスは、南アフリカにきわめて強力な拠点を築いていたので、政府関係者たちは供給元の幅をもっと広げようと手分けして努め、プレトリアからニューヨークへ飛んでマーク・リッチ&カンパニーと協議したり、ハンブルクのマリンペックスに掛け合ったりした。

こうしたコモディティー商社がなかったら、アパルトヘイト下の南アフリカ経済が何年も前に破綻していたことはまずまちがいない。当時の大臣だったクリス・ホイニスは、政府は武器よりも石油の買い入れに苦労していたほどで、石油禁輸はアパルトヘイト体制を「崩壊させていたかもしれない」と認めている。[50] 一九七八年から八九年まで南アフリカの首相、大統領を歴任したP・W・ボータは、コモディティー商社から原油を買ったことで、一〇年間で二二〇億ランド（一〇〇億ドル超）の追加費用が必要になったと言っている。[51] 一九七九年のあるひとつの契約では、リッチは一バレルあたり一四・五五ドルの公式価格で買った原油に一二六%のプレミアムをつけ、バレル三三ドルで南アフリカに売りおおせた。[52]「国内の自動車やディーゼル機関車が停まれば経済生活が崩壊してしまうので、支払うしかなかった」と、「大ワニ」の通称で呼ばれたボータは地元紙に語った。「われわれはその代償のために、今日でもなお苦しんでいる」[53]

トレーダーたちは市場のことをすべて把握しているおかげで大金を儲けたわけではない。よりたくさんの利益を得るために、倫理的な原則をあえて無視していたというだけだ。南アフリカとの取引のことを問いただされると、彼らは決まって、自分たちのやっていることはすべて合法だと答える。一九八六年にBBCが、ロンドンのある会議の場でデウスをつかまえた。彼が生涯で一度だけ受けたものとされるテレビインタビューで、南アフリカとの取引について聞かれたオランダ人トレーダーは、明確な返答を避けながらも、自分は何をするにしても不正なことはやらないと言いきった。「われわれはどの国でビジネスをしようと、そこの法律を破ったりはしない。偽の書類を使ったら？　それは違法行為だ。しかし船名を覆うのはどうか？　そう、なんと言えばいいのか……つまり、自宅の裏庭に船を置いていて、その名前を隠していたら、それは違法なのか？」[54]

リッチの返答はさらにねじくれていた。「私は根っからの反アパルトヘイトだ。われわれはみな、アパルトヘイトに反対していた」と彼は言い、その舌の根も乾かぬうちに、こうつけ加えた。「南アフリカの人たちには石油が必要だった、なのに禁輸措置のせいで誰もなかなか売ろうとしない。違法なところは何もない、そうわれわれは思った。だから売ることに同意したんだ」[55]

禁輸措置と政治的な情実だらけの一九八〇年代の世界で、コモディティー商社は偽装と欺瞞を巧みに操ることを学んだ。取引はさまざまな政治路線に沿って分かれていった。多くの国は、自国の製品が南アフリカに売られることを拒否した。特定の国々から製品を買うことを拒否する国もあった。そして同盟国に対して割引価格で売る国もあった。

さまざまな規制は、それを避けて通れる商社の前に、利益を上げるチャンスを開くことになった。これは往々にして、あるところから来た石油や金属が、実際とはちがう場所から来たように書類を偽装するということを意味していた。当時のある上級トレーダーによると、マーク・リッチ&カンパニーのキャビネットは、世界中のあらゆる国のスタンプや税関の書式でいっぱいだったという。[56] あるトレーダーの扱う石油がプエルトリコで積み込まれたことを証明しなくてはならない？ 何も問題ない。ではその石油がシンガポールへ送られたことを証明するのは？ お茶の子さいさいだ。

この時期、マーク・リッチ&カンパニーに最も利益をもたらした偽装のひとつに「コブコ」があった。これは世界でいちばん裕福なコモディティー・トレーダーが、自ら地球上でいちばん貧しい国の官僚になりすますという手口だった。[57]

コブコ（Cobuco）とはコンパニー・ブルンデ・ド・コメースの略称だ。一九八〇年代初頭に設立され、本社はブリュッセルの街の瀟洒《しょうしゃ》な一角にある。表向きには一商社として、国際市場で買い付けた原油をブルンジに供給している。アフリカ大陸の小国ブルンジは内陸の大湖沼地方に位置し、ルワンダ、タンザニア、コンゴ民主共和国と国境を接している。一九六二年にベルギーから独立したばかりで、経済基盤といえばコーヒーと紅茶、自給自足農業くらいの世界最貧国である。[58] 一〇〇〇万人そこそこの国民の生活費は一人につき年間わずか二七五ドルほどで、アフガニスタンの半分ほどでしかない。

何気なく見ただけなら、コブコはブルンジ政府の官僚的な出先機関だと思えるだろう。ブリュッセルのマリー・ドパージュ七番地にある同社のオフィスに電話をすれば、ムッシュー・ンドロが応えてくれる。
だが実のところ、コブコはマーク・リッチ&カンパニーの隠れ蓑であり――利益の追求のためなら進んで人目を欺こうとするこの商社の姿勢の表れだった。そしてムッシュー・ンドロはブルンジの役人ではなく、マーク・リッチ&カンパニーのヨーロッパ人トレーダーだった。いうまでもなく、本名はムッシュー・ンドロではない。彼はブリュッセルに拠点を置いてすらいない――そのときたまたまいたヨーロッパやアフリカのどの都市からでも通話を迂回させて、ベルギーの首都から発信しているように見せているのだ。

ムッシュー・ンドロは、自分について書くときはこの偽名しか使わないという条件付きで、以下の話を聞かせてくれた。コブコの物語は、彼がある新聞記事を読んだときから始まった。あるアフリカの国が原油を有利な条件で確保するために、石油の豊富なリビアへ代表団を派遣したという内容の記事だった。一九八〇年代初め、世界はまだ第二次石油危機を乗り切ろうとしている時期で、原油価格は一バレルあたり三〇ドル前後で推移していた。アフリカの国々の多くは、燃料の値段が法外に上がってしまったため、近隣の産油国に助けを求めた。非同盟運動は、冷戦の時代にワシントンからもモスクワからも距離を置こうとした国々の組織だが、この時期にはまだそこそこ結束が強かったので、グループ内の最貧国に豊かなほうの国から手が差し伸べられるということがありえた。とくにOPEC[59]諸国はアフリカ諸国に原油を割安で売ってくれた。米ドルの金利が二〇%に近づこうとしていて、多くのアフリカ諸国にとっては、石油購入の資金のために貸し出し条件のゆるやかなソフト・ローンを確保することは、安価な原油を手に入れるのと同じくらい重要だった。

そこでマーク・リッチ&カンパニーのトレーダーが妙案を思いついた。アフリカやラテンアメリカの貧しい国を自社の隠れ蓑に使い、安い原油を手に入れ、さらに資金も安く調達するのだ。そして生まれたのがコブコだった。公式上は、リッチとブルンジ政府が半々で所有する合弁会社である。書類上では、やましいところは何ひとつなかった。会社の定款はブルンジの議会で正式に承認されてすらいた。だが実際上は、この商社の企図は不条理な冗談とすらいえるものだった。小国のブルンジに国際石油取引のベンチャーができるなど、およそ考えられることではない。第一に、ブルンジは海のない国である。第二に石油の消費量もごく少なく、タンカー一隻分の原油で国内需要が六年以上もまかなえるのだ。[60] 実際にコブコは、ブルンジには一バレルの石油も供給しなかった――が、大勢のブルンジの役人たちの懐をうるおすのには役立った。

この合弁会社を設立して経営をまかされた若いトレーダーは、ムッシュー・ンドロという偽名で動きはじめた。ブルンジへ送る石油の調達先候補としてイランを選んだ。マーク・リッチ＆カンパニーがすでにテヘランに持っていたコネクションを利用し、ブルンジの大統領がイランの首都を訪れるための算段をつけた。そしてこのアフリカのパートナーに明確な指示を出した――原油をOPECの公式価格（一バレルあたり二七～二八ドル）で買い入れてほしい。当時のスポット市場はバレル三〇～三五ドルだったので、それを大幅に下回る価格である。支払いも異例の好条件だった。非同盟国の一員であるブルンジは、二年間石油の代金支払いを猶予される。つまり事実上、二年の無利子ローンということだ。コブコはイラン側に、マーク・リッチ＆カンパニーが輸送の細かな部分をすべて取り扱い、原油はケニアのモンバサ港の製油所で精製され、そこからブルンジの高地までトラックで運ばれると伝えた。

イランのイスラム革命政府はこれに同意した。

それから数カ月にわたって、マーク・リッチ＆カンパニーはペルシャ湾にタンカーを向かわせて原油を積み込んだ。公式にはその原油は、すべてモンバサに到着した。実際には？　もちろんちがう、とムッシュー・ンドロは言う。「だが、モンバサで原油が荷揚げされたことを示す書類は全部そろっていた」。代わりにマーク・リッチの商社はこの石油をグローバル市場へ流し、大きな利ざやで売りさばいたのだ。こうした原油の一部は南アフリカにも流れ込み、親アパルトヘイト派の政府にはスポット価格を上回るプレミアムでも支払う用意があった。

リッチは大儲けをした。コブコがイランに支払った公定価格とスポット価格の差は一バレルあたり五ドル八セントで、四〇〇〇万〜七〇〇〇万ドルの利益を生んだが、正確な数字はムッシュー・ンドロにももうわからない。はっきり覚えているのは、とにかく気前の良い支払い条件だったということだ。コブコは二年間イラン側に支払わなくてよかったが、コブコから原油を買った側は三〇日から六〇日以内に支払うことになっていた。それでマーク・リッチ＆カンパニーにはその現金を一年以上にわたって金融市場で運用するチャンスが生まれ、二〇％近い利息を手にすることができた。ムッシュー・ンドロはその二年間の融資がいかにぼろい儲けだったかを覚えている。追加で四二〇〇万ドル、つまり原油をスポット市場で転売するのとほぼ同じだけの利益を得たのだ。

ブルンジはそのサービスに応じた手数料を受け取っていた。一バレルあたり二〇セント。この小国には大金だが――もっともムッシュー・ンドロは、その金がちゃんと国庫に入ったのかどうかについては語ろうとしない――マーク・リッチらが稼いだ数百万ドルに比べれば、はした金にすぎなかった。

リッチは喜色満面だった。その広大なコモディティー帝国に属する全オフィスにテレックスを送った――「もっとコブコがほしい」。そして実際に手に入れた。そのころ同社の上級石油トレーダーだった人物によれば、一九八〇年代末には、マーク・リッチ＆カンパニーはアフリカ全土に、こうした合弁会社を四つか五つも設立していた。[61]

一九八〇年代のマーク・リッチの支配ぶりはすさまじく、いくら無用な注目を浴びないよう手を打っても、おのずと限界があった。

リッチはイランを自らの帝国の要と位置づけた――だがそれはまた、めぐりめぐって彼の破滅の元にもなった。この国は一九七〇年代、エイラート―アシュケロン・パイプラインを使った取引による利益の源だった。そして彼が南アフリカへ送った多くの石油の源でもあった。一九七九年の革命にもリッチがひるむことはなかった。ホメイニ師が帰還したまさにその当日、ピンキー・グリーンがテヘランへ飛んで、マーク・リッチ&カンパニーに石油を売りつづけるようイラン政府を説得した[62]。

その数カ月後、暴徒がテヘランのアメリカ大使館を襲い、数十人のアメリカ人外交官を誘拐し、一年以上にわたって監禁するという事態になった。この事件を受けてジミー・カーター大統領は大統領令をつぎつぎに発し、アメリカ国内のイラン資産を凍結し、さらにイランとの通商全般、とくに石油取引を禁止した[63]。

この時点でだいたいのアメリカ人は、法的な理由からも倫理的な理由からも、テヘランとの取引に見切りをつけていただろう。だがリッチは止まらなかった。これまでも禁輸措置を迂回したおかげで、大きなビジネスをものにしたことはあった。コモディティー取引という事業には国際的な性格があり、一国の政府だけで効果的に規制することは難しい。アメリカ政府がイランとの石油取引を禁じても、ツークに本社のあるマーク・リッチ&カンパニーのようなスイスの会社がイランとの石油取引をするのは止められないのだ。人質事件のさなかにイランから石油を買ったことに罪悪感はなかったのかと訊かれると、リッチはこう答えた。「淡々とした気分だった」[64]

だから、一九八〇年春にジョン・デウスがリッチのマンハッタン支社を訪れ、イランの石油を買いたいと言ってきたのも、リッチにとって何も不思議なことではなかった。[65] デウスとリッチは、この時代の石油取引の両巨頭である――最大量の石油を扱い、最大のリスクを負い、政治的な疑念があっても気にも留めない。まさにその時期、テヘランで五二人のアメリカ人が人質になっていようとかまわなかった。取引があれば遂行する。そしてデウスが持ちかけてきたのは大型の取引だった――二億ドルを超えるイラン産原油の売買である。

七月から九月までにリッチは、デウスのトランスワールド・オイルに八カーゴの原油と燃油を送り、九月三〇日に配送されたイラン産原油は一カーゴあたり最高の一六〇万七八八七バレル、五六四六万三六四九ドル相当に達した。この現金はパリのソシエテ・ジェネラルにあるトランスワールドの口座からニューヨークのリッチの口座へ流れ、そこからまたパリに戻り、イラン中央銀行がパリ国立銀行に保有する口座へと流れ込んだ。[66]

この取引はマーク・リッチの人生を、そしておそらくコモディティー取引業界の歴史を変えることになる。これが二〇年におよぶ法廷闘争の始まりとなって、リッチの顔写真がＦＢＩの「指名手配者リスト」に載るという結果をもたらすのだ。

リッチがデウスとイラン産原油を取引していたのとほぼ同じころ、アメリカの検察当局はリッチを脱税容疑で起訴しようとしていた。彼のイランとの取引がわかったとき、検察は大当たりを引いたことを知った。複雑な税務事件として始まったものが、コモディティー商社の道徳の欠如を示すストーリーとなり、アメリカの支配層の怒りをかきたて、リッチを一般大衆の前に悪玉としてさらしていった。

一九八三年にリッチは大陪審から起訴され、たちまち有名人に仕立て上げられた。そのストーリーはハリウッドのスリラー映画の筋書きさながらだった――大富豪のコモディティー・トレーダーの脱税、イランのホメイニ師の取り巻きを相手にした石油取引、そして重要書類が国外へ持ち出されるのを阻止すべく、検察が深夜のジョン・F・ケネディ空港の滑走路でスイス航空機を止めさせる……。

この事件は世界中の人間の想像力に火をつけた。スイスの小さな町ツークに記者たちが押し寄せ、街中をかぎ回ってついにリッチの姿を捉えた。自社オフィスからボディガードを従えてそっと出てくると、道路一本隔てた自分の所有するレストランへ入っていくところだった。世界中へ配信された写真は、いかにもパントマイムの悪役然としていた――後ろになでつけた艶やかな黒い髪、手には煙を上げる長い葉巻。つねにアウトサイダーだったリッチは、自分は誤解されていると強調した。「私という人間はずっとひどい描かれ方をしてきた。仕事中毒だ、一匹狼だ、金の亡者だと。それは本当の姿じゃない。私は控えめで無口な人間で、何も違法なまねはしたことがない」[67]

そんな彼の抗議も、高いガソリン価格に苦しむ大半のアメリカ国民の耳には届かなかった。マーク・リッチや仲間のトレーダーたちについて大量に新聞記事が書かれたおかげで、コモディティー商社なるものがとてつもない利益を上げていることを誰もが知った。さらにハリウッド映画の様相を強める情報も暴露された。リッチは映画スタジオ二〇世紀フォックスの株式の五〇%を持つ謎の人物その人だったのだ。こうしてコモディティー・トレーダーの一般的イメージが生まれた。トレーディング業界の内部でマーク・リッチの一件はやがて、なぜコモディティー・トレーダーは世間の目から身を隠すべきなのかという教訓話として定着していく。

検察の起訴状のなかでも、とりわけリッチが非難を浴びることになったのは、革命政府がアメリカの市民たちを人質に取っていたまさにその時期にイランと取引をしていたという事実だ。しかしこの件の核心にあったのは、イランとは関係のない取引だった。アメリカの石油部門にはひどく込み入った規制があり、新しい油田から採掘された原油は、古い油田の原油よりも高く売ることができる。ある複雑な一連の取引を通じて、リッチの会社は一億ドル超の収入にかかる税金を逃れた、と起訴状にはあった。二人の連邦検事――まずサンディ・ワインバーグ、ついでのちにニューヨーク市長を務め、ドナルド・トランプ大統領の個人弁護士となるルディ・ジュリアーニ――はこの起訴を評して、アメリカ史上最大の税金詐欺事件だと言った。もしすべての訴因で有罪となった場合、リッチは三〇〇年の懲役刑を宣告されるはずだった。

　リッチの弁護団は、この起訴は刑事事件ではなく民事の税務事件だと異議を唱えた。ほかにも多くの企業が同じような商活動をして多額の罰金を支払っていたが、刑事犯罪として訴追された例はなかった。たとえばエクソンは一九八三年、実際は「古い石油」だったものを「新しい石油」の価格で売ったことで、八億九五〇〇万ドルの罰金を科された。[68] アトランティック・リッチフィールドは、マーク・リッチが行ったいくつかの取引の相手だったが、一九八六年に三億一五〇〇万ドルを払って和解している。[69] リッチの弁護団もまた、彼はたしかにイランと取引をしたが、それはスイスの会社の代表として行っていたことであり、許容されるべきだという見解だった。

　だが、そうした抗議もほとんど無意味だった。マーク・リッチ&カンパニーは企業として、最終的におよそ二億ドルを支払うことで和解した。だが個人としてのリッチとグリーンに和解の余地はなかった。二人は裁判を避けて国外へ逃げ、二度と戻らなかった。一九八三年に正式に起訴されるまでに、どちらもニューヨークを捨ててツークに移り住み、スイス政府の保護下に入った。

　リッチはアメリカ国籍を放棄し、スペインとイスラエルのパスポートを取得した。多くのアメリカ人にはそれだけでも裏切り行為である。リッチのお抱え弁護士だったエドワード・ベネット・ウィリアムズは、リッチが逃亡したと聞いて衝撃を隠せず、こう言った。「いいか、マーク、君はアメリカ国旗に唾を吐きかけた。陪審員制度に唾を吐きかけた。どんな結果になろうと自業自得だ。最低限の罰ですんだかもしれないのに。いま君は破滅しようとしている[70]」

結局のところ、リッチとグリーンは刑務所入りにもならず、金銭的な罰則を受けることもなかった。逃亡者として連邦捜査官に追われ、二〇年近く世界中を転々としたあと、イスラエル首相やスペイン国王まで巻き込んだ念入りなロビー活動が功を奏し、二〇〇一年一月に退任を控えたクリントン大統領から恩赦された。この措置が引き金となり、ワシントンでは民主・共和両党が足並みをそろえて非難の声を上げるという珍しい事態が起こった。さらにリッチの前妻デニスが、民主党およびクリントン大統領図書館の最大の献金者だったことが明るみに出た。カリフォルニア州選出の民主党議員ヘンリー・ワックスマンは従来からクリントンの支持者だったものの、この恩赦についてはつぎのように評した。「恥ずべき判断ミスだし、そう認めるべきだ。これを無視すれば正義の根本原則を裏切ることになる[71]」

リッチは自由の身となったが、米司法当局に追われる逃亡者として過ごした二〇年間の痕跡は拭えずに残った。かつては世界を股にかけた取引を謳歌したトレーダーが、何年にもわたってほんの一握りの国にしかいられず、スイス、スペイン、イスラエルの自宅をジェット機で行き来して過ごさざるを得なくなったのだ。永遠のアウトサイダーのリッチは、何事にもひどく身構え、怒りっぽく、疑い深くなっていった。

それでも彼のビジネスは成功した——ジャマイカ、南アフリカ、ブルンジ、アンゴラでの取引がその好例だ。冷戦による分断と政治的な禁輸の世界にあって、フィリップ・ブラザーズで学んだコモディティー取引のモデルをより積極的に、よりグローバルに展開し、「ナイフの刃の上を歩く」ような際どいリスクも進んで取った。腐敗した、経済的に脆弱な国々に自社の資金を注ぎ込む気は満々でいたし、そうするうちに新興国への投資の先駆けとなっていった。マーク・リッチ&カンパニーは、金属と石油に農業を加え、世界のコモディティー取引における明白なリーダーとなった。なんとアメリカ国内でも、公式にはリッチのパートナーのアレック・ハッケルが所有し、ウィリー・ストロトットが経営する関連会社を通じて、ビジネスを続けていたのだ。

他のコモディティー商社は、リッチのスタイルに従うか、マーク・リッチ&カンパニーが支配的な国で事業をすることをあきらめざるを得なくなった。そうした変化によって、リッチの古巣であるフィリップ・ブラザーズも苦境に立たされた。

だが、さらなる変化がこの業界に訪れようとしていた。そして今回、その担い手はマーク・リッチではなかった。天然資源が大企業の支配から自由になるにつれ、コモディティーの金融市場は拡大し、熱狂の度合いを増した。そして市場の金融面の重要性が高まるとともに、また新たなタイプのトレーダーがコモディティー業界を支配するようになった――マーク・リッチや彼の世代とは似ても似つかないトレーダーたちが。

第4章　紙の樽《ペーパーバレル》

受話器から響いた日本人の声に、アンディ・ホールはいきなり目を覚まさせられた。まだ夜中の一時だった。ホールはニューヨークから一時間の郊外にある高級住宅地、コネティカット州グリニッジの自宅のベッドのなかにいた。そこへ電話が鳴り出したのだ。

「イラクの戦車がクウェート市に侵攻しました！」と電話の声は言った。

もう眠気は吹き飛んでいた。世界屈指の石油商社のCEOであるホールは、石油価格が上昇するという予測に会社の資金数百万ドルを、ひいては自分のキャリアを賭けていた。イラクとクウェートは合わせて世界の石油埋蔵量の二〇％を占めている。その両国間で戦争が起これば、自分の賭けが正しかったことがほぼ確実になる。

電話をかけてきたのは東京支社の部下で、ボスが寝ているあいだ石油市場に目を光らせる役割を課せられていた。

「それで、市場はどうなってる？」とホールは聞いた。

答えが返ってきた。「買い手ばかりです。売り手はいません」[1]

ホールは電話を切った。背が高く細身で、禅僧のような静けさを漂わせるホールは、感情を表に出すたちではない。しかしこのニュースの重要性は彼にも十分伝わっていた。ホールはフィブロ・エナジーという、フィリップ・ブラザーズの石油取引部門を運営している。そして彼の取引は一気に数億ドルの利益をフィブロにもたらすことになるのだ。

一九九〇年八月二日未明のこと。イラク共和国軍の四個師団が隣国のクウェートへ侵攻した。サダム・フセインの直属とされるこのエリート部隊は、二日後にクウェート全土を制圧した。四八時間足らずでサダム・フセインは、世界第四位の石油埋蔵量とその生産量の大部分を掌握したのである。[2] 国連安全保障理事会はこれを受けて、イラクに対し「全コモディティー」の禁輸措置を科した。[3]

石油市場は完全にホールの予想どおりの反応を示した。ニューヨークが早朝を迎えるころ、主要な原油価格指標であるブレント原油価格は一五%も跳ね上がった。そして三カ月以内には二倍になり、最高時には一バレル四〇ドル超の値をつけた。一九七九年以来、最大の石油危機だった。

フィブロ・エナジーとアンディ・ホールにとって、湾岸戦争は最大の稼ぎ時となった。原油価格に賭けたホールの決断は、数週間で六億ドルから八億ドルの利益をもたらしたのだ。[4] これは地政学的洞察と市場知識とを組み合わせ、石油市場で供されている多くの新しい金融商品を駆使した取引だった。フィブロ・エナジーはその年、四億九二〇〇万ドルもの利益を計上した。[5]

一九七〇年代の危機を経て石油市場は進化し、アンディ・ホールのようなトレーダーたちが台頭してきた。ホールは真摯な思慮深い人物で、アフリカのある国から別の国へ飛び回ったりするのではなく、コネティカットの拠点から市場をじっくり分析するほうを好んだ。マーク・リッチやジョン・デウスの十八番のような、産油国のコネやネットワークを駆使して大当たりを取るというビジネス手法は鼻であしらった。

一九八〇年代後半から九〇年代初めにかけて、エネルギー取引の世界ではまた新たな革命が起こっていた。数十年前にテオドア・ヴァイサーら石油取引の先駆者たちがセブン・シスターズの牙城を崩し、石油価格が決められる道筋を変化させたが、それに匹敵するほど重要なものだったといっていい。いま石油価格の決定に第二の転換が起こりつつあった。今回その変革を推進していたのは、ホールとその同属たちだった——先物、オプションという新たな世界の力を借りて。

こうした新しい金融商品はリスクを減らすのに役立ち、おかげでトレーダーが仮想の石油価格に賭けることが可能になった。つまりトレーダーは原油の現物取引の価格を固定することができ、不利な値動きのために破産するという心配なしに、さらに大きな契約を追い求められるようになったのだ。だが、先物とオプションは投機をも可能にする。原油市場がどう動くかに賭けるルーレットがこれほど簡単にできた時代はかつてなかった。

「実際の話、ウォール街の連中がデリバティブ市場を創り出し、一般の消費者やら、航空会社や船用燃料の消費者やらにせっせと売り込んだ。それでまた市場がぐんと活気づいたんだ」とコリン・ブライスは言った。一九八七年からモルガン・スタンレーで石油トレーダーを務め、引き続きこの銀行のコモディティー事業を担当した人物である。「あれが一九九〇年代のゲームだった」[6]

石油市場の「金融化」はまったく新しいビジネスの地平を切り開くことになった。ウォール街の腕利きたちはすでに住宅ローンやジャンク債の市場を変革したあと、一九八〇年代後半には石油市場に目を向けるようになった。そして彼らが新しい金融商品を駆使して市場を開き、そこに新たな参入者の群れが押し寄せてきた。現物の原油を見るつもりなど一切なく、実際には存在しないもの――まもなくこの架空の原油は「ペーパーバレル」と呼ばれるようになる――を進んで売買しようとする者たちだ。このなかには、年金基金のような金融投資家のほか、航空会社や海運会社など、原油価格の上昇の影響を受けずにすませようとする石油消費者もいた。

そこで登場したのが、先物やオプションをはじめとする金融商品である。実際にはこうしたものに目新しい要素はほとんどなかった。銅や錫のトレーダーたちは一世紀も前からロンドン金属取引所で、穀物トレーダーたちもシカゴ商品取引所などで先物を売り買いしていた。日本ではじつに一六九七年という古い時代から米の仲買人が先物取引を行い、世界初の先物取引所とされるものを開設している。[7] ところが石油には、そうした市場は一九八〇年代まで存在しなかった。

商品《コモディティー》先物取引とはその名のとおり、将来のある時点においてコモディティーが受け渡しされるという契約である。この先物市場の創出により、石油商社には新たにさまざまな可能性が開かれることになった。石油の売り買いはもうその場《スポット》には限られず、数週間後や数カ月後、あるいは数年後に受け渡しをするような売買も可能になった。

先物契約をした側がそれを期日まで保有していれば、コモディティーの現物を受け取ることができる。一方で先物を売った側は、期限が来ればコモディティーを引き渡さなくてはならない。石油の先物市場が生まれたことで、トレーダーは何カ月も前から先物取引で石油の売買ができるようになった。しかしこの新しい金融商品の用途はそれどころでなく、ずっと広いものだった。たいていの人間は先物を期日まで持ってはいなかった――そして代わりに、現物の石油そのものとまったく同じように、先物も売り買いするようになったのだ。先物取引によってトレーダーは（他の誰でもいい）、現物の石油に触れる必要もなく、市場の動向に賭けられるようになった。これが「ペーパーバレル」、つまり紙の樽である。

先物はさまざまな役割を果たす。ある者は投機に使い、ある者は石油価格の変動に対する保険、すなわち「ヘッジ」に使う。たとえばトレーダーがある量の石油を買って、一カ月後に売る計画を立てたとしよう。その場合は一カ月がたつあいだ、原油価格が上がってくれるのをじりじりしながら待つのではなく、すぐに先物契約を売却することで既知の価格に固定することができる。それでもし原油の価格が下がれば、すでに売った先物契約の価値も下がり、トレーダーはより低い価格で買い戻せる。もし原油の価格が上がれば、トレーダーは先物契約では損をするが、現物の原油の価値が上がるので、同じ額を手に入れられる。いずれにせよ先物市場を利用することで、トレーダーは原油の価格を固定し、リスクを軽減できるのだ。

オプションはまたぐっと自由度が高くなる。手数料——「プレミアム」と呼ばれる——を支払えば、トレーダーは先物契約をあらかじめ定めた価格と時間で売買できるが、実際に売買する義務はない。このオプション取引と先物取引が合わせてデリバティブと呼ばれるのは、その価値が原資産であるコモディティーの価値に由来《デライブ》するからだ。

デリバティブの登場は、石油市場を根底から覆すものだった。初期の石油トレーダー、たとえばテオドア・ヴァイサーやマーク・リッチらは、取引に際して価格の変動に保険をかけられなかった。ある日に石油を買い、その翌日に価格が暴落すれば、損害はまるごと自分が引き受けなくてはならない。もちろん価格が固定されていた時代には、そんな問題はなかった。しかし一九七〇年代の石油危機に伴い、石油取引は危険をはらむ冒険的なビジネスになった。

その状況が一九八〇年代に変化したのは、ひとえに別のコモディティー——こともあろうに米国産ジャガイモのおかげだった。商品《コモディティー》デリバティブ取引は一〇〇年以上にわたってニューヨーク・マーカンタイル取引所（ＮＹＭＥＸ）で行われていた。取引所のトレーディングピットには激昂した怒号が飛びかい、トレーダーたちはこすっからい振る舞いで悪評をとった。マーク・リッチやジョン・デウスらが石油の売買でぼろ儲けしていた一九七〇年代、ＮＹＭＥＸのトレーダーたちはジャガイモ先物に夢中になっていたのだ。それまでもジャガイモはこの取引所で最も人気の高い商品だった。ところが一九七六年五月、ＮＹＭＥＸのトレーダーたちが債務不履行に陥り、当時のコモディティー先物における過去最大の事件となった。ＮＹＭＥＸは大打撃を受け、破綻の瀬戸際に立たされた。理事会はなんとか取引所を潰すまいと必死で、ジャガイモに代わって花形のデリバティブ商品となるものを探した。そして侃々諤々《かんかんがくがく》の議論の末、石油に運を託そうと決めたのだった。

石油デリバティブはまったく新しい商品というわけではなかった。先物もオプションも一世紀前、一八五九年にアメリカで石油の商業生産が開始されたころに存在していた。短い期間だったとはいえ、石油の先物取引は少なくとも全米二〇カ所の取引所で行われていたのだ。[8] しかしこの黎明期の石油デリバティブ市場は、石油の現物のスポット取引と同じように、ロックフェラーが業界の支配権を握ると同時に終わりを迎えた。

一九八三年三月三〇日、ＮＹＭＥＸは市場を再建し、軽質スイート原油の先物取引を開始した。この硫黄分の少ない低濃度の原油は、ウェスト・テキサス・インターミディエート（ＷＴＩ）という、アトランティック・リッチフィールド（現在はＢＰの子会社）が主要な貯蔵拠点を持つオクラホマ州クッシングで引き渡される原油を基にしたものだった。

こうして近年では初めて、石油商社は取引のリスクをヘッジできるようになった。その影響は甚大だった。トレーダーたちはいきなり、一切を危険にさらすことなく、はるかに大量の石油を商えるようになったのだ。そして先物市場が生まれたことで、とくに現物の世界と金融界の両方に属する者たちの前にまったく新しい取引の可能性が開けた。ウォール街のギャンブル志向が石油の世界に入り込んできた。そしてこの文化的衝突から利益を得る準備の整った人物といえば、アンディ・ホールを措いてほかにいなかった。

ホールは超大手石油会社ブリティッシュ・ペトロリアム（ＢＰ）で取引を学んだ。折しもＢＰを含むセブン・シスターズの力が衰えようとする時期だった。ホールがまだ在学中に見習いとして入社すると、ＢＰは彼がオックスフォード大学へ進学するのを支援し、卒業と同時に勤め口をオファーした。ちょうど一九七三年、世界が第一次石油危機に見舞われた年のことだ。

ホールはまもなくＢＰの中枢であるスケジュール管理部門で働きはじめた。ＢＰが生産する原油すべての行き先を決める。これは膨大な作業だった。ＢＰ、元のアングロ・ペルシャン・オイル・カンパニーが取り扱う原油は日量およそ五〇〇万バレルに上り、その多くは支配下に置くイランの油田から汲み上げたものだった。ただし取引はしない。ＢＰの石油をＢＰの製油所で精製し、そこからＢＰの給油所で売るまでを取り仕切るのがスケジュール管理部門の仕事だった。

だが、ほどなくＢＰは一九七九年のイラン革命で原油生産の多くを奪われ、変化を余儀なくされることになる。ホールはニューヨークへ派遣され、自社を代表して石油の売買を始めた。当初はただＢＰの自前のサプライチェーンで使う石油のみを扱っていた。ところがまもなく彼はトレーディングというものの妙味に目覚めた。これは安いと思える石油があれば、ＢＰに必要かどうかとは無関係に買い入れ、誰かに転売して利益を上げようとしたのだ。それまでは、ＢＰをはじめとする一貫操業の石油会社の内部では、サードパーティーとの取引など自分たちのすることではないとみなされていた。だがホールはそんな因襲など意に介さなかった。「われわれは狂ったように石油の取引を始めた」と振り返っている。[9]

この若いイギリス人トレーダーのリスク志向はやがて、当時のトップコモディティー商社の目にとまり、フィリップ・ブラザーズとマーク・リッチ&カンパニーからほぼ同時に勤め口のオファーがあった。一九八二年にホールはフィリップ・ブラザーズに入社し、五年足らずのうちに、すでにフィブロ・エナジーと改称されていた同社の石油部門の運営をまかされるようになった。そして第一次湾岸戦争を機に、同世代で最も成功した石油トレーダーという評価を固めることになる。その後もさらに、中国の台頭を的確に予測したおかげで数億ドルを稼ぎ出し、二〇〇八年には一億ドル超の個人報酬を得て、「神」とあだ名されるようになった。

ＢＰ、そして後身のフィブロで、ホールはのちに有名になる取引スタイルを確立した。石油市場を動かす政治的、経済的要因をこつこつ計算し、大きく賭けに出て、その賭けが正しかったとわかる時を鋼の意志力で待つのだ。「わが社は、あちこちで小金を稼いで回る他のウォール街の会社とはちがう」とホールは一九九一年のインタビューで語っている。「自分たちの分析が有効であるかぎり、わが社は現在の地位を保ちつづけるだろう」[10]

大当たりとなる一九九〇年の取引にも、ホールは独自の信念をもって臨んでいた。とにかく強気一辺倒で、つねに石油価格の上昇に賭けようとする——すでに他の石油トレーダーたちのあいだではそう見られていたが、一九九〇年初めのホールには確信があった。石油市場は供給過剰になる。市場の複雑な動向を注意深く追っていた者には、さして意外な事実ではなかった。原油が売れ残り、貯蔵タンクは満杯になりつつある。この年の初めに経済協力開発機構（ＯＥＣＤ）に加盟する富裕国の原油在庫は、一九八二年以来最高のレベルに達していた[11]。

　原油価格の推移を見ると、一九八〇年代前半には一バレルあたり三〇ドル超だったのが、いまでは二〇ドルを割り込み（巻末付録4の表を参照）、OPEC産油国も苦境に立たされていた。そして一国また一国と、OPEC全体で取り決めた生産割り当てをごまかしはじめ、何バレルかよけいに生産して何ドルかよけいに収入を得ようとする動きに出た。その結果、価格はさらに下落した。

　OPEC加盟国のなかで、どこよりも原油価格の上昇を求めている国がイラクだった。イランとの長い戦争から抜け出したばかりで、ほぼ破産状態にあったのだ。この国が直面する復興費用と、約四〇〇億ドルの債務返済は、その多くをクウェート、サウジアラビア、アラブ首長国連邦など近隣の国々に負っていた[12]。やがて原油価格がバレル二〇ドルを切ると、サダム・フセインに債務返済の望みはほぼなくなった。一九九〇年の半ば、サダムは外交官たちに、イラク戦争の退役軍人への年金支払いを停止せざるを得なくなるかもしれないと告げた。

　イラクが是が非でも価格の上昇を望んでいる国だったとすれば、クウェートはOPECのなかでもとくにいかさまで悪名高い国だった。この年の初め、クウェートはひそかに一部の製油所にこう持ちかけはじめていた――追加の原油を買ってくれれば値引きをしよう。OPECへの責任を無視して、石油収入の落ち込みを増産で補おうとしていたのだ。四つの製油所を所有するフィブロ・エナジーには、たちまちクウェートが何をしているかの報告が入った。それは原油価格が下落に向かうというホールの確信をさらに強めた。

　供給の過剰が原油価格を押し下げていた。だが六カ月先に原油を引き渡す先物契約は、そこまで早い下落を見越したものではない。この価格の乖離によって創造性に富んだトレーダーにはチャンスが生まれ、しかもフィブロ・エナジーは何年にもわたって石油の金融契約という領域の成長を先導してきた革新者だった。そしてホールは、ただ石油を買って保管し、六カ月後に転売するだけで儲けを出せることに気づいた。以前ならこうした取引は、原油価格が思ったとおりに推移してくれることを六カ月も祈りながら待ちつづけるような、リスクの高い賭けだったろう。だが一九八〇年代半ばに先物市場が出現したことで、状況は一変した。一九九〇年の春、ホールは原油を買い、その日のうちに価格を固定し、六カ月後に先物契約を使ってその価格で売ることができた。これで利益が確定する。

問題は石油の保管場所を見つけることだ。陸上のタンクは満杯だった。そこでホールは、ＶＬＣＣ（超大型原油運搬船）と呼ばれるタンカーの船団を借り入れ、それを洋上の石油貯蔵施設にしようと決めた。どこかの港から港へ原油を運ぶのでなく、タンカーいっぱいに積んで公海上に浮かべておき、停泊日数分の滞船料を支払うのだ。海の上で石油を保管するという発想はとくに目新しいものではないとはいえ、独立系商社がこれほどの規模で行うのは初めてだった。

「わが社はタンカー用船業者の上得意だった」とホールは振り返る。「それでこう持ちかけた。やあ、ＶＬＣＣを一隻用船して、六カ月滞船させるオプションを付けられないか、と。向こうは、なんのためにそんなまねを、といった反応だった。それでこちらは、いいから質問に答えろと言った。返事はこうだった。そりゃあもちろん、できますとも」[13]

ホールはこの計画を巨大な規模で実行しはじめた。一隻で原油を約二〇〇万バレル積み込めるＶＬＣＣを、十数隻も借り入れた。そして原油を買い付けながら、より価格の高い先物契約を売って、事実上の利益を確定していった。必要なのはただ、原油を買って、少なくとも半年は持ちこたえられるだけの信用である。だがそれは問題にならなかった。フィブロ・エナジーは一九八一年以降、ソロモン・ブラザーズ社の傘下に入っていた――この両社の衝撃的な合併劇は、一九八〇年代のこの業界を多分に特徴づけるものとなった。とにかく結果的にホールは、ウォール街でも最大クラスの信用供与枠を手にできた。彼が押さえていた石油は、ピーク時には三七〇〇万バレル以上——当時の価格で六億ドル相当——に上った。この取引であまりに多額の現金が出ていくので、ソロモン・ブラザーズのCEOジョン・グッドフレンドが電話で何事かと訊いてきたほどだった。[14] ソロモンは伝統的に、石油事業の日々の動きにはほとんど関心を持っていなかったのだ。だがグッドフレンドもすぐに安心した。完璧な取引だった——先物市場での価格が固定されていれば、原油価格がどう転んでも、フィブロ・エナジーは儲けることができる。

原油価格の低迷は、あまり長くは続かなかった。六月下旬にサダム・フセインは、クウェートが汲み上げている原油の量が多すぎると公然と非難し、この問題をなんらかの手段で解決すると脅した。それから数週間、サダムの口ぶりはどんどん好戦的になっていった。「イラクはこのことわざを忘れはしないだろう。生活の手段を切りつめるより、首を切るほうがましだ」。七月中旬にはこう言った。「全能の神よ、われらが彼らに警告したことを証明したまわんことを。言葉でイラクを守ることが叶わないなら、効果的な何かをなすことで、物事を自然の流れに戻し、簒奪された権利が所有者に戻るようにせねばならない」[15]

ホールはコネティカット州の家で、ニューヨーク・タイムズ紙に掲載されたイラク人指導者の言葉を読んでいた。そしてすぐに、中東の戦争リスクは無視できないほど大きいと判断した。彼は思いきって、タンカーに保管している石油にかけられたヘッジの一部を買い戻すことに決めた。これは大きなリスクを取る行動だった。この時点からフィブロ・エナジーは、ヘッジなしの状態——トレーダー用語でいう「はだか《ネイキッド》」——になり、石油市場でつぎに起きる事態の影響にもろにさらされることになる。古い形のギャンブルではあるが、先物という新しい世界なしには不可能だっただろう。ホールはデリバティブ市場を利用して、まったくリスクを負わずに莫大な量の石油を蓄えたあと、それをまたたく間に価格上昇を見越した大きな賭けへと変えたのだ。もし原油価格が下がれば、損失は莫大なものになる。

だがペルシャ湾の状況は、容赦なく戦争へ向かいつつあった。八月一日、サウジアラビアが仲介したイラクとクウェートの協議は物別れとなり、クウェートはイラク政府の長い要求リストの受け入れを拒否した。[16] その翌日、数十台のヘリコプターと戦車に支援されたイラク共和国軍がクウェートとの国境を越えた。

ホールのタンカーはＡＴＭ（現金自動預払機）へと変わった。彼が原油を買ったときの価格は一バレルあたり二〇ドル未満だった。そして三カ月後、クウェートとイラク両国から世界市場へ向けた石油供給が途絶え、同じ石油がバレル四〇ドル以上で取引されるようになったのだ。価格に賭けたホールの決断は見事に報われた。だがそれだけではない。タンカー群に残っている石油、つまりヘッジしていた分も、莫大な利益をもたらした。クウェート侵攻によって原油のスポット価格が高騰する一方で、六カ月後に受け渡しされる先物の価格はそこまで上がらなかった。六月の時点では一バレルのスポット価格が六カ月後の先物価格を二ドル下回っていたが、一〇月には逆に八ドル上回った。ホールは先物を使って価格をヘッジすることでそこそこの利益を得たが、今度はスポット市場で石油を売って安くなったヘッジ分を買い戻せば、さらに大きな利益が得られる。現金がとめどもなく流れ込んできた。

「六、七、八億ドルは稼いだ」とホールは言っている。しかしまだ、取引は終わってはいない。世界の石油トレーダーたちがＣＮＮの報道でリアルタイムに進展を見守っていた。そのひとりであるコースタル・ペトロリアムのオスカー・ワイアットは、この事態の渦中に飛び込もうとしていた。

サダム・フセインとの個人的な関係を利用して、二十数人のアメリカ人人質を解放させようというのだ。気骨あるテキサス人のワイアットは、一九七二年以来ずっとイラクの石油を買いつづけてきた人物だった。そして一九九〇年一二月、ホワイトハウスから思いとどまるようにとの直接の要請を受けながらも、バグダッドへ飛んでサダムを説得し、人間の盾として拘束されていたアメリカ人の人質グループを連れて帰る許可を得たのだった。[17]

アメリカはじりじりと参戦に向かい、ホールは強気を崩さなかった。そして一九九一年一月、ついにアメリカは「砂漠の嵐作戦」を敢行し、クウェートを解放するべく圧倒的な空爆を開始した。だが、石油市場には拍子抜けの結末が待っていた。戦争は長引き、グローバルな石油供給はさらに混乱すると市場は覚悟していた。石油トレーダーたちが見守るなか、バグダッドはアメリカの攻撃に対抗するべくスカッドミサイルを発射した。だがその被害は限られたもので、アメリカがすみやかにイラクを圧倒するとトレーダーたちはさとった。それと同時にアメリカは戦略石油備蓄の放出を決め、数百万バレルを売り出した。市場の反応は迅速かつ残酷だった。ブレント原油は二四時間足らずで三五％近く下がり、これは石油市場における一日の急落としては最大だった。ホールは一九九一年一月に一晩で一億ドルの損失を出した。前年の大当たりから一転し、フィブロ・エナジーは一九九一年を赤字で終えた。[18]

第一次湾岸戦争でホールが巧みに活用した先物やオプションなどのデリバティブ契約の登場に伴い、石油市場の金融化が進んだことで、トレーダーたちの前にはあらゆる新しい可能性が開けた。それを機にコモディティー取引業界では、ほどなく経営陣の入れ替わりが起こった。守旧派の一部の燃料トレーダーたちは自分にとってなじみ深い現物の石油を売買して、その差額から利益を得るという形のビジネスにこだわった。だが、新たに生み出された金融市場で取引をするほうがチャンスが大きくなると考えるトレーダーたちもいた。石油市場の今後の動向に賭けることが、かつてないほど容易になっていた。一晩で一億ドルを失うということ自体、一九七〇年代には考えられなかった。二〇年後にそれが現実になったのだ。

一九六〇年代から七〇年代にかけてのトレーダーは、郵便室でビジネスを学び、マーク・リッチやジョン・デウスの山師ぶりをまねながら成長してきたが、いまではそこにウォール街の言語に通じた、若い新世代の数学の達人たちが加わっていた。コモディティー商社の内部は次第に二つの勢力に分かれるようになっていった。「事業開発」を専門とする、つまり遠く離れた国々まで飛んでいって現地の有力な石油王とワインや食事をともにする者たち、そして自らを「トレーダー」と呼び、電話やコンピュータの画面にずっと張りついて、事業開発の社員たちが持ち込んでくる現物取引から儲けを出すために金融契約を売り買いする者たちだ。

石油市場に入り込んできたのは、ウォール街の金融商品だけではなかった。ウォール街の銀行自体が石油取引に参入しはじめたのだ。ゴールドマン・サックスやモルガン・スタンレーなど、資金を安く調達でき、新たな石油関連の金融言語にも通じた銀行は、たちまち主要な石油トレーダーへとのし上がり、「ウォール街の精製業者」とあだ名されるようになった。こうした新しいタイプの石油トレーダーは、現物市場で得られた情報を駆使して法外な額の金融ベッティングを行ったり、金融市場で新しい種類の現物市場の取引ができるようにした。フィブロ・エナジーのアンディ・ホール、ゴールドマン・サックスのスティーブン・セムリッツとスティーブン・ヘンデル、モルガン・スタンレーのニール・シアとジョン・シャピロといったトレーダーたちは、現物と金融の世界を行き来して利益を上げるスペシャリストとなった。

一方で旧来のコモディティー商社は、変化する時代への対応に四苦八苦していた。濡れ手で粟だった一九七〇年代の活況に、新しいプレーヤーが続々と市場へ引き寄せられてきた。おかげでトレーダー間の競争は激化し、巨額の資金を自社トレーダーに注ぎ込んでくるウォール街の新規参入組の前に、古手の商社は太刀打ちできなくなっていた。

こうした力学が縮図のように展開されたのが、どこよりも歴史のある、そして皮肉にもアンディ・ホールが勤めていたコモディティー商社、フィリップ・ブラザーズだった。一九八〇年代のあいだにこの老舗企業は、ウォール街の自由奔放な文化を体現する投資銀行に食われ、無残に吐き出された。

一九七九年から八〇年にかけて、フィリップ・ブラザーズはイラン革命を背景に、石油市場のジェットコースターに乗って絶頂期に達していた。[19] 一九七九年と八〇年の収益の合計は一〇億ドルを超えた。[20] 一九七九年九月にビジネスウィーク誌は同社を取り上げ、その号の表紙にはジェセルソンの写真と「知られざる九〇億ドルのスーパートレーダー」という見出しが躍った。記事のなかで現会長のジェセルソンと、後継者に指名された社長のデイビッド・テンドラーは、自社のグローバルな展開と並ぶもののない力量を誇らしげに語っていた。

ところがこの巨額の利益の陰には、あるジレンマが隠れていた。「社は懸念を持っていたし、私も不安になってきていた。良い時期はいつまでも続かない。何か別のものが必要だった」とテンドラーは振り返る。エネルギー価格の高騰のため、欧米諸国のほとんどが不況に陥っていた。「石油危機は、石油ビジネスには好都合だった。だがそれ以外にはどうだったのか？」[21]

テンドラーとジェセルソンはある決定を下した。フィリップ・ブラザーズは多角化して新しいコモディティーを扱う――すなわちマネーを。テンドラーはアメリカ最大の民間投資銀行ソロモン・ブラザーズが資金調達を目論んでいることを知った。そして双方がすみやかに合意し、フィリップ・ブラザーズがソロモンを買収するかたちで、フィブロ・ソロモンが新たに設立されることになった。[22]この企業合併が一九八一年八月三日に発表されると、金融界は大騒動に見舞われた。フィナンシャル・タイムズ紙は新会社を「ウォール街の新しい世界的勢力」と呼んだ。[23]テンドラーが新会社の経営の任にあたり、ソロモンの野心あふれるうるさ型の社長、ジョン・グッドフレンドがナンバー2となった。

企業間の結婚は往々にして不幸な結末を迎えるが、フィリップ・ブラザーズのコモディティー・トレーダーとソロモンの債券トレーダーとの蜜月期も、哀れなほど短かった。すでに合併の時点で、フィリップ・ブラザーズの伝統である金属取引事業は、収益性の低下にあえいでいた。一方のソロモンは、債券取引ブームのおかげで荒稼ぎをしていた。コモディティー市場も含めたあらゆる市場が新しい金融商品の開発によって変容していくなか、フィリップ・ブラザーズのトレーダーたちはソロモンの同業者についていけなかったのだ。

一九八三年末、グッドフレンドは共同CEOに昇格していた。その数カ月後、フィブロ・ソロモンはコモディティー取引事業を二つに分割し、元のフィリップ・ブラザーズは金属を扱い、フィブロ・エナジーという新しい部門は石油に注力することになった。その新部門は、一九七四年にマーク・リッチに取って代わったトム・オマリーが責任者となり、他のコモディティー商社が拠点を構えるニューヨークを出てコネティカット州グリニッジへ移転した。

表向きのCEOはテンドラーだったが、実際はオマリーがやりたい放題に振る舞うことができた。[24]フィリップ・ブラザーズの金属取引事業は衰退の一途をたどった。金属部門をスピンオフさせようという試みが失敗したあと、テンドラーは一九八四年一〇月に会社を去った[25]。その後まもなく、フィブロ・ソロモンは単にソロモンと改称された。かつてマーク・リッチが最初に経験を積んだ金属部門も、市場とともに進化することができず、市場におけるパワーをどんどん失っていった。そして一九九〇年には不名誉な最期を迎え、マーク・リッチ&カンパニーが金属契約の残りを買い取ることになった。

その一方で、石油ビジネスは成功した。一九八六年にはオマリーが退任し、少しの空白期間のあとで、ホールがフィブロ・エナジーのCEOに就いた。彼は社の事業範囲を拡大し、日量一〇〇万バレルを超える現物取引、製油所や油田への投資、そして何よりも先物やオプション取引を進めていった。そうして彼は、現物取引と金融の世界を股にかけ――石油を世界中に移動させるだけでなく、航空会社や投資家に代わってデリバティブ取引を行うことで――歴史ある商社の少なくとも一部門が変わりゆく石油取引の世界で繁栄できるようにしたのだ。

一九八〇年代後半から九〇年代前半の市場で苦戦を強いられたのは、フィリップ・ブラザーズに限らない。石油市場の金融化で、初期に成長してきたコモディティー商社は軒並み苦しんでいた。OPECの大臣や国営石油会社の幹部に良いコネクションがあるというだけでは、もうどうにもならない。新しい環境で成功するには、人脈と資金力、地理的な勢力範囲、それに最新のデリバティブ市場を使いこなすための金融ノウハウの組み合わせが必要になる。資金力の豊富なウォール街の銀行が登場するとともに、一九七〇年代に市場を支配したコモディティー商社の地位は崩れ去った。適応しきれずに廃業するトレーダーがいた。先物やオプションを受け入れようとして破滅的な結果を招いたトレーダーもいた。

一九七〇年代に一攫千金を狙う参入者たちを続々と引き寄せたコモディティー取引は、このころにはスキャンダルや破綻で名を知られるようになっていた。オーストリア最大の国営会社フェストアルピーネは、社内のトレーディング部門が一九八五年に石油市場の投機で一億ドル近い損失を出し、政府による救済を受けるはめになった。[26]鉄鋼・金属取引を得意とするドイツの複合企業クロックナー&カンパニーは、原油取引で約四億ドルの損失を出した。[27]イタリアの商社フェルッツィは一九八九年、大豆の取引で一億ドルの赤字を計上し、社の倒産と社長の自殺という結末を招いた。[28]砂糖の専門商社として知られるフランスのスクレ・エ・ドゥンレが出した二億五〇〇〇万ドルの損失の一部は、石油市場によるものだった。[29]ドイツの歴史ある金属商社メタルゲゼルシャフトは、大規模な石油取引に失敗して一四億ドルを失った。

なかでも一時代の終わりの象徴として最たるものは、マーク・リッチと並んで一九七〇年代の看板だったジョン・デウス所有のトランスワールド・オイルの命運だった。一九八七年から八八年のあいだにこのオランダ人トレーダーは、石油市場では前例のなかった大胆不敵な取引を実現しようと試みた。これは無敵の政治的コネクションに石油市場での資金力を組み合わせた、デウスの専売特許ともいえる計画だった。

取引の舞台となったのは、ブレント市場である。

シェットランド諸島の沖合約一九〇キロ、水深約一四〇メートルの海底にあるブレント油田は、一九七六年に原油の汲み上げが開始されると、たちまち石油トレーダーの最も重要な指標となった。当初ブレント原油は、北海油田の生産者であるBPやシェルが税の支払いを減らすための巧妙な策に役立った。石油会社は原油をいつ売り買いするかのタイミングを計り、イギリス当局に対しては実際より販売価格が低く見えるよう工作した。この手口はやがて「タックス・スピニング」と呼ばれるようになる。

一九八〇年代半ばには、シェルが運営するブレント油田に、そのパイプラインシステムを使用する他の油田を合わせると、ひと月に積載量約六〇万バレルのタンカー四五隻分の原油が汲み上げられていた。当時ブレントは世界的なベンチマークにもなっていた。中東やロシア、アフリカ、ラテンアメリカ産のさまざまな原油が北海原油のコストを基準に値付けされていたのだ。そのうえ現物市場が何層も重なったデリバティブ商品を支えるようになり、一九八八年からはそこにロンドンの国際石油取引所での原油の先物取引も加わった。もし一トレーダーがブレント原油の価格に影響を及ぼすことができれば、その余波は世界中におよんでいくことになる。

そしてブレント原油の価格は、とくにスクイーズに対して弱かった。月々の生産量が比較的少ないため、誰かがその大部分を押さえてしまえば、市場全体に有利な条件を押しつけられる。現物市場は、当時も現在もほとんど規制されておらず、トレーダーが購入できる量に法的な制限はない。

一九八七年夏に北海で各石油会社が海上プラットフォームのメンテナンスに入り、北海原油の生産量が落ち込みはじめると、デウスは手に入るかぎりの量を買い集めにかかった。デウス配下のロンドンのトップトレーダーであるマイク・ローヤは、一月中に引き渡されるブレント原油の四二の契約のうち四一をかっさらい、価格をぐんと上昇させた。[30] これは八〇年代の果敢きわまりない北海市場の標準に照らしても大胆な動きだった。デウスのある補佐役はこう回想する。「デウスはただブレント市場を独占するだけでは満足しなかった――グローバルな石油市場全体を独占しようとしていた」[31]

ついでデウスは、前代未聞の地政学的な取り決めを企んだ。ＯＰＥＣの加盟国と非加盟の産油国のあいだで減産の合意を取りつけようとしたのだ。これが実現すれば、原油価格はまた跳ね上がり、デウスはさらに巨万の富を手にすることになる。OPEC加盟国と非加盟国間の協議を熱心に主導していたのはオマーンとアラブ首長国連邦だが、どちらもデウスが大きな契約を取りつけていた国だった。デウスはOPECの閣僚とも電話で連絡をとり合い、何をすべきか、いつ、どのように各国の意向を市場にリークするかをアドバイスしていた[32]。

だが、ウォールストリート・ジャーナル紙が「ワールドOPEC」と呼んだこの計画は、サウジアラビアが拒否権を行使したことで頓挫した。ブレント市場では、シェルをはじめとする石油商社が手を組んでデウスの独占を崩しにかかった。原油価格の高騰から莫大な利益を手にするどころか、デウスは退却を強いられ、価格の下落とともに六億ドルの損失をこうむった[33]。トランスワールド・オイルは自慢のアメリカの製油所群を五億一三〇〇万ドルでサン（現在のスノコ）に売却することで、かろうじて生き延びた[34]。

この独占の失敗がデウスの、そして石油市場の転機となった。同世代でも規格外れの石油トレーダーだったデウスは、一九九〇年代を通じて取引を続けたものの、トランスワールド・オイルが以前の勢いや支配力を取り戻すことはなかった。コモディティー取引業界の古株はつぎつぎ新世代のトレーダーに、たとえばアンディ・ホールのような石油現物市場に強いだけでなく、先物やオプションの新しい世界にも通じた人物に取って代わられていった。

そしてまもなく、デウスの好敵手であるマーク・リッチの元にもトラブルはおよんだ。

第5章　マーク・リッチの凋落

スイスのツークは、静穏を絵に描いたような町だ。中世の面影の残る旧市街から、何本かの石畳の通りが高山湖の穏やかな水面まで伸びている。法人税率の低さでは世界屈指のこの町は、一九五〇年代にフィリップ・ブラザーズが最初にオフィスを開設して以来、多くのコモディティー商社を引き寄せてきた。しかし箱型に連なるオフィスビルの隙間からは、いまでも起伏する農地が見え、コモディティー商社が来る前のこの町がサクランボ園で有名だった面影をうかがわせる。

だが一九九二年の末、マーク・リッチ&カンパニーは静穏どころではなくなっていた。ツークの中心部にあるマーク・リッチのトレーディング帝国の本社を形づくる鉄とガラスの立方体の内部では、嵐が吹き荒れていた。世界有数のコモディティー商社の資金がいま、底を突こうとしていたのだ。財務部門をあずかる社員たちが毎日のように緊急の電話をかけつづけ、会社の崩壊を食い止めようとしていた。

その嵐の中心に、ズビネク・ザックのデスクがあった。長身でもじゃもじゃの口髭を伸ばしたザックは、社の金属トレーダーたちの取引に必要な資金を確保する責任を負っていた。「どこから金を持ってくればいいんだ？」とザックは絶望感をつのらせて言った。「明日の支払いはどうする？」

旧チェコスロバキア生まれのザックは、「プラハの春」と呼ばれる一九六八年のソ連侵攻後、難民としてドイツへ移住した。エンジニア、コンサルタント、銀行員としてキャリアを積んだあと、その財務の知識を活かすためにマーク・リッチ＆カンパニーに加わった。だが一九九二年には、世界を支配する天然資源商社として鳴らしたリッチの会社も、財務面では次第に脆弱な状態に陥っていた。

コモディティー商社の経営は銀行に大きく依存している。銀行からの保証や融資があるからこそ、商社は資金を借り入れて売買ができるのだ。毎日のコモディティー価格の変動に応じて、その要件も変化する。価格が上がれば、同量の石油や金属でもコストが高くなり、価格が下がれば安くなる。もし会社が石油や金属、穀物などを持っておくための資金を調達できなければ、本来ならまだ売りたくないという時期に売りに出さざるを得なくなる。それを防ぐのが、マーク・リッチ＆カンパニーにいる財務のスペシャリスト三人の仕事だった。

彼らはそれぞれ、スイス、ロンドン、ニューヨークの銀行につてがあった。毎日、何本もの電話が行きかっていた。誰かが誰かの銀行にまだ使っていない信用供与枠を持っていないか。顧客の誰かが貨物の代金を払うために、現金を用意していたりはしないか。どこかにある石油の在庫を見落としていて、それを担保にできはしないか。

「こんな状況で財務を担当するのは、悪夢のようなものだ」とザックは振り返る。

会社が全面的に銀行に依存しているにもかかわらず、財務担当者はさえない背広組としか見られていなかった。この組織の花形といえば、やはりトレーダーだった。飛行機で危険な旅をして恐ろしい場所で大きな取引の交渉をするのも、社の現金をコモディティー市場に賭けるのも、とてつもない成果を持ち帰ってくるのもトレーダーである。マーク・リッチ&カンパニーは設立以来、財務畑の人間を経営委員会に加えたことは一度もなかった。設立から数年間は、財務の責任者さえいなかった――ピンキー・グリーンが自ら銀行との調整を担当していたのだ。[2]

しかし一九九〇年代の初めになると、リッチの社のトレーダーたちは成果を上げられなくなっていた。一九七〇年代、八〇年代の記録的な高収益は遠い記憶となり、世界最強のコモディティー商社は疑心暗鬼と裏切りの気配に苛《さいな》まれていた。

一九九二年から九三年にかけての、同社の未来をめぐる戦いが迎えた結末は、やがてコモディティー取引の様相を永遠に変えることになる。それはフィリップ・ブラザーズから始まってマーク・リッチ&カンパニーへと受け継がれた、権勢盛んなコモディティー・トレーダー王朝の新たなお家騒動だった。そして社の役員室を覆った埃が収まるころには、この企業王朝の系譜に連なる二つの新会社が誕生していた――グレンコアとトラフィギュラである。

この危機は実質的に、マーク・リッチ個人のキャリアを終わらせることになった。数十年間もグローバルなコモディティー取引業界の頂点にいたリッチの支配が終了したことで、ひとつの時代が幕を下ろした――一九七〇~八〇年代という、十分な資金と度胸があればあらゆるルールや良識の基準も無視してコモディティー取引ができた時代。その後も何世代かのコモディティー・トレーダーたちがマーク・リッチ流の取引を続けてはいくものの、この業界には手を出せないという当時と同じ感覚を抱かせることは二度となくなった。

この騒動から生まれたグレンコアとトラフィギュラの創業者たちにとって、マーク・リッチ&カンパニーを呑み込んだ一九九二年の危機は、いわば成長期の原体験となった。それは彼らの取引へのアプローチを形づくり、そして彼らの企業が持つ影響力によって、この業界全体をも形づくっていくことになる。彼らがリッチ門下の卒業生であることに変わりはない。だが、晩年のリッチの誇大妄想に傷ついた彼らは、企業の所有権と支配権を共有し、何世代にもわたって持続する結束の固いグループを作り上げようとした。

そして世界一の悪名をはせたコモディティー・トレーダーのマーク・リッチがセミリタイアし、陰の世界へ引っ込むと、後継者たちはその機に乗じてコモディティー取引業界を世間の目の触れない秘密の砦に隠した。また、逃亡した創業者の不吉な名前から解き放たれたことで、さらに広い金融業界との結びつきが得られるようになり、マーク・リッチの冒険心とウォール街の経済力が融合する未来への礎を築いていくことができた。

一九九〇年代の初めには、当初からのマーク・リッチのパートナーたちは、あのピンキー・グリーンも含め、みんな引退していた。創業して間もない時期には、妻デニスの家族から資金援助を受けていたが、そのデニスも手持ちの株式を売却し、まもなくリッチと離婚することになる。[3]どんな場合でもリッチは社を辞める株主の持ち株を買い取るよう手配していた。その結果、創業以来初めて、リッチは自分の名を冠した商社の支配的な持ち分を握ることになった。

もう五〇代後半になったリッチだが、なおも社のトップに君臨していた。配下には四人の若いトレーダーがいて、みんな三〇代から四〇代だった。堂々たる風貌をしたドイツ人のウィリー・ストロトットは、社のアメリカ部門が起訴されたあとも危機を乗り切り、いまは金属・鉱物取引を担当していた。ロンドンにはブルックリン出身で口上手なマニー・ワイスもいて、ストロトットともに、マーク・リッチ＆カンパニーのアルミニウム市場支配を指揮していた。さらに石油取引担当の、身だしなみの行き届いた魅力的なフランス人であるクロード・ドーファン。そしてオランダには穀物取引担当の老練な古手のトレーダー、ダニー・ドレフュスがいた。
リッチは仕事でもプライベートでも重圧にさらされていた。妻デニスとの結婚生活は破綻し、苦く辛い離婚へといたった。家族は出ていってしまった。娘はがんの診断を下された。アメリカ当局は彼を逮捕しようと追いつづけていた。リッチとの結びつきのあるウェストバージニア州のアルミニウム製錬所で労働争議が起きたあと、労働組合は反リッチを掲げる広報活動を始め、世界中を旅して「お尋ね者——マーク・リッチ」のポスターを配って回った。[4]
リッチはかつてのパートナーを頼って助言を求めることもなく、ますます孤立していった。マーク・リッチ&カンパニーの当時のモスクワ支社長で、リッチの初期のパートナーの息子でもあるダニー・ポーゼンはこう語っている。「彼が精神に異常を来したとまでは思わないが、何かがあったのは確かだと思う」[5]
一九九一年初め、リッチは個人弁護士をアメリカから呼び寄せて会社の経営を手伝わせるようになった。ボブ・トマジャンというこの弁護士は、テキサス州オースティンの出身で、銅鉱石の出荷といった細かな物流計画を扱うよりは、地元でジェットスキーをしていたいという道楽者だった。だがいまはただひとりトップの地位にいるリッチは、社のトレーダーたちが自分を追い出す画策をしているのではと疑い、トマジャンを門番に仕立てた。突然、フィリップ・ブラザーズやマーク・リッチのもとで何年も何十年も半端仕事を続けて自分の価値を示してきたトレーダーたちが、トマジャンからの指示を受ける立場になったのだ。
「マークはトマジャンを自室の外の控え室に置いていた」と、石油の上級トレーダーだったマーク・クランドールは振り返る。「マークと話したいと思っても、彼は代わりにトマジャンに会って話せと言うばかりだった」[6]

会社の雰囲気は変わった。マーク・リッチ&カンパニーは依然として世界の頂点にいたが、もうそんな印象はなくなっていた。かつてはすばらしい取引や危険な取引、あるいは後ろ暗い取引を生き生きとこなしていたトレーダーたちが、いまは社内政治に汲々としていた。ワイスやストロトットらは、社の株式をもっと広く社員に分配するよう促したが、リッチは頑として受け入れず、若い世代に道を譲ろうとする気配もまるで見せなかった。

「私はこの仕事を愛しているし、今後も続けていきたい」とリッチはあるインタビューで語った。「代理は進んで立てるが、同時に重要な決定や特別なエクスポージャーに際しては、私が最終決定権を持っていたいと思う」[7]

トレーダーたちにはもう、自分は血湧き肉躍るビジネスベンチャーのパートナーなのだ、いつかはその会社を引き継ぐチャンスもある、というふうには感じられなかった。そして、ただ遠くにいる主人の命令を聞くだけの徒弟になった気分だった。フィリップ・ブラザーズの寵児だったリッチはかつて、ジェセルソンが社の収益に見合った報酬をよこさない、望むように取引をする自由を与えないという理由で退社したが、自分自身の会社で同じ轍を踏んでいたのだ。

「金だけの話じゃない……金のこともあったし、帰属意識のこともあったし、会社がどう組織されるかに物申す権利のこともあった」とクランドールは言う。「マークはトマジャンの陰に隠れて壁を作り、みんなを家来扱いした。ただの使い走りになったように感じさせたんだ」[8]

対決のときは避けられなかった。最初の衝突はリッチとストロトットのあいだで起こった。ドイツ人トレーダーはチューリヒの大学で講演をしたとき、自社のビジネスについて論じた。次第に猜疑心の虜になっていたリッチは、これを反抗のしるしだと受け止めた。リッチの持ち株の割り当てを減らしてくれという嘆願にもすでに疑念をかきたてられていた。彼はストロトットに社から出ていくよう命じた。[9]

それから退職者が相次いだ。石油取引の責任者クロード・ドーファンは、長年にわたるリッチの支配のもとでしびれを切らしていた。一九九二年の夏、彼の父親が死んだ。もうたくさんだとドーファンは思いさだめた。そして七月初め、自分は社を辞める、フランスに帰って家業の金属スクラップ事業を継ぐとリッチに伝えた。

リッチは、ロンドンにひとりだけ残った上級トレーダーのワイスに電話をかけた。ツークへ戻って社長の座を引き継いでほしい、と訴えた。だがワイスは断った。[10] 彼はほどなく四〇になるという歳で、すでに金の不自由はなく、家族もロンドンになじんでいて、もっと家族と長い時間を過ごすのが望みだった。それでリッチに、事情はどうあれ、いまは長い休暇をとりたいのだと伝えた。「どうせ出ていくなら、いますぐ出ていけばいい」とリッチは激昂して言った。[11] ドーファンが去ってから数日後の七月八日、ワイスも退社した。

このころすでにマーク・リッチ＆カンパニーは危機の渦中にあった。だが事態はさらに悪化へ向かっていた。

一九八〇年代後半から九〇年代前半は、コモディティー取引業界には総じて愉快な時期ではなかった。市場環境はきびしく、アメリカは景気後退期に入り、トレーディング業界はブレント原油市場を牛耳ろうとしたジョン・デウスのような華々しい失敗例で名を知られるようになった。マーク・リッチの社は南アフリカとの石油取引、そしてロシアでのアルミニウム取引とその事業拡大のおかげで、この時期も危機を経験することなく乗り切った。だが、その状況も変わろうとしていた。

社の上級トレーダーたちの多くが内輪もめにかまけているあいだに、マーク・リッチ本人が大規模な、またきわめてリスクの高い取引に乗り出したのだ。

一九九一年、ロンドンの金属トレーダーであるデイビッド・ローゼンバーグがリッチにある話を持ち込んできたのが発端だった。亜鉛の市場を独占する計画の支援をしてほしいという。リッチの部下のトレーダーたちにしてみれば、大きなポジションを取るのはおろか、供給量の大きなシェアを握って市場を独占するのすら目新しいことではない。ワイスは一九八八年にアルミニウムで同じことをして大きな成果を得ていた。だがブレント市場でジョン・デウスが思い知らされたように、この戦術が裏目に出るケースはいくらでもあった。商社がある市場を独占して人為的に価格を押し上げれば、消費者は買い控えをし、供給元はもっと売ろうとするリスクが出てくる。それに市場の大きなシェアを獲得するまでは簡単にいったとしても、その金属を売ってさらに儲けを出すにはスキルと経験が必要になる。

ローゼンバーグは亜鉛市場を押さえるのに、外部からの支援として、スペインのアストゥリアナ・デ・ジンクとドイツのメタルゲゼルシャフトの協力を取りつけていた。この二社は世界第一位、二位の亜鉛生産者である。それで入手可能な亜鉛の大半を買い占めようというのだ。ローゼンバーグはオプション契約を大量に購入し、それを使って他のトレーダーたちを脅しにかかった。ある時点ではこの三社で、ロンドン金属取引所（ＬＭＥ）の亜鉛在庫の九〇％以上を保有するまでになっていた[12]。

一九九二年六月にはＬＭＥの理事会が、介入もやむなしと考えるようになった。金属市場の大物たちからなる理事会には、あまりにも手の負えない事態になる前に対策を講じる責任がある。そしてＬＭＥは、亜鉛を売ったにもかかわらず取引所へ納入できずにいる企業が一定の手数料を支払うことで納入を延期できる、という裁定を下した――これでローゼンバーグとその仲間が得られる利益には、事実上の制限がかかることになる。

上級トレーダーたちは、この企てはもう見込みがないと言ってリッチを説得しようとした。だがリッチはすでに、社にクーデターの動きがあると疑っていて、耳を貸そうとしなかった。自分にはいまでも見事な作戦をやり遂げる力があることを部下たちに証明すると決めていたようだった。

七月中旬、アイザック・クエルブがマルベーリャにあるリッチの自宅まで駆けつけた。クエルブはマドリード支社長で、アストゥリアナ・デ・ジンクとの交渉の窓口でもあった。彼はリッチを翻意させようとした。リッチはちょうど自家用ヨットで海に出ようとしているところで、クエルブにも水着とビールを渡し、君も乗れと声をかけた。だがまともに話を聞こうという雰囲気ではなかった。

「何をどうしたいんだ」とリッチは訊いた。そしてクエルブが説明すると、癇癪《かんしゃく》を破裂させた。

「余計なお世話だ」と彼は怒鳴った。[13]

九月になると、亜鉛価格は再び上昇し、二年ぶりの高値になった。だがそれは最後の輝きだった。メタルゲゼルシャフトがもうこの買い占めの試みには加担したくないと考え、売りに出たのだ。亜鉛の価格は下がった。二カ月で四分の一以上もの暴落だった。[14]

ローゼンバーグの亜鉛のポジションは、大きな負債となった。マーク・リッチ&カンパニーは他の先物市場のトレーダーと同じように、亜鉛の契約を全額支払ったわけではなく、「信用取引」で買っていた。つまり取引銀行やブローカーに保証金を払って、その代理として契約を買っていたのだ。価格が上がればみんなが幸せになれる。だが価格が下がれば、そのたびに銀行やブローカーはリッチの社に保証金を補充するよう求める――「マージンコール」と呼ばれる手続きだ。

こうしてザックら金融担当の社員たちは、現金が尽きかけていることに気づいたのだった。銀行から毎日、マージンコールとして数百万ドルを要求され、ザックがなんとか工面しなければならない。「われわれは言ったんです。おいみんな、こんな調子じゃもう商売はできないぞ。カネがなくなりかけてるんだ、と」。ザックはそう振り返る。[15]

トレーダーたちがようやくリッチを説得し、大量の亜鉛のポジションを売り払うことができた——その仕事には数カ月を要した。リッチは傷ついていた。若かりしころの華々しい取引を再現しようとする試みは失敗に終わった。彼の商社は亜鉛取引の大失敗によって一億七二〇〇万ドルの損失を出した。[16]それは市場の性質が変化しつつあることの証左でもあった——一九九〇年代には、コモディティー取引で成功するのに必要な条件は、度胸や幅広い人脈だけではなくなっていた。進化するデリバティブの世界への理解、そして一回の取引に社運を賭けたりせずにリスクを管理できる能力も求められた。そうした世界でマーク・リッチは、次第に場違いな存在になっていった。

マーク・リッチ&カンパニーを包む雰囲気は暗かった。社に残っていたトレーダーたちはリッチに圧力をかけはじめた。個人で、あるいは何人かのグループで、リッチの持ち株比率を下げ、ストロトットを呼び戻す道筋をつけてほしいと説得した。

同時に彼らは、マーク・リッチ&カンパニーの解体に向けての準備も始めた。ツークでは、ストロトット、ザック、そして社のアルミニウム資産を担当していたクレイグ・デイビスの三人が、新会社を立ち上げる計画を温め、そのためのオフィスも見つけていた。ロンドンではドーファンが石油担当チームの元同僚たちに連絡をとり、新会社を作りたいので一緒にやらないかと声をかけはじめていた。
一九九三年二月、石油担当チームがいっせいに辞職した。会社を支える銀行にとっても、これは我慢の限界だった。各銀行はリッチに、何とかしてこの危機を食い止めるように言った。リッチはアレック・ハッケルに連絡をとり、仲介役に立ってくれないかと頼んだ。ハッケルはリッチの創業パートナーで、若いトレーダーを数多く採用してきた、誰もが認める人望の厚い人物だった。

こうして一九九三年初めのある冬の日、トレーダーたちがロンドンに顔をそろえた。先頭に立つのは元石油部門トップのドーファン。そこにかつての同僚たちが加わった。ドーファンの退社後に昇進し、リッチの社で石油取引を担当していたクランドール。グラハム・シャープにエリック・ド・テュルケーム。やはり前年の夏に退社していた上級トレーダーのストロトットとワイスの二人も、協議に加わった。仲介役のハッケルがこのグループをまとめた。

ドーファンと彼のチームは一ページの声明書を書いて、自分たちの復帰の条件を提示した。その内容を煎じつめるなら、完全なクーデターだった。リッチは時間をかけて持ち株をすべて売却し、経営からは退いて、会社は名前を変える。

「正直、彼らのあの書き方は酷だったと思う」とワイスは言う。[17] リッチは当初、裏切ったトレーダーたちの要求を呑むと言ったものの、プライドをいたく傷つけられていた。そしてやはり、骨の髄までトレーダーだった。「マークは取引をして、また交渉をし直そうとする。それ以外のやり方を知らないんだ」とクランドールは言う。「自分の子どもとでも再交渉する。それが彼のDNAだった」[18]

数日後、彼はフランスのドーファンに電話をかけた。「君たちは少々きびしすぎた。それに、ことを起こすのを少々急ぎすぎていると思う」。そばで通話を聞いていたクランドールによれば、リッチはそう切り出した。そして再交渉を始めた。バイアウトには何年かかかるだろうから、そのあいだ私は会社にとどまればいいのじゃないか。するとドーファンが癇癪を起こした。「リッチと交渉していたら寿命が尽きてしまう！」[19]。契約は見送りだとリッチに告げ、ドーファンは独立の準備に入った。

その数日後、ストロトットからドーファンとクランドールに電話があった。自分がもう一度リッチにかけあってみてもいいだろうか。前回ドーファンが我慢の限界に達したところから、ストロトットはさらに話を進めていった。いつもながら交渉上手のストロトットは、自分のエゴを押し殺して、リッチの出す条件を呑んだ。数週間後の一九九三年三月八日、契約の締結が発表された。ドーファンが交渉していた内容にかなりよく似ていたが、少しの微調整が加わっていた。数カ月以内にマーク・リッチは、相当分の持ち株を売却して、社の支配権を手放す。ストロトットがCEOに復帰し、リッチは会長としてとどまる。マーク・リッチ＆カンパニーという社名はそのままとする[20]。「今回のタイミングについて、特別なことは何もありません」とストロトットは、いまこの瞬間の重要性を理解しつつ、ジャーナリストたちに語りかけた。「社の支配権を少数株主に移譲する長期的な計画が前々からあったということです」

会社から通り一本隔てた向かいにあるグラスホフというレストランの個室で、ストロトットとリッチは契約書にサインするために顔を合わせたが、空気は冷えきっていた[21]。握手もなかった。同席した弁護士たちが、これでけっこうですと言うと、リッチはただ立ち上がって出ていった。去りぎわに振り向き、唸り声でストロトットに警告した。「こっちはまだ会社の株をかなり持っている――よく覚えておくんだな」[22]

一一月二九日月曜日に売却が完了し、マーク・リッチの正式な持ち株は二七・五％にまで減った[23]。

残りは約二〇〇人の社員の所有となった。社員にはリッチが持つ残りの株式を買えるオプションがついていたが、それには現金が必要だった。「われわれがその資金を用意できるとは、リッチは想像もしていなかった」と、マドリード支社長で、当時リッチに最も近い幹部だったであろうクエブは言う。[24] おそらくリッチは、何年かしたら自分の少数の持ち株を活かして社に戻れると期待していたのだろう。

しかしストロトットは、リッチの捨て台詞を忘れていなかったし、一切の関係を断つ決意を固めていた。そしてリッチの持ち株を買い取ろうと資金調達に乗り出した。だが会社はここ数年、きびしい状況が続いていたため、従来から付き合いのある銀行はこれ以上貸すのをしぶった。ストロトットとトレーダーたちは投資家として、蝶ネクタイ好きのスイスの大富豪、マルティン・エブナーを迎え入れるかどうかを議論した。だがエブナーは、これまで幾度もスイスの企業の株を買い占めては、その社にうるさく変化を求めてきたことで知られる人物だ。今度も自分たちの社の経営に口を挟もうとするだろう。リッチとの確執の痛みをまだ引きずっていたストロトットは、そう思うだけで嫌気がさした。[25]

その後に起こった異様な形の企業クーデターは、何かのクラブのような一九九〇年代のスイスの実業界でしか起こり得ないようなものだった。ストロトットの救世主となったのは、交渉に長けたファンドマネジャーでも、ウォール街の銀行でもなく、スイス指折りの大富豪一族である。世界最大のコモディティー商社マーク・リッチ&カンパニーの最新の投資家になったのは、製薬会社のロシュ。そしてロシュがストロトットの前に現れたのは、バリウムのおかげだった。

ロシュは一九六三年にこの小さな黄色い錠剤を発売したが、ほどなくバリウムは世界で最も多く処方される薬となり、一九六六年にはローリング・ストーンズのヒット曲「マザーズ・リトル・ヘルパー」に歌われて不朽の名を得た。ロシュにとってこの薬は莫大な富を生み出す金のなる木となり、家族経営の一会社を世界的大企業へと一変させた。だが一九八五年にバリウムのアメリカでの特許が失効し、医薬品事業の利益は激減した。

それでもロシュには、大当たり時代にバリウムを販売して蓄えた現金が、とにかくたんまりとあった。一九九〇年代初めには、その額は約九〇億ドルになっていた。[26] そこでロシュは最高財務責任者（CFO）アンリ・B・メイヤーの監督のもと、そのあり余る現金を医薬品とはまったく関係のないさまざまな投資に振り向けることに着手した。こうして一九九四年、マーク・リッチの財務アドバイザーであるハインツ・パウリの紹介で、製薬会社がストロトットを救うことになった。エブナーとはちがい、ロシュは会社の経営には興味を持たなかった——ただ儲けが出ればそれでよかった。ストロトットは株式の一五％を約一億五〇〇〇万ドルで売却することに同意し、のちにそれを買い戻す確約と、ロシュが投資に対する一定のリターンを受け取るという保証を与えた。

これでようやく、マーク・リッチをきっぱりと退場に追い込むことができた。社の内部では新しい社名探しが行われた。トレーダーたちは社内の廊下を行ったり来たりしてギリシャ語の辞書を見つけ出し、適当な神様の名前を探した。最終的にあるコンサルタントが、グローバル、エネルギー、コモディティー、リソースの各語を合わせて約《つづ》めた、グレンコアという名を思いついた。一九九四年九月一日、マーク・リッチ＆カンパニーは正式にグレンコア・インターナショナルとなり、さらにその二カ月後、当社は逃亡中の創業者と一切の関係を絶つと発表した。

リッチはショックを受けた。たった一年半のあいだに、以前の社員たちが社の全株式を取得し、彼の名を看板から消し去ってしまった。しかもその資金の一部を会社そのものの資産と売買益から捻出し、格安の特売品価格で手に入れたのだ。創業者たちの退社と亜鉛取引の損失のせいで少なくなった社の純資産額は、数人の元社員の証言によれば、一〇億ドル弱だった。つまりリッチが受け取ったのは、取り分が七〇%ほどとして、およそ七億ドルになる[27]。

「私は弱っていたし、彼らはそれを感じ取って、そこにつけ込んだ」とリッチはのちに伝記作家に語っている。「私の喉元にナイフを突きつけたんだ[28]」

一時代を支配したコモディティー・トレーダーは、こうして失脚した。だが、その後釜に座ろうと列をなす後継者たちはみんなマーク・リッチの哲学を身につけていた――どこへでも行き、リスクを取り、建前や潔癖さは家に置いていくという姿勢を。

元石油部門トップのドーファンは、リッチとの交渉を打ち切ったあと、時間をむだにはしなかった。

翌日の夕方には、北ロンドンの閑静で緑豊かなレディントン・ロードの自宅に、最も親密な盟友を全員呼び集めた。そして、もうリッチと仕事をすることはないと告げた。「だから君たちみんな、どうするか自分で決めてくれ[29]」

議論はすみやかに決着した。他の五人がドーファンと行動をともにする。そのグループにはまず、クランドール、シャープ、そしてド・テュルケームという、ドーファンをリッチの社へ復帰させるよう交渉していた石油担当チームの三人がいた。そこにダニー・ポーゼンとアントニオ・コメッティが加わった――この二人は新会社で金属を担当することになる。自分たちだけで独立するのにはリスクが伴った。リッチが長年かけて築いてきた世界中の売り手と買い手との関係、さらに彼の取引銀行とのつながりがもたらしてくれる安心感を捨てていくことになるのだ。

六人の男は、当時だいたい三〇代から四〇代だったが、新たなコモディティー商社を立ち上げようと決めた。資本金に充てるため、みんなで蓄えを出し合ったが、ドーファンの出した額が最大だった。ドーファンの家業であるフランスの会社にも投資した。「当初は一二〇〇万ドルほどの自己資本でスタートした。当時としてはたいへんな高額だった」とド・テュルケームは振り返る。[30]

そのころにはもう石油担当のシャープが、社にとって最初の取引をものにしていた。ルーマニアの国営石油会社から一カーゴのガソリンを買い入れる契約だ。ブカレストは売る気満々だったが、やはり売却先の素性は知っておかなくてはならない。新会社には名前が必要だった。

ドーファンはマーク・リッチの二の舞いになるのを恐れ、新会社に自分の名を冠することを拒んだ。経営陣は、オランダで登記されている休眠会社がいくつかあるので、どれかを買収すれば起業の手続きを早められると持ちかけられた。そしてそのなかでどの名前を使うか、すぐに決める必要があった。選択肢は、スカイダイバー、ブラックハート、トラフィギュラ。[31] スカイダイバーは野心的《ハイフライング》なコモディティー商社にふさわしい名前ではない、と意見が一致した。ブラックハートはトレーディング業界ですらいささか剣呑《けんのん》な響きがする。そこで残ったのがトラフィギュラだった。

この新会社は創業者にとってライフプロジェクトとなった。北フランスのノルマンディー地方出身で、金属スクラップ商の息子だったドーファンは、コモディティー取引の世界に生まれついた人物だった。一九七七年に二〇代でマーク・リッチ&カンパニーに入社し、ボリビアに赴任して現地の支社を束ね、鉛、亜鉛、石油担当の責任者としてとんとん拍子に出世した。昔ながらのトレーダー気質で、あくことない労働倫理を持ち、容赦のない出張スケジュールも意に介さなかった。トラフィギュラでは日曜日の朝、ジュネーブ空港の最も早い時間帯の便を常時押さえることで、一週間の労働時間に加えてさらに何時間かよけいに働けるようにしていた。

ドーファンはまた、伝統的なトレーダーたちから受け継いだ、ボリビアのしがない鉱山労働者からアフリカの国の大統領まであらゆる人間を魅了する力があった。トラフィギュラのメキシコシティ担当だったエドムンド・ビダルは、その後ラテンアメリカ全域の事業を引き継いだ人物だが、彼によるとドーファンは、つぎに会うメキシコの鉱山王一人ひとりに一番喜ばれる贈り物が何かをすべて記憶していた。ある人物にはコニャックを、また別の人物にはチョコレートを。「すごい人ですよ。並外れた才覚があった」とビダルは振り返る。[32]そのキャリアを通じてドーファンは、アンゴラとナイジェリアの石油の供給元やラテンアメリカの買い手との関係を作り上げ、ペルーやメキシコの小さな何十もの鉱山から鉱物を買い付けては、貪欲な中国の買い手たちに送りつづけた。

ドーファンは上司としては厳格で、彼のペースや厳密な服装規定、顧客のもてなしや時間厳守の基準についてこられない者は誰でも叱り飛ばした。だが一面では茶目っ気もあった。ある元社員の証言によると、何時間も身を粉にして働いたあと、飛行機での長時間の移動中に、ドーファンが急に立ち上がってこう告げたのだ。「皆様、ただいまバーが営業中です」[33]。トラフィギュラの指揮を執った二五年間、彼は一世代にわたるトレーダーすべてのメンターとなり、勤勉さと個人的な人間関係を何より重視する冒険心に富んだトレーダーたちの師匠となった。

そんな魅力のあるドーファンでも、彼と部下のトレーダーたちが一からトラフィギュラを築き上げるには数年を要することになる。その一方で、グレンコアは順風満帆だった。初日からビジネスは活況を呈した。物議をかもすマーク・リッチの名から解き放たれたおかげで、新しいチャンスを利用できるようになった。一九八三年にマーク・リッチがアメリカの司法の手から逃亡して以来、アメリカの銀行はマーク・リッチ＆カンパニーへの貸し付けをやめていた。ヨーロッパの一部の銀行まで融資を控えていたほどだ。

　ところがバイアウトが完了し、社名が変わってわずか数日後、ザックはＪ・Ｐ・モルガンからの電話を受けた。何かお役に立てることがあれば、とアメリカの投資銀行は言ってよこした。ついでドイツ銀行からも電話があった。そしてゴールドマン・サックスからも。「私のような財務の人間には、まるで天国でした」とザックは言う[34]。

　広い範囲で新たな可能性が開けた。グレンコアは信用格付けという、ウォール街の門番たちからのお墨付きを得た。それを機に、新しい投資家グループからあらゆる形での新たな資金提供を受けられるようになった。まずアメリカのコマーシャルペーパー市場からの短期資金調達。一九九五年には初のシンジケートローン。そして翌年には初の私募を通じて、アメリカの年金基金や保険会社に債券を売った。

　グレンコアはすでに一九八〇年代後半から、製錬所や鉱山などの資産に投資を始めていた。だが、投資資金を調達するための長期借り入れはできずにいた。そしていま債券市場がグレンコアの前に開かれ、ストロトットと彼のチームはオーストラリア、コロンビア、カザフスタン、ロシアの資産に自由に投資できるようになった。

　グレンコアのトレーダーたちは、リッチから受け継いだ勤勉と大望（彼がフィリップ・ブラザーズで学び取ったものでもある）に重きを置く文化を保持しつづけた。「グレンコアでは、いつもジャングルにいるようなものだ」と、一九八〇年代後半に入社し、のちにモスクワ支社長になったルチオ・ジェノベーゼは言っている。「毎日、毎年、良い業績を上げなきゃならない。でないとまずいことになる。結果を出すか、死ぬかだ」[35]

新たな一二人の上級トレーダーたちが会社の舵取りを務め、「G12」あるいは「一二人の使徒」とあだ名された。ストロトットがそのリーダーとなり、いまではグローバルな帝国の司令官として活躍していた。世界中を飛び回り、ある日にはシベリアのアルミニウム王と熊狩りをしていたかと思うと、またある日にはカリブ海に自分のヨットを出して得意客をもてなしたりもする。そしてこの新星たちのグループのなかに、のちに会社全体を統括することになる人物がいた。アイバン・グラゼンバーグである。

マーク・リッチ&カンパニーはつねにそのパートナーたちのために莫大な富を生み出してきたが、グレンコアはいま、前例のない大富豪の製造工場となった。自社株はすぐに三五〇人いるトレーダーたちに配分されたが、ストロトットやドレフュスらG12のメンバーがそのかなりの部分を保持した（入手可能なデータが残っている二〇〇〇年代前半は、トップの一二人で二六・七〜四四・四%の自社株を保有していた）。トレーダーたちは毎年、給与を受け取り、取引利益の一〇%をボーナスとして支給され、さらに持ち株比率に応じた純利益を分配される。そしてトレーダーが退社するときには、それまで貯めてきた利益が五年かけて支払われることになる。

毎年のボーナスだけでも、ほとんどのトレーダーをたいへんな金持ちにするのに十分だった。ストロトット時代の最後の四年間、つまり一九九八年から二〇〇一年のあいだ、グレンコアは数百人のトレーダーに年平均で計一億一〇〇〇万ドルのボーナスを出していた[36]。会社そのものが上げる利益は、一九九〇年代には年平均で一億五〇〇〇万〜二億ドルだったが、二〇〇〇年代には数十億ドルにまで跳ね上がった[37]。ストロトットはひとりでその一〇・一五%を受け取る契約だった。そして株主名簿には億万長者の名がずっと下のほうまで続いていた。税金がらみの係争で唯一明るみになった実例では、あるオーストラリア人の石炭トレーダーは一五年間グレンコアに勤務し、上級管理職には一度も昇進しなかったにもかかわらず、二〇〇六年に退職するときに一億六〇〇〇万ドルを受け取っていた。[38]グレンコアがその歴史において一〇〇人以上を一億ドル超の資産家にしたというのは、決して根拠のない推測ではないだろう。

マーク・リッチ＆カンパニーをめぐる争いはコモディティー取引業界を大きく変えたが、リッチをセミリタイアに追い込んだことだけがその理由ではなかった。リッチが先鞭をつけた取引手法はグレンコアとトラフィギュラに受け継がれたにしろ、マーク・リッチという汚れた名前を消し、新しい本来の名前が見出しにならないようにすることで、グローバルな金融システムにより深く入り込んでいった。この新しい二つの会社は、世界の石油・金属市場を支配するだけでなく、世界中の資源を調達する資金源として、マーク・リッチが夢想するしかなかったような巨額の金をかき集める存在となったのだ。

ストロトットとそのパートナーたちには、夢がすでに実現しつつあった。マーク・リッチの持ち株をかなり割安に取得できたのは、たいへんな成功だった。「バイアウトでマークと手を切ったのは、ストロトットの生涯最高の取引だった」とクランドールは言う。「現金が一気になだれ落ちてきた。マークの持ち株を買い取ってしまえば、その雪崩の下にバケツを持って立っているだけでよかった」[39]

第6章　史上最大の閉店セール

デイビッド・ルーベンのいるオフィスに、ひとりの男が足を引きずりながら入ってきた。その男がやがて、ルーベンの人生を変えることになる。

舞台は一九九二年五月、ソ連崩壊から数カ月たったモスクワ。アルミニウムのトレーダーであるルーベンにとっては、混沌そのものの時期だった。長年ずっとただひとつの国――ソ連としか取引をしてこなかった。そのソ連がもはや存在しなくなったのだ。

ルーベンにわかっていたのは、アルミニウムは世界中のどこよりもロシア国内では安く買えるということだけだった。だからこの国で安定した供給を受け、それを世界市場で売れるなら、誰でも大金持ちになれる。

いまルーベンの前に座っているのが、そういう人物だった。レフ・チェルノイは中央アジアに生まれ、子どものころポリオに罹って足が不自由になった。鋭い青い目を持った短気な男で、ソ連の計画経済が野放図な自由競争へ移行する時期に大勢いた、交渉ではいたく強引な大物トレーダーのひとりである。

ルーベンとチェルノイがこうして話し合っているうちにも、二人の周囲で世界は崩れ落ちようとしていた。ソ連の膨大な製造業は唯一の買い手、つまり国家からの需要がなくなったために、軋《きし》みをあげて停止した。ロシア政府は日用品の価格統制を解除していたし、ルーブルの価値の暴落でパンや牛乳、チーズの値段が跳ね上がった。普通のロシア国民がこつこつと一生かけて貯めてきたお金が一夜にして消え去った。年金受給者たちは凍てつく街角で身を縮こまらせながら、売れるものはなんでも売って食料を買う現金をかき集めようとした。

チェルノイがルーベンの事務所まで出向いてきた理由は、当時の無秩序な状況に見合ったものだった。チェルノイはルーベンの会社に少量のアルミニウムを売ることで合意していたが、その後現物が届かなかったのだ。この時期のロシアではまったく珍しくはない。わざわざチェルノイが謝罪に来たことのほうが異例だった。

ルーベンの会社トランスワールド（ジョン・デウスのトランスワールド・オイルとは縁もゆかりもない）は、金属取引の狭い業界ではすでに名をなした企業だった。屈託のない丸顔と物腰のルーベンは、見る者によっては無邪気そうに映るが、実際はビジネス上の大きなリスクを取るのをためらわず、細かいことにはこだわらない人物だった。だからアルミニウムを届けられなかったチェルノイの謝罪になど興味はなかった。興味があったのは、このソ連崩壊後のロシアで、チェルノイが、どこでアルミニウムを買えるかを知っているらしいことだけだった。

チェルノイが説明しはじめると、ルーベンはそれをさえぎった。「そしたらあんたを億万長者にしてあげよう」[1]

「手引きをしてくれ」とルーベンは客人に指示した。

ソ連の崩壊はコモディティー商社にとっては激震であり、一九七〇年代に石油市場がセブン・シスターズの支配から解放されて以降、業界の歴史上最も重大な出来事だった。崩壊当時のソビエト連邦は、世界のどこより大量の石油を産出するだけでなく、金属や穀物の分野でも最大級の生産国だった。それがいま、一気に閉鎖的なシステムから変貌を遂げ、統合すらおぼつかない状態で世界経済のなかへ投げ込まれたのだ。

一九九〇年代の初めまで、ソ連の対外貿易は国家によって厳格に統制されていた。だが突然、ロシア産のアルミニウム、銅、亜鉛、石油、石炭が世界市場にあふれ出した。ロシアをはじめ旧ソ連の国々はコモディティーを輸出するためのインフラはほとんどなく、国際貿易のノウハウも持たず、金融の世界とのコネクションもなかった。

その空隙に入り込んできたのが、ルーベンのようなコモディティー・トレーダーたちだ。彼らはロシアの巨大な資源産業と外の世界とを結びつけることで、貴重な外貨がロシアへ流れ込むようにした。そのおかげでコモディティー商社はかけがえのない存在となった——ロシアの全産業が存続するうえでも、国の経済が健全さを保つうえでも、この経済的混乱のなかで誰が富を得るかという問題に答えを出すうえでも。

ソ連が崩壊する何十年も前から、コモディティー商社はモスクワでビジネスを続けてきた。テオドア・ヴァイサーが石油を買いにモスクワまで旅したのは一九五四年のことだ。さらにカーギルなどの穀物商社が一九六〇年代から七〇年代にかけて、定期的にソ連を訪れていた。フィリップ・ブラザーズはアメリカ企業として初めて、一九七三年にモスクワ事務所を開設した。

こうした時期を通じて、トレーダーたちのソ連での取引は高度に中央集権化されたのだった。ソ連の対外取引はほんの一握りの国家機関によって行われていた。金属はラズノインポルト（輸出も担当）、穀物はエクスポルトフレブ（大穀物強盗時代と同様に、輸入交渉も担当）、そして石油はソユーズネフチエクスポルト。

トレーダーたちはこうした機関を運営するソビエト官僚を口説くことに注力していた。金属では、一九七〇年代から八〇年代にかけてマーク・リッチ＆カンパニーのパートナーだったフェリックス・ポーゼンが、ラズノインポルトの幹部たちと親密な関係を築いていたこともあり、リッチの社はソ連の国際金属取引の主要な相手となった。ポーゼンの回想によると、ラズノインポルトの幹部たちは「夕食や飲み会に招かれるのが大好きだった」[2]。

一九八〇年代後半、この中央集権体制に変化が起こりはじめる。ゴルバチョフが掲げたペレストロイカ（改革）とグラスノスチ（情報公開）の綱領のもと、軋みをあげるソ連の体制は徐々に民間企業へ開放されはじめた。一九八七年には起業家精神あふれるソ連の若い市民たちに、初めて協同組合《コーペラティブ》と称される小さな企業の経営が許可された。そのなかにはのちにロシア独特の新興財閥《オリガルヒ》となる者たちが多く含まれていた。協同組合はソ連政府の諸機関では満たせないさまざまなニーズ、たとえばコンピュータの輸入や宝くじの運営、演劇のチケットの売買などに応えるようになった。そして崩れかけたソ連の体制の非効率性につけこんで余剰物資を安く買ったり、割り振られた予算をどう使いきるかで悩んでいる官僚たちにいろいろなサービスを提供したりもした。この若い起業家たちは、ときにはまんまとコモディティーを手に入れ、それをなんらかの形で輸出することもあった。そしてその過程でコモディティー商社と出会うことになったのだ。

ここでもまたコモディティー・トレーダーたちは、十八番の説得術を駆使することになった。ソ連の新しい起業家集団のなかに、アルテム・タラソフがいた。自分はソ連初の合法的な大富豪だと宣言し、一九八〇年代後半に一躍有名になった人物である。タラソフも他の多くの起業家のように、ソビエト経済の陰の部分であれこれ暗躍して財をなしていた。そしてあるとき、かなりの量の燃油を買い入れる機会に恵まれた。まさにソ連の非効率的な体制の縮図のような状況だった。ウクライナのある製油所は、地元の発電所に供給する燃油を生産していた。ところがその年は暖冬で、発電所の稼働率が低下し、製油所には供給の余剰ができた。どこへ送れという指示もなかったので、製油所の所長は従業員たちに、ただ近くの森に穴を掘ってそこに油を捨てるよう告げた。

　こういった状況から、タラソフはまもなく、ソ連産燃油を大量に入手して売れることに気づいたのだった。その動きは、国営の取引機関という枷《かせ》から離れたところでの取引を望んでいたマーク・リッチ&カンパニーの注目を引きつけた。タラソフは回顧録のなかで、初めてイギリスを訪れたときの「忘れがたい」思い出を綴っている。

「石油や石油製品の買い付けをまかされていたリッチの社の人たちは、すぐさま理解した。ついにすばらしい抜け道が開け、国を通さず、なんらの制限も報告の必要もなしに取引ができるようになったのだ！　彼らは私を大切に扱い、最大の得意客がよそへ逃げていかないよう抜かりなく計らった[3]」

　マーク・リッチ&カンパニーのチームは、タラソフが上機嫌でソ連へ帰れるように万全を尽くした。ピカデリーのメリディアン・ホテルのスイートに泊まらせ、テムズ川に浮かぶボートへオーケストラを呼んでもてなした。そして夜には、彼のあらゆる欲求に応えられるようにした。「彼らはナイトクラブを何軒か借りきって、私に好きなダンサーを部屋へ連れ帰っていいと言った。代金はすべて社の口座から支払い済みだった」とタラソフは回想している。「これはもちろん、私のナイーブなソビエト的心性に多大な影響を及ぼし、たちまち私はマーク・リッチが世界最高の外国企業だとの思いに疑いを差し挟まなくなった。私は数日にわたってよく飲み、よく食べ、旅行や釣りに出かけ、私のためのオーケストラの演奏を聴き、最後にはもちろん契約書にサインをした」[4]

ソビエト連邦の最期が迫っていたあの時期には、じつに種々雑多な人物が現れてきた。国家としてのソ連の経済は後退の一途だった。ありとあらゆる荒っぽい取引が行われた。ペプシコはごく短期間だが、世界有数の海軍力を持ったこともあった。ソ連に売っていたペプシの代金代わりに、潜水艦一七隻、巡洋艦一隻、フリゲート艦一隻、駆逐艦一隻を受け取ったのだ。この海軍艦隊は売却されてスクラップとなり、ペプシコの会長はホワイトハウスに向けてこんな冗談を飛ばした。「われわれのほうが早くソ連を武装解除していますよ」[5]

フェリックス・ポーゼンがラズノインポルトの幹部たちを教化したおかげで、マーク・リッチ&カンパニーは何年にもわたってソ連の金属取引の支配的な存在でありつづけた。しかしKGBがそうした関係を調査しはじめると、リッチの社の人気は凋落した。[6] そこへ他の金属商社が躊躇なく襲いかかった。フィリップ・ブラザーズがソ連産ニッケルを買い付ける契約をまとめたことは、ソ連が世界のニッケル生産の四分の一を占めているだけに、痛烈な一撃となった。ラズノインポルトがフィリップ・ブラザーズに販売するニッケルの量を指定することになったとき、契約書にはただこれだけ書かれていた――「ソビエトの輸出の総計」[7]。

その一方に、デイビッド・ルーベンのトランスワールドがいた。

ルーベンは一九三八年にインドで、イラク系の両親のもとに生まれた。まだ一〇代だった一九五〇年代、ほとんど無一文でロンドンへ移住した。[8] それとほぼ同時に金属取引の仕事を始め、一九五八年にマウントスター・メタルズという金属スクラップ商社に加わった。イギリスで身を立てようと決意したルーベンは、誰より親密な間柄の、すでに不動産投資を始めていた兄のサイモンとともに、事業に打ち込んだ。わずかに訛りのある英語を話すデイビッド・ルーベンは、イギリスの上流社会のきらびやかさと英語とをこよなく愛し、とくにクロスワードとスクラブルのゲームに熱中した。

サイモンがビジネスの細部まで知りたがる経営者だったのに対し、デイビッドは厳密さとは無縁なビジョナリーだった。以下は彼の息子による評だ。「父はとても大局的な人です。細かいことは気にしない。自分が何かひとこと言ったら、周囲がそれを汲み取って大きなビジネスプランへ膨らませてくれるのを期待するんです」[9]

デイビッド・ルーベンは、金属取引を始めて間もないころにも、買い付けられる金属を求めて広く旅をし、ソ連、中国、北朝鮮を訪れている。[10] 一九七四年にはメリルリンチが共同所有する金属商社に入社し、三年後にチームを率いて独立した。

そして一九七七年三月、トランスワールドが誕生した。資本金二〇〇万ドルで、ロンドンとニューヨークにオフィスを構える小さな会社だったが、アルミや錫の取引でたちまち頭角を現した。しかし一九八〇年代後半には、ルーベンは金属ビジネスに愛想を尽かしかけていた。錫の価格を制御する政府間スキームが破綻し、ロンドン金属取引所を襲った危機をめぐって何カ月も争っていたのだ。さらに弟のサイモンががんだと診断された。疲れきったルーベンは、ビジネスから一歩退くことにした。

休んでいたルーベンを揺り起こしたのは、ソ連で起きたあるトラブルだった。トランスワールドは一九七〇年代からこの共産主義国家で大きなプレゼンスを持ち、ラズノインポルトに錫を売って、引き換えにアルミニウムを買っていた。ところが一九九二年にチェルノイがルーベンのモスクワ事務所を訪れたときには、そのシステム全体が崩れつつあった。中央集権化されたソ連の国営機関がコモディティー輸出に及ぼしていた支配力を、一九八〇年代の末から燃油トレーダーのアルテム・タラソフのような男たちが削り取っていたのだ。そして一九九一年にソ連が崩壊したとき、それまでの小さな流れが津波となって押し寄せた。

ソ連の崩壊は、いわばコモディティーの閉店セールだった。石油やアルミニウム、クロムといった貴重な資源が、国際市場価格の四分の一ほどの額で買えたのである[11]。商社にとっては垂涎の、見逃せるはずのない獲物だった。トレーダーたちはこぞって飛びつき、新しい経済システムを構築することにも貢献した。かつてはソ連の経済計画の担当者が資源と現金の流れを決めていたが、いまその役割を担っているのは欧米のコモディティー商社だった。

ソ連の巨大な産業界はショック状態に陥った。自分たちに何を生産してどこへ送るかを指示し、原材料を供給し、労働者たちに支払う現金を届けてきたシステムが突然、機能しなくなったのだ。鉱山、油田、製油所、製錬所、さらには政府の省庁でさえ、給料を払うための、また事業を続けるのに必要な物資を買うための現金が尽きてしまった。それで背に腹は代えられず、地元のあやしげな実業家や海外のコモディティー商社とじかに取引するようになり、結果的にラズノインポルトなどの政府機関の支配は完全に終わりを告げた。

そのうえまた、経済危機の影響で国内需要が落ち込み、輸出に回せるコモディティーの量がさらに増えていた。これまではソ連の産業機構にコモディティーを供給していたのが、なんとしてでも現金を調達することへ焦点が移ったために、ラズノインポルトに金属を売ったトレーダーが数カ月後にその同じ金属を、同じ梱包に包まれたままの状態で買い戻すようなこともあった。

旧ソ連諸国の市民たちには、きびしい苦難の時代だった。かつては強大だったソビエトという帝国のなかで、いまでは食料や衣料、そして貨幣そのものが不足するようになった。瀕死の時期のソ連から大量の資本が流出したせいで、新たに独立したばかりのロシアではインフレが急激に進み、ルーブルが暴落した。

だが欧米のコモディティー商社にとっては、莫大な利益を得るチャンスがそこかしこに転がっていた。グレンコアのトレーダーで、のちに合金鉄部門の責任者となるデイビッド・イスロフはこう説明した。「あれだけ大きな生産施設があるのに、どこにも販路がない。そこに欧米の親切そうなトレーダーがやってきてこう言うわけだ、そちらの製品は全部引き取りますし、港まで運ぶのも手伝いますよ、と。そうやってわれわれはスタートしたのさ」[12]

崩壊に向かう経済のなかでビジネスをするのに、商社は臨機応変な行動を迫られた。一時間二〇ドルでジェット機をまるごと借りきり、シベリアの街の辺鄙な空港で燃料を買うのに使える唯一の通貨である煙草や、ジョニーウォーカーのケースを山ほど積み込んだ[13]。そしてだだっ広い鉱山や製錬所に到着すると、そこではソビエト時代の幹部たち──「レッド・ディレクター」と呼ばれる──がウオッカを一杯どころか何杯も酌みかわしながら朝の会議を始めるというぐあいだった。

ルーベンは一九九二年五月にモスクワへ旅した折に、この新しい秩序を理解し、そのなかで自分にどんな役回りができるか頭を働かせた。そしてソ連の経済体制の全面的な再編成を前にしたとき、これが一世一代のチャンスだと気づいたのである。

彼の行く手に立ちはだかったのは、複雑かつ秘密主義の、しかも直感に反する形で組織されたソ連の産業だった。たとえばアルミニウムは、航空宇宙産業で広く使われるために冷戦時の米ソ両国には戦略的に重要な金属で、しかもソ連はアメリカに次ぐ世界第二位の生産国だった。ところがソ連のアルミニウム産業を担うさまざまな施設は、国土全体に広がっていた。最重要のアルミナ製錬所の一部はウクライナの西の端に、もう一部はカザフスタンのモンゴル国境に近い東の端に位置していた。さらにアルミナをアルミニウムに変える最大の製錬所はシベリアにあった。そこは港から何千キロも離れているうえに、アルミナの供給からも、広大な距離と新たに設けられた国境によって隔てられていた。

そうした無秩序のなかで登場したのが、レフ・チェルノイに代表される人物たちだった。一九五四年生まれのチェルノイは、かつてのソビエト中央アジアの首都にふさわしい、荒削りながら活気あふれるタシケントの街で育った。そして他のソビエトの起業家たちと同じように、軋みをあげるソ連の体制の陰の領域でその非効率性を利用するビジネスを始めた。兄のミハイル（西側風に名乗るときはマイケル・チェルニー）とともに、最初は靴製造の協同組合を経営して財をなした。ある工場から未使用のスペースと設備を借りて、ソ連のシステムでは必要とされずに余った革とPVC（ポリ塩化ビニル）のスクラップを買い入れた。[14] それはモスクワの官僚からタシケントの街に影響力を持つ土地の権力者まで、あらゆる人間たちの関係のネットワークを維持するためにチェルノイ兄弟の存在が求められる世界だった。[15]

ソ連の体制が崩れゆくなか、チェルノイ兄弟が靴に見切りをつけ、木材やアルミニウムなどのコモディティーへと乗り換えるには、ほんの一、二歩踏み出すだけだった。レフ・チェルノイはカザフスタン北部にあるアルミナ工場の経営者に商品を売っていた。だが、旧ソ連時代からの企業の例にもれず、相手は現金が手元にない。それでアルミナで支払っていた。そしてアルミナは、シベリアのクラスノヤルスクにあるアルミニウム工場で加工される。その工場もやはり手持ちの現金がなく、アルミニウムで支払っていた。

そうした経緯について、チェルノイは一九九二年五月、モスクワでルーベンに説明した。だがルーベンは、説明を聞くだけでは物足りなかった――この目で見てみたい。チェルノイはためらわなかった。自分と一緒につぎの飛行機でシベリアへ行こうと提案した。

それは金曜日のことだった。ルーベンはしぶった。その週末はロンドンに帰る予定だったので、シベリア旅行の準備はしていなかった。きれいなシャツの一枚もないのだ。

だが、チェルノイは譲らなかった。

かくしてルーベンはクラスノヤルスクに降り立った。一七世紀にコサック軍の分遣隊が築いたクラスノヤルスクの街は、その後ソ連の主要な工業の中心地のひとつとなった。ここには地図では決して見つからない、不規則に広がった秘密基地があり、そこでソ連は原爆に使う核燃料を製造していたのだ。

いまは人口一〇〇万のこの街の主要産業はアルミニウムで、判で押したような住宅団地がどこまでも連なり、そのあいだに点々と、精巧な彫刻を施した古い木造の家が建っている。エニセイ川の湾曲部に位置するアルミニウム製錬所では、直径一・五キロにもおよぶ巨大な穴が何列もずらりと並び、どのなかにも溶けた金属を入れるポットが詰まっていた。これは数百キロ離れたブラーツクにある姉妹工場と合わせると、世界最大規模のアルミニウム製錬所だった。

ルーベンにはまさしく目をみはる経験となった。クラスノヤルスクの製錬所の所長は、街で食料を調達できるだけの現金がなくなりそうなのだと口にした。ルーベンはその場で、のちにアルミニウムで返済される額を前渡しすることに同意した。

一世一代のチャンスがめぐってきた。そう確信したルーベンはロンドンへ戻ると、弟にロシアへ投資するよう説得した。二人は財産のほとんどをかき集めたうえに借金までして、それを残らず旧ソ連のアルミニウム産業に注ぎ込んだ。そしてレフ・チェルノイとの関係を築き上げていった。「レフが旧ソ連でどのようにビジネスをするかの青写真を示してくれた」とデイビッド・ルーベンはのちに語っている。[16]

クラスノヤルスクでトランスワールドのパートナーたちは、工場が求めるアルミナを引き渡し、アルミニウムで支払いを受ける契約を結んだ。これは一九八〇年代に、マーク・リッチ&カンパニーのウィリー・ストロトットとマニー・ワイスがジャマイカとアメリカで開拓したのと同タイプの取引だった。こうした「トーリング取引」はまもなく、トランスワールドのような商社が主導する形で、ロシアのアルミニウム業界を席巻していくようになる。

デイビッド・ルーベンはロシア産アルミニウムを世界中で売りさばく一方、チェルノイは現場のあれこれを切り盛りした。「レフは部下たちを文字どおり工場に住み込ませ、また列車の動きを追いかけてアルミニウムが時間どおりに届くように計らった」とルーベンは語った。[17]

ルーベン兄弟の資金力と、チェルノイの地元でのプレゼンスの組み合わせは効果を発揮し、まもなくトランスワールドはロシアのアルミニウム産業を支配する存在となった。トーリング取引だけにはとどまらない。ロシア政府が主要国営企業の株式を売却しはじめると、トランスワールドは躊躇なくロシアの三大アルミニウム製錬所の株を購入した。そしてオーストラリアから輸入するアルミナを受け入れるために、極東ロシアに港を造るなど、新しいインフラも整備した。

トランスワールド最大のライバルとなりそうなマーク・リッチ&カンパニーが、ソ連崩壊の時期に内紛でゴタついていたことも幸いした。当時はもうグレンコアに改称していたこの会社は、のちにロシアにおけるトランスワールドの最も手強い競争相手となる。だが一九九二年から九三年にかけての重要な時期には弱体化し、まとまりを欠いていた。そのために実際の競合相手は、もっと小規模な会社ばかりだった――ＡＩＯＣ、新興商社のジェラルド・メタルズ、そして元マーク・リッチ＆カンパニーのトレーダーたちとビトルが組んだ合弁会社ユーロミンなどだ。

新生ロシアでビジネスをするリスクは相当なものだった。財産の私的所有に関するルールもまだ策定されている途中で、トランスワールドのような商社がロシアの天然資源産業に食い込みつづけられる保証は何もなかった。それでも数ある商社のなかで、チェルノイの後押しを受け、どこよりも進んでリスクを取ろうとしたのはルーベンの会社だった。「われわれはリスクテイカーだった。だからこそロシアへ進出したのだし、ロシアに大手の生産会社の姿が見当たらないのもそれが理由だ。たとえばアルコアも、アルカンも」とルーベンは、アメリカとカナダの最大手アルミニウム会社に言及して言った。「ああいった企業はリスクを取らない。取るのはわれわれのような会社だけだ[18]」

ソ連崩壊の混沌のなかから、秩序らしきものが再び産業界に生まれていた――ただ、この新しい資本主義のロシアでコモディティーの流れを決めていたのは、ソビエトの計画委員会ではなく、ルーベン兄弟のようなトレーダーたちだった。

「わが国の最も困難な時期にあって、われわれとＴＷＧ（トランスワールド・グループ）との協同は、ロシアのアルミニウム産業の復興、インフラの刷新、工場への運転資本の供給、生産能力の拡大などに重要な貢献を果たした」とレフ・チェルノイは言う。「こうした努力のおかげで、わが国のアルミニウム産業は崩壊から救われ、ロシアはその地位を維持し、世界のアルミニウム市場のリーダーのひとつになることができたのだ[19]」

一九九四年の民営化の第一波が終わるころには、トランスワールドはロシアのあらゆる大手アルミニウム製錬所との所有関係や取引関係を結び、ある投資銀行の推定では、アメリカのアルコアに次ぐ世界第二位のアルミニウム企業となっていた。[20] トーリング取引と合わせれば、ロシアのアルミニウム生産量のおよそ半分、ときにはそれより多くを支配し、世界のアルミニウム生産量の五～一〇％を供給する存在だった。[21]

ロシアに賭けたルーベン兄弟の大勝負は、華々しい大成果を上げた。トランスワールド・グループは、モンテカルロ[22]からサモア[23]までの各地域に散らばる数十から数百の事業体の集まりであって、財務情報を公表したことは一度もない。だがライバル社や元社員の推定では、最盛期には年間数億ドルを稼いでいた。トーリング取引は「とてつもなく儲かった」とゲーリー・ブッシュは言う。一九九二年から九七年までトランスワールド・グループの物流を担当したブッシュは、一九九〇年代を通してロシアでのビジネスで儲かった額は三〇億ドルほどだったと見積もった。[24]

当初しばらく、ロシア国内で取引されるアルミニウムの価格は、とくにルーブルの価値が落ち込んでいるあいだは世界価格の数分の一だった。当時の欧米でのアルミニウム取引の利ざやは一トンあたりわずか五ドル。だがロシアでは二〇〇ドルかそれ以上になった。製錬所にはアルミナがなくてはならないため、商社はトーリング取引の交渉で優位に立てた。その後、産業が民営化へ向かうと、商社は主要な産業資産を安く買い取れるようになった。「われわれはぼろい市場を引き当てたんだ」とルーベンは言った。[25]

ロシアからあふれ出したアルミニウムは、潮のようにグローバル市場へ波及していった。一九九〇年から九四年にかけて、二五〇万トン以上のアルミニウムがロンドン金属取引所へ流れ込んだ。[26]

一九八八年のマニー・ワイスによるスクイーズで一トンあたり四〇〇〇ドルに達していたアルミニ

ウム価格が、いまは一〇〇〇ドルにまで下がった。取引所の主要な受け渡し場所であるロッテルダム港には、たいへんな量の金属が押し寄せ、港の倉庫では全部は保管しきれずに外に積み上げはじめた。

これはコモディティー商社にとっては、実入りは良いが危険な業界だった。[27] 解体したソ連の残骸にチャンスを見いだしたのは、ルーベン兄弟のような国際的なビジネスマンだけではない。資源業界がもたらす富は、一攫千金を夢みるあらゆるタイプを引き寄せ、そこには犯罪をいとわない者たちも含まれていた。まもなくトランスワールドらの商社は、地元の顔役やギャングたちとの争いに巻き込まれていった。

金属取引の世界全体で、旧ソ連は「ワイルド・イースト」と呼ばれるようになっていた――よほど勇敢か無鉄砲な者しか踏み込まない、高リスクのフロンティアということだ。「あの世界では、三日おきに誰かが殺されていた」と、ロシアの著名なオリガルヒのロマン・アブラモビッチは、のちにロンドンの法廷で語っている。[28]

一九九五年、暴力はモスクワの街にもおよんだ。フェリックス・ルボフはモスクワのコモディティー商社AIOCの代表で、自信に満ちた魅力的な人物だった。クラスノヤルスク製錬所とのビジネスをさらに拡大しようとしていたのだが、この冒険好きなトレーダーですら、命の危険を感じていたようだ。その年の秋、カザフスタンへ飛ぶためにモスクワのシェレメーチエボ空港へ向かうときも、ボディガードを伴って移動していた。

ボディガードたちは空港のセキュリティーチェックまでルボフに同行し、彼が金属探知機を通り抜けるのを見届けると、モスクワへ戻った。だが、ルボフは機上の人とはならなかった。セキュリティーチェックから搭乗ゲートまでの途中で、ルボフは制服姿の男二人に声をかけられ、ついてくるように言われた。翌日、銃弾で蜂の巣になった彼の遺体が発見された[29]。

この事件でＡＩＯＣが受けた衝撃は、やり過ごすには大きすぎた。数カ月後、同社は倒産に追い込まれた。

ＡＩＯＣが倒れたいま、国際的なコモディティー商社に限れば、グレンコアがトランスワールドの主な競合相手となった。クラスノヤルスクのアルミニウム製錬所の所長は、ウィリー・ストロットと意気投合し、彼とそのチームをタイガ――この地域を取り囲む湿地の針葉樹林――での三日間の熊狩りの旅に招待した[30]。

だが、グレンコアのトレーダーたちが直面する危険は、熊だけではなかった。グレンコアの合金鉄トレーダーのデイビッド・イスロフは、カザフスタンのアルマトイ行きの便に乗ろうとしたとき、現地のグレンコアの担当者から、飛行機に乗ってはだめだと言われた。イスロフが会うことになっていた人物が、街外れのホテルの部屋で首吊り死体となって発見されたという。「レストランへ行くと、いまでも入り口のほうを向いて座るんだ――あのときを思い出してね」とイスロフは言う[31]。

クラスノヤルスクは最も激しい支配権争いの舞台となった。一九九〇年代半ばにトランスワールドが製錬所から撤退を余儀なくされたのは、それが原因だったとデイビッド・ルーベンは考えていた。「一九九四年に、クラスノヤルスクのわれわれの株が差し押さえられた」とルーベンは言った[32]。「真空が作り出され、そこにたくさんの競合相手が引きつけられて、それぞれが力で他を圧倒しようと争った[33]」

ロシアの報道機関は、金属取引に関連した殺人は何十件にも上ると伝え、この抗争を「大祖国アルミニウム戦争」と称した。犠牲者のなかにはトランスワールドの盟友も競合相手も含まれていたが、ルーベンは自身やそのパートナーが暴力に関与したという疑惑をつねに否定してきた。「トランスワールドがロシアで違法な活動をしていたという申し立てがあるが、どれもまったく事実ではない」と彼は二〇〇〇年に語っている。「はっきりさせておきたい。トランスワールドにはゆるぎない原則がひとつある——どこで仕事をするのでも、必ず法的な原則と規範に従うということだ。ただしわれわれが合法的でない行為を受ける側になったことは一度ならずあった」[34]

しかし一九九〇年代の後半には、トランスワールドはつぎつぎトラブルに見舞われた。カザフスタンでは、税金の未払いをめぐる論争のはてに現地のパートナーに資産を奪われ、窮地に陥った。[35]さらに政治的変動がロシアで起こりつつあった。老いの著しい指導者ボリス・エリツィンの力が衰え、ウラジーミル・プーチンがつぎの大統領の順番を待ち受けていた。プーチンの取り巻きたちは、ロシアがより強い国家となることを主張し、ロシアの天然資源がもたらす富を外国人が所有することに異を唱えた。また一方では、一九九〇年代初めにはトランスワールドと組んで働いたことのある地元のアルミニウム王、オレグ・デリパスカが、アルミニウム産業における一大勢力として台頭していた。

ルーベン兄弟はあっさりとロシアから手を引くことを決めた。カザフスタンの訴訟では和解を取りつけ、二億から二億五〇〇〇万ドルほどを回収した。[36]パートナーたちとともに、ロマン・アブラモビッチを中心とするグループと契約を結び、ロシアのアルミニウム資産を五億七五〇〇万ドルで売却した。当時ルーベン兄弟自身が書き残したものによると、この売却益とそれまでの数年間の利益を合わせて「かなりの額の現金」が手に入ったという。[37]「最近は産業の構造が変化している」とサイモン・ルーベンは二〇〇〇年に語った。「新しいプレーヤーが登場してきている。われわれは自分たちの権益の一部を有利な条件で手放すチャンスだと考え、それを実行することにした」[38]

ただしルーベン兄弟はそこで満足してはいなかった。旧ソ連での投機的事業で得た利益をロンドンの不動産市場に注ぎ込み、メイフェアの広大な地所を買い占めたのだ。むしろこれは、一九九〇年代初めに全財産をロシアに賭けたときよりもはるかに大きな収益をもたらす決断だった。フォーブス誌によると、二〇二〇年の時点でルーベン兄弟は、それぞれ六八億ドルの推定資産を有するイギリス第四と第五の富豪となっていた。[39] そして二〇二〇年、オックスフォード大学は三〇年ぶりに新しいカレッジを開設すると発表し、兄弟のファミリー財団から八〇〇〇万ポンドの寄付を受けて「ルーベン・カレッジ」と命名した。[40]

グレンコアにはこの時期、また別のストーリーが展開した。トランスワールドの撤退によって、ロシアの金属業界からグレンコアの最大の競合相手がいなくなったのだ。デリパスカは、クラスノヤルスクから数百キロ離れたサヤノゴルスクのアルミニウム製錬所の株を手に入れると、それを皮切りにロシアのアルミニウム産業を構成する企業をつぎつぎに買収していった。そしていまは、グレンコアがデリパスカの最大の盟友となった。二〇〇〇年にデリパスカが、ロシアのアルミニウム資産の大半をかき集めてルサールという新会社を設立すると、製錬所には再びアルミナと現金が必要になった。そこへグレンコアが介入した。このコモディティー商社はルサールのために一億ドルの資金を用立てたほか、アルミナも供給した、と元モスクワ支社長のイーゴリ・ビシュネフスキーは言う。「われわれがルサールを救ったんだ。最初の融資を行い、アルミナを供給した」[41]

当時グレンコアのCEOとなっていたアイバン・グラゼンバーグは、デリパスカをロシアのアルミニウム業界の新たな王と認め、友人として機嫌をとりにかかった。デリパスカの仲間のアルミニウム長者ロマン・アブラモビッチが、二〇〇三年にイングランドのサッカークラブのチェルシーを買収していたが、あるときグラゼンバーグとデリパスカはスタンフォード・ブリッジのＶＩＰ席に招かれた。[42] そこで二人はイギリスの特権階級やセレブの面々と肩を並べ、チェルシーの試合を観戦した。二〇〇七年にはグレンコアとデリパスカ、そしてもうひとつのロシア人投資家グループが、それぞれのアルミニウム資産を合併させることに合意した。この取引によってルサールは、ロシアのアルミニウム市場を実質的に独占した。そしてグレンコアがルサールと世界とのつなぎ役となった。

ソ連の崩壊は世界地図の線を描き直し、解体された帝国を新しい国家群へと置き換え、オリガルヒという新たな大富豪たちを生み出した。この新興財閥の資金は、それから数十年にわたって世界中にあふれ出すことになる。ルーベンはチェルノイとの約束を守った——二人はそろって途方もない大金持ちになった。

しかしルーベンがもたらした影響は、彼自身の銀行残高をはるかに超えたものだった。トランスワールドの会社群のゆるやかなコングロマリットは、ロシアの新世代エリートのいわば教養学校《フィニッシングスクール》となり、そこから将来のオリガルヒが巣立っていった。チェルノイは二〇〇四年のインタビューで誇らしげに、「この国のビジネスエリートのほぼ半数は私の子飼いだ」と語っている。[43]

それはトランスワールドだけのことではなかった。一九九〇年代にグレンコアのモスクワ支社長を務めたルチオ・ジェノベーゼは、「われわれは大勢のオリガルヒを支援した」と言い、現在ロシア指折りの富豪となった人物たちのリストを数え上げてみせる。「彼らはこうした事業の複数を所有するようになりはじめ、わが社がそのための資金を提供していたんだ[44]」

このようにコモディティー商社と、やがてロシアの新エリート層となる男たちが手を組んだことは、広範囲に影響を及ぼした。コモディティー・トレーダーがその経験を活かしてオリガルヒの卵たちに商品の輸出方法を教えたおかげで、彼らはそこから得た創業資金で、民営化されていくロシア経済をどんどん買い占めていった。コモディティー商社はロシア人トレーダーを西側金融の世界と結びつけ、場合によっては自分たちが何十年も前から駆使してきたタックスへイブンやオフショア金融のテクニックを伝授したりもした。

たとえば、スイスのローザンヌを本拠とする穀物商社アンドレのトレーダーたちは、そのころ最有力なオリガルヒだったボリス・ベレゾフスキーとの関係を築いた。知的で気まぐれで傲慢なベレゾフスキーは、一九九〇年代の一時期、ロシア一の富豪として、影響力のある人物だった。二〇〇四年にモスクワで暗殺されたアメリカ人ジャーナリスト、ポール・フレブニコフの評言を借りれば、「クレムリンのゴッドファーザー」である。アンドレのトレーダーたちはベレゾフスキーに、自分の会社を無記名株式によって所有されるスイスの事業体として作り出すやり方を教えた――つまり所有者の名前が株主名簿に載って特定されることがないのだ。[45] ベレゾフスキーは事業体をすべて、アンドレが本拠としている湖畔の街ローザンヌに設立した。お返しにこのスイスの商社は、ベレゾフスキーの多くの事業のパートナーになった。そのひとつは数年にわたって、ベレゾフスキーが株式を保有するロシアの国営航空会社アエロフロートの外貨収入のほぼすべてを取り扱ったが、そこにはロシアの領空を飛ぶ外国の各航空会社が支払う高額の料金も含まれていた。[46]

ロシアの政治とビジネスにおける力が個人のほうへ移っていったことは、コモディティー商社にとっては願ってもないことだった。「みんなパートナーの相手を選ぼうとした。誰が役に立つのか。誰が現金をもたらすのか。誰が資金力をくれるのか」とグレンコアの元モスクワ支社長のビシュネフスキーは説明する。「これは生き残ったあらゆる勢力にとってウィン・ウィンの状況だった」[47]

トレーダーたちにとっては、まさに金の鉱脈だった。旧ソ連の「ワイルド・イースト」にのめり込み、手持ちを注ぎ込んだ者は、莫大な利益をもって報われたのだ。そしてトレーダーたちが成功した場所はロシアの金属産業にとどまらなかった。ソ連の失墜は、ラテンアメリカから東アジアにいたるまで、モスクワの庇護のもとで機能していた何十もの国の経済的展望を一変させた。そしてコモディティー・トレーダーの活躍の場がいたるところに生まれたのである。

第7章　資本主義に冒された社会主義

キューバ革命は苦境にあった。一九五九年にフィデル・カストロが政権を奪取して以来、このカリブ海の島国はモスクワからの援助に頼っていた。だがソ連が存在しなくなったいま、キューバへの経済支援も消え失せた。アメリカの裏庭に位置する社会主義の前哨基地キューバは、ガソリンから食料や医薬品まであらゆる物資の不足に直面していた。

街角からは猫が姿を消し、夕食のテーブルにまた現れた。燃料がどこにもないせいで、道路には自動車が見られなくなった。歴史上有名なハバナの海に臨んだ中心街はまさに文字どおり崩れ落ちていた。

ところが一九九〇年代半ば、キューバの首都を覆った瓦礫のなかから、きらびやかに輝くモダンな建築物が生え出してきた。ガラスとイタリア産大理石をふんだんに使い、屋上にはヤシの木に縁取られたプールが備わったホテル、パルケ・セントラルである。どぎつい歓楽の殿堂と、社会主義者のプロパガンダがぎごちなく混じり合ったような場所。ネオコロニアル様式のアーチ型のファサードの後ろには、四つのレストランと各種ショップ、シガーラウンジが誇らしげに並ぶ。緑したたる熱帯植物があしらわれた広大なロビーでは、壁に並んだキューバ革命の英雄たちの肖像画が見下ろすなかで、アメリカ人観光客やヨーロッパのビジネスマンが肩を触れ合わんばかりにひしめいている。

このホテルは、自国の経済を救おうとするカストロの最後の希望の象徴だった。外資規制を緩和し、キューバの白砂のビーチや植民都市を金持ちの旅行客の群れに開放することで、革命を生かしつづけようとする窮余の策である。一九九九年、この二八一室のホテルのグランドオープンに際し、カストロの側近のひとりでキューバの事実上の首相といえるカルロス・ラへは、三一〇〇万ドルをかけたこの開発はキューバの観光産業のモデルになると語った。その後パルケ・セントラルは公式にキューバ初の五つ星ホテルとして認められ、アメリカ下院の代表団、アルゼンチンのサッカー選手ディエゴ・マラドーナ、最近ではカニエ・ウェストやキム・カーダシアンなど、さまざまな世界の指導者やセレブたちを迎えることになる。[1]

世界で最後に残された社会主義の前哨基地にある豪華ホテル。いったい誰が費用を出して建てたのか。経済危機のさなかにあるハバナで、アメリカから制裁を受けるリスクも無視して資金を注ぎ込んだのは誰なのか。それはヨーロッパの抜け目ないホテル開発業者でも、カストロの社会主義に共鳴する盟友のひとりでもなかった。このキューバ初の五ツ星ホテルに最初に投資したのはほかでもない、コモディティー商社のビトルだったのだ。

ビトルは一九九四年、従来のコモディティー売買というビジネスの枠を超え、ホスピタリティ産業に乗り出すという型破りの決断をした。野心あふれる原油トレーダー、イアン・テイラーに弾みをつけられ、数年前からキューバに向けて燃料を売っていた。だが、キューバは現金不足のうえに多額の負債を抱えていた。どうすればこの国に現金を取り戻させられるか——その方法を探した結果、最もチャンスがありそうなのが観光業だったのだ。「キューバの成長の鍵は観光にある」と、ビトルのハバナ駐在員エンリケ・カスタノは説明し、一億ドルをかけて島に六つのホテルを建てる計画を発表した。[2]

　ビトルが仕掛けたホテル戦略は、ソ連崩壊の影響がいかにグローバルなものであるかの表れでもあった。深く根づいていた取引や経済的依存のネットワークが、一気に根こそぎにされたのだ。外国投資家の多くは、つい最近までソ連の深い影響下にあった場所に自分の資金や評判を賭けることに二の足を踏んだ。しかしコモディティー商社はちがった。彼らは現金に困った国々を支援し、石油や食料を信用供与した。かつての共産圏の国々のプロジェクトにも現金を投入した。そして天然資源の流れの向きを変え、中央の計画立案者にとって政治的に都合のよかったサプライチェーンから価格が最も高くなるところへと向かわせた。

　こうした経緯で、ビトルはキューバに高級リゾートを建設するにいたったのだった。今後は市場の論理だけがものを言う。そのことを学んだビトルはやがて、他の誰にもまねできない形で政治という枠を飛び越えていく。彼らは旧ソ連圏に入り込み、以前のシステムに取って代わろうとした。その過程でカストロの政権のような社会主義体制が破綻しないように手を貸しもした。そのための手段とは、そうした国々をロンドンやニューヨークの金融市場へつなげることだった。

　グローバルな経済のなかでこれほど大きな領域が再編成されたことは、コモディティー商社にとっては僥倖《ぎょうこう》だった。新しい広大な場所へと進出し、コモディティーを売り買いするチャンスがぱっと開けたのだ。一九九〇年代前半にロシアに身を投じたトレーダーたちは、それぞれ一財産を築いた。しかし共産圏にはまだまだ、石油資源の豊富なアンゴラから黒海の石油精製の拠点であるルーマニア、鉱物資源の豊富なカザフスタンまで、一儲けできる好機が転がっていた。冷戦中に築かれたイデオロギーの壁が崩れ、唯一重要なのはマネーだけとなった時代。もちろんそれは、少なくとも一九五〇年代からずっとトレーダーたちの基本信条だったし、彼らは新しい経済秩序のなかで自分たちの役割を楽しんで受け入れていた。

この時代の精神を体現したトレーダーをひとり挙げるとすれば、イアン・テイラーを措いてほかにない。先駆者たちに引けを取らない冒険心と活力にあふれるテイラーは、必要ならすぐにでもジェット機に乗って、フィデル・カストロに会いにハバナへ、オマーンのスルタンに会いにマスカットへ、リビアの反政府勢力と取引をしにベンガジの戦場へ飛んでいく人物だった。その一方で、マーク・リッチやジョン・デウスといったトレーダーより人当たりがよく、政治手腕にも長けていた。ビトルのCEOとなり、地球の隅々まで取引できる石油を探しに出向く一方、欧米各国の政権の中枢でビトルの名が笑みとともに語られるようにしたのも彼の功績だった。

一九五六年にロンドン南西部で、スコットランド系の家庭に生まれたイアン・ローパー・テイラーは、父親が大手化学企業ICIの重役だったため、会社のあるマンチェスターで育った。石油トレーダーになったのは偶然だったといっていい。オックスフォード大学では哲学、政治学、経済学を学んだが、このコースは政治を志す者の近道として知られる。しかしもっと大金を稼ぎたかったテイラーは、企業数社の求人に応募した。いくつかオファーが届いたなかで、他社より年収が二〇〇ポンド高い勤め口があった。それで彼はその申し出を受けた。勤め口はシェルだった。

若いころからテイラーはすでに、石油取引の世界でも役立つような、冒険好きな面を示していた。

両親が革命前のイランに移り住んで以来、彼は大学の休みをテヘランで過ごすようになった。いかにも若者らしく、イランからカブールまでヒッチハイクで行くという経験もした。だからシェルでカラカスの石油会社の代表を務められる仕事があると聞いて、そのチャンスに飛びついたのだった。

　スペイン語は一言も話せなくとも若さゆえの旅行熱に冒されたテイラーが、ベネズエラの首都カラカスに着いたのは、石油市場が激動のただ中にある一九七九年のことだった。そしてすぐに、カラカスの高級ホテルのプールサイドで、ちょうど同地で行われたOPEC会議に参加する各国の閣僚たちに囲まれて、ビールを飲んでいた。若い石油トレーダーには刺激にあふれる時代だった。テイラーは中米各地を飛び回り、ハイチやドミニカ共和国、バルバドスで石油精製品を売り買いした。スリナム滞在中にはクーデターが起こり、夜は売春宿に泊まらざるを得なくなった。その宿が街で唯一の二階建ての建物で、路上での騒ぎから少しは身を守れる場所だったからだ。彼がジャマイカへ行くというときには、シェルに銃を持たされた（ただし使い方は教わらなかった）。

「すばらしかったですね。じつに楽しい日々だった」とテイラーはカラカスにいた時期を振り返っている。[3] 妻のクリスティーナに出会ったのもこの街だった。あるパーティーで夜明かしをしたあと、朝早い時間に彼女にプロポーズしたのだ。

　つぎに腰を据えたのは、発展するアジアの石油市場のフロンティア、シンガポールだった。テイラーはたちまち頭角を現した。彼の無尽蔵のエネルギーと熱意は、ビジネスにも社会生活にも等しく発揮されていた。そして鋭い洞察力と、人を引きつける魅力とが相まって、行く先々で友人たちの輪ができた。

「ごくたまに、口が達者で人付き合いも人脈作りも得意で、しかもそれをカネに変える商才に恵まれた人間がいる。イアンの成功の鍵は、彼がそういう人間のひとりだったことだ」とコリン・ブライスは言う。石油市場では古株のプライスは、モルガン・スタンレーの石油取引部門のトップとして、長年にわたりテイラーのひときわタフな競争相手でありつづけた。[4]

最初にビトルの注目を引いたのが、まさにこの商才だった。初期ビトルのパートナーのひとりであるデイビッド・ジェイミソンは、当時アジア事業のトップだったが、あるとき他の流通業者に売る燃油を一カーゴ、シンガポールまで輸送した。彼がビジネスをした相手のなかでただひとり、この取引にジェイミソンがかけたコストを正確に算出していたのが、イアン・テイラーだった。「彼との取引では、ほとんど儲けが出なかった」とジェイミソンは振り返る。「それが忘れられなくて、しばらくして彼を昼食に連れ出すと、ビトルへ来て仕事をしないかと持ちかけたんだよ」[5]

他のトップトレーダーにありがちな荒っぽさや尊大さと無縁なテイラーは、個人どうしの関係がものを言うこの業界で成功できるだけの社交術を身につけていた。政治家顔負けに立ち回りがうまく、どんな人間でも味方につけるすべを本能的に察知し、相手の家庭事情の細かなところも忘れず、一度した約束は最後まで守る。そして生まれながらのカリスマ性を備えていた。ある同僚はテイラーからこんな話を聞いた。もし自分がこの世界の誰かと入れ替われるなら、プリンスになりたい、と。当時、世界的大スターだったミュージシャンのプリンスのことだ。「彼はいつも脚光を浴びるのを楽しんでいて、ダンスフロアの隅で目立たずに踊っているようなタイプではなかった」と、元同僚の石油トレーダーは振り返る。[6]

テイラーの個人的スタイルは、この時代によく合ったものだった。冷戦の終結を機にアメリカが覇権を握る時代が始まり、そのなかではアメリカの司法から逃れた者、具体的にはマーク・リッチなどが大手コモディティー商社を指揮することは不可能になった。グローバルなコモディティー取引の拡大、先物とオプションの台頭によって市場の効率化が進むなか、商社が成功するには次第に規模の大きさが求められるようになった。そのために必要なのは金融市場への自由なアクセスに、欧米の銀行からの信用枠――そして何にもまして、業界での信望だった。そしてテイラーはまさに、ビトルにロンドンやワシントンの支配層に友人やコネクションのネットワークを持たせてくれる存在だった。その後数十年にわたってビトルは、マーク・リッチの格言どおりナイフの刃の上を歩きつづけるのだが、テイラーの気さくな魅力とぱんぱんに膨らんだアドレス帳が、時代の求める信望という外見をもたらしてくれた。

数十年の石油取引による収入で、テイラーはシルバーのアストンマーティンやおびただしい美術コレクションなど、多少は個人的な贅沢にふける余裕ができた。それでも彼が真に情熱をかける対象は、つねに取引だった。ずっとのちに咽頭がんとの闘病で昏睡状態に陥ったとき、彼が見た幻覚は生来のトレーダーのものとしか言いようがない。「私はなんだか……宙に浮かんでいて、この地球を取引する交渉をしていた気がする」[7]。そして手術からほんの数日で、彼がトレーディングフロアに戻ってきても、ビトルの同僚たちはほとんど驚かなかった。

一九九〇年代の初め、キューバはコモディティー取引に情熱を燃やす者たちにとって注目の場所だった。ビトルの頂に向かってひた走る期待の新星テイラーも、なんら躊躇せず飛び込んでいった。フィデル・カストロはすぐにテイラーを忠実な同志と見定め、ビトルは苦境にあるキューバ経済にとって重要な債権者となっていく。

キューバに大儲けのチャンスがあると見て取った商社は、ビトルが最初ではなかった。その栄誉にあずかるのはマーク・リッチ&カンパニーだ。一九六〇年代からソ連は、キューバの砂糖と石油を交換する大規模な取引でこの国を支援してきた。モスクワがキューバの輸入品の九〇％以上を、それもほとんど補助金を引いた価格で供給していた。[8] このシステムは政治面から見れば完全に理にかなっていたが、商業面では理屈に合わなかった。ソ連で石油が出る場所はヨーロッパの製油所のほうにずっと近いし、カリブ海周辺には近くのキューバに石油を供給できる国がいくらもあったからだ。同じ理屈が砂糖にも当てはまった。

一九八〇年代の後半、マーク・リッチ＆カンパニーのトレーダーたちはこの非効率性を解消する計画を立てた。ベネズエラやメキシコ産の石油をキューバへ運び、代わりにソ連産の石油をイタリアをはじめとする地中海周辺の精製工場へ送る。同じようにキューバ産の砂糖は他の中南米諸国に売り、ロシアや東欧からの需要はもっと近い供給元が満たせばいい。この仕組みはどちらの側にとっても有益だった。キューバとソ連は何百万ドルもの輸送費が削減できる。そしてマーク・リッチ＆カンパニーにとっては「じつに大きな儲けになった」と、直接の関係者のひとりが語っている。[9]

ソ連の解体が始まると、キューバは突然、ほとんどすべてをコモディティー商社に頼らざるを得なくなった。モスクワの支援がなくなれば、カストロも石油や砂糖の国際市場での価格を受け入れるしかない。サダム・フセインがクウェートに侵攻した一九九〇年八月には、原油価格の高騰がもろに襲いかかってきた。砂糖の価格も暴落し、市場全体がキューバを陥れようと画策でもしているようだった。

衝撃は耐えがたいほどの強さだった。カリブ海の島国は苦難の時期に投げ込まれ、現地では「平時における特別期間」と呼ばれた。モスクワの援助がなくなり、ありとあらゆる生活必需物資の不足に直面した。カストロは国民に、最悪の事態に備えるように言った。「われわれ自身を欺くのは不可能だ。われわれには豊富な石油もガスのパイプラインも、送電線も鉄道網もない。原料は多少輸出している。食料も少しは輸出している。それがいかなる意味においても無価値であるとは思わないが、エネルギーと同種の力を持っているわけではない」と一九九〇年一月に語っている。[10]

現金が足りず、是が非でも石油の必要なカストロは、万策尽きかけていた。そしてコモディティー商社に頼った。真っ先にキューバの石油と砂糖の取引に参入してきたのはマーク・リッチ&カンパニーだったが、そのライバル商社が取引を求めてこの島国へ飛んでくるまでに長い時間はかからなかった。

テイラーはいち早くチャンスを察知した。数年前にビトルに入社したときから、彼は原油取引でマーク・リッチ&カンパニーやフィブロ・エナジーといったライバルに挑戦することを懸案のひとつにしてきたが、キューバはその大きな顧客になる可能性があった。このころマーク・リッチの社でお家騒動が起こったことも手伝い、テイラーはすかさずビトルをキューバとの取引における主役の座へ押し上げた。彼はフィデル・カストロの深夜におよぶディナーパーティーの常連となり、ハバナの革命宮殿でキューバの指導者のいつ果てるともない講釈を聞いていた。カストロは絶えず葉巻をくゆらせつつ、地政学からコモディティー市場の複雑さまであらゆることを話題にし、ときにはいきなり質問を発して聴衆が眠っていないかどうか確かめたりした。世界最後の社会主義指導者のひとりと、世界でも最も熱心な資本家のひとり。いかにも不釣り合いな取り合わせである。だがその関係はきわめて重要だった。カストロの経済的苦境がまったく絶望的に思われたとき、コモディティー商社はその解決策を携えて駆けつけたのだ。

テイラーをはじめとするトレーダーたちが描いていたのは、ソ連時代の砂糖と石油の交換取引を資本主義時代に沿ったものにするという計画だった。かつてはモスクワが担ってきた役割を、商社が実質的にすべて引き受けようというのだ。両者は以下のとおりに合意した。商社はキューバの砂糖を収穫の数カ月前に買い付け、キューバ政府が喉から手が出るほどほしい融資を行う。キューバ政府はその信用を利用して商社から石油と燃料を買い入れる。それから政府が砂糖の代金を商社に支払うことで、サイクルが一巡する。この取引の一方の側にいるのは、コモディティー商社とその資金を提供するヨーロッパの銀行グループ、もう一方は、砂糖、金属、石油の取引を担当する国営企業キューバスカルとキューバメタレスだった。

冷戦後のキューバに引き寄せられてきたコモディティー商社のなかで、ビトルはどこよりも積極的だった。一九九二年には砂糖取引事業を開設した。ビトル・シュガーSAというスイスに拠点を置く、ビトルとキューバ国営企業の合弁会社だった[11]。この会社はピーク時には、世界で自由に取引される砂糖の五%を取り扱っていた[12]。ビトルは一時、キルギスの製糖工場に投資し、このキューバの収穫物の一部をそこへ出荷した[13]。そして一九九三年には、三億ドル分の燃料をキューバメタレスに供給していた[14]。

カストロにとってコモディティー商社は、自国が何より必要としている財政的な生命線だった。閣僚たちはキューバのための資金を集めるのに四苦八苦しているのに、この資本主義のトレーダー連中は苦もなくそれをやってのけているように見えた。砂糖商社スクレ・エ・ドゥンレのCEOセルジュ・バルサノと会見したあとで、カストロは言った。「あなたがたがどうやって一〇億ドル以上も工面できたのか知らないが、わが国としては返済を最優先事項にしよう[15]」

一九九〇年代前半にキューバ政府が受け取った資金は、コモディティー商社なしには不可能だっただろう。それが実現したのはビトルのような企業の、大きな危険を冒してキューバ政府に信用貸しをしようとする意志あってこそだった。その過程でビトルは、苦境にあえぐキューバ経済に対して大きな資金負担を重ねた。当時のこの商社の規模からすれば、二〇年後のリビアの反政府勢力との取引に匹敵する大胆な賭けだった。「会社の規模に比して、ばかげた資金負担だったね」と、バミューダのビトル代表としてキューバへの投資の多くを担当したデイビッド・フランセンは振り返る。[16]

キューバに可能性を見いだしていたのは、ビトルだけではなかった。マーク・リッチ&カンパニーの前石油部門トップのクロード・ドーファンは、キューバとの初期の石油取引で上げた利益を忘れてはいなかった。トラフィギュラの立ち上げ後、すぐにドーファンはこの島国でビジネスをしようと訪れていた。彼が行った取引のなかには、トラフィギュラがキューバの石油と精製品の在庫のための資金調達を支援するという契約もあった。

しかしコモディティー商社にとって、稼ぐのは簡単ではなかった。キューバが貸し手に返済できるかどうかは基本的に、砂糖の価格、収穫量、国際市場での原油価格という三要素の危ういバランスにかかっていた。肥料や農薬を輸入できないキューバの砂糖生産は、一九九〇年代初めには急激に落ち込み、状況はさらに悪化した。[17] 一九八九～九〇年に八〇〇万トンあった生産量は、一九九四～九五年には三三〇万トンへと半減した。[18]

将来の砂糖供給を担保としてキューバに石油を売っていた商社にすれば、これでは何年、何十年待っても現金が回収できないということになる。ハバナにいる各商社は次第に、新しい取引を結ぶよりも、古い取引を救い出すほうに集中していった。砂糖の収穫が減少するなか、商社はなんとか支払いを受けるために、より独創的な方法を思いついた。

ビトルがキューバ関連の投資を取り戻そうとして考えたのが、ホテル事業への参入だった。カストロは一九九〇年代半ばになると、外国からの投資に自国を開放し、砂糖以外に外貨の収入源を見つける必要性を認めるようになっていた。そして自然と出てきた策が観光業だった。キューバの指導者はコモディティー商社の友人たちのために適切な投資先を見つけようと腹を決め、テイラー以下のビトルのチームを島のいたるところへ連れていっては、パルケ・セントラルのつぎにホテル投資ができる場所を探させた。あるときなど、カストロの自家用ヘリコプターにみんなで乗り込んで、島に点在する白砂のビーチの上空を飛んだりもした。大きな革の肘掛け椅子を何席も取りつけたソ連製ヘリMi－8の機内で、トレーダーたちはカリブ海の暑さに汗だくになった。「とにかく石油を送り届けて、なんとか支払いを受けようとしていた」とフランセンは言う。[19]

すでに一九九〇年代の初め、アメリカ政府はキューバでのコモディティー商社の活動に疑念を呈していた。革命以来、アメリカはキューバへの禁輸措置を行ってきたが、一九九六年にアメリカ議会はヘルムズ・バートン法を可決し、封鎖を強化するとともに、あの島国でビジネスを行うアメリカ以外の企業にも罰則を科した。

アメリカの反感を買うリスクを承知で、ビトルはキューバでの取引を米規制当局の手の届く範囲から遠ざけるために、スイスからバミューダまでの各地にいろいろな会社網を設立した。ホテル投資は、キューバの国営観光会社と共同で、アマネセル・ホールディング（「アマネセル」はスペイン語で日の出の意）という事業体を通じて行った。ビトルの株式は、バミューダとスイスにある一連のペーパーカンパニーを通じて所有されていた。サンライズ（バミューダ）リミテッドは、ビトル・エネルギー（バミューダ）リミテッドが所有し、さらにその会社の所有者は、スイスにあるビトルの持ち株会社ビトル・ホールディング・サールとなっていた。[20]

トレーダーたちはキューバでのビジネスのことを、「島のやり取り」という符丁で話していた。[21] そしてビトルは、ヒューストンやニューヨーク支社の人間は誰も取引に関与させないようにしていた。「アメリカ人はだめ、アメリカの事業体もだめ、ドルもだめ、みんなだめだった」とフランセンは振り返る。
あれだけ華々しいセレモニーがあっても、ビトルの関心は一切ホテル事業には向かわなかった。キューバの観光業への進出を発表してからわずか数年後、ビトルはひっそりとホテル事業を売却した。それでもキューバとの関係は絶えることなく続いていた。いまやビトルのCEOとなっていたテイラーは毎年この島国を訪れ、キューバが一番困っていたときに支援したのが誰であるか決して忘れないよう念押しをしていた。あるとき彼はハバナで、イギリスの貿易担当大臣に出くわした。イギリス人二人はカストロと一緒に午前四時まで飲み明かし、キューバのワインセラーに残った最後の一九五六年産ボルドー——フランスのミッテラン大統領からの贈り物——を二本空けた。[22]
石油取引の顔役にイギリスの政治家、マルクス主義革命のゲリラ指導者という、じつに珍妙な取り合わせだった。もっとも、時代に見合った光景だともいえた。イデオロギーよりマネーがものを言うその時代にあって、コモディティー商社の影響力は世界中の大統領官邸へと拡大していく一方だった。
ホテル・パルケ・セントラルの初代支配人はこう言っている。「一九五九年に始まった革命は、資本主義の影響を受けて、現代という時代に適応しつつある」[23]
ソ連崩壊の反響が世界中におよんでいくなか、変化する政治的情勢を利用しようとコモディティー商社は乗り出していった。コモディティーをより多くの国で、より大規模に売り買いし、力を伸ばす新たなチャンスが開けたのだ。ソ連が解体したあと、バルト海沿岸のリトアニアから中央アジアのトルクメニスタンにいたるまで、一五カ国が新しく誕生した。そして冷戦終結の影響は、米ソの資金や武器に焚きつけられてきた世界中の多くの紛争の終わりをもたらした。モザンビークやアンゴラ、ニカラグア、エルサルバドル、グアテマラで長く続いた内戦も、ようやく終結を迎えた。

いくつかの点で、ロシアの外のほうが状況はさらに難しかった。旧共産圏の諸国は、程度の差こそあれ資本主義体制への移行に取り組まなければならないだけでなく、少なからず頼っていたロシアからの施しを失ってしまった。中米から中央アジアまで、それまでモスクワの財力に頼っていた国々が、市場との関わりを持たざるを得なくなった。そのあらゆる場面で救いの手を差し伸べたのがコモディティー商社だったのだ。

一九九〇年代の資本主義のフロンティアで成功するには、ありとあらゆる面倒な場所でビジネスをしようという気概が求められた。中央アジアのタジキスタンはアフガニスタンと国境を接する国だが、ここではマーク・リッチ&カンパニーが、ついでグレンコアが、ソ連崩壊後の血なまぐさい紛争の渦中にある政府に出資し、主要輸出品のアルミニウムを買い付けた。「実際、すごいビジネスだった。なにせ内戦のまっただ中だったんだから」と、グレンコアのアルミニウム担当トレーダーで、のちにモスクワ支社長を務めたイーゴリ・ビシュネフスキーは振り返る。「たしかにリスキーだった――あの権力闘争で何がどう転ぶか、誰もよくわかっていなかったからね[24]」

そうした状況では、トレーダーたちには創造性も求められた。サービスやコモディティーを提供しても、代金を支払う能力がほとんどない国から、何かしら利益を引き出す方法を見つけなくてはならないのだ。激しいバーター取引が繰り広げられた時代だった――使える現金のある国や企業がほとんどないため、トレーダーたちはある品と別の品を交換する専門家になった。

「とにかくいろんなものを、売り方も知らないのに必死で売ろうとする連中がいた。ラズノインポルトが崩壊しているせいで、どうやって支払えばいいのか誰もわからなかった」とダニー・ポーゼンは言う。彼は一九九二年にマーク・リッチ&カンパニーのモスクワ支社長を務め、その後退社してトラフィギュラの共同創業者となった。「だがそれから、現金でなくても、他の連中にとって必要なもので支払えることに気づいたんだ[25]」

もちろんマーク・リッチ&カンパニーだけではない。ウズベキスタンではカーギルもバーター取引に合意し、綿花を買い付けて、やはり同じ旧ソ連の共和国ウクライナのトウモロコシで支払った。[26]世界第五位の穀物商社であるスイスのアンドレは、バーター取引の達人になった。キューバに粉ミルクを供給し、代わりに葉巻を取っていった。さらに北朝鮮では穀物と金属を交換した。[27]

だが、ポスト共産主義の混沌とした世界から利益を引き出そうとした商社のなかでも、どこより劇的に変貌したのはビトルだ。一九九〇年代初頭のビトルは、主に精製品を扱う中規模の企業だったが、九〇年代の終わりには世界最大の石油商社となっていた。その一〇年のあいだにこの商社の取引量は三倍に増えた。[28]「ビトル・グループは世界最大の独立系石油販売会社です」。九〇年代の終わりには、自らそう誇ることができた。「単独の会社として、ビトルほどの規模の現物取引をグローバル市場の全域で行っているところはほかにありません[29]」

ビトルという会社の始まりはささやかなものだった。一九六六年八月、三〇代前半の二人のオランダ人、ヘンク・ビーターとジャック・デティガーは、ライン川を上り下りするバージ船を使った石油精製品の売買で一旗揚げようと会社を創業した。社名はビーターと「オイル」を約めて「ビトル」。資本金の一万オランダギルダー（約二八〇〇ドル）はビーターの父親から借りた。デティガーの記憶では、ビーター・シニアは二人にこう言い渡した。「猶予は六カ月だ――それで結果が出なかったら、あきらめるんだぞ[30]」

二人のトレーダーは幸運だった。彼らが石油取引の第一歩を踏み出したのは、ちょうど市場が活況を呈していた時期に当たった。そして二人がビジネスの拠点としたロッテルダムは、世界の石油市場の中心地になろうとしていた。一九六七年が終わるころ、事業を始めてからわずか一七カ月間に、同社が最初に上げた利益は二四〇万ギルダー（約六七万ドル）となかなかのものだった。[31]

それからも利益は増えつづけ、ビトルはオランダ国外へも進出し、スイス、ロンドン、バハマに支社を構えた。一九七三年は第一次石油危機が起こった年だが、ビトルはおよそ二〇〇〇万ドルの黒字となった[32]（同年のフィリップ・ブラザーズの税引き前利益は五五〇〇万ドルだった）。[33] そしてその儲け分を新たに注ぎ込めるものを探しはじめ、美術品への投資を行う子会社を設立したりもした。年次報告書を見ると、この子会社は「投資感覚とコレクター趣味を兼ね備えた魅力を持つ」とある。[34] 投資対象は近代絵画やロシアの聖像、中国の細密画などだった。

一緒に仕事を始めてから一〇年後の一九七六年、デティガーとビーターは袂を分かった。リスクをめぐる意識のちがいで衝突した末の結果だった。ビーターは取引で得た利益を油田投資に注ぎ込みたい。より保守的なデティガーはトレーディングのみに徹したい。会社の株式の九〇％を握っていたビーターは去り、デティガーが経営権を引き継いだ。株の大部分――七二％――は彼と他の三人の幹部社員で分け合うことにした。[35] ロッテルダムの運河沿いにある目立たないガラス張りの建物で、デティガーが経営する会社は、やがて石油精製品の市場で重要な役割を果たすようになっていく。仕立ての良いスーツ姿で高価な葉巻をくゆらすオランダ人デティガーは、人との関係を作るのに長け、ロッテルダムの石油業界の重要人物たちを順繰りに昼食へ連れ出していた。[36]

だがビトルの中枢では、ロッテルダムのオランダ人トレーダーたちとロンドンのイギリス人トレーダーたちとの、その後二〇年にわたって社のあり方を決定づけするような綱引きが行われていた。

石油取引の世界が進化して、ロッテルダム市場がカジノの様相を呈するにつれ、リスクテイキングと投機がビジネスの基調となった。当時のロンドン支社長で、のちにイアン・テイラーの才能を見いだすことになるデイビッド・ジェイミソンは、「投機がどんどん増えていった」と振り返る。[37] しかしデティガーはやはり、不利な価格変動によって会社が一夜で消滅する可能性に不安を感じていた。そんな彼の注意は報われた。初期のコモディティー商社の多くが創業から数年で消えていくなか、ビトルは生き残ったのだ。

一九八〇年代半ばには、ビトルは日量約四五万バレルの精製品を取り扱っていた。おかげでいくつかのニッチな分野、たとえば発電所への燃油の供給や、バージ船を使ったディーゼル燃料の大陸ヨーロッパへの輸送などで重要な存在となった。だが最大の市場、つまり原油では、まだ頭角を現せずにいた。一九七〇年代の初めに原油に手を出し、スイスにクルード・オイル・トレーディングという子会社を設立した。しかしなかなか勢いに乗ることはできず、一九七〇年の年次報告書にはこう記している。「クルード・オイル・トレーディングの市場参入が熱狂をもって迎えられたといえば誇張になる。石油メジャーが、生産者と消費者のあいだに仲介者が入り込むことを決して好意的に見ないことは、公然の秘密だった」[38]

この失敗のせいで、ビトルは一九八〇年代半ばまで原油から遠ざかる。それでも東欧圏のさまざまな国営取引機関とは良好な関係を築いていた。その後ロシア産石油の生産量が急増したため、ソ連政府は通常の精製品に加え、原油の販売もしないかとビトルに持ちかけた。最初に何度か損失を出したあと、ビトルの経営陣は、誰か原油に通じた人間を雇うべきだと考えた。そこで、シェルにいたイアン・テイラーという名の若いトレーダーに声をかけた。これは先見の明のある決断だった。その後、原油はこの会社の未来となるからだ。共産主義体制の崩壊により、ビトルのような商社の前には新たに多種多様な供給の可能性が開けていく。

一九八五年のビトル入社以来、テイラーは駆け足で昇進していった。一九九〇年には四〇人ほどのトレーダーのグループに加わり、デティガーと先輩のパートナーたちの持ち株を一億五〇〇〇万ギルダー（約一億四〇〇〇万ドル）で買い取った。このマネジメント・バイアウトにはABN銀行が出資し、オランダ人トレーダーのひとりトン・フォンクがCEOに就いた。

そうした時期のテイラーは、世界中を縦横無尽に飛び回りながら、原油市場におけるビトルのプレゼンスを築いていた。ソ連の崩壊は国際市場に新しい流れを解き放ち、ビトルの前に絶好のチャンスを生み出した。テイラーが可能性を見いだしたのは、キューバだけではなかった。ビトルはモスクワにもオフィスを開設し、血の気の多いトレーダーたちを引き寄せた。なかには旧ソ連軍のジープのヘッドライトのスイッチを切ったまま、暗視ゴーグルを着けてハンドルを握り、赤の広場を訪問する幹部たちを送り届ける者もいたほどだ。[39] また旧ソ連諸国にも進出し、カザフスタンからトルクメニスタンまで、あらゆるところで取引を行った。

とはいえ旧ソ連の「ワイルド・イースト」で、何もかもがビトルの思いどおりに運んだわけではない。最大の失敗のひとつは、アルミニウム取引で目玉が飛び出るほどの利益を上げていたトランスワールドやマーク・リッチ&カンパニーにならい、金属市場に参入しようとしたことだ。一九九一年にビトルは、リッチの商社の元社員たちとともに、ユーロミンという金属取引の合弁会社を立ち上げた。滑り出しは好調だった。ロシアのアルミニウム製錬所とトーリング取引をし、ロシアの亜鉛工場を買収した。陰鬱な工業都市チェリャビンスクのホテルにまで投資した――キューバで行った賭けのロシア版である。

だが一九九五年、ユーロミンは巨額の損失を出しはじめた。最大の問題は、この会社の表現に従えば「相当量の低水準のアルミニウム板を受け取ったこと」にあった[40]。要するに一杯食わされたのだ。アルミニウムという触れ込みの金属を数千万ドル分買い付けてみたら、その表面に錆が浮きはじめた——アルミニウムでは絶対にありえないことである。ビトルはユーロミン存続のために九六〇〇万スイスフラン（約八五〇〇万ドル）を注ぎ込まざるを得なかった[41]。

テイラーが石油取引を行ったのは、旧共産圏だけではない。ビトルのオランダ人パートナーたちがすでに築いていた人脈を頼りに、若いころによく休日を過ごしていたイランも再訪した。リビアのカダフィ大佐、オマーンのスルタンからも石油を買い付けた。そして成長著しいアフリカの石油産業の中心地である独裁国家、ナイジェリアにまで足を踏み入れた。

一九九五年にフォンクが引退し、テイラーがビトルのCEOに就任した。ロッテルダムとの綱引きのあげく、ロンドン支社が勝負を制したのだ。それからビトルは徹底したイギリス流を打ち出し、オランダ人マネジャーたちの保守性は影をひそめた。「ロンドンは社の原動力となるオフィスでした。オランダ的要素は減りましたね」とテイラーは語った。「オランダの人たちは優秀だが、九時から五時以外の時間は働きたがりません。それでたちまち押し出されてしまった[42]」

ビトルはさらに勤勉でがむしゃらな会社となり、世界でもひときわ厄介な場所での石油の売買につきまとうリスクも貪欲に求めていった。折しもビトルが真にグローバルな商社へと成長するには絶好の時期だった。旧共産圏がグローバル経済へ統合されることで、商社にはまれに見る事業拡大のチャンスが広がり、そして携帯電話やインターネットなどの技術がますます発達して、長い距離や時間帯を隔てた場所との取引も容易になっていた。九〇年代の終わりには、ビトルはグレンコアを抜いて世界最大の石油商社となり[43]、テイラーはトレーディング業界の歴史に名を刻む存在に着々と近づきつつあった。

旧共産世界の混沌とした環境は、巧みにそのなかを渡っていけるコモディティー商社には天の恵みといえた。だが一九九〇年代初めの旧共産圏は、ビジネスをするには難しい場所だった――いろいろなルールだらけで、それがくるくる変わり、ときにはそのルールどうしがまともにぶつかり合う。工場のフロアから大統領官邸まで、あらゆるレベルに腐敗が浸透している。血なまぐさい抗争が絶えず、残忍な黒幕たちも暗躍する。まさにそうした理由から、欧米企業の多くがこの地域を避けていた。それでもかまわず飛び込んでいった商社のなかには、銀行口座には現金があふれる一方で評判は地に墜ちたところもあった。

たとえばビトルは、ユーゴスラビアが打ち続く戦乱で瓦解しつつある時期にも、この国に燃料を供給していた。国連は血で血を洗うボスニアの紛争に関与したセルビアの指導者スロボダン・ミロシェビッチ政権に制裁を科していた。やがて一九九五年末に和平協定が結ばれ、制裁は解除された。するとビトルはさっそくミロシェビッチ政権に燃料を供給しはじめた。そして顧客とのあいだで面倒が起こると、ビトルは悪名高いセルビアの民兵隊長に金を出して事態の収拾にあたらせた。テイラーの右腕であるボブ・フィンチがベオグラードへ飛び、ビトルへの支払いが滞っている人物との会合に臨んだ。そこに同席したのが、「アルカン」というニックネームで知られる人物だった――このためにビトルは彼に一〇〇万ドルを支払っていた。すると偶然かそうでないのか、ビトルへの負債はたちまち返済されたのだ。

一年後にアルカンは、ボスニア人数十人の民族浄化を含む人道に対する犯罪で起訴された。[44]「アルカンには一度だけ会った」。この件が公になったとき、フィンチはそう言った。「良い話でないことは認める」[45]（ビトル側は、当社の社員たちはその会見の前にはアルカンという人物が何者かを知らなかった、現金を支払ったのは自分たちの身の安全のためだった、と言っている）[46]

グレンコアもこの地域では、必ずしも褒められた振る舞いはしていなかった。マーク・リッチは去っても、グレンコアはほとんど以前と変わらず冒険的で革新的な、ルールを曲げることもいとわない、リッチが作り上げた会社のままだった。

リッチが永遠に社を去ってから数カ月後の一九九五年四月二八日、グレンコアはルーマニアのある政府機関を相手に、石油を供給する契約を結んだ。とりたてて目立ったところのない契約だった。ところが数年後、法廷での争いのなかでこの契約が表に出たとき、それはグレンコア内部の構造を映す窓となった――さらにそこから、ソ連崩壊後の混乱のさなかにコモディティー商社がいかに倫理にもとる行為にふけっていたかも明らかになった。

ルーマニアは石油商社の重要な顧客だった。黒海に面したコンスタンツァの港は、この地域の重要なハブの役目を果たしていた。日量五〇万バレルの原油処理能力を持つルーマニアは、自国の消費をまかなったうえで、ガソリンやディーゼルなど大量の石油製品を内陸部の近隣諸国へ輸出できた。

グレンコアはマーク・リッチの時代からルーマニアでビジネスをしており、一九九五年に結んだ契約は、その関係を引き継ぐものだった。この契約でグレンコアは事前に合意した特定の種類の原油――イラン産のヘビー、エジプト産のスエズ湾ミックス、ロシア産のウラルなど――をルーマニアへ供給することに同意していた。

石油はどれも同じというわけではない。通常の製油所では四〇～五〇種類の石油を処理するが、どの種類にもそれぞれの化学的特徴がある。たとえば重質原油は、見た目にはマーマレードのようで、精製すると大量の燃油ができるが、軽油やガソリンにはほとんどならない。軽質原油は食用油に似ていて、ガソリンや石油化学製品が多くできる。そして各種類によって硫黄や重金属などの不純物の含有量が異なる。また種類ごとに価格もまちまちだ。グレンコアがルーマニアに引き渡しを約束した三種は、人気の高い、市場価格もよく知られたグレードだった。

ところがグレンコアは、確約どおりのグレードの石油を引き渡さなかった。代わりに数年という期間にわたって、それよりもずっと価格の落ちる他のさまざまな種類の石油を納入し、ルーマニア側に気づかれないよう書類を改竄《かいざん》していた。またしてもマーク・リッチが先鞭をつけたエイラート—アシュケロン・パイプラインを使い、アシュケロンの港で異なる数種を混ぜ合わせて作ったものだ。それはグレンコアが供給を確約したグレードと一見同じに見えるが、実際にはイエメン、カザフスタン、ナイジェリアなどから産出した他の種類の原油のカクテルだった。

混ぜ合わせた結果が同じになることはなく、ただそのときどきにグレンコアに使える油でこしらえたものがあるだけ。だが、目的はいつも同じだった。グレンコアの契約に明示されているグレードの原油の化学組成のまねをして、コストをより低くすることだ。あるときグレンコアは、混合した原油にもっと安い精製燃油を混ぜ合わせ、それを原油として供給したりもした。

これは旧共産圏の国につけ込むことがいかに容易だったかを示す証左といえる。こうした国では、コモディティー取引の複雑さを理解している役人がほとんどおらず、そんな人間がいたとしてもおおむね安上がりに買収できたからだ。イギリス高等法院の判決で、ジュリアン・フロー判事は、グレンコアが船荷目録、商業送り状、保険契約書など「一連の虚偽文書」を作成したと結論づけた。判決の最後に判事は「グレンコアの詐欺行為に対する憤りと不快感」を表明し、ルーマニアへの賠償金として八九〇〇万ドルの支払いを命じた。[47]

ソ連の崩壊によって、創意に富んだ商社はたっぷりチャンスに恵まれたとはいえ、一九九〇年代はこの業界にとって冬の時代だった。グローバル経済が不安定な状態になってコモディティー価格が低迷し、一山当てるといった取引は難しくなっていた。さらにコモディティー商社が高額を投資していた国々を、相次いで経済危機が襲った。最初に一九九四年のメキシコ、ついで一九九七年以降の東南アジア、一九九八年のロシアの国家債務不履行、そして翌年にはブラジルの金融危機が続いた。

各種コストも高騰していた。一九九〇年代に市場の連結と金融化が進むなか、コモディティー商社はもう特定のニッチ市場に注力するだけでは足りなくなった。次第に、世界のあらゆる場所に拠点を作る必要が出てきたのだ。そのためには支社のネットワークに資金を注ぎ込み、社員も増やさなくてはならなかった。

さらに悪いことに、各商社は油田や製油所、飼料工場、鉱山、製錬所などの資産に投資していたが、新興国市場の危機がコモディティー需要に影響するにつれ、状況が悪化した。一九九八年の原油価格は一バレル平均わずか一二ドルと、イラン革命以来の最安値となった。

コモディティー取引業界にとっては、弱肉強食のダーウィン的統合の時代だった。こうした激動のさなかの一九九三年に起業したトラフィギュラは、最初の数年間は苦戦を強いられた。「われわれは規模というものの価値を、一からビジネスを構築することがいかに難しいかを過小評価していた」とトラフィギュラの創業者のひとりグラハム・シャープは語っている。[48] 同社の最初の決算は三六〇〇万ドルの黒字で、一九九三年から二〇〇〇年までは年間二〇〇〇万～三〇〇〇万ドルという控えめな利益を計上した。
グレンコアは、一九九二年の亜鉛ショックからは回復したものの、利益は全盛期をはるかに下回り、一九九八年には一億九二〇〇万ドルに届くのがやっとだった。象徴的ともいえるのが、マーク・リッチ&カンパニー時代からのオフィスを出て、ツークの端の境目から始まるバールという村に本社を移したことだ。ビトルでさえ、石油市場の頂点にいたるまでには、何度か恐ろしい時期があった。一九九七年には、買収していたカナダのニューファンドランドの製油所でトラブルが起こり、破綻寸前まで行った。[49]
農産物商社はさらに大きな困難に見舞われた。アンドレは二〇〇一年に破綻した。コンチネンタルの資産証券化部門であるコンチフィナンシャルは、一九九八年に新興国市場の債務危機に足元をすくわれ、倒産の憂き目に遭った。コンチネンタルは穀物取引事業をライバル会社のカーギルに売却した。金額は約四億五〇〇〇万ドルに加え、手持ち在庫の評価額だった。[50]
トレーディング業界での統合に劣らず重要なのは、並行して大手のコモディティー生産者どうしの統合も起こっていたことだ――この過程は商社にとっての競争環境をさらに狭めていった。
石油に目を向ければ、一九八〇年代初めにセブン・シスターズがもはや急成長する石油スポット市場を無視できないと気づいて以降、石油メジャーは商社としても重要な存在となった。だが、いまはその多くが手を引いた。一九九八年にエクソンがモービルを、二〇〇〇年にはシェブロンがテキサコを買収する。エクソンにもシェブロンにも、買収元のモービルやテキサコのようにトレーディングの文化が根づいてはいなかったため、かつて強大だった二社のトレーディング部門は急速に衰えていった。フランスの大手石油会社トタルは、一九九八年と九九年に、競合していたフィナ、エルフ・アキテーヌとそれぞれ合併し、三社のトレーディング事業をひとつに統合した。ほぼ同じことが鉱山業界でも起こった。ビリトンやペチニーなど、採鉱・製錬事業と並行して大規模なトレーディング事業を行っていた企業は、M&Aを経た結果、市場から大きく退いていった。

こうした熱に浮かされたような一連の買収劇から浮かび上がってきたのが、大手石油会社のBPとシェルである。この二社は社内のトレーディング事業を維持するだけでなく、さらに拡大していった。二〇〇〇年代に入るころには、BPもシェルもトレーディング業務を再編成・集中化し、ビトル、グレンコア、トラフィギュラといった商社の手強い競争相手となった。

BPとシェルは長年にわたってトレーディング事業への言及がきわめて少なく、くわしい活動はほとんど報告されていない。しかしこの両社のそうした活動を直接知る人たちによれば、それぞれが日量一〇〇〇万バレル超の石油を取り扱っており、その数字は自社で生産している量の数倍に当たるという。独立系商社の場合と同じように、BPとシェルにもこのビジネスは大きな利益をもたらしているのだ。BPは概して年間二〇億～三〇億ドルの税引き前利益を計上し、シェルは目標を四〇億ドルとしている。

金融デリバティブの分野となると、両社のトレーディング部門は商社に劣らず革新的だ。たとえばBPは一九九〇年代末に、事実上コンピュータに大金をまかせる形で取引をしている――まだ金融市場でアルゴリズム取引が主流になるずっと以前のことである。BPのトレーディング戦略は、社内の数学の達人が考案したもので、「Qブック」という名で呼ばれ、金やトウモロコシを含む数十種類のコモディティー先物の取引に使われていた。

また、そのマーケット・インテリジェンスは、コモディティー商社にも引けを取らない。アンディ・ホールの時代からずっと、BPのトレーダーは大きな賭けに出ることを恐れなかった――そしてその大胆不敵さを現在にいたるまで持ちつづけている。たとえば二〇一六年、原油が一バレルあたり三〇ドルを切るまで暴落したとき、ＢＰのトレーダーたちは先物市場で価格が上昇するほうに大きく賭けた。これはリスクの高い行動だった。同社は世界中に油田を所有しているおかげで、すでに原油価格の変動による影響を受けていたのだ。それでもトレーダーたちは、ここまで原油価格が下がれば、あとは上がるだけだと主張した。彼らの正しさは証明され、その賭けはＢＰに数億ドルの儲けをもたらした。

もっともＢＰとシェルは、一九九〇年代の企業統合を機に巨大なトレーディング事業を築き上げたものの、旧共産圏諸国のようにとりわけリスクの高い市場で商社を相手に殴り合いをする覚悟はなかった。だからあれだけの規模を持ちながら、最も実入りのいい――そして最も政治的影響力のある――多くの取引を商社に取られるがままにしていた。二〇二〇年までＢＰの最高財務責任者（ＣＦＯ）を務めたブライアン・ギルバリーによると、このイギリスの石油メジャーには、リスクが大きすぎるという理由から取引をしない相手国がいくつかあるという。「われわれには、いま手にしている以上の利益を手にできる可能性があるか。もちろんある。それに伴うリスクを取る用意はあるか。もちろんない。そうした国のリストを挙げることもできるが、それはそちらがよくご存じだろう[51]」

一九九〇年代を生き抜くとは、一部のトレーダーには、より冒険に満ちた世界へと向かうことだったが、その一方でもっといかがわしい方策を講じようとするトレーダーもいた。この時代にどこよりも積極的に統合を推し進めたのは、コモディティー商社でも石油メジャーでもない。地道なパイプライン会社として起業したあと、天然ガスと電力市場の自由化の波に乗り、世界最大級のコモディティー商社となった会社――エンロンだった。

一九九〇年代のエンロンは、トレーディング業界では飛ぶ鳥を落とす勢いだった。若く優秀なトレーダーをかき集め、ライバルの商社を買収し、コモディティー商社のあり方を定義し直し、コモディティー市場そのものを作り変えたのだ。金融におけるイノベーションが石油市場に革命を起こしはじめたように、優れた若手トレーダーたちと豊富なロビー活動予算を擁するエンロンは、電力と天然ガスという部門を退屈な規制だらけの業界から、富がまたたく間に入ったり消えたりするカジノへと変えてしまった[52]。

もともと天然ガスと電気事業から始まったエンロンは、それ以外のコモディティー取引業界も制覇しようとした。二〇〇〇年初めにはMG──そのころ世界最大の銅商社だったメタルゲゼルシャフトの歴史ある金属取引事業──を買収し、四億四五〇〇万ドルを借り入れて支払った[53]。石油取引にも進出を試み、ビトルを買収したいと申し出た。イアン・テイラーとパートナーたちはこのオファーを断り、のちの惨事を避けることができた。エンロンはビトルの所有者たちへの支払いを自社株でまかなうと言ってきたのだが、その株はすぐになんの価値もないことがわかった[54]。

ドットコムバブルの時代、エンロンはウォール街の寵児だった。石油市場でマーク・リッチやジョン・デウス、アンディ・ホールといった手練たちと競い合う必要はなかった──新しい市場を創り出せばいいのだ。ガスと電気を制したあとは、データ通信に使われる光ケーブルの売買を始めた。すべてがエンロンのインターネットプラットフォーム上で売り買いされた。「純粋な意志の力だけで市場を創り出せる。われわれは九割がたそう信じていた」とエンロンの元トレーダーは語っている[55]。

ところが現実は身も蓋もなかった。エンロンはただのカードの家だった。投資家や規制当局から隠されている負債があった。利益ばかりが大きく誇張されていたのだ。エンロンが作り上げた文化とは、トレーダーが市場をひっかき回し、その優位性に乗じて顧客からしぼり取ることを奨励するものだった。[56] 大がかりな不正会計が発覚するなか、二〇〇一年一二月にエンロンは事業を停止、破産を申請した。[57] CEOのジェフリー・スキリングと会長のケネス・レイはともに、複数の共謀と詐欺で有罪となった。同社の破綻はアメリカ国内では最大規模のもので、ぐねぐねと曲がったエンロンのロゴを不正の象徴へと描き換えた。それはまた、コモディティー取引業界にとって最もきびしい時代、最もタフな者だけが生き残るという時代のクライマックスを示すものでもあった。

旧共産圏の残骸のなかから、現在につながるコモディティー取引産業の輪郭が浮かび上がってきた。二〇〇〇年代初めまで、少数の巨大コモディティー商社が石油、金属、農産物の分野で商品の流れに大きなシェアを占めてきた――この構図は今日にいたるまで驚くほど不変のままだ。農産物ではカーギルがコンチネンタルを吸収し、アメリカの国外向け輸出の約四〇%をものにした。[58] 石油ではビトルが拡大してトップとなり、金属ではグレンコアが優位を占める。その両社の陰ではトラフィギュラが急成長していた。だが北米のガスと電力市場だけは、ウォール街の銀行とコモディティー商社がエンロンの残した穴を埋めようと躍起で、いまだに熾烈な競争が続いていた。

コモディティー商社は一九九〇年代を通じて、社会主義のキューバから、資本主義に移行して急成長する東欧諸国、またそのあいだに位置する種々さまざまな独裁国家や破綻国家まで、世界中の国々を相手にした荒っぽく危険な取引をくぐり抜けてきた。とりわけ、最後の一〇年間に吹き荒れた容赦ない統合の嵐を生き延びたところは、強大な天然資源商社へと成長し、かつてないほどの規模でグローバルなビジネスを展開するまでになった。

当のトレーダーたちはまだ気づいていなくても、このことがやがて新たな富の時代へのチケットとなる。天然資源の新たな需要源が出現し、彼らのビジネスに革命的な変化をもたらそうとしていたのだ。それは中国だった。

第8章　ビッグ・バン

二〇〇一年六月下旬の、蒸し暑い朝だった。ミック・デイビスはロンドンの北、緑豊かなハムステッド・ヒースを望む自宅のデスクの前にいた。

「エクストラータ」とタイプした。「上昇一途」

デイビスはとくに信頼厚い部下たち宛ての六ページのメモに、スイスの上場企業でありながら業績不振をかこっている小さな持ち株会社、エクストラータに関する計画を書き記していった。そして世界中を探して買収できる鉱山会社を見つけるよう指示を出した。[1]

年齢四三歳、無精髭に太鼓腹のデイビスは、まるでテディベアを思わせる風貌で、妥協を知らない強硬な企業買収家にはとても見えない。しかしその可愛げのある南アフリカ人の外見の裏には、自信と野心とが隠されていた。

数カ月前、デイビスのもとに旧知のアイバン・グラゼンバーグから連絡があった。そのグレンコアの次期CEOは興味深い話を持ちかけてきた。エクストラータという、グレンコアが三九％の株式を保有する会社があるのだが、これを経営して、立て直してみる気はないか。

デイビスはその申し出に飛びついた。故国南アフリカで経理の職に就いてから、激しく目まぐるしいキャリアの果てに、オーストラリアの大手鉄鉱石生産会社ＢＨＰとロンドンの上場企業ビリトンの合併という、当時の鉱業界最大の交渉を主導するまでになった。だが、新生ＢＨＰビリトンにいてはトップ職に就ける見込みはまずなかったので、グラゼンバーグのオファーを喜んで受けたのだった。

六月末までデイビスは、強制的に取らされた休暇のまっ最中でひまだったため、エクストラータを世界有数の鉱山会社にするための戦略を練る余裕がたっぷりあった。

計画の核は、コモディティー価格に賭けることだった。そのころ世界は、鉱業会社と投資家たちを苛む極端な低価格の時代から脱しようとしていた。コモディティー価格は必ず上昇する。数カ月前にデイビスは、前職だったビリトンの財務担当幹部として中国を訪れていた。そしてこの国は大きな工業化の局面を迎えようとしている、天然資源の需要もきっと高まると考えるようになった。「コモディティー価格はまちがいなくいまが底値か、その近辺にある」。二〇〇一年六月二七日午前一一時四二分送信のメモに、デイビスはそう書いていた。「供給面の制約は強まっていて、中国からの需要は何年もたたずに利ざやが拡大するはず――打って出るならいまだ！」

デイビスの予測は的中しただけでなく、彼の最大の予想をはるかに超えていた。その後一〇年間、中国は驚異的な成長の時期を迎え、天然資源の業界を一変させることになった。中国は鉄鋼、ニッケル、大豆、羊毛、ゴムなどさまざまな原材料の世界最大の消費国となり、それによって価格は三倍、四倍と高騰した。結果的にエクストラータはグレンコア内で最も価値の高い部門となり、フィリップ・ブラザーズやマーク・リッチ＆カンパニーの衣鉢を継ぐこの商社をトレーディングと鉱業のハイブリッド企業へと変貌させた。どのコモディティー商社にとっても、一九七〇年代以来なかった大当たりだった。そしてこの事態を前もって予想できたトレーダーはごく限られていた。

中国は世界一の人口を持つ国だが、一九九〇年代後半までコモディティー商社にとっては二の次の存在でしかなかった。フィリップ・ブラザーズ、カーギル、マーク・リッチ&カンパニーといった会社が長年にわたってアジア事業の拠点を置いていたのは、香港や北京、上海ではなく、日本の東京だった。

コモディティー業界は、中国は世界に原材料を輸出する立場だという見方に慣れきっていた。中国産の原油がカリフォルニアで自動車燃料となり、中国産の石炭が日本の発電所を動かす。そして中国の水田がアジア諸国の胃袋を満たす。もっとも、中国がいずれ原材料の主要な買い手になる日が来ることを疑う者はほとんどいなかった。その人口規模だけとっても、中国が世界におけるコモディティー需給の最重要ファクターとなるのは時間の問題だろう。ただしそれがいつになるのかは、誰もわからずにいた。

中国経済の転換は一九七八年、デイビスがまだ南アフリカのローズ大学の学生だったころに始まった。この年に北京で開かれた共産党大会で、毛沢東の死後に政権に就いた鄧小平が国家の新たな方向性を打ち出した。鄧は毛沢東による文化大革命の混乱と恐怖を否定し、改革・開放という名の新しい経済時代の到来を呼びかけた。資本主義を限定的に受け入れ、外の世界との関わりを育んでいこう、と。「わが国の現在の経済管理体制下では、権力が過度に集中しているので、その一部を下の層に移すことが必要だ。さもなければ、わが国から貧困や後進性をなくすことはできず、先進国に追いつき、追い越すこともできないだろう」[2]

この開放政策によって、中国経済は目覚ましく発展し、一九八〇年から二〇一〇年までの三〇年間で年平均一〇%の成長を遂げた。一九世紀欧米の産業革命以降の経済的変貌を遂げるなかで、中国は世界の工場となり、家電製品からiPhoneまであらゆるものを生産しはじめた。二〇〇八年には一日あたりの輸出高が一九七八年の一年全体を上回るほどになっていた。[3]

そして中国経済の工業化は、都市部への大規模な人口集中をもたらした。鄧小平が改革路線を打ち出した当時、都市部に居住していたのは国民一〇人あたり二人に満たなかった。だがその後の四〇年間で、およそ五億人が都市部へ移り住み、二〇一七年には都市部の人口が全体に占める割合が六〇%近くまで増加した。[4]

中国の好景気が始まったのは、一九七八年の鄧小平による改革が発表された直後からだったが、その影響はコモディティー市場にはずっとあとになるまでおよんでこなかった。理由を理解するには、ひとつの国家の富と、その天然資源の消費とにどういった関係があるかを考えてみる必要がある。

国が消費するコモディティーの量は、大体において、その国の人口、そして所得という二つの要素の関数として表される。ところがコモディティー需要との関係は、そう単純にはいかない。[5]その国が比較的貧しく、平均年間所得が四〇〇〇ドルに満たない状態にあるかぎり、国民は所得の大半を生きるための必需品、つまり食料、衣類、住宅に費やさなくてはならない。さらにいえば貧しい国の政府は、発電所や鉄道といったコモディティー集約型の公共インフラに大規模な投資を行う資金を持っていない。ごく貧しい国がたとえ急成長を遂げたとしても、コモディティーの需要がぐんと増えるということにはならないのだ。

ごく豊かな国にも同じことが当てはまる。ある国の平均年間所得がおおよそ一万八〇〇〇ドルから二万ドルを超えると、各世帯は余った所得を、比較的少量のコモディティーしか必要としないサービス――より高度な教育や健康、レクリエーションや娯楽などに費やすようになる。こうした豊かな国の政府は総じて、必要な公共インフラの大部分をすでに構築しているものだ。

この両極のあいだのどこかに、コモディティー需要のスイートスポットがある。国民の一人あたり所得が四〇〇〇ドルを超えたあと、その国では通常、工業化と都市化が進み、さらなる経済成長とコモディティーの需要増のあいだに強い、そしてときには不釣り合いな関係を作り出す。中国は一人あたりGDPが二〇〇一年に三九五九ドルに達し、コモディティー・スイートスポットに達した。ちょうどデイビスがエクストラータのメモを書いていたころである。[6] デイビスの分析は、詳細な経済モデルに基づいていたわけではないが、彼は中国を旅行した経験から、あの国で何か大きなことが起きており、それがコモディティー市場を活性化させる可能性があると感じていた。

中国の家庭は余った所得を、冷蔵庫や洗濯機その他の家電といった消費財に費やし、自転車から自動車に乗り換えはじめていた。国民の食生活も変化し、米飯が豚肉や鶏肉に取って代わられつつあった。一方で北京とその地方政府は、第二次世界大戦後のヨーロッパや日本の復興にすら匹敵するほどの大規模なインフラ整備に乗り出した。新たに何万キロもの高速道路や鉄道が敷設され、何十もの発電所や空港が建設され、わずか数年のうちに病院や学校、ショッピングセンターを備えた都市が各地に造り出されていった。

中国がコモディティー需要の転換期を迎えているその時期、もうひとつの重大な出来事がこの国の経済を加速させることになった。二〇〇一年一二月一一日、中国は正式に世界貿易機関（WTO）に加盟した。[7] これは経済成長がさらに加速する局面を告げる前触れだった。海外から中国への投資は急増した。一九八〇年から八九年までの成長率が五〇%だった中国経済は、つぎの九〇年代には一七五%の成長を、WTO加盟後の一〇年間では四〇〇%以上の成長を遂げた。[8]

コモディティー需要への影響は甚大だった。一九九〇年時点での中国の銅消費量はイタリアの消費量とほぼ同じで、世界の需要の五%にも満たなかった。それが二〇〇〇年には、イタリアのほぼ三倍の消費量となった。二〇一七年には中国は世界の銅需要の半分を占め、その消費量はイタリアの二〇倍近くに上っている。[9]

あるいは、石油を見てみよう。一九九三年までの中国は原油の純輸出国で、その世界市場に占める量は、OPECカルテルに加盟する一部の国より多いほどだった。しかし中国の油田はすぐに、国内の需要も満たせなくなった。一九九三年以降、この国は純輸入国になった。やがて中国がコモディティー・スイートスポットに入るに伴い、需要が急増した。二〇〇一年の原油輸入量は日量一五〇万バレルだった。二〇〇九年にはそれが三倍に膨らみ、二〇一八年には世界最大の石油輸入国として、国際市場で日量一〇〇〇万バレル近くを買い入れていた。わずか数年で、世界でも群を抜くコモディティー消費国となったのである。

中国はコモディティー・スイートスポットに入った国として最も重要ではあるが、唯一の国というのではない。世界を見れば、北米やヨーロッパ、日本など先進国以外の国々の多くが、経済発展のある段階で、それまでに比べ格段に多くの天然資源が必要になるレベルに達したことがあった。こうした同期的、資源集約的な成長は、経済学者が「コモディティー・スーパーサイクル」と呼ぶものを生み出す。その期間中には、原材料の価格が長期的な傾向をはるかに超えて高くなり、それは通常の景気循環よりも長く、しばしば数十年にわたって持続するのだ。[10]

通常のコモディティー価格のサイクルは、不作や鉱山の閉鎖などの供給ショックの結果、短期間で終わりがちだ。価格の上昇に促されて追加の供給が起こり、需要が落ち着いて、市場は均衡を取り戻す。スーパーサイクルは需要に主導されるもので、もっと長く続く。そして世界経済が急速に工業化・都市化した時期と重なる傾向がある。たとえば近代の第一次コモディティー・スーパーサイクルは、一九世紀欧米の産業革命が引き金になった。第二次のスーパーサイクルは第二次世界大戦前のグローバルな再軍備が、第三次は一九五〇年代後半から六〇年代前半にかけてのパックス・アメリカーナ、ヨーロッパと日本の復興による好景気がきっかけだった。

第四次が始まったのは千年紀の変わり目ごろ、中国をはじめとする新興国がコモディティー・スイートスポットに入った時期である。[11] 一九九八年から二〇一八年のあいだに、七大新興国市場（ブラジル、ロシア、インド、中国といったＢＲＩＣｓグループに加えて、インドネシア、メキシコ、トルコ）は、世界の金属消費増加の九二％、エネルギー消費増加の六七％、食料消費増加の三九％を占めていた。[12]

コモディティー業界は、需要増に対応するには準備不足だった。一九九〇年代の低価格のために、多くの鉱山や石油会社、農家が徹底的なコスト削減を強いられ、消費が急増したときにも増産ができなくなっていたのだ。

需要の暴走と供給の停滞は、価格に爆発的な影響を及ぼした。一九九八年に一〇ドルを切る底値だった原油は、二〇〇四年半ばには五〇ドルを超えるまでに上昇した。ニッケルの価格は同時期に四倍になった。銅、石炭、鉄鉱石、大豆の価格も軒並み高騰した。だがそれも、やがて来るものの前触れでしかなかった。二〇〇〇年代の終わりにはすべての価格が過去最高を更新したのだ。

価格の高騰はオーストラリア、ブラジル、チリ、サウジアラビア、ナイジェリアなどコモディティー生産国の国庫を満たした。そして中国などの国々の経済成長がコモディティー需要と価格を押し上げ、それによってコモディティー生産国の経済がさらに成長し、そのために中国からの製造品需要が増えるという好循環を生んだ。二〇〇四年から〇七年まで、世界の経済成長率は平均五％超まで加速し、新興国では八％近くと、いずれも三〇数年ぶりの高い数字を記録した。

二〇〇一年にメモを書こうと机に着いたとき、デイビスはそうしたことをすべて予測していたわけではなかった。それでも数年のうちにコモディティーブームが起こり、エクストラータを財政難のお荷物からグレンコアの最も価値ある部門へと押し上げた。そしてグレンコアの最盛期に、世界中の誰にもましてスーパーサイクルの恩恵を受けることになる人物がいた。デイビスはその人物と組んで、商社と鉱業の双方に挑んでいく。その人物こそアイバン・グラゼンバーグだった。

一九五七年一月七日に、グラゼンバーグはヨハネスブルクの中流階級の家庭に生まれた。この街の緊密なユダヤ人社会はほとんどがリトアニアにルーツを持っていて、グラゼンバーグ家も例外ではなかった。アイバンの父親もリトアニア生まれで、母親の旧姓はビレンスキーといった――これは「ビリニュスの出身」を意味している。

幼いころのグラゼンバーグは、ヨハネスブルク北部の快適な郊外で育った。街路樹が連なり、コンクリートの壁と鉄のフェンスに守られた大きな屋敷が立ち並ぶ場所である。彼は近くのハイドパーク高校に通い、とくに目立つところはなくても、自信に満ちた率直な生徒だった。「ひどく内気な性格、とはいえませんでしたね」と、ある教師は回想している。「また、教師が正しいということを、必ずしも受け入れてはいなかった」[13]

グラゼンバーグにたしかに備わっていたのは、成功へのあくなき意欲だった。家業はバッグやスーツケースの輸入販売だが、そちらは兄のマーティンが受け継ぎ、アイバンは兵役を終えると、月給二〇〇ランド（約二三〇円）で会計士の下働きをするようになった。その一方でウィットウォーターズランド大学に入学し、会計学を学んだ。一九八二年にはロサンゼルスへ移り住み、MBAを取得するべく南カリフォルニア大学に通った。

彼の競争心は、仕事面に限られてはいなかった。若いころからのスポーツ好きで、ほどなく競歩を始めた。腰をくいくいとくねらせ、どちらかの足がつねに地面に触れるようにしながらできるだけ速く距離を稼いでいく競技である。グラゼンバーグは一九八四年ロサンゼルス五輪を目指していたが、反アパルトヘイト運動の波が押し寄せるなか、南アフリカの選手たちは出場の望みを断たれた。

それからも彼は、生涯を通じてアスリートでありつづけようとした。ほぼ毎朝ランニングかスイミングを欠かさず、グレンコア内にスポーツ狂の文化を作り出した。昼休み代わりにチーム全員でツーク周辺の丘陵地帯をランニングしたり、自転車に乗ったりしていた。やがてコモディティー取引が、グラゼンバーグの時間とエネルギーの中心としてスポーツに取って代わった。それでも一九九四年に三七歳でニューヨークシティー・マラソンに出場して三時間三四分というなかなかのタイムを出し、五〇代になってもスイスでトライアスロンの大会に出場しつづけている。[14]

グラゼンバーグがマーク・リッチ&カンパニーに入社したのは一九八四年四月で、この会社がまだアメリカの司法制度が投げかける光にさらされていた時期だった（同社に対する裁判が決着するのは、その年の後半になってからだ）。グラゼンバーグはヨハネスブルク支社で働きはじめた。オフィスには南京錠のかかった部屋がぽつんと離れたところにあり、そこで同社の主要事業のひとつである、国連の禁輸措置下に置かれた南アフリカへの石油輸入計画が進められていた。アパルトへイト下の南アフリカが禁輸措置を回避できるよう手助けしたことについてどう思うか。そう尋ねられたグラゼンバーグは、低い声で笑いながら、わが社はなんの法律も犯していない、石炭が必要な国々にそれを届けていただけだと答えた。[15]

グラゼンバーグが足を踏み入れた石炭ビジネスは、平穏無事な淀みのような世界で、よくても稼げるのは年に数百万ドルというところだった。上司はウド・ホーストマンという保守的なドイツ人トレーダーで、もっぱらアフリカの土着美術品の収集が情熱の対象という人物である。ホーストマンはグラゼンバーグが脅威になると感じていた。当時グレンコアの上級パートナーだったフェリックス・ポーゼンに、あの若い南アフリカ人は石炭ビジネスを潰すぞとぼやいたこともあった。[16]

だが実際には、その正反対だった。南アフリカ人には石炭には先物市場がなく、高度な取引戦略を振るえる可能性は限られていた。代わりに鍵となるのは、手段を選ばずに目的を遂げることだ。彼は石炭産出国の南アフリカやオーストラリア、コロンビアの鉱山業者、そして石炭消費国の日本や韓国、ドイツの発電所と交渉を重ね、両者との関係を構築し利用していった。

グラゼンバーグにはこうしたことに卓越した才があった。彼の採用を薦めたポーゼンによれば、「やり手」ということになる。知っておくべき石炭の売り手と買い手の全員を把握した。市場の動きが遅かったので、そこで行われる取引をすべて追いかけることが可能だったのだ。やがてグラゼンバーグの知識は百科事典並みに膨らんだ。ほどなく彼はオーストラリアへ渡って石炭部門を担当し、さらにグレンコアの香港支社を運営した。一九九〇年にはホーストマンの後任としてツークの石炭部門の責任者となった。[17]

彼はすでに会社の新星と目されていて、数年後には将来のリーダーとして地歩を固めることになる。「私がこの会社に入り、それからアイバンがツークへ来たのだが、そのときにはすでにスターだった」と、一九九〇年に入社し、のちにアルミニウム部門の責任者となるヨーゼフ・ベルマンは言っている。当時リッチはもうキャリアの黄昏にあったが、そのハングリーな若い石炭トレーダーは彼の目にも留まった。これもベルマンの回想だ。「私が退職してからのことだが、マークはいつも私にこう言っていた。自分にはもうわかっている、要するに（グラゼンバーグは）グレンコアを次の段階へと導いていく男なんだ、と」[18]

一九九二年と九三年にマーク・リッチ&カンパニーが内紛に呑み込まれたとき、グラゼンバーグは傍観者の立場を保っていた。しかし騒ぎが収まり、社の未来を懸けた争いにウィリー・ストロットが勝利を収めたとき、グラゼンバーグはその傍らにいた——会社のかなりの部分を所有することになった一二人の部長のひとりとして。

ストロットとグラゼンバーグは、グレンコアの要となる二人でありながら、そのスタイルはおたがいにこっけいなほど対照的だった。長身でものやわらかな物腰のドイツ人ストロットは、グレンコアの舵を取る大使の役目を自任していた。プライベートジェットで世界中を飛び回り、モノグラムのシャツを着て、供給元の業者や顧客、銀行家たち相手に六カ国語を流暢に操っておしゃべりをする。仕事だけが生きがいというタイプではない。グレンコアの最高幹部のひとりに電話をかけ、午後の会議をキャンセルするように言い、自分がメンバーになっているチューリヒ近郊のエリートクラブ、シェーネンベルクで一緒にゴルフをしたりもした[19]。

グラゼンバーグはまったく正反対だった。背が低く痩せ型で、細い褐色の髪を後ろになでつけた彼は、とにかく精力的なダイナモで、グレンコアの内外の誰もかなわないほど好戦的で激しい性格だった。南アフリカ訛りの早口な、ときおり下品な言葉も混じる耳障りなしゃべり方に、ストロットのようななめらかさはまったくない。あるオーストラリアの新聞の評によれば、「興奮しやすいテリア犬」だ。[20] 自分の地位についてくる贅沢な楽しみにも無関心で、容赦なくコスト削減に励み、グレンコアが社用ジェット機を所有していないことを自慢するのが長年のくせだった（実際はストロトットが社用にリースしたジェット機を持っていたし、グレンコアの子会社カジンクも別の一機を所有していた）。[21] グラゼンバーグには仕事がすべてだった。週末には退屈をもてあまし、同僚に連絡をとっては会ってビジネスの話をすることで知られていた。

マーク・リッチとは生まれも世代もちがうグラゼンバーグだが、この二人には似通った点が数多くあった。まず、コモディティー取引にかける情熱の前では人生のあらゆる面が後回しにされ、そのスタハーノフ的な労働倫理は誰もが恐れをなすほどであること。そして人間的魅力よりも強固な意志に重きを置くスタイルだ。

早起きのグラゼンバーグは、朝の八時三〇分にグレンコア本社へ出社してきた同僚たちに、「グッド・アフタヌーン」と皮肉たっぷりに声をかけた。[22] 数十年前にマーク・リッチが、ニューヨークのフィリップ・ブラザーズで同僚相手に飛ばしていたのとまったく同じジョークである。

ストロトットの退任後、二〇〇二年に社長に就任したグラゼンバーグは、自分のイメージどおりのグレンコアを作り上げた。トレーダーたちは家族と過ごすよりも長い時間を出張に費やす。取引の細部にいたるまで交渉し、数ドルの利益の上積みを引き出すことを求められる。グラゼンバーグはまた、地方支社の自由裁量を廃止したうえで、上級トレーダーをグレンコアの本社があるツーク近郊のバールに配置するようにし、権力を集中させた。

グラゼンバーグはさらに、グレンコアの最も重要な人的コネクションを培っていたストロトットの役割も引き継いだ。グレンコアのＣＥＯを務めた時期には、カザフスタンのアレクサンドル・マシュケビッチなどのオリガルヒや、南アフリカのシリル・ラマポーザ大統領といった政治家と親しく付き合った。契約や取引の締結に何かしら支障が起これば、いつでも飛行機に飛び乗って解決に向かう態勢にあった。

しかしグラゼンバーグにとって、人との関係はあくまでも手段だった。そのことは、彼と仕事をしていた誰も疑ってはいなかった。またその姿勢はグレンコアのトレーダーたちにまでおよんでいた。何か用事があれば、夜の何時だろうと関係なく、何度も電話をかけてくる。社員が私生活を優先させようとしたら、ほとんど容赦がない。そして、もうグレンコアに全身全霊で貢献する気がないと感じた相手には、たちまち敵意を向けた。

「家族の一員でいるか、そうでないかだ」と、あるグレンコアの元社員は語っている。「私が辞めると言ったら、アイバンはもう二度と口をきいてくれなかった」[23]

コモディティー・スーパーサイクルが始まる何年も前から、グラゼンバーグが着手していた一連の取引は、中国の台頭によって社の命運を大きく変えていくことになる。一九九四年、まだ天然資源の業界ではほぼ誰も価格の上昇を期待していなかったころ、彼はグレンコアを代表して炭鉱の買収を始めた。

それまでグレンコアは、生産資産を持つことよりコモディティー取引を重視していたので、これは新たな方向性といえた。この段階では、壮大な戦略があったわけではない――石炭価格が低迷し、炭鉱業者が苦境に陥っていたので、グラゼンバーグがそれを活かそうとしたのだ。最初の買収先は、南アフリカの家族経営の炭鉱会社ツェレンティス・マイニングだった。グレンコアはこの会社から石炭を購入しつつ資金援助をしていたが、最終的にその負債を支配株式持ち分に転換したのだった。

さらに同じ年、グラゼンバーグはオーストラリアのクック鉱山の株式も取得した。

この買収はどちらも、それぞれ五〇〇〇万ドルから一〇〇〇〇万ドル程度の小規模な投資だった。グレンコアはマーク・リッチがらみのゴタゴタがまだ尾を曳いていて、長期的な借り入れがままならなかったため、買収資金はすべて自社の内部留保から捻出する必要があった。「資産を取得するときは必ず、マーク・リッチがもう社の株主でないことを示さなくてはならなかった」と、グラゼンバーグの石炭チームの一員として買収交渉に携わったグレッグ・ジェームズは回想する。「どの銀行からもまともな支援はなかった。われわれが何をやっているのか、理解されていなかったんだ」[24]

グラゼンバーグが炭鉱の買収に出たのは、石炭の未来を楽観視していたためではなかった。彼はコモディティー取引の未来にも悲観的だった。コモディティー取引の業界はもはや、内情に通じた一部の企業の領分ではない——競争は熾烈だった。しかも携帯電話やインターネット、電子メールといった通信手段が発達し、フィリップ・ブラザーズ流の伝統的な商社組織の優位性は消えつつあった。世界中に何十もの支社を置いておくのは物入りだし、そうしたコストをまかなえるだけの儲けが取引で得られるかどうかも年々あやしくなっていた。

炭鉱の買収は、この問題へのひとつの対応策だった。これによってグレンコアのトレーダーたちは、売り物がちゃんと手元に届くという保証ができ、ライバルに競り勝ってコモディティーを確保する必要がなくなる。「つねづね言ってきたことだが、裏づけとなる資産のない純粋なコモディティー取引は、ひどく難しいものだ」と近年グラゼンバーグは語っている。[25]

二、三の炭鉱を買収するだけでもいい。だがもし、グレンコアが十分な数の炭鉱を手にできれば、また別の優位性が生まれる。価格への影響力だ。とくに毎年、石炭の世界的な価格が定められる日本の発電所との交渉の場で、影響力を持つことができる。当時のオーストラリアの石炭産業は数十の中小企業から成っていたが、日本の電力業界を代表するのは数社の大企業だった。だから日本がほとんど苦もなく議論を主導できていた。もしグラゼンバーグがオーストラリアの石炭産業の株式をある程度まで買い取れれば、その状況を変えることができるだろう。

石炭市場がさらに大きく下降した一九九八年、グラゼンバーグにチャンスが来た。石炭一トンの価格が一九八〇年代半ば以来の低水準に落ち込んだ。[26] 炭鉱の大半が損失を出していた。あとはもう上がるだけだ。グラゼンバーグはそう確信するにいたった。しかし石炭には先物市場がないので、価格上昇に賭ける場所がどこにもない。方法はただひとつ、炭鉱を買い占めること。グラゼンバーグはそのとおりの行動に出た。その後四年間にオーストラリアや南アフリカで十数カ所の炭鉱を買収し、コロンビアでも数カ所を買った。

二〇世紀の末までにグレンコアは、世界最大の一般炭の出荷者となり、二〇〇〇年には四八五〇万トンを取引した。[27] これは海上市場での取引量の六分の一にあたる。こうしたグラゼンバーグの投資は、やがて来る中国の好況を前提にしたものではなかったが、まもなくその影響を受けて様相が一変する。しかしそうなる以前からグラゼンバーグが収めた成功は、グレンコアの若く野心的な部門トップの序列のなかで彼を第一位に押し上げるに十分だった。ストロトットがパートナーたちに、そろそろ社の経営という毎日の業務から身を引きたいと伝えたとき、彼の後任になれそうな候補は三人しかいなかった。グラゼンバーグに、一九七〇年代からの古参で銅・ニッケル部門のトップだったスイス人のパウル・ヴァイラー、そしてアルミナ部門の責任者で如才ないイギリス人のイアン・パーキンスだ。数週間かけてストロトットは、あらゆる部門のトップをひとりずつ脇へ引っぱっていき、自分の後継は誰にするべきかと尋ねた。意見はほとんど割れなかった――グラゼンバーグが次期ＣＥＯに指名されることになった。

二〇〇一年、グラゼンバーグの石炭への賭けは吉と出た。その年の半ばまでに価格は底値から三五％も上昇していた。「みんな石炭がほしくて目の色を変えている」とグラゼンバーグはあるインタビューで誇らしげに語った。[28] 何百万トンもの石炭を燃やすことが気候に及ぼす影響が多少気になっていたとしても、それはおくびにも出さなかった。同じ年の別のインタビューでは、グレンコアのオーストラリアでの石炭生産を「環境にやさしい」とまで評している。[29]

中国ブームが市場を一変させるのはまだ先のことだが、グレンコアの石炭事業はすでに活気にあふれていた。しかし社には差し迫った懸案があった。一九九四年にマーク・リッチからのマネジメント・バイアウトの資金を得るために、ストロトットが製薬会社ロシュに売却した一五％の株式を買い戻す必要があったのだ。それまでのロシュは、完全な沈黙の投資家で、投資に対するリターンを確約されることで満足し、グレンコアの経営には一切関わらずにいた。

とはいえ、それはいつまでも続かないだろう。元の契約では、ロシュは一九九九年一一月以降はいつ何時でもグレンコアに株式を買い取らせる権利――プットオプションと呼ばれる――を持っていた。だが、グレンコアにそれだけの余裕があるかどうかが定かになっていなかった。そこで両者が交渉で妥協点を探し、こう結論を出した。ロシュはグレンコアの株式の買い取り期限を延期し、二〇〇三年一月まで資金調達の猶予を与える。資金が用意できなければ、ロシュは持ち株の一部またはすべてを「一般投資家または……他の投資家に」売却する権利を有する、とグレンコア発行の目論見書にはあった。[30]

グレンコアのトレーダーたちには、考えるだに耐えがたいことだった。他の投資家が入ってくれば、ロシュどころでなくこちらのビジネスに関与してきかねない。マーク・リッチと戦ってグレンコアの独立を勝ち取ったストロトットには、それを手放すつもりはなかった。そしてもしロシュが持ち株を公開すれば、グレンコアは事実上の上場企業となる。グレンコアの財務内容を公表し、活動内容を問う投資家からの質問に答えさせられるような事態はまっぴらだ。「文化の面から見て、それは意味をなさないと思う」とストロトットは当時言っていた。「絶えず肩越しに振り返らなくてはならない状態で仕事ができるとは思えない。起業家としては自由なままでいるべきだろう」[31]

ロシュの持ち株を買う現金のありかを探すレースが始まった。両者が交渉で妥協した金額は四億九四三〇万ドル。少し後には取るに足りないと思えるようになる額でも、二〇〇〇年代初めのグレンコアにとっては、まだ大金だった。一九九八年と九九年の同社の純利益を足した額よりも多かったのだ。グレンコアは別の目論見書に、「グレンコアの財務状況が許すならば、早急に投資家（ロシュ）から株式を取得する意向である」と記している。[32]

グラゼンバーグがこの問題の解決策を見つけた。これまで自分が買収してきた炭鉱を全部まとめて、新しい事業体へ移そうと考えたのだ。グレンコアの株を売って資金を調達するのではなく、代わりにグラゼンバーグが築き上げてきた石炭帝国の株を売る。それでロシュの持ち株を買い取る資金を調達できるし、グレンコアとしては社全体についてではなく炭鉱ビジネスの秘密だけを伝えればいい。

これはグレンコアにとって、すでに実証済みのモデルでもあった。以前にも同様のことを、のちにエクストラータとなる会社を使って試していたのだ。その鉱山グループが生まれたのは一九二六年のスイスだった。ステレクトラという名前で、南米の電力プロジェクトに資金を提供するために設立された。[33]その後はずっと、ほぼ休眠状態の投資ビークルだったが、一九九〇年にマーク・リッチが社の株式の過半数を取得した。そしてリッチ所有のもとで、また別の機能を持つようになった。

リッチは米司法当局からの逃亡者という立場であるため、彼の会社が資産を買うのに必要な長期資金を調達するのはまず不可能だった——銀行もリッチを有害な人物とみなしていた。

スデレクトラがその解決策をもたらした。マーク・リッチ&カンパニー、そしてのちのグレンコアは、この会社を長期資金調達の手段に利用することで、自己資金をなるべく使わずに資産を買収できた。スデレクトラはすでにチューリヒの株式市場に上場していたので、株を売却して資金を調達するのは容易だし、取締役会にはスイスの特権階級の名士たちが名を連ねてもいた。スデレクトラはリッチの助言のもと、アルゼンチンの油田やチリの林業会社、南アフリカのクロム鉄事業などに投資を行った。

チューリヒの企業は、長年にわたってマーク・リッチ&カンパニーが資産を買うための大事な手段だった。やがて一九九四年、マーク・リッチの株を残らずトレーダーたちが買い取った時点で、グレンコアそのものも国際的な金融システムへ迎え入れられた。マーク・リッチが退場し、グレンコアと改称したその会社は、さらに幅広い金融機関を利用できるようになった。これでもうグラゼンバーグらのトレーダーは、スデレクトラを資産買収のためのビークルに利用する必要はない。だがそれでも、彼らはこの機関がどのくらい便利なものかを忘れてはいなかった。

ロシュの持ち株を買い取る必要に迫られたグラゼンバーグは、蓄積してきた炭鉱という資産を活用し、かつてのスデレクトラと同じ仕組みを新たに作り出そうとした。炭鉱資産をエネックスという新会社にまとめ上げ、オーストラリア証券取引所への新規上場（ＩＰＯ）を目指したのだ。グレンコアにとっては理想的な戦略である。必要な資金を調達するのに加え、会社に属する炭鉱のおよそ三分の一の株式を保有しながら、生産した石炭の取引も続けられるのだから。

グラゼンバーグの動きは、タイミングとしてほぼ完璧だった。前もって予想できた投資家はほとんどいなかったが、石炭価格はまもなく急上昇することになる。中国の石炭需要が急増し、この時点ではまだ石炭をグローバル市場に輸出する立場の中国がどんどん輸入を始めるからだ。

だが、まったく完璧とはいかなかった。グラゼンバーグの巧妙な計画は、二〇〇一年九月一一日に吹き飛ばされた。この日テロリストたちにハイジャックされた旅客機が二機、ニューヨークの世界貿易センタービルに突っ込んだ。別の一機はワシントンのペンタゴンに突入し、四機目はペンシルベニア州の野原に墜落した。このアメリカ国内史上最悪のテロ攻撃は、ウォール街の中枢をもろに直撃した。金融市場はゆるやかに停止した。

グラゼンバーグは九月一〇日、部下のチームとともにニューヨークを訪れ、エネックスのIPOに向けて投資家たちと会っていた。その日の夜に飛行機でスイスへ戻り、バールにあるグレンコアのオフィスに出社した。その九月一一日の昼下がり、電話が鳴り出した。

グレッグ・ジェームズからだった。この石炭部門の財務スペシャリストは、地球の裏側のシドニーで投資家詣でをしていた。「とんでもないことになってる、CNNを見てくれ」とジェームズが言った。「上場は見送りだ」

グレンコアのチームと銀行のグループは、二週間かけてエネックスのIPOを復活させようと努めたが、九・一一テロの余波で金融市場は冷え込んでいた。

このころのグレンコアの頭痛の種は、炭鉱会社の上場が頓挫したことだけではなかった。スデレクトラ、いまは改称してエクストラータとなった会社も苦戦していた。この年の初め、エクストラータは六億ユーロを借り入れ、スペイン北部にある世界最大級の亜鉛生産会社アストゥリアナ・デ・ジンクを買収した。その債務返済のために、スイスで発行株式を増やす予定でいた。ところが株式市場が振るわないせいで、計画は棚上げされ、このままでは貸し手に対する契約違反になりそうだった——そうしたらグレンコアが金融支援をせざるを得なくなるかもしれない。「われわれには支払い能力はあったが、契約条項の範囲内にはないのは確かだった」とミック・デイビスは、二〇〇一年半ばに引き継いだ会社について語っている。[34]

デイビスとグラゼンバーグは旧知の仲だった。グラゼンバーグがウィットウォーターズランド大学の学生だったころ、デイビスがゼミの教官を務めていたことがあり、二人はたがいに知り合うようになった。それから二〇年後、二人はコロンビアと南アフリカの石炭取引で、たがいに反対の側に立つことになった。グラゼンバーグとストロトットがエクストラータの新ＣＥＯを探していたとき、デイビスの名前が挙がったのだった。

デイビスはこのとき、財務上苦境にあるエクストラータをどうすれば救い出せるか、その手段を見つけようと苦心していた——と同時に、いずれ来ると予想しているコモディティーブームを利用するための手段も。グラゼンバーグもまだ、ロシュが保有するグレンコア株を買い戻すための資金調達の道を探していた。

九・一一テロから数週間後、デイビスはバールまで飛び、新任のＣＦＯトレバー・リードをグラゼンバーグとストロトットに紹介した。ロンドンへ戻る機中で、デイビスとリードは新会社の苦境について議論を始めた。そのとき突然、エクストラータとグレンコアの問題をたったひとつの取引で解決する名案が浮かんできた。デイビスは紙を一枚引っぱり出し、詳細を書き出していった——エクストラータはグレンコアが上場しそこねた炭鉱の事業を買い取り、株式をロンドンの投資家に売却して買収の資金にする。彼は手早く重要な数字をいくつか書き留めていった。炭鉱を買うためにグレンコアに支払う額、そのために調達しなければならない現金の額を。[35]

飛行機が着陸するなり、デイビスはグラゼンバーグとストロトットに電話をかけ、いまからバールへとんぼ返りすると伝えた。ロンドンのファンドマネジャー数人から、株式の売却を支援するという回答があり、デイビスは彼らの支持を得て、グラゼンバーグと炭鉱買収の交渉に乗り出した。

これを嚆矢として、二人のあいだではその後一一年にわたる交渉という名の闘いが繰り返され、やがてロンドン市場の歴史上最も大規模な、そして最も苦い企業合併という結末を迎えることになる。関係はきわめて複雑だった。デイビスはエクストラータを独立した機関として経営していたが、グレンコアがこの炭鉱会社の株式を多く保有していたおかげで、すべての重要な決定について最終的な決定権を持っているのはグラゼンバーグだったのだ。

しかし当面は、エクストラータが炭鉱を買うためにグレンコアにいくら支払うかで合意することが先決だった。グラゼンバーグは売り値を吊り上げるために、また当初の計画どおりエネックスのオーストラリアでのＩＰＯを目指すかもしれないなどと言ってデイビスを牽制しつづけた。最終的にはストロトットがあいだに入り、行き詰まりを打開することになった。

二〇〇二年三月一九日、エクストラータはロンドンで一四億ドルの株式を新規投資家に売却し、それで得た現金と追加株式でグレンコアから炭鉱資産を買い取った。しばらくは、グラゼンバーグが交渉を有利に運んだように見えた。グレンコアはエクストラータから得た金でロシュから自社株を買い戻し、一一月にバイアウトを完了した。石炭価格が下落し、エクストラータがグレンコアのオーストラリアと南アフリカの石炭事業に支払った二五億七〇〇〇万ドルという値はひどく高いものに思われた。

しかしまもなく、コモディティーブームが来るというデイビスの楽観論は正しかったことが証明される。二〇〇二年中ごろに一トンあたり二五ドル以下だった石炭価格が、二〇〇三年末には四〇ドル近くまで上昇し、デイビスはその恩恵にあずかれる立場にいた。あとになって見れば、グラゼンバーグの売り値は安いものだった。中国に主導されたスーパーサイクルが、エクストラータとグレンコアの運命をともに一変させ、コモディティー取引業界全体を作り変えようとしていた。

「エクストラータをビッグ・バンの領域まで押し上げなくてはならない」とデイビスは二〇〇一年六月のメモに記し、自社を鉱業界のメジャーリーグへと打ち上げるための二段階の計画を提示した。まず、社に投資してくれる層の拡大を図り、評価額を二二億ドル程度まで押し上げ、「ビッグ・バン」取引を実現できる規模にすること。最終目標は、エクストラータを三年以内に五〇億ドル規模の企業に仕立て上げることだった。

デイビスの中国楽観論に後押しされ、エクストラータのチームは買収できる企業の調査に乗り出した。二〇〇二～〇三年にコモディティー価格が上昇しはじめても、不況の傷痕がいまだに残る鉱業界の幹部たちは、大半が好景気に賭けることを警戒していた。銅などの金属では、二年後、三年後、五年後に引き渡される先物価格がスポット価格より低いという、「逆ざや《バックワーディション》」と呼ばれる状態で、鉱業界の幹部たちのほとんどは価格が実際に下落することを前提に動いていた。エクストラータのチームも同じだった——ただ、価格がもう少しゆるやかに下がるという前提で。

「われわれはコモディティー価格が長く高止まりするという見方をとっていた」とデイビスは振り返る。「長期的な価格がどうなるかについて積極的な想定はしていなかった。だが、この業界が当てにしていた逆ざやは、コモディティー価格が現在のスポット価格から急激に下がるという想定から生まれたものだった。われわれは価格の下落が遅れ、平均に戻るのも遅くなるという想定をしていた」[36]

グレンコアの炭鉱を買収する契約が完了してから数カ月後、デイビスはオーストラリアの銅、鉛、亜鉛の生産者マウント・アイザ・マインズの公開買い付けに乗り出し、最終的に二〇億ドル強で買収した。他の鉱山会社も名乗りを上げようとしたが、デイビスのつけた価格には太刀打ちできなかった。

グレンコアの幹部には、一生の蓄えを自社株に投資している者もいたので、まだブームの初期にはデイビスより慎重な見通しを持っていた。そろそろ引退を考えはじめていた会長のウィリー・ストロトットも、マウント・アイザ・マインズの買収話には疑問を呈し、グラゼンバーグの説得でやっと翻意するぐらいだった。おそろしく活動的なギリシャ人テリス・ミスタキディスは銅部門のトップトレーダーだったが、このころにはグレンコアの銅の生産量の一部をヘッジしていた――要するに、高値が長続きしないというほうへの賭けである。

だがたちまち、そんな警戒も過去のものとなる。二〇〇三年の末には、エクストラータは目標を達成するどころの話ではなくなった。二〇〇一年半ばにわずか四億五〇〇〇万ドルだった評価額は、すでに七〇億ドルに達していた。そして最盛期の二〇〇八年には、八四二億ドルの市場価値を持つ、世界第五位の炭鉱会社となった。[37]

グレンコアにも、グラゼンバーグが一〇年前に始めた資産の買収という賭けのおかげで、マーク・リッチの黄金期を上回る利益があった。二〇〇三年に同社の純利益は初めて一〇億ドルを超え、翌年には二〇億ドル以上になり、二〇〇七年には六一億ドルを稼いだ。[38]

話はグレンコアだけにはとどまらない。二〇〇三年ごろには業界全体のコモディティー・トレーダーたちが、中国が市場に及ぼす変化の影響に気づきはじめていた。

コネティカット州では、アンディ・ホールが石油取引への熱意を失おうとしていた。それまでにフィブロは、何度か合併を繰り返した結果、シティグループの傘下に入っていた。もう何年も、第一次湾岸戦争時のような興奮が得られていない石油市場に退屈したホールは、漕艇《レガッタ》競技や美術品の収集に明け暮れるようになっていた。

そんなとき、アメリカ財務長官を退任したロバート・ルービンがシティグループに加わると、ホールは生き返ったように動き出した。ルービンはホールに、石油市場の見通しについて銀行のトップトレーダーたちにプレゼンテーションをするよう言ってきた。ちょうどカリフォルニア州で開催中のレガッタに参加していたホールは、今後数年間の石油需給の見通しについての計算を始めた。「まったくショックだった」と彼は振り返る。「こういう感じさ、おい、こんなことがありうるのか、中国の輸入量が増えているなんて、とね。それで供給のデータを残らず見はじめて、石油会社が備蓄を増やすために何をしているか調べてみたが、どうにも筋が通らなかった」[39]

ミック・デイビスと同じようにアンディ・ホールも、先物市場に関しては市場がまともに動いていないと感じた。二〇〇三年の半ばにスポット原油価格は、一九九八年の最安値から三倍に増え、バレル三〇ドル近くで取引されるまでになった。なのに数年後の先物価格は、まだ二五ドル以下なのだ。

ホールは全面的な賭けに出ようと決めた。そしてシティグループの幹部たちに、使える資金をもっとくれと頼み込んだ――「バリュー・アット・リスク」という統計学の概念に基づいた結論だった。そのころはウォール街が活況を呈していたこともあり、すぐに許可が下りた。そしてホールは、長期原油先物に人生最大の賭けをした。

ロンドンでは、マイケル・ファーマーというベテランの金属トレーダーもコモディティー取引に見切りをつけようかと考えていた。ファーマーは、最初はフィリップ・ブラザーズの銅部門の責任者として、その後はメタルゲゼルシャフトの金属現物取引部門のトップとして、一〇年以上にわたり世界の銅市場に君臨していた。しかしエンロンがMGを買収したあとで倒産してしまい、いまは失業状態だった。

生まれながらのクリスチャンであるファーマーは、怒号が飛びかうロンドン金属取引所のトレーディングフロアでキャリアをスタートさせた。エンロンの倒産後は、大学の神学部に入って司祭になることも考えたが、長年の同僚で同じクリスチャンのデイビッド・リリーに説得され、コモディティー取引に戻ることになった。

この二人は――「神の軍団」というニックネームを授かった――まもなくある禍にぶつかったが、それは転じて福となった。「われわれは現物取引をやろうとしたんですが、どこにも銅がなかった、それでだんだん、中国では急速な成長に産業が追いつけずにいることがわかってきたのです」とファーマーは振り返る[40]。もし市場が急上昇しようとしている兆候がもっと必要なら、彼らはいまそれを手にしていた。二人はレッドカイトという名で、銅の価格が上がるほうへ賭けはじめ、結果的に大儲けした。

香港では、イギリスの高校を中退し一時はヒッピーだった人物が、何年も前から中国にまつわる予想を広言してきたが、それが的中する時を迎えていた。リチャード・エルマンは、ニューカッスル、サンフランシスコ、東京で金属スクラップの売買を学び、最終的にはフィリップ・ブラザーズの香港支社を統括したあと、一九八六年に独立してノーブル・グループを立ち上げた。

エルマンは、友人たちが「ノーブルという私の夢の話を我慢して聞きながら、目をぐるりと回す」のに慣れてしまったと言う[41]。だが二〇〇一年に中国がWTOに加盟したときには、自分の時代が来たと感じた。「これはもう何年も、何十年も世界貿易では起きていなかったほどの、とんでもない重大事件だと思います」と彼は熱っぽく語った。[42]

コモディティー取引業界全体が中国の成長による変化の影響に目覚めるのに、そう時間はかからなかった。鉱山業者に石油掘削業者、農産物業者に金融業者、そしてまもなく一般の人々までが、コモディティー価格の驚異的な動きに注目するようになった。二〇〇五年には「スーパーサイクル」という言葉がウォール街で流行語になり、さまざまな投資家がコモディティー市場に集まってきた。

ゴールドラッシュが始まった。安定供給されるコモディティーを手に入れることができれば、誰もが一攫千金を狙えるようになったのだ。

第9章　オイルダラーと泥棒政治家

二〇〇二年のある春の日、ムルタザ・ラカーニがバールにあるグレンコアのオフィスに足を踏み入れても、不審げに眉を吊り上げる者はいなかった。

このパキスタン生まれのビジネスマンは、小さな丸い目をした口達者な男で、いつもツートンカラーのシャツを好んで着ていた。そしてきちんとした身なりの社員たちの列に自分も加わり、世界最大のコモディティー商社の本社である箱型の建物へ吸い込まれていった。

初期のコモディティーブームに沸くこの時期、グレンコアの控えめな前面ガラス張りのロビーでは、当たり前のように種々雑多な人物の群れに出くわした。中央アジアのオリガルヒやアフリカの顔役がいれば、世界有数の大銀行からやってきたスーツ姿の幹部もいた。それはともあれ、ラカーニは常連だった。自ら誇らしげに「グレンコアのバグダッド担当」と名乗っているほどで、この日は二〇〇二年の前半だけで少なくとも四度目の来社だった。

その五月一五日、ラカーニは小さな受付エリアを通り過ぎ、オフィスへ入っていった。誰と会って、どれくらいの時間話したかの記録は残っていない。わかっているのはラカーニが何を持って帰ったかだ。そのことはグレンコアの正式な領収書という形で残っている。小口現金伝票、７１６５の番号と社の出納係の署名入り。合計の額面は四一万五〇〇〇ドル。とてもはした金とはいえない。重さにしておよそ四キロ、ちょうど小さなブリーフケース一個に入るぐらいだ。

つぎにラカーニが向かったのは、スイスの反対側だった。グレンコア来訪の二日後に、バールから車で三時間ほどのジュネーブにある、イラクの外交官事務所へ入っていった。目的は現金を託すことだった。その額は四〇万ドル。

イラクの公式の記録によると、これは「サーチャージ」の支払いに当たるものだった。グレンコアが最終的に利益を得ることになる石油契約と引き換えに、バグダッドに金を支払う——国連当局が違法とみなしている行為だ。

この年ラカーニは、何度か同じような手荷物を持って、こうした旅をしていた。一月二四日には、一七万八五〇〇ユーロを手にグレンコアのオフィスを出ていった。四月二四日には、また二三万ユーロを手にした。そして六月一〇日には一九万ドル。国連が行った調査で、ラカーニは「グレンコアが資金を供給し持ち去った石油のサーチャージ」として合計一〇〇万ドル強を支払っていたことが判明した。

グレンコアは、この不正支払いについては何も関知しないと言いつづけている。それでもラカーニに手渡した多額の現金のことは否定できなかった。グレンコアでイラク産石油を担当し、原油取引の責任者となったルイス・アルバレスは、のちに国連の調査官に対し、ラカーニに三〇万ドルないし四〇万ドルの「成功報酬」と呼ぶものを口頭で勧めていたと話した。だが、グレンコアで原油取引を統括しているもうひとりの幹部は、自分の知るかぎりグレンコアがそれだけの規模のボーナスを現金で支払ったことはない、と調査官に語った。ラカーニ自身は国連の調査団に、サーチャージの支払いのためにグレンコアから定期的に現金を受け取っていたと答えている。[1]

ラカーニは天性の石油トレーダーともいうべき、産油国の石油成り金が金にあかせて建てた豪勢な御殿でも、スイス金融界の洗練された上品な世界でも、同じようにくつろいでいられる人物だった。パキスタンのカラチに生まれ、ロンドンとバンクーバーで育った。[2]人を楽しませる才に長けていて、よくバグダッドの裕福な地区にある自分のバンガローで、各国の外交団のためにコンサートを開いた。[3]何年もあとには、イラク北部のクルド人自治区の街アルビルでたびたび盛大なパーティーを開き、ゲストたちはあふれ出るシャンパンに酔いしれ、ドバイから空輸したシーフードに舌鼓を打ち、サルバドール・ダリの絵画のコレクションに目を丸くしていた。

ラカーニの役割は、凄腕トレーダー兼外交官といったところだった。「仲介人」「エージェント」「フィクサー」などさまざまな呼び方をされるが（本人は「コンサルタント」を好んだ）、このラカーニのような人物がコモディティー商社に雇われるのは、当人の持つコネクションに加え、世界のなかでも難しい、商社としても十分な人員のいるオフィスを置いておけないような場所で、ことを起こせるだけの力を持っているためだった。また内部のスタッフではなく、出入りの請負業者として報酬が支払われるため、何かまずいことがあったときに、あれはごくごく関係の薄い人間だと言えるのも都合が良かった。ラカーニは自らの役割をこう言ったことがある。「自分の手を汚すのが役目ですよ」[4]

二〇〇〇年代初めのラカーニの仕事は、月額五〇〇〇ドルの報酬で、グレンコアを代表して「イラク産原油を手に入れること」だった。[5]グレンコアのようなコモディティー商社にとって、石油を確保することが成功の鍵となった時期のことである。一〇年におよぶ価格低迷のあと、中国経済の好況で石油市場が一変しはじめていた。価格の上昇とともに、石油を握った者たちの金庫に現金が流れ込み、新世代の石油王や泥棒政治家たちが誕生した。アラブの王子やコンゴの支配者、ロシアのオリガルヒ、カザフの政治家などが、ロンドンのメイフェアやナイツブリッジのホテルやナイトクラブへ、さらにスイスの湖畔のホテルへ押し寄せた。そしてこの新興の大富豪たちに仕える弁護士や会計士、銀行家からなるひとつの産業が生まれた。

だが、彼らがのし上がるうえで何より欠かせなかった存在とは、コモディティー商社だった。彼らの石油をグローバル市場で販売できるようにしたのも商社なら、ドルが適当な銀行口座に流れ込むように計らったのも商社である。ロシアやオマーン、ベネズエラといった産油国の指導者たちが世界の舞台で自信をつけていったのも、少なからずコモディティー商社のおかげだった。

両者ともたがいに依存していた。この十数年で初めて、石油が供給不足になった。商社には圧力がかかった。世界の隅々まで余った石油を探しにいけ、必要ならどこへでも出向いて、どんな相手とでも取引をしろ、と。

イラクのやり手指導者サダム・フセインが、このチャンスに目をつけた。

一九九一年の湾岸戦争の終結後、アメリカと同盟国はサダムに枷をはめるために、国連に働きかけてイラクへの石油禁輸措置を継続させた。オイルマネーが入らなければ、このイラクの支配者にもクウェート侵攻のような軍事的冒険をする余裕はなくなるだろうと思えた。ところがオイルマネーが途絶えたことはこの国の経済全体への打撃となり、結果的に貧困と栄養失調に苦しむのはイラク国民だった。一九九五年にはイラクは本格的な人道的危機に陥り、ワシントンと同盟国の対応も軟化した。

そこで国連が導入したのが石油・食料交換プログラムである。イラクは原油を国際市場で売ることができるが、その売り上げはすべて国連が管理するニューヨークの口座に入り、その現金が食料と医薬品、その他いくつかの生活必需品の購入に回されるというものだ。国際社会の側から見れば、サダムを制御下に置きながら、制裁がイラク国民に及ぼす悪影響をやわらげる手段となるはずだった。

そのイラク産石油を真っ先に入手しようとしたのが、コモディティー商社だった。一九九六年に禁輸措置が解除されると、コースタル・ペトロリアムの創業者オスカー・ワイアットが、最初にまとまった量を手に入れた。一九九〇年の湾岸戦争のさなかにバグダッドへ赴き、サダムが人間の盾として使っていたアメリカ人を救出した人物である。そしてすぐに他の商社や石油メジャーも加わって、一九九〇年代末のきびしい市場でなるべく安い原油の供給源を探そうとした。

最初の四年間、石油・食料交換プログラムはまずまず順調に機能していた。イラクは石油契約の一部を、制裁への反対を表明した政治的盟友たちに分け与えた——ロシア共産党も割り当てを受け、制裁を解除するよう主張したフランスの政治家数人もその恩恵にあずかった。当の石油は市場価格より少し安く売られ、割り当てを受けた者はそれを商社に転売して利益を得られた。それでもオイルマネーは当初の意図に沿って国連が管理する口座へ流れ込んだ。

バグダッドがこの制度を悪用するチャンスをつかんだのは、二〇〇〇年の中国の異常な需要増大で原油価格が高騰して以降のことだ。その年の秋にウィーンで開かれたOPEC総会で、イラク政府関係者たちは石油の買い手にこんな言葉を広めた。もし今後も石油を手に入れたければ、イラクの大使館とイラク政府が管理する海外の銀行口座を通じて「サーチャージ」を直接バグダッドに支払う必要がある、と。サーチャージの額は原油一バレルあたり数セントにしかならないが、国連の石油・食料交換プログラムの担当者からトレーダーたちに向けて、そうした支払いは違法であるという警告が出された。[6] 大半の買い手はこの要請を受けて、もうイラクの石油を買おうとはしなかった。だが、抜け道を見つけて買いつづけた者たちもいた。

その後に起きたことは、アメリカの元連邦準備制度理事会議長のポール・ボルカーが率いる大規模な国連調査団の調査対象となった。

調査団は二〇〇五年発表の六二三ページにおよぶ報告書のなかで、価格高騰と一攫千金のこの時代に栄えた石油取引という世界の不透明な裏側について、きわめて包括的な知見を提示している。[7] 調査員はトレーダーや政治家、銀行家たちから事情を聴取し、銀行振り込みや契約書、電子メールのコピーを入手した。この調査における決定打となったのは、イラク政府そのものが残していた、コモディティー商社が支払ったすべての不正なサーチャージに関する詳細な記録だった。二〇〇三年のアメリカ侵攻からサダム・フセインの政権が転覆したのちに、国連調査団が入手できるようになったものだ。

報告書には、バグダッドがサーチャージを要求しはじめたあと、イラクの石油取引がどのように影の領域へ入り込んでいったかがバレル単位、銀行送金単位で詳細に記されていた。

石油はタックスヘイブンにある実質的に匿名の事業体のネットワークを通じて、ある会社から別の会社へ引き渡される。トラフィギュラはラウンドヘッドというバハマにある既存の会社を利用した。ビトルはピークビル・リミテッドという英領バージン諸島の正体不明の会社を通じて支払いを行い、送金先にはジュネーブにいるビトルの会計士が記載されていた。オスカー・ワイアットはサーチャージが課せられた直後にキプロスで作り出された二つの会社を通じて支払いを行っていた。グレンコアはまたぐっと手の込んだルートをとった。パナマに登記されたインコメド・トレーディング・コーポレーションという会社にイラクが割り当てた原油を買っていたのだ。グレンコアは国連調査団への回答として、イラク産原油の買い入れについて不都合な点は何もないと語った。「イラクの政権がその石油割り当てを政治的な友人や同盟者に与えていたことは、国際社会ではよく知られ、受け入れられていた」とグレンコアは弁護士を通じて答えている。「当時の国際社会での一般的な理解にしたがえば、石油割り当てを受けた者たちは政権への忠誠と政治的支援によって報いられたのであって、政権にサーチャージを支払ったから利益を得ているということではなかった」[8]

だがどちらかといえば、インコメドという会社には、バグダッドよりもグレンコアとのつながりがあった。この会社の所有者はルイス・アルバレスの親族だった。アルバレスはグレンコアでイラク産石油を扱う有力なトレーダーで、ラカーニへの成功報酬四〇万ドルを承認したとされる当の人物だ。アルバレスの父親はインコメドの主要株主、母親は会長だった。[9]

国連の調査は、ラカーニがインコメド・トレーディングがバグダッドと結んだ二つの契約に対するサーチャージとして「およそ一〇〇万ドル」を支払ったと結論づけている。このうち約七一万ドルは、ジュネーブの国連イラク支援団に託された現金で決済された。つまりラカーニがグレンコアから受け取った現金だ。またデュエルファー報告と呼ばれる別の調査では、グレンコアはイラク産石油の「最も積極的な購買者」のひとつと評され、石油・食料交換プログラムの期間中に「違法なサーチャージ」として三二二万二七八〇ドルを支払ったことを示すイラク側の記録が引用されている。[10]

すべて合計すると、イラクの政権は不正な石油サーチャージの制度を運用していた二〇〇〇年から〇二年のあいだに、複数のコモディティー商社や石油会社から二億二八八〇万ドルを得ていた。サダム・フセインは石油トレーダーたちがバグダッドにサーチャージを支払う余地を残すために、イラクの石油価格を可能なかぎり低く抑えるように計らっていた。[11]

グレンコアは、イラク政府への違法な支払いを行ったこと、あるいは許可したことを一貫して否定している。そして同社は石油・食料交換プログラムをめぐる不正行為で告発されはしなかった――ラカーニやアルバレス、またグレンコアの他の社員や代理人も同様だった。グレンコアは本社がスイスにあり、国連の報告書に基づいて起訴される可能性があったとしても、責任はスイス当局に帰せられるため、何も起こらなかった。

ラカーニは数年後、自分の果たした役割について訊かれたとき、広報担当者を通じて、「アメリカ政府から調査への協力の一環として事情聴取の要請を受け、任意で協力することにした」と答えた。「二〇〇六年以降、ラカーニ氏はこの件にはもう関与していない」[12]

グレンコアは、アルバレスの父親が経営し、母親が会長を務める会社を通じてイラクの石油を確保したことの何が悪いのかわからない、といわんばかりだった。そして実際に、アルバレスを原油取引事業全体の責任者に昇進させた。のちにグレンコアがロンドン証券取引所に上場すると、アルバレスは二〇一二年に五億五〇〇〇万ドル相当の株式を取得し、同社の大株主のひとりになった。[13]

他のコモディティー商社は、当初は全面的に否定していたものの、やがて石油・食料交換プログラムでの不正行為を認めるようになった。ボルカーによる調査のあとで、ビトルはアメリカで重窃盗の罪を認め、一七五〇万ドルの罰金と賠償金を支払った。[14] だがグレンコアのように、関与した社員へのあからさまな不快感を示すことはなかった。イラク産石油の取り扱いを担当したトレーダーと国連報告書で名指しされた会計士はともに、その後も長年にわたってビトルやその関連企業で働きつづけた。

トラフィギュラは、アメリカで売っていた石油が石油・食料交換プログラムに準拠したものであると虚偽の申告をした罪を認めた。[15]

アメリカのトレーダーたちは最もきびしい処罰に直面することになった。コースタル・ペトロリアムのオーナーのオスカー・ワイアットには懲役一年が、その友人でベイオイルのオーナーのデイビッド・チャルマースには懲役二年が言い渡された。[16]

石油・食料交換プログラムのスキャンダルは、コモディティー取引業界でコモディティーが足りなくなる新たな時代の象徴といえた。その後の一〇年間、低価格の時期は遠い過去のことになり、中国をはじめとする新興国市場は底なしとも思える貪欲さでコモディティーを求め、コモディティー商社はその食欲に応えるために貴重な原材料を確保しようと、たがいにしのぎを削ることになる。なかでも最も貴重な資源が石油だった。

コモディティーブームが現実に勢いを増したのは、二〇〇三年後半から〇四年にかけてのことだ。石油業界はすでにフル稼働に近い状態だった。二〇年近く続いた低価格のために、油田やパイプライン、製油所への投資が切り詰められていたのだ。グローバル需要のほうは、二〇〇四年には一九七八年以来の大幅な上昇を記録するまでに膨れ上がっているのに、それに見合うだけの新規供給が得られなかった。[17] 原油価格は第一次湾岸戦争以来、初めて一バレルあたり四〇ドルを超え、史上初めて五〇ドルを突破する高騰ぶりを示した（巻末付録4の表を参照）。

多くの点で、それは一九七〇年代の再現だった。ＯＰＥＣが力を取り戻し、消費国の政治家たちが同じ懸念を示した。ガソリン価格の動きがニュース速報で流された。世界の石油資源が枯渇するという終末論じみた警戒の声があふれた。

だがコモディティー商社にとって、この石油の争奪戦は新たな富の時代の始まりを意味していた。中国の需要増大によって中国の輸入が大幅に増えれば、世界中からコモディティーをさらに多く移動させなくてはならなくなる。二〇〇〇年から〇八年のあいだに、石油のグローバル取引は二七・二％増加した――同時期の石油需要の伸び率の二倍以上である。[18]そしてこれは、コモディティーの国際輸送を中核事業とする商社にとってはビジネスの機会が増えることを意味していた。

価格の高騰はまた、コモディティー商社が儲けるための方法をも一変させた。まだ純粋かつシンプルな投機が通用していた時代のことだ。市場は明らかに上昇一途だった。いまは一九七〇年代とちがって、先物市場で原油価格に賭けることが可能であり、実際に多くの人間がそうした。二〇〇一年から〇八年まで、ブレント原油の年間平均価格は毎年上昇を続けた――これは一八六一年に端を発する石油産業の歴史のなかで、最も長期にわたって連続した価格上昇だった。[19]

だが、価格の上昇に乗ってトレーディング事業の収益性を高める手段は、投機だけではなかった。何年も前に結んでいた長期契約が、いきなり莫大な利益を生むようになる、という場合もあった。たとえばグレンコアは、二〇〇〇年に再調整された長期契約が生きていたおかげで、ジャマイカからアルミナを固定価格で買い入れることができた。価格が高騰したときもグレンコアは、アルミナに対して市場価格の半分以下しか支払わずにすんだ。[20]

市場価格どおりに合意したコモディティー取引でさえ、好況期には高い利益を生むようになった。というのは、ほとんどの現物コモディティー契約には多少の許容量、つまり「遊び」があり、商社側は合意されたトン数に数％を足すか引くかして購入または供給することができるからだ。こうした許容量は、業界用語で「オプション性」と呼ばれ、通常時であれば、出荷量が予定より少しばかり多くても少なくても契約違反にはならないということを意味していた――大規模な物流ビジネスではまま起こりうることと理解されていたのだ。

しかし価格が高騰すると、このオプション性がたいへんな価値をもつようになった。コモディティー商社は、需要が多いときには供給元からすこし多めの量で買い入れたり、割増金を払ってでも必要な分を入手したいという相手がほかにいるときには、買い手に送る量をすこし少なめにしたりできる。商社が両方の立場から、そのオプション性がもたらす利益を得られることもある。

ある商社が、石油生産者と石油消費者の両方と、たとえばひと月あたり一〇〇万バレルの長期契約を結んでいるとしよう。どちらの契約も価格は同じ、その月の平均価格だ。どちらの契約でも商社が一〇％の許容量を与えられる。もし原油価格が完全に横ばいであれば、商社は確実に損をする。買ったときと同じ価格で原油を売ることになるので、その時点での利益はゼロだし、さらに輸送費や金融費もかかってくる。

だが原油市場が上昇していれば、商社は契約におけるオプション性を活用して利益を上げられる。生産者からは、契約にある量を最大限に生かして一一〇万バレルの原油を確保する――通常時より一〇％多い量だ。消費者に対しては、契約の量を最小限に解釈し、九〇万バレル――通常時より一〇％少ない――を供給する。そうすればその差――二〇万バレル――が転売できるようになる。市場は上昇しているので、その月の末の価格は月平均より高くなり、商社は二〇万バレルを転売して利益を出すことができるのだ。

二〇〇〇年代までは、コモディティーの供給元や買い手に、こうしたオプション性が商社にとってどんな価値を持つか理解している人間はほぼいなかった――なにしろ、スーパーサイクルによって価格が高騰する以前の時代には、大した価値などなかったのだ。ところが価格が急騰すると、このオプション性は、自分で紙幣を刷っていいというライセンス同然になった。トン・クロップは、カーギルやゴールドマン・サックスで石油取引の経験を積んだあと、スーパーサイクル時代の新興商社マーキュリアの設立に携わった人物である。「ずっと昔には」商社が幅広い許容量を持った契約を活用することができた、とクロップは振り返る。石油化学工業で使用される精製品ナフサの標準的な契約では、商社側の選択で、一万七〇〇〇トンから二万五〇〇〇トンまでのどの量を引き渡してもいいとされていたのだ。「とんでもない話です。そういった許容量を最大限に利用する方法を知っていれば、ただで現金がざくざく転がり込んできた」[21]

　好景気に浮かれる空気のなかで、買い手たちが価格の端数の数セントをめぐってねばり強く交渉するより、原材料が底を突くことのほうを心配していたのも有利に働いた。世界は喉から手が出るほどコモディティーをほしがっていた。石油精製会社はガソリンやディーゼルなどの精製品の旺盛な需要に直面したとき、割増金を支払ってでも原油を確保し、顧客からの需要に応えようとしつづけた。

　コモディティー商社にとって、これは行動への呼び水となった。トレーダーたちは地球上のあらゆる国をめぐる資源探しの旅に出た――チャドやスーダンなどの初めて原油を輸出する国から、ロシアやアゼルバイジャン、カザフスタン、イエメン、ブラジル、赤道ギニア、アンゴラなどのこれから原油を生産することになる国まで。

　その過程でトレーダーたちは、コモディティーブームで富を得ているオリガルヒ、専制君主、独裁者たちの世界へさらに接近していった。彼らは地元の有力者たちと同盟を結び、ときには合弁会社を立ち上げた。石油・食料交換プログラムのスキャンダルが示すように、法を犯すトレーダーもいた。戦争やクーデター、腐敗した政府、混乱した国家といった、ありとあらゆる危険な状況をくぐり抜けてくるトレーダーもいた。誰もが躍起になって天然資源を確保しようとした。

「これは厄介な国だなと思うと、また上には上がいるんだ」と、二〇〇〇年代にビトルの重鎮として活躍した元幹部のボブ・フィンチは説明する。[22]

中国の需要増大のおかげで、コモディティーを入手できた者は誰もがいきなり、特権的な立場を得た。それまでは世界のコモディティー市場の端役だった会社が、にわかに年間数百億ドル規模の資源を取り扱うスターになった。ただ儲けている企業というだけではない――コモディティーが不足し、中国の需要が底なしとも思える世界にあって、コモディティーの流れを保ちつづけられる商社は、重要な歯車としてグローバル経済を動かしていたのだ。

そして巨額の資金と戦略上の優位性を兼ね備えるおかげで、商社は世界の多くの地域で重要な政治的役割を担った。石油で肥え太った有力者の金庫に絶えず現金を流し込めるおかげで、その強力な同盟者となった。そのことを直感的に理解したサダム・フセインは、イラク産石油の買い手にキックバックを要求しはじめた。ロシアでも同様だった。次第に強権的になっていくクレムリンには、政治的緊張のなかでも石油を売りつづけられるように、友好的な商社が必要だった。

どうしても石油がほしい世界と、現金に飢えた産油国とが混じり合って化学反応を起こすなか、そこから二つの会社が生まれ、グローバルな石油取引の第一線に躍り出た。そしてどちらも多くの意味で、二〇〇〇年代の石油市場を象徴する存在となっていく――絶えず好機をうかがい、コネクションに恵まれ、新興国市場で急成長している石油生産者と中国のあくなき需要とを結びつける存在。それがマーキュリアとグンバーだった。

ソ連崩壊後の無法状態からこの二社が現れたのは一九九〇年代で、デイビッド・ルーベンがトランスワールドを世界最大のアルミニウム商社の座へ押し上げようとしていたのとほぼ同じころだった。だが、マーキュリアとグンバーに本物の大当たりが訪れたのは、一九九〇年代ではなく二〇〇〇年代に入ってからである。この時期に両社はロシア産石油の重要な販路となって、クレムリンの国庫に何十億ドルもの金が流れ込むのを助けた。それが若き日のプーチン大統領に自信をもたらし、世界の舞台でより独断的に振る舞う契機となったのだ。

マーキュリアの誕生はソ連崩壊後の時期にまでさかのぼる。そのころ、ビアチェスラフ・スモロコフスキー、グレゴリー・ヤンキレビッチというソ連生まれの街角ミュージシャンが、石油の取引で頭角を現した。この二人組は一九八〇年代、モスクワのレストランやクラブでギターやピアノを演奏して生計を立てていた。その後ポーランドに移住し、コンピュータ機器や白物家電を商う小さな会社を経営していたが、あるときシベリアの辺鄙な石油の町で、顧客のひとりから儲け話を持ちかけられた――石油の取引をやってみないか。その顧客は輸出承認書を取得していた。一九九〇年代初めにはまだ珍しく貴重だったものだ。二人は二の足を踏んだ。自分たちは石油のいろはも知らない、と。だが相手はしぶとかった。「一緒に学べばいいとまで言ってくれてね」とヤンキレビッチはのちに振り返っている。[23]

かくして二人は冷蔵庫から卒業し、タンカーへと乗り出した。ポーランドへ戻り、経営難に陥っていた製油所と取引をまとめるとたちまち、ソ連時代に建設されたドルジバ・パイプライン経由でポーランドにロシア産石油を輸送する有力な荷主となった。一九九〇年代半ばには、二人の会社J&Sは、ポーランド国内の原油供給の六〇%を占めるにいたった。

一九九〇年代のロシアの「ワイルド・イースト」で、二人はどうやってこれほど支配的な地位を確立できたのか。「われわれは両方（生産者と消費者）からの要求に応えた。そしてリスクを取っもない」[24]とヤンキレビッチは語った。「ポーランドにいるパートナーたちの期待を裏切ったことは一度た」

かと思えば、自分の役どころにあまり熱心でない者たちもいた。ロシア屈指の有力なオリガルヒたちが、陰で賄賂を受け取っていたとして自社の石油販売担当社員の数名を告訴したとき、J&Sから一七〇万ドルの支払いがあったことが発覚した。判事の説明によれば、この支払いは社員たちが何度か受け取った「秘密の手数料もしくは賄賂」のひとつだった[25]（この件について問われたヤンキレビッチとスモロコフスキーは、自分たちには不適切な行為を行ったという非難は向けられていない、もしそういう指摘があったとしても「徹底的に抗弁して」いただろうと強調した[26]）。

ヤンキレビッチとスモロコフスキーがパソコンや冷蔵庫の売買を始めたのと同じころ、ほかにも二人の人物がロシア産石油の取引に乗り出していた。当時まだレニングラードと呼ばれていたサンクトペテルブルクに、ゲンナジー・ティムチェンコという若い電気機械専門のエンジニアがいた。あるとき友人から電話で、石油取引をやってみないかと持ちかけられると、ティムチェンコはそのチャンスに飛びついた[27]。

一九九〇年代の混沌としたロシアの石油取引の世界で、ティムチェンコはある人物と競い合うことになった。トルビョルン・トルンクビストという名の、ロシアの石油精製品をエストニア経由で輸出する新会社を立ち上げたスウェーデン人である。初めはライバルだった二人だが、やがて組んで仕事をしはじめ、石油取引で最大の成功を収める共同経営者となった。

ロシア産のコモディティーの分野でビジネスをしようとする者には危険な時代だった。アルミニウム戦争は有名になったが、石油トレーダーたちもリスクにさらされていた。ある日、トルンクビストのビジネスパートナーが姿を消し、おそらく殺害されたという観測が流れた。トルンクビストは自分の身の安全を案じた。「彼とはたいへん親しくしていたので、私は最低一年はロシアに寄りつかないことにした」と言う。「しばらくは用心に用心を重ねていたよ」[28]

トルンクビストがエストニアのターミナルを使って燃油を輸出することで、彼はティムチェンコやそのパートナーたちと競合することになった。ただしエストニアでは、どちらかが撤退するまで競争するのでなく、協力して事業を行うことに決めた。ティムチェンコとそのパートナーたちは、トルンクビストとそのパートナーたちと手を組んで、グンバー・エナジーという会社を立ち上げた（グンバー＝Gunvor はスウェーデンの女性名だが、古ノルド語で「戦争中の不寝番」という意味がある）[29]。

グンバー・エナジーで、数人のパートナーがトルンクビストと衝突すると、ティムチェンコはスウェーデン人の側につき、旧知のパートナーたちを追い出した。そして二〇〇〇年、二人で新会社グンバー・インターナショナルを設立した。

その時点まで、こうした新しい石油トレーダーたちのビジネスは、収益性は高かったものの、範囲としては限られていた。年間の利益も数億ドルどころか数千万ドル程度だった。

だが、本物の大当たりの時期がすぐそこまで来ていた。中国経済はみるみる発展し、石油を入手できる人間なら誰でも目覚ましい利益を上げるチャンスが生まれた。サダム・フセインが石油・食料交換プログラムのもとで国際的な石油商社を口説いてまんまとサーチャージを支払わせたのも、こうした環境があったからこそだ。マーキュリアとグンバーは運に恵まれた。適切な場所で、適切な時期に、適切なコネクションによって大量の石油を手に入れることができた。

ロシアの石油生産も好調だった。一九九〇年代の初め、社会主義の失墜とともにロシア経済が破綻し、石油生産量もがた落ちになったが、二〇〇〇年代初めにロシアの石油部門はぐんぐん回復した。このころには、石油産業の所有権は何人かの有力なオリガルヒの管理下ですでに確立され、彼らは持ち株を守ることから自社事業の改善へと焦点を移していた。一九九九年から二〇〇五年にかけて、ロシアの石油生産は五〇％以上拡大し、輸出も急増した。[30]

コモディティー商社はロシアの生産者と国際金融システムとのつなぎ役として、ロシアという国家への新たな政治的影響力を持つようになった。ロシアの新大統領プーチンは、石油がマネーとパワーそのものであると認識した。クレムリンが石油部門の支配を強化しようとするなか、マーキュリアとグンバーはロシアの石油販売に新たな扉を開き、さまざまな形でロシア国家へのドル流入を維持することに貢献した。

マーキュリアの場合、それは新しい二一世紀における最も重要な二つの地政学的勢力、つまりモスクワと北京のあいだに石油取引のルートを開くという意味だった。二〇〇〇年代初めにロシアの石油生産量が急増するにつれ、Ｊ＆Ｓはポーランドで販売できる量以上の原油を購入しはじめた。さらに同社は石油をシベリアからポーランドまで運び、バルト海沿岸のグダニスク港へ持ち込んでから、タンカーに積んで世界へ向かうという形で輸出を開始した。

それでもヤンキレビッチとスモロコフスキーは、自分たちだけで石油の国際取引はできないことを理解していた。そこで接近した相手が、マルコ・デュナンとダニエル・ジャギだった。取引の抜け目なさと容赦のない野心の絶妙な取り合わせだと評判の高い、二人組のトレーダーである。この二人はジュネーブ大学の同窓で、その後も大手のコモディティー商社への転職を繰り返しながら、一緒に仕事をしていた。

二〇〇四年にジャギとデュナンは、Ｊ＆Ｓとの契約を結んだ。そしてＪ＆Ｓグループの新持ち株会社「Ｊ＆Ｓホールディング」をキプロスに立ち上げた。ヤンキレビッチとスモロコフスキーは二人分の持ち株を六二%まで減らし、デュナンとジャギがそれぞれ一五%、J&Sのメンバーのバディム・リネツキーとパベル・ポジドルがそれぞれ七%と一%を取得した。[31]

デュナンによると、彼とジャギは手持ちの「現金をほとんど全部」費やしてこの会社の株を取得した。だがヤンキレビッチとスモロコフスキーからも多額の融資を、社が将来に上げる利益で返済できるという合意のもとで受けられた。当初の資本金は二億五〇〇〇万ドル、デュナンとジャギの持ち株は七五〇〇万ドル相当だった。この契約で、デュナンとジャギが会社経営の全権を手にし、ヤンキレビッチとスモロコフスキーは時間をかけて持ち株比率を徐々に減らしていくことになった。「あの二人はわれわれに鍵を渡し、別のところへ進んでいった」とデュナンは言う。[32]

これは結果的に賢明な判断だった。デュナンはずっと以前から、中国の成長が石油市場に革命を起こすだろうと信じていた。まもなく彼らの会社は、ポーランドのグダニスク経由でロシア産石油を中国へ運ぶようになった。この取引の流れは、他の商社が参入するとともに重要性を増し、今日ロシアは中国にとって最大の石油供給国のひとつとなっている。

会社は驚異的なスピードで成長した。二〇〇九年の純利益は過去最高の四億五四〇〇万ドルを計上した。[33] このころには改称してマーキュリアという社名に変わっていたが、ヤンキレビッチとスモロコフスキーは引き続き大株主だった。[34] 二人はよく社のパーティーに現れては、ヤンキレビッチがギターを持ち、スモロコフスキーはピアノの前に座り、居並ぶマーキュリアのトレーダーたちの前で古いロックの名曲を演奏してみせた。

市場が活況を呈している時期に、ロシアの石油供給と中国の需要を結びつけられたことが、彼ら全員を金持ちにしたのだった。二〇〇七年から一八年のあいだに、マーキュリアは税引き後の累積利益で三九億ドルを稼ぎ出した。そして元のパートナーたちが持ち株を減らそうとすると、北京がこの会社への投資を行い、国営の中国国家化学総公司がマーキュリアの少数株を買い取った。

ロシアの石油を中国に持っていけば儲かることを証明したのがマーキュリアなら、そのライバルのグンバーは、もうひとつの有効な道を明らかにしてみせた。政治的コネクションだ。ティムチェンコとトルンクビストはずっと以前から、ロシア政財界の要人たちとの関係を培ってきた。そしてそのなかのひとつが他のどれにもまして、社の将来を左右することになる。一九九九年一二月三一日、ロシア大統領にプーチンが就任したのだ。

ティムチェンコらがプーチンと初めて取引をしたのは一九九〇年代の初め、プーチンがサンクトペテルブルクの対外経済関係を担当していたころである。やがて九〇年代が終わるころ、プーチンは大統領になる準備を整え、ティムチェンコは一人前の石油トレーダーとしてグンバーの名でビジネスを始めたばかりだった。二人は連絡をとりつづけた。そして一九九八年、ティムチェンコは他のスポンサーたちとの共同出資で柔道クラブを設立し、幼いころから柔道に親しんでいたプーチンを名誉会長に迎えた。

ティムチェンコは長年ずっと、あなたはプーチンの友人だという意味のことを言われると気色ばんだ。それでも二〇一四年ごろには、ロシア大統領はティムチェンコのことを「私の親しい知人であり――友人」のひとりだと進んで言うようになっていた[35]。ティムチェンコのほうも、自分が飼っている牝犬は、二〇〇四年にロシア大統領から贈られた、プーチン自身が可愛がっているラブラドールの仔であることを明かした[36]。

そしてティムチェンコとグンバーが最大の成功を収めたのは、プーチンが大統領になって以降のことだった。一九九〇年代の混乱期を経て、プーチンは秩序と安定、強いリーダーシップを約束した。ロシアの一般市民と同様に、プーチンはオリガルヒに対して、また一九九一年から九九年までのエリツィンの政権下で弱体化したロシア国家を利用し、国内の資源を格安値で摑み取ったそのやり口に対して憤りを感じていたのだ。

千年紀の変わり目に政権に就いたプーチンは、オリガルヒたちに暗黙の協定を示してみせた。おまえらは民営化を通じて一財産築いたわけだが、こちらとしてはその流れを変えるつもりはない。その代わり政治には口を出すな、と。しかし両者の緊張は水面下にとどまってはいなかった。石油会社ユーコスのオーナーのミハイル・ホドルコフスキーは、プーチンの姿勢がどこまでのものかを誰よりもきびしく試したオリガルヒだった。

学者肌のホドルコフスキーは、四〇歳となった二〇〇三年には、すでにロシアで最も裕福なオリガルヒのひとりだった。聡明で野心に満ちたこの人物は一九八〇年代後半、当時のソ連で可能になりつつあった私企業の一形態である協同組合を立ち上げていた。メナテップというその協同組合はまもなく形を変え、銀行となった。そしてたちまちメナテップはソ連で最大の、また最も積極的な民間企業のひとつとなり、政府関係者とのきわめて密なネットワークも築いた。弱体化したエリツィン政権がやがて失敗に終わる株式貸付スキームを開始したとき、ホドルコフスキーはわずか三億九〇〇〇万ドルで石油会社ユーコスの企業支配権を得た。[37] 一〇年後、彼はユーコスを、市場価値二〇〇億ドル超というロシア石油業界の寵児へと押し上げていた。

だがユーコスは、一九九〇年代にプーチンとその同盟者たちを激怒させたオリガルヒのあらゆる要素を体現する見本でもあった。オフショア企業や低税率の経済特区を誰より積極的に活用し、税の支払いを減らそうとした。またロシアで最もあつかましい企業ロビイストのひとりでもあった。
やがてホドルコフスキーはますます大胆に、挑発的にさえなった。クレムリンで行われたテレビ会議では、汚職をめぐってプーチンに論戦を挑んだ。二〇〇七年になったらユーコスから引退するとも発言したが、その翌年にはプーチンが憲法に従うなら勇退するはずだったので、政界への転身を目論んでいるのではないかという憶測を呼んだ。[38] さらにシェブロン、エクソンモービルにユーコスの株を売るという協議も始めた。ユーコスとシェブロンを合併させ、世界最大の石油会社を創り出すという契約を目前にしてすらいた。[39]

二〇〇三年一〇月二五日、自家用機でシベリアを横断中のホドルコフスキーは、給油のために立ち寄った飛行場で特殊部隊に包囲された。ロシア随一のオリガルヒは逮捕された。ホドルコフスキーは詐欺、脱税、横領の罪を問われ、その後一〇年間を収容所で過ごすことになる。そして一年後、ユーコスに対する納税の要求が強まるなか、ロシアの国営石油会社ロスネフチがユーコスの主要資産――シベリアの中心部にある巨大な石油生産事業――を管理下に置いた。

それはプーチンが大統領の地位を確固たるものにした瞬間だった。オリガルヒがクレムリン以上の力を持つことはありえない、ロシアの実業家は大統領の歓心を得ることでのみ裕福になれる、ロシアの天然資源は最終的に国家に帰属する、という事実上の宣告だった。この事件は国内外からのプーチン批判をかわす避雷針の役目を果たし、ロシア政府とユーコスの元株主たちとのあいだで延々と続けられる数十億ドル規模の法廷闘争の焦点となった。

グンバーにとってこの一件は、石油取引の第一線へのチケットだった。

ユーコスが対立するクレムリンの圧力を受けて倒れたとき、グンバーはここぞと、ロシア国家への石油供給を滞らせないよう支援に回った。それまでほぼ無名だったこの商社は突然、プーチンがロシアの石油産業における国家の支配を再び確立するうえで不可欠な歯車となった。

グンバーは長年のあいだ、ユーコス事件については沈黙を守ってきた。ティムチェンコは数少ないインタビューのなかでこの件について訊かれたとき、「私とはなんの関係もない会社について、自分の見解を口にする気はない」と答えている[40]。

だがトルンクビストはいま、ホドルコフスキーの失脚について、またロシア国家がその余波を処理する際にグンバーが果たした役割についても進んで語っている。

トルンクビストによると、ユーコスが解体されることは事前に知っていたという。「何がどうなるのか正確には知らなかったが、何かがあるとは聞かされていた」と彼は言うが、誰がその情報を与えたかは話そうとしない。「ただ、もっと大きな量を扱う準備をしておくようにと言われただけだ[41]」

ホドルコフスキーは二つのまちがいを犯した、とトルンクビストは言う。一つめは、ロシアの政治に口を出すなというプーチンの警告を無視したこと。二つめは、ユーコスをアメリカの石油会社に売却すると言い出したことだ。「怒りのほどは想像できるだろう。あの連中は全部タダで手に入れた。金を払ったわけじゃない。棚からぼた餅だった。なのにいまそれをアメリカの多国籍企業に売ろうというのか、とね。

そのときに、彼らはホドルコフスキーを倒そうと決めた。彼らは何も隠さずに言った……こんなまねを見逃していたら、ロシアはばらばらになる。ロシアの富が世界中に散らばってしまい、ロシア国民は何も得られなくなる」

ユーコスの油田が接収されたあとに、グンバーは石油販売を助ける役割を担った。その時点までこの商社は、原油の取引はほとんどゼロで、精製品を中心に扱っていた。それがいま、毎月のように、莫大な量の原油を扱えるかと訊かれるようになった。「これは千載一遇のチャンスだとわかった。財務担当に電話をしたよ。どうすればいいのかわからないが、どうにかしてBNPパリバに連絡をつけて、すぐに融資枠を確保しろと」

トルンクビストによると、こうした呼びかけを受けたトレーダーは自分だけではなかったという。だがグンバーはすぐに最大手となり、トルンクビストの推定では、ピーク時にはロスネフチの海上輸出の六〇%を取り扱うようになった。さらにさまざまな取引が続いた。こうして突然グンバーは、世界の石油市場において重要な役割を担うようになったのである。二〇〇八年に原油価格が高騰して一バレルあたり一〇〇ドルを超え、あらゆる石油を支配することが成功への切符となったとき、グンバーはロシア産石油の単独にして最大のトレーダーにのし上がり、一時は同国の海上輸出の三〇%を扱うまでになった。[42]

プーチンが国の内外で次第に大胆になっていくあいだ、グンバーはその舞台裏でロシア産石油を世界へ向けて送りつづけた重要な企業のひとつだった。そしてその仕事から莫大な儲けを得てもいた。長年にわたってこの企業の初期の利益は推測や憶測の的だった。しかしグンバーはいま、二〇〇五年から〇九年までの利益は、年平均で三億四七〇〇万ドルだったと自ら公表している。[43] 社の株式の価値は、二〇〇五年の二億五四〇〇万ドルから二〇〇九年はほぼ一四億ドルにまで上がった――スーパーサイクル時代のコモディティー取引業界の基準から見ても、驚異的な急成長である。

以前は知られていなかった商社が、なぜここまで儲けることができたのか。グンバーの利益はロシアの国営石油会社を食い物にすることで生まれたのか。「ロスネフチは降って湧いたように、ロシア最大の石油会社を所有することになった。……組織もなければ、何もなかった。トレーダーならその場にいたいと思うのは当然だ。そしてその状況を利用しようとするか。するに決まっている」とトルンクビストは言う。「トレーダーとはそんなものだ。是が非でもその場にいようと、その状況を利用しようとする。だからロスネフチを利用したという言い方はしない。そう、あの状況のなかで、われわれがチャンスを見てとったのは確かだ」

それでもまだ疑問は残る。どうしてグンバーがロシアの石油部門という国家権力の要となる場所で、あれほど優利な地位に、しかもあっという間に上りつめられたのか。ティムチェンコ本人は、ロシア大統領との個人的関係のおかげで特別な便宜を受けたことはないと繰り返し言っている。[44] しかしこの疑惑は何年にもわたってグンバーにつきまとい――最終的には劇的な清算へと追い込むことになる。

ロシアをはじめとする旧ソ連諸国は、またしてもコモディティー商社に巨万の富をもたらした。だが一九九〇年代とはちがい、今回の利益は体制の崩壊による混乱に乗じたものではなかった。中国をはじめとする新興国市場が石油がほしいと騒いでいたときに、この地域が生産を増強する力を備えていたからだった。マーキュリアとグンバーは明らかに一番の勝ち組だった。その時期の終わりには、それぞれ世界第四位と第五位の独立系石油商社としての地位を確立していた。二〇一八年までの一〇年間で、この二社の利益は合計約六六億ドルに上り、その大半がたった六人の個人――ヤンキレビッチ、スモロコフスキー、デュナン、ジャギ、ティムチェンコ、そしてトルンクビスト――にもたらされた。[45]

石油・食料交換プログラムと同様に、彼らのストーリーは、石油価格の高騰がいかに世界経済の輪郭を変え、石油に恵まれた権威主義的指導者に力を与え、その石油を市場に送り出す有力な役割をトレーダーに与えたかを示すものだった。

しかしコモディティーブームが加速するにつれ、旧ソ連の豊かな資源も、市場のあくなき欲求を満たすのに十分ではなくなってきた。そこでコモディティー商社が目をつけたのは、世界有数の天然資源の宝庫でありながら、最も活動が難しい地域のひとつだった。アフリカ大陸である。

第10章　目的地はアフリカ

朝の七時、コルウェジを出る道はすでに渋滞している。

街の外へ出ていく道路沿いのいたるところに見られる光景が、アフリカ中央部に位置するこの埃っぽい高原では鉱山業が王様だということを思い出させる。道端に売り物として並べられている粗末なハンマーやツルハシ。どれもこれも、泥だらけの服装で毎日町はずれまで歩いていき、手を使って鉱物を掘りはじめる大人の男や少年たちの使う道具だ。

やがて道路は、重厚な建物の横を通り過ぎる。一九〇六年にこの地域で最初に採掘を始めたベルギーの植民者たちが建てたものだ。それから見えてくるのは、ぐっと現代的な鉱山業の所産であるカジノやレストランだ。英語にフランス語、中国語の表示があり、一攫千金を夢みてコルウェジへ引き寄せられた者たちが長い夜を過ごし、ポケットのなかを軽くするのに貢献している。

夜間はバイクに乗ったギャングがうろついているので、誰も車を運転しない。やがて夜が明けると、誰もがどこかを目指していく。金属や鉱石を積んだトラック、燃料や酸を運ぶタンカー、外国人経営者やコンサルタントを乗せたジープが行きかう。

コルウェジを出た道路は、大河コンゴ川の最大の支流ルアラバ川を渡る。そしていよいよ目的地が見えてくる。その遠くにそびえる丘へと、たくさんのトラックが向かっていく。

ここはコンゴ民主共和国の、ムタンダと呼ばれる世界有数の鉱床である。鉱山の内部には巨大な三本の坑道が、どれも深さ一五〇メートルのところを伸びていて、銅鉱石を積んだトラックが蟻塚の蟻のように蛇行しながら上り下りしている。

世界のどこよりも辺鄙で、採鉱の難しいフロンティアのひとつとされる場所。その所有主は他でもない、グレンコアだ。

ムタンダは、二〇〇〇年代の資源業界を席巻したアフリカブームの象徴のような場所である。スーパーサイクルが加速するなか、鉱山会社に石油会社、コモディティー商社はもうアフリカの富を無視できなくなった。何十年にもわたってアフリカ大陸の大半は、あまりにも遠くて未開発で、また腐敗していると見られ、欧米の大企業から見放されていた。それがいま、欧米の大企業がこぞってアフリカに投資するようになった。

その先陣を切ったのが、グレンコアをはじめとするコモディティー商社だ。アフリカのコモディティーを買い入れ、ムタンダなどの鉱山に投資し、アフリカの各国政府が資金を得るのを手助けした。またその過程で、人気のない権威主義的な多くの指導者を支持した。そしてアフリカのコモディティーと中国の工場を、あるいはアフリカの独裁者とロンドンやスイスの銀行口座をつなぐ新たな道筋を作ったのだ。

ムタンダの所有主となって資源争奪戦から抜け出したグレンコアには、アフリカブームは祝福であり、呪いでもあった。アフリカはグレンコアの富の多くを支える基盤というだけでなく、グレンコアの将来に真っ黒な暗雲を投げかける場所にもなっていく。

アフリカの大半はコモディティーの輸出国で、他の輸出品はほとんどない。[1]それはアフリカの経済がコモディティー市場とともに上昇し、また下降してきたことを意味する。一九五〇年代から六〇年代の、多くのアフリカ諸国がヨーロッパの植民地支配から独立を勝ち取った時期は、この大陸の黄金時代だった。第二次世界大戦が終わり、ヨーロッパとアジアは復興のためにコモディティーを必要としていた。トレーダーたちは銅やその他の金属を求め、アフリカへ渡った。

だがまもなく、アフリカが天然資源に頼りきっていたことが仇となった。コモディティー価格の低迷に加え、不正管理や腐敗、戦争、植民地支配の遺産などのせいで、一九八〇年代から九〇年代のこの大陸は発展に歯止めがかかった。二〇〇一年時点でサハラ以南アフリカ諸国の経済規模は、一九八一年のころと変わっていなかった。[2]

大陸のコモディティー生産も、総じて減少した。低価格のために投資を呼び込めない。老朽化したインフラを建て替えられない。戦乱が鉱山や油田、農場を荒廃させる。腐敗と独裁が外国の融資家を遠ざける。その悪循環だった。現在のコンゴ民主共和国は、一九七五年当時にはグローバルな供給量の七％以上を占める世界屈指の銅生産国だった。だが二〇年後、その生産量は世界全体のわずか〇・三％まで落ち込んでいた。[3]ジンバブエは穀倉地帯から不毛地帯へと変わった。ナイジェリアは一九九九年、数十年続いた独裁的な軍事政権からようやく民主主義体制に戻ったが、その年の石油産出量は一九七九年当時よりも少なかった。[4]アフリカは多くの外国人投資家の目に「絶望の大陸」と映っていたのだ。[5]

そんな谷間の年月にも、コモディティー商社はアフリカで儲けていた。マーク・リッチとジョン・デウスが国連の禁輸措置に反して南アフリカに燃料を送っていたのもこの時期だ。だが、多くのコモディティー商社はそれ以外の国々に注目していた。一九八〇年代から九〇年代にかけてコモディティーの生産量が減少した時期、アフリカには買い付けられるものが大してなくなった。そして経済活動が低下したために、アフリカへ売れるものもあまりなかった。

その後、二〇〇〇年代初めから中国に主導された好景気がコモディティー市場を活性化し、アフリカの命運は大きく変化した。アメリカ、カナダ、オーストラリア、中東にラテンアメリカといった従来からあるコモディティーの供給源だけではもう足りなくなった。世界がさらに多くの天然資源を必要とするなら、業界はより遠くへ向かわざるを得ない。その答えがアフリカだった。

コモディティー商社が続々と大陸に押し寄せ、アフリカ諸国との取引をするだけでなく、鉱山や油田、農産物加工にも投資するようになった。アフリカ経済にとってコモディティーは再び、天の恵みとなった。好況で価格は高騰し、二〇〇一年から一一年までの一〇年間でサハラ以南アフリカの経済規模は四倍に膨れ上がった。[6]

コモディティーの売却によって流れ込んでくるドルは、アフリカの指導者を一世代にわたって豊かにし、しばしば腐敗が露骨だったり幅広い層に不人気な政治エリートたちの足元を固めることになった。コモディティー商社は国際金融システムに新たに生まれたこの一角の重要なリンク役となり、アフリカ各国の政府や政治家たちが欧米の資金源にアクセスする手助けをした。彼らの多くはまもなく自分だけのマネーを欧米に確保し、昼のうちにコモディティー取引の細かな点を詰めてから、夕方以降はロンドンやパリの歓楽街に繰り出すということを覚えた。

そうした腐敗を暴くアメリカの裁判で、公になった例がひとつある。二〇一一年から一五年にかけて、ナイジェリアの石油大臣ディエイザニ・アリソン＝マドゥエケが、複数の石油売買契約を現地の二人の実業家に回し、報酬として彼女とその家族が贅沢な暮らしをするための資金を受け取ったとされるものだ。実業家たちがこの石油大臣のために用意した贈り物には、ロンドン近郊の不動産数件も含まれ、そうした家には数百万ドル相当の家具や美術品が備え付けられていたという。ところが売買契約を得たその地元の実業家二人は、石油取引には興味がなかった。二人の会社はあっさりと石油をコモディティー商社に転売した──その筆頭がグレンコアで、八億ドル分の石油を買い入れたのだ。アメリカ当局はグレンコアが悪事を働いたとは指摘していないが、もし商社の関与がなければ、贈賄のための資金が得られなかったのは確かだろう。[7]

コモディティー商社はまた、グローバル経済に新たに生じた潮流の重要なパイプ役にもなった。新興国市場どうしで、欧米を完全に迂回した取引の流れが活発化してきたのだ。好景気は中国から始まったため、商社がアフリカで買い付けたコモディティーの多くが中国に行き着くのも意外ではなかった。まもなく中国はコモディティー商社のつけた道筋をたどって自ら直接アフリカへの投資に乗り出す。これを機に中国投資が新たな段階に入り、北京はアフリカ大陸の大半で最も重要な存在のひとつとなった。

コモディティー商社の側から見ると、アフリカでビジネスを行うのは問題が多かった。この大陸で取引をするとは、往々にして残忍な独裁者や腐敗した政治家、強欲な地元の顔役などと顔を突き合わせるということだ。コモディティー商社は多くの場合、現地の有力者との付き合いを、代理人やフィクサー、コンサルタントといった存在に委ねることで解決した。こうした種々雑多な人間たちの代表格がエリ・カリルで、この地域でもとくに有名なフィクサーである彼は、ナイジェリアからコンゴ、セネガル、チャドにまで連絡網を広げていた。

ときとして、こういった外部のコンサルタントやフィクサーの役割は、ごく単純なものだった。コモディティー商社と、石油や金属の流れを保つのに必要な賄賂その他の支払いとのあいだにワンクッション置き、あとで否認できる余地を作ることだ。「第三世界では、政府の指導層を富ませる以外にビジネスのやりようがない」とカリルは言い、アフリカの有力者に賄賂を贈る習慣がどんなふうに進化してきたかを説明した。「以前ならどこかの独裁者に、ドル札の詰まったスーツケースを渡していた。いまは自分の社の株の情報をちらっと明かすか、相手の叔父さんだか母親だかの不動産を相場の一〇倍の値で買うかだ」[8]

それ以外のフィクサーの仕事には、もっと平凡なものもあった。自分たちのほうが経験豊富なアフリカ諸国で、コモディティー商社に代わって面倒な物流を取り扱ったり、強力な人脈やネットワークを差配して細かな書類作成やいろいろな障害に対処させる、といったことだ。

コンゴ民主共和国で、グレンコアのためにその役割を果たしたのは、ダイヤモンドを商うイスラエル人だった。思いがけずこの国の若い大統領との友情を育むことになった人物でもある。名をダン・ジェルトレルといった。

西ヨーロッパ全体のおよそ三分の二の面積を持つコンゴ民主共和国は、世界で有数の鉱物資源を有している。かつてはザイール、ベルギー領コンゴと呼ばれたこの国は、一世紀前から世界市場において最も重要な金属供給国のひとつだった。

ムタンダから約八〇キロ離れた鉱山で採れるコンゴ産ウランは、世界初の原子爆弾を開発するマンハッタン計画で使用され、第二次世界大戦末期に広島に投下された。そしてコンゴ産の銅がその後、日本とヨーロッパの復興に使われた。また電気自動車などの高性能バッテリーに使われるコバルトや、携帯電話に使われるタンタルなど、現代生活に欠かせない鉱物も豊富にある。

ところが一九六五年、モブツ・セセ・セコが政権に就いた。以後三〇年以上もこの国を支配することになる腐敗した独裁者は、さっそく鉱業の国有化に踏み切った。コンゴの豊かな鉱物資源は、モブツの贅沢な気まぐれの支払いに使われた。たとえば彼の生まれた村は淫らな愉しみの館に作り変えられ、コンコルドが着陸できるほど長い滑走路を作るために森が切り開かれた。やがて一九八〇～九〇年代に金属価格が下落すると、コンゴの鉱業は悲惨な状態に陥った。ほかにも供給元はたくさんあったため、国際的な鉱山業者やコモディティー商社はもっとビジネスのやりやすい場所へあっさり引き揚げていった。

ダン・ジェルトレルが初めてコンゴ民主共和国を訪れたのは一九九七年、彼がまだ二〇代前半で、ちょうどモブツが流血の紛争の末に政権から追われた時期だった。[9] ジェルトレルは若いダイヤモンド商で、イスラエル・ダイヤモンド取引所を設立した人物を祖父に持つ、裕福な宝石商の家系の末裔である。コンゴ民主共和国の新大統領ローラン＝デジレ・カビラは、権力を固めようと激しい戦争を行いながら、資金集めに必死だった。[10] 二〇〇〇年八月、ジェルトレルの会社はコンゴ政府に二〇〇〇万ドルを支払い、引き換えに同国で産出するダイヤモンドの販売の独占権を得ることで合意した。[11]

二〇〇一年、ローラン＝デジレ・カビラが自分の護衛のひとりに暗殺され、息子のジョセフ・カビラが大統領となる。するとジェルトレルの影響力はますます強まった。彼はたちまち若い大統領の腹心の友となった。ちなみにこの二人は同い年だった。ジェルトレルはイスラエルに住んでいたが、毎週のようにコンゴまで飛行機で飛んできていた。

ジェルトレルには政治とビジネスの両面で助けになる用意があった。二〇〇〇年代半ば、コンゴの新大統領がまだ国際舞台で存在をアピールできずにいたころ、彼はカビラとアメリカ国家安全保障顧問コンドリーザ・ライスの橋渡し役を務めた。[12]やがてカビラは二〇〇七年にブッシュ大統領からホワイトハウスへ招待されるまでになった。[13]テルアビブのジェルトレルのオフィスは、コンゴの外交官事務所も兼ねている場所だが、そこには二〇代のジェルトレルとカビラが一緒に撮った写真とともに、彼がグレンコアと組んで建設した銅・コバルト鉱山の航空写真が展示されている。[14]

ジェルトレルが関係を結んだ相手はカビラだけではない。オーギュスタン・カトゥンバ・ムワンケとも昵懇《じっこん》になった。カトゥンバはムタンダ鉱山を擁する鉱物資源の豊富なカタンガ州の元知事で、カビラを支える黒幕でもあった。アメリカの外交官たちの評では、カトゥンバは「陰険な、極悪とすらいえる人物」で、彼がカビラの個人資産の多くを管理していると考えられていた。[15]カトゥンバが自費出版した自伝によれば、ジェルトレルはカトゥンバと妻を紅海でのヨット旅行に招き、超能力でスプーンを曲げると称する奇術師ユリ・ゲラーのパフォーマンスでもてなしたという。またこの本には、ジェルトレルが彼のために医師を雇って治療をし、おかげで一命をとりとめたことも書かれている。「そのときから、彼の考えや理想は私自身のものとなった。ダン、わが友、見かけはどれほどちがっていようとも血を分けたわが双子の兄弟よ、私はあなたのただひとりの兄弟であることを誇りに思う[16]」

中国の好景気に乗ってコンゴの金属への需要が高まったとき、ジェルトレルは完璧な立ち位置にいた。世界が一九七〇年代以来なかったコモディティー不足に陥りはじめると、彼はコンゴ産鉱物資源の門番役となった。そしてダイヤモンド以外にも手を広げ、銅やコバルト、石油などのコモディティーに投資しはじめた。二〇〇八年にあるビジネスパートナーに送った電子メールには、コンゴは「他の誰でもなく、私が描いたとおりの形に作られようとしている」と自慢げに記している。同じメールのなかで、彼はおのれの力をこう誇示してみせた。「あなたにはより大きな絵が見えている。それがわかるからこそ、私はあなたがこの魅力的な時間／価格のチャンスに加わるよう手助けをしました。この大きな絵が正確にどのようになるかは、まだこれから決まることですが、その筆を握っているのはあなたのパートナー、つまり私なのです――あとはただ、この絵を描くときの画板に少し柔軟性がありさえすれば、私とあなたのパートナーシップは最大限の価値を生み出せるようになるでしょう[17]」

ジェルトレルがコンゴの鉱山業の全体像を描き直すチャンスをつかんだのは、二〇一一年一一月のコンゴ大統領選を控えた時期だった。カビラは資金不足に悩み、彼の右腕であるカトゥンバは選挙に勝てるよう躍起になっていた[18]。とにかく何よりも、資金を調達しなくてはならない。コンゴ政府は重要な鉱物資源関連の株式を売却しはじめたが、その一連の取引がのちに明るみに出された。買い手は名ばかりのオフショア企業で、その多くがカトゥンバの「双子の兄弟」ジェルトレルとつながっていることがわかった。二〇一〇年から一二年に、当時のアナン前国連事務総長が主導した調査グループ「アフリカ進捗パネル」は、コンゴ政府が鉱山の株式を格安価格で売却することで得た金額は、本来得られるはずの額より一三億六〇〇〇万ドル低いものだったと見積もった[19]。

ジェルトレルは、市場価格を下回る金額で取引が行われたという指摘を一切認めず、むしろ自分のコンゴでの貢献にはノーベル賞が授与されてしかるべきだと主張した[20]。「われわれが投資を始めたのは、まだ初期のころ――ほかに誰も投資のことなど考えず、この国が戦争の最中で、銅とコバルトの価格が底値のときだった」と彼は言っている[21]。

アメリカ政府の見解はちがった。二〇一七年、ワシントンはジェルトレルに制裁を科した。彼がカビラとの親密な関係を利用し、「コンゴ民主共和国における鉱山資産売却の仲介役を務め、多国籍企業数社に対し取引を締結するには自らを通すようにと求めた」。その結果、「何億ドル分もの不透明で腐敗した鉱山および石油の取引」が行われた、とアメリカ政府は述べた。[22] ジェルトレルはこれらの疑惑を否定し、広報担当者の口を借りて、コンゴで行った取引はすべて合法でまっとうなものだ、法廷では私に非があるという証拠は何も出ていない、と反論している。[23]

ジェルトレルに制裁が科されるのはまだ一〇年以上も先というころ、アイバン・グラゼンバーグは銅を求めてコンゴへ乗り込んだ。グレンコアのCEOはこの国の富に引き寄せられてきたのだが、最後には彼とジェルトレルとのつながりが、同社を悩ませる一番の頭痛の種となった。

数十年前からムタンダの丘には、現地のコンゴ人たちが何百人も吸い寄せられ、緑がかった筋模様の鉱石をほぼ素手同然の装備で掘り出していた。彼らは組織されておらず、どこの会社にも属していない。安全のための装備も持たない。誰からの規制も受けない。現代の非政府組織（NGO）の用語でいうところの「零細採掘労働者」である。道具はハンマーやノミ、ツルハシ、シャベルと原始的なものばかり。それでも彼らは山の奥に向かって延々と穴をうがち、七〇メートルもの深さまで掘り進めて、最も豊かで貴重な鉱脈に到達したのだ。[24] 作業は危険が多い。毎年この国全体で同様の作業の最中に数十人が死亡している。けれども世界最貧国に数えられるこの国では、見返りは非常に大きい。たった一日で、学校教師の一週間の報酬よりも多い額を稼ぐことができる。零細採掘労働者にとって銅とコバルトの鉱石は、それでなくても暗く落ち込んだこの国の経済では唯一の収入源だった。

彼らとグローバル市場とをつなぐ存在は、大手のコモディティー商社ではなく、インドやレバノン、そしてのちには中国も加わってくるのだが、そうした国の小規模な仲買業者だった。採掘労働者たちは毎晩、その日採れたものをコルウェジの外れの村まで持っていき、興奮口調でまくしたてる仲買人たち相手にそれを売る。なかでも二〇〇〇年代初めに羽振りのよかった仲買業者のひとりに、アレックス・ヘイサム・ハムゼというレバノン人がいた。彼の部下がムタンダで採れた緑色の鉱石――マラカイトという――を袋単位で買ってトラックの荷台に積み上げ、でこぼこの道路を走って手近な製錬所まで運び込む。そこでマラカイトが純粋な銅に作り変えられるのだ。

そうした製錬所のひとつが、鉱山から五〇〇キロほど離れてザンビアに入ったところにある、グレンコアが一部所有する施設だった。グレンコアはこの製錬所に、ザンビアの鉱山から採掘した鉱石のほか、市場で安く仕入れられるものはなんでも送り込んでいた。ザンビアの鉱山は質の高い鉱石を産出する。しかしグレンコアのトレーダーは、国境の向こうのコンゴから運ばれてきた鉱石を見て、目を疑った。

コンゴ産の鉱石は、銅鉱石だけでなくコバルトも、純度が桁ちがいだった。世界の銅鉱の平均的な鉱石品位は〇・六％程度だ。チリやペルーでは、この平均値が一％以上なら、きわめて良質な鉱石だとされる。だが初期のムタンダは、銅鉱石の平均品位が三％を超えていた。[25]

グレンコアのトレーダーたちはハムゼに、このとてつもなく豊かなマラカイト鉱石が採れる場所を見せてほしいと頼み込んだ。[26] それで二〇〇六年、グラゼンバーグがまずコルウェジまで行き、やがてムタンダの丘陵地へと向かった。その一〇年前に炭鉱をつぎつぎ買収し、それが大いにものを言ってCEOとなったグラゼンバーグは、こう信じていた。グレンコアの将来の成長を握る鍵は、従来のトレーディングの知恵と鉱山の帝国との組み合わせにある。そしてコンゴこそが待ち望んでいたチャンスなのだ。

ハムゼは純粋な仲買人から鉱山投資家に成り上がった人物で、やがてムタンダ周辺の土地を押さえるようになっていた。ハムゼの動きはタイミングとして完璧だった。彼がムタンダ・マイニングを設立したのが二〇〇一年五月で、これはミック・デイビスが「コモディティー価格は上昇の一途をたどる」というメモを記した日のわずか数週間前だった。グラゼンバーグがムタンダへやってくるころ、ハムゼは鉱山を開発できる資金力と知識を備えたパートナーを必要としていた。グラゼンバーグは時間をむだにしなかった。二〇〇七年半ばにムタンダの四〇%の株式を取得し、同時に評価額一億五〇〇〇万ドルほどで経営権も買い取った。[27]

グラゼンバーグとジェルトレルが初めて出会い、二人がコルウェジの近郊にある別の鉱山の主要株主となったのもそのころだった。それはコンゴの経済を一変させることになる関係の始まりだった。

コンゴの鉱山部門でのジェルトレルの影響力は、それまではさほど大きくはなく、他の有力者や実業家たちから競争を仕掛けられる立場だった。だが、彼とグレンコアとのタッグの威力はすさまじかった。コモディティー商社は資金力と市場支配力をもたらし、ジェルトレルはコンゴの権力の回廊へ通じる扉を開いたのだ。

二〇一一年、カトゥンバが再選を目指すコンゴ大統領の選挙戦を財政支援しようと努めていたころ、ジェルトレルはムタンダの株主としてグレンコアに加わった。三月には彼の会社のひとつが、コンゴの国営鉱山会社ゲカミネスからムタンダ鉱山の二〇%の株式を購入した。価格は一二億ドルちょうどという、不可解なほど低い額だった。[28] 銅の価格は急騰していたが、そのほぼ同じ時期にグレンコアに雇われた鉱山コンサルタントは、鉱山全体の価値をおよそ三一億ドルと評価した。これに従えば、ジェルトレルが購入した二〇％の持ち分の価値は六億二〇〇〇万ドルということになる。[29] そしてわずか数カ月後、グレンコアはムタンダ株の持ち分を増やしたのだが、その評価額はジェルトレルが支払ったときのじつに四倍だった。[30]

ジェルトレルとグレンコアは一〇年以上にわたって、一〇億ドル超相当となる十数件の取引に関与した。グレンコアはジェルトレルから鉱山の株を買い、彼に数億ドルの融資を行った。そして本来はコンゴ国家が受け取るはずの銅とコバルトの鉱山使用料をジェルトレルに支払った。見返りにジェルトレルは、コンゴにおけるグレンコアのビジネスパートナー、顧問、フィクサーとなった。グレンコアは長らく首都キンシャサに駐在員を置くこともせず、代わりにコンゴ政府との調整をジェルトレルと彼のチームに頼っていた。[31]

もしジェルトレルとのビジネスに何かしらの疑念を持っていたとしても、グレンコアがそれを明言することはなかった。「彼の関与は、コンゴ民主共和国が外国からの投資を呼び込むのに役立った」とグラゼンバーグは二〇一二年に語っている。[32] だが、コンゴでの不透明な取引にたびたび絡む実業家としてのジェルトレルの評価は、グレンコアが実際に彼と取引を始めたころには、もうすでに固まっていた。

二〇〇八年初め、コンゴの鉱山業に参入した別の投資会社が、ジェルトレルに関する情報を探り出した。そのとき調査会社から届いた報告書は、のちに法的書類で開示されることになるが、どこか訓話のようにも読めた。この報告書が提出される相手の投資会社とは、数十億ドル規模のアメリカのヘッジファンド、オクジフ・キャピタル・マネジメントだった。そして報告書によれば、ジェルトレルは「好ましからぬビジネス仲間としか形容しようのない人物」との関係を保っていた。さらにジェルトレルは、コンゴで「強大な政治的影響力」を駆使して「企業買収を進め、いざこざを解決し、競合相手を挫折させて」いた、という内容もあった。[33]
オクジフはコンゴでのジェルトレルとの取引などに関与したとして、米規制当局から訴追されていたが、最終的に二〇一六年九月、四億ドル以上を支払うことで和解した。[34]アメリカ政府はこのヘッジファンドと交わした起訴猶予合意のなかで、ジェルトレルの影響力を白日の下にさらし、この顔役がコンゴの高官に支払った賄賂は他の件とも合わせて一億ドル以上に上ると断じた。[35]
オクジフ裁判の詳細が公表されてから数カ月たった二〇一七年二月、ジェルトレルは手持ちの株を現金化した。グレンコアは彼がコンゴの主要鉱山二つに持っていた株を買い取った。価格はかっきり九億六〇〇〇万ドルだった。[36]
コンゴでの取引は、グラゼンバーグにとっては大当たりのように見えた。他の大手企業がコンゴへの投資に二の足を踏むのに乗じて、コンゴでの地位を確保し、グレンコアを銅とコバルト——電気自動車やバッテリーに使われる金属で、ともに将来の見込みが明るい——の主要な供給元に仕立て上げた。大統領のカビラにとっても、グレンコアがコンゴに賭けてくれるのは天の恵みだった。このコモディティー商社は先頭に立ってコンゴの鉱業部門へ向かう投資の波を引き起こし、まもなく同国最大の納税企業のひとつにもなった。
だが二〇一八年七月三日、風向きが変わりはじめた。グレンコアが米司法省から召喚されたという発表があった。腐敗とマネーロンダリングに関して同社への調査が入り、そこには二〇〇七年——グレンコアがムタンダに初めて投資し、ジェルトレルとの取引を開始した年——までさかのぼるコンゴでの取引も含まれていた。グレンコアの株価は暴落した。[37]
グラゼンバーグのアフリカでの冒険は、もはや抜け目ない投資の勝利ではなく、グレンコアのCEOが残した遺産のなかの汚点となった。

さまざまな危険はあっても、アフリカの豊富な資源は、あらゆるタイプのコモディティー商社を引き寄せた。

たとえばトラフィギュラは、初期に注力していたラテンアメリカや東欧から鞍替えして、この成長著しい大陸へと飛び込んでいった。アンゴラでは元陸軍将校のレオポルディーノ・フラゴソ・ド・ナシメント将軍、通称ディーノ将軍と手を組んだ。

アンゴラ大統領ホセ・エドゥアルド・ドス・サントスの盟友であるディーノ将軍は、トラフィギュラの最重要子会社二社の株主となった——ひとつはアフリカとラテンアメリカに石油ターミナルと数百の給油所を所有するプーマ・エナジー、もうひとつは主としてアンゴラに注力する合弁会社DTグループだ。[38] このDTグループを通じて、トラフィギュラとディーノ将軍はアンゴラが輸入する燃料のうちかなりの量を配送し、二〇一八年までの六年間に五億ドル以上の利益を生み出した。[39]

自分は世界一頭のいい投資家だ——コモディティー・トレーダーたちは内心でそう思っているが、彼らの一部をアフリカへ駆りたてたのは誰にとってもなじみ深い動機だった。乗り遅れることへの恐怖である。「みんながアフリカにいた。だからわれわれにもそうしないという選択肢はなかった」とグンバーのCEOトルビョルン・トルンクビストは、当時を振り返る。[40] のちに彼はこの大陸に進出したことを後悔するようになった。

あのカーギルまでもが、堅実なアメリカ中西部の出自からか、同業他社に比べればいくらか慎重な姿勢で飛び込んできた。この古色蒼然とした穀物商社が、自ら一国の中央銀行に代わる存在になる、などというのはおよそ考えづらい。だがジンバブエで、まさにそのとおりのことが起こったのだ。

二〇〇三年半ばのジンバブエは、金融・経済危機の渦中にあった。首都ハラレのスーパーマーケットはどこも半分がた空っぽで、進行するインフレは制御不能になりつつあった。ジンバブエドルが何度も切り下げられ、ジンバブエの中央銀行が新紙幣を印刷するペースはそれについていけず、紙幣不足が起こった。銀行には何ブロックにもおよぶ行列ができ、預金者たちが暴力に訴えるような事件も起きていた[41]。

カーギルは一九九六年、ジンバブエの綿花部門に参入していたが、この事態は深刻な頭痛の種だった。カーギルはジンバブエで大規模な事業を展開し、綿花の繊維を種から分ける綿繰り工場と全国規模の買い付け基地を備え、二万軒の農家から綿花を買い付ける契約を結んでいた[42]。中国の綿の需要が急増するなか、カーギルには得られるだけの供給が必要だった。ところが紙幣が不足した状態では、現金が頼りの小規模生産農家への代金を支払うことができなくなってしまう。

紙幣なしで綿花を買い入れるというありえない課題に直面したカーギルは、斬新な解決策を思いついた。自分たちで札を刷ればいい。そしてある現地の会社にジンバブエドルの印刷を依頼し、五〇〇〇ドル札と一万ドル札で七五億ジンバブエドル（約二二〇万米ドル）相当を刷らせた。その紙幣を保証するために、カーギルは現地の銀行に資金を預けた[43]。

ゲームの「モノポリー」で使うようなこの紙幣は、見た目にはいささか小切手に似ていて、カーギル・コットンのロゴと、現地の最高幹部二人のサインが入っていた。ジンバブエ中央銀行の総裁のサインや、ジンバブエの紙幣によく使われる野生動物の絵がないことは問題にならなかった。この札はたちまちハラレ中の店舗で、ジンバブエの公式通貨と一緒に受け入れられるようになった。

実質的にカーギルは、ジンバブエの製版印刷局と中央銀行の役割を果たしていた。実際に地元の新聞に広告を出して、ジンバブエ国民に、この札は「現金として取り扱うべきだ」と指示してもいる。[44]二〇〇四年にはさらに多くの札を発行し、一〇万ジンバブエドルという高い額面のものも出した。

ミネアポリス郊外にあるカーギルの本社では、財務担当の社員たちがこの札を冗談まじりに、当時のCEOウォーレン・ステイリーにちなんで「ステイリー・ドル」と呼んでいた。「ジンバブエ通貨より信頼できるとみなされてたんだ」と、ステイリーの後継者のひとりデイビッド・マクレナンは言う。[45]

だがカーギルにとって、このモノポリーの札は冗談などではなかった。ジンバブエ政府には、カーギルが独自に札を刷っていることはおおむね知らせず、紙幣不足を軽減することでこの国に貢献している、とだけ伝えていた。もっともカーギルにしてみれば、自分たちで紙幣を発行するのは実入りのいいビジネスでもあった。同社の幹部たちはアメリカの外交官に、自前の札を刷ることで「ぼろ儲けしている」と語った。

簡単なからくりだった。ジンバブエはハイパーインフレに見舞われ、消費者物価が年率三六五％で上昇していた。とにかく手持ちの紙幣が足りず、カーギルが刷った紙幣を受け取った住民は、それを銀行に預けるより使ってしまう傾向があった。カーギルの札がやっと銀行まで回ってきはじめたときには、その価値はインフレのために大きく下がり、カーギルが実際にドル建てで支払う額もぐっと低くなっていたのだ。「このおかしな経済状況下では、綿花よりモノポリーの札のほうがずっといい商売になる」。ハラレのアメリカ大使館首席公使は、ある外交公電にそう記した。[46]

コモディティー・スーパーサイクルが定着すると、アフリカにいる創意に富んだコモディティー商社にはまた別のチャンスも生まれてきた。好況が大陸全体の経済を成長させ、自動車やテレビ、携帯電話を買う余裕のあるアフリカの中産階級を生み出した。そのことが世界のコモディティー取引におけるアフリカの役割を再構築していった。

アフリカでコモディティーを買い付け、世界に輸出する――このビジネスがコモディティー商社をアフリカ大陸に引き寄せた。アフリカはこれまでと変わらず、トレーダーたちの専門語で言う「仕出し地」ビジネスの場だった。南アフリカの金、エチオピアのコーヒー、ナイジェリアの原油、コートジボワールのココア、ザンビアの銅など、依然として世界市場へ向かう原材料の産地のままでありつづけた。

ところが同時に、新しいビジネスも現れてきた――「仕向け地」のビジネスである。大陸での経済活動が盛んになるにつれ、アフリカ自体もコモディティーを求めはじめた。この新たな需要がサプライチェーンを再構築することになった。サウジ産の燃油がケニアの発電所に流れ込んだ。カンザス産の小麦がタンザニアの首都ダルエスサラームの港にある製粉所へ届けられた。ペルー産の銅がナミビアに現れ、タイ産の米がナイジェリアの主食になった。[47]

アフリカのほとんどの国が魅力的な仕向け地だった理由のひとつは、品質規制がしばしば先進国世界に比べてはるかにゆるく、欧米では基準以下とされるような製品を供給することが可能だったからだ。たとえばヨーロッパでは、酸性雨の原因となる硫黄分が一〇ppmを超えるディーゼル燃料を合法的に販売することはできないが、アフリカの一部の国では現地の法律を破ることなく、同じものが売れるのだ。[48] そうした調子で、コモディティー商社はラテンアメリカやロシアの旧式な製油所から低品質の精製品を安く買い入れ、アフリカへ運ぶことができる。

あるいは銅を取ってみよう。世界で産出する銅鉱石の多くには、少量のヒ素が含まれている。殺鼠剤に使われることで有名な有毒物質だ。銅産業で生じるヒ素のリスクに対処しようと、厳格な規制をもうけている国は多い。たとえば中国政府は、ヒ素の含有量が〇・五％を超える銅鉱石の輸入を商社や製錬所に禁じている。しかしナミビアには、輸入する銅鉱石にヒ素含有量の制限がないため、抜け目ないコモディティー商社にとってはありがたい仕向け地となった。

二〇〇〇年代半ばになると、アフリカはトレーダーたちの目には、誰もほしがらないコモディティーを処理する場所として映っていた。最後に頼る供給元というだけでなく、最後に頼る買い手でもあったのだ。そして節操のかけらもない者たちにとっては、ゴミ捨て場としても映っていた。

二〇〇六年八月一九日、コートジボワールのアビジャンに日が沈むころ、一台のトラックが郊外にあるゴミ捨て場の入り口に向けて走ってきた。そこはアクエドと呼ばれる、悪臭の漂う広大な屋外ゴミ捨て場だった。コートジボワール最大の商業都市アビジャンの住民は、何十年も前からこの場所にゴミを捨ててきた。そして街でも最下層の貧しい住民が毎日やってきては、売り物になるものはないかとゴミを拾い集めてもいた。

トラックはゴミ捨て場の入り口の目印となる、小さなコンクリート造りの小屋の前で停まった。計量台を乗り越えて積み荷の重量を量り――三六・二トンだった――敷地内の「個人の」廃棄物を捨てる一角へと走っていった。時刻は午後七時六分。まもなく他のトラック数台もあとに続いた。[49]

翌朝、アクエド近辺の集落のあばら家に住む住民たちは、腐った卵のような異臭に目を覚ました。[50]まもなく何千人もがインフルエンザに似た症状を呈しはじめた。例のトラックが積んでいたのはきわめて毒性の高い、ヨーロッパではまずどこの企業も手を出さない残留物質だったのだ。

この積み荷をコートジボワールまで運ばせた張本人が、トラフィギュラだった。

世界中で抗議の声があがった結果、このコモディティー商社はメディアの非難の的となり、ロンドンとアムステルダムの法廷へ召喚された。最終的にこのスキャンダルはトラフィギュラに二億ドル以上の損害をもたらし、社の評判は地に墜ちた。

のちに公表された何千ページ分もの調査書と訴状によって、コモディティー取引業界の内幕はかつてないほどの詮索の目にさらされ、コモディティー・トレーダーとは倫理を持たないカウボーイだという世間のイメージがさらに強められることになった。このスキャンダルはまた、アフリカが節操のないコモディティー商社にとっての無法地帯に、ルールはほとんどなく、かりにあったとしても簡単に回避できる場所になっていることを示すものでもあった。

トラフィギュラのアフリカへの進出は、同社がコモディティー取引の第一線まで上りつめた時期と重なっていた。好景気が始まった二〇〇〇年代初頭、この商社はまだ苦闘の最中だった。だがコモディティー需要の急増に伴って、トラフィギュラの利益もぐんと増えた。二〇〇五年には三億ドル近くを、二〇〇六年には初めて五億ドル以上を稼ぐようになった。新興にもかかわらず、ビトルやグレンコアに並ぶほどの石油・金属商社の牽引役としての地位を築きつつあったのだ[51]。

それでもトラフィギュラは、トレーディング業界の後発組という意識を持ちつづけ、いつでも数ドルの利益のために争い、型破りな取引にも飛びつく気構えでいた。だがそうした武勇談もやがて、アビジャンのゴミ捨て場である結末を迎えることになる。二〇〇五年の末にメキシコの国営石油会社ペメックスから、コーカー軽油を格安価格で売りたいというオファーがあった。この硫黄分やその他の不純物を含んだ珍しいタイプの石油に、トラフィギュラのトレーダーたちは一儲けのチャンスを嗅ぎとった。ヒューストン、ロンドン、ジュネーブと社内を飛びかう電子メールのなかで、彼らは大当たりの予感に熱狂した。「想像しうる最低の安値だ、きっと大儲けできる」と、あるトレーダーは書いている。[52]

トラフィギュラはすかさず行動に移った。ペメックスは追い詰められた売り手だった。コーカー軽油を保管する場所がなくなり、市場がないも同然のこの製品を買ってくれる相手がどうしても必要だったのだ。トラフィギュラは、あるトレーダーの言葉を借りれば、「べらぼうに安い」価格で何カーゴか確保できると考えた。[53] すべて計画どおりに運べば、一カーゴあたり七〇〇万ドルの儲けが出る。[54] 一財産とまではいかないが、じつに悪くない利益だ。

しかしペメックスがこの製品を安く売ろうとするのには、それなりの理由があった。コーカー軽油は硫黄分を除去することで利用可能な燃料になるのだが、そのためには通常、製油所の専用設備で処理しなくてはならない――このプロセスに相当な費用がかかるのだ。

それとは別に、製油所に料金を払わなくても硫黄を除去できる方法がある。ただしその方法は原始的な、欧米の多くの国では禁止されているものだ。理由は、苛性ソーダ洗浄と呼ばれるこのプロセスから強烈な異臭を放つ有毒な残留物が生まれることだった。

けれどもトラフィギュラは、ペメックスから買い入れようとしている格安の石油にそれを使おうと考えていた。しかしこの計画は、トラフィギュラの誰もが想像するよりずっと困難なものだとわかった。まずトレーダーたちは、コーカー軽油の荷揚げと苛性ソーダ洗浄ができる港を見つけようとした。だがひとつずつ港をあたっても、答えはすべて「ノー」だった。あるトレーダーが同僚たちに伝えたところでは、「現地の環境当局が処理後の有毒な苛性ソーダの廃棄を認めないため」、欧米のターミナルはもうどこも「苛性ソーダ洗浄の使用を許可していない」とのことだった。[55]

トラフィギュラは次第に追い込まれていった。苛性ソーダ洗浄ができなければ、もう一度コーカー軽油を製油所に売らざるを得なくなり、目論んでいた儲けは十中八九吹き飛んでしまうだろう。疲れを知らないトラフィギュラのCEOクロード・ドーファンは、なんとか工夫しろとチームに指示した。[56] そして何週間かたったあとで、トレーダーたちは独創的な解決策を思いついた。コーカー軽油をターミナルへ運んで処理するのではなく、輸送中のタンカーの船上で苛性ソーダ洗浄をすればいい。そのあとに有毒な残留物を引き取ってくれるところさえ見つかれば、どこへでも船で運んでいける。

苛性ソーダ洗浄は厄介な作業だ。悪臭を放つ化学物質が発生するばかりか、苛性ソーダは腐食性もきわめて強い。そこであるトレーダーが最善策として考えたのが、廃船になる寸前のタンカーを西アフリカの沖合に停泊させておくことだった。そんなことが可能なのか。安上がりにできるのか。「それはつまり、保険をかけなくていい……沈没しても構わない、ということになる」とトラフィギュラに代わって交渉にあたった海運ブローカーは答えた。[57]

トラフィギュラが見つけた生贄の船は、〈プロボ・コアラ号〉といった。一九八九年建造の全長一八二メートルのタンカーで、船体の塗装にはいたるところに錆が浮き、見るからに耐用年数が尽きかけていた。

それでも〈プロボ・コアラ号〉はちゃんと務めを果たした。四月一五日、船長が苛性ソーダ洗浄が完了したことを無線で報告してきた。有毒な残留物を船のスロップタンクに入れておくようにと船長は指示された。これは通常時なら、本来のタンクを洗ったあとに残る水や油やその他の化学物質が混じり合ったものを集めておくのに使われるタンクのことだ。

この時点で、タンカーはジブラルタル近海にいた。コーカー軽油を処理したあとの、いつでも売れる状態になった燃油を積んでいた。だがもうひとつ、もっと厄介な積み荷もあった。スロップタンク内の五二八立方メートルの有毒残留物である。トラフィギュラはその残留物をどうやって始末するかをまだ探っていた。その方法が見つかるまで、タンクの中身のことが広く知れ渡っては困る。「どうかくれぐれも、この物質の存在を明かさないでいただきたい」という指示が船長には行っていた。[58]

やがて、アムステルダムのターミナルが残留物の処理に協力してくれるという話になり、トラフィギュラのトレーダーたちは胸をなでおろした。これで解決だ。ところがそのターミナルは、処理の代金としてかなりの高額を要求してきた。それで〈プロボ・コアラ号〉はアフリカへ向かった。ナイジェリア最大の商業都市ラゴスまで行き、再び有毒残留物を荷揚げしようとしたが、またしても叶わなかった。[59]

トラフィギュラの社内では苛立ちがつのっていた。積み荷の引き取り先を見つけようとするうちに数カ月が経過していた。社の各オフィス間でやり取りされるメールももう、取引への楽観的な見通しに満ちたものではなかった。ドーファン以下、石油部門の誰もが解決策を見つけようと躍起だった。だがどの案もうまくいかず、八月中旬には、廃棄物を積んだままの〈プロボ・コアラ号〉はアビジャンの近くまで来ていた。ここでようやく、廃棄物を引き取ってくれるところが見つかった。コンパニー・トミーという名の会社だった。

のちに発生するスキャンダルのあと、トラフィギュラは責任の大半をコンパニー・トミーに負わせようとした。このコートジボワールの会社は、求めに応じて操業許可書を提出し、廃棄物を「正しく合法的に取り扱う」ことを認めた、とトラフィギュラは主張している。[60]

もっとも、コンパニー・トミーはあまりまっとうな会社とは思えなかったし、実際にその印象どおりだった。同社がアビジャンの港で廃棄物を取り扱う許可を得たのは八月九日で、トラフィギュラと契約を結ぶ一週間あまり前のことだ[61]。コートジボワールの公式調査は、コンパニー・トミーがそれほど早く許可を取得したことは「問題であり、不正な共謀を示すものである」と結論づけている[62]。

それでもトラフィギュラの社内で警戒の声が上がらなかったのだとしたら、理由はコンパニー・トミーが請求した仕事の対価にあったかもしれない。アムステルダムの廃棄物処理会社がほぼ七〇万ドルを要求したのに対し、コンパニー・トミーはたった二万ドルでまったく同じ廃棄物を処理すると言ってきたのだ[63]。

有毒廃棄物の処理は専門性の高い仕事で、企業の弁護士が分厚い法的契約書を作成して行う類のものである。なのに八月一八日付のトラフィギュラとコンパニー・トミーの契約書は、わずか一〇八語からなる手書きの紙きれ一枚だった。そこには「この製品は強い臭いを発する」ため、「アクエドと呼ばれる、あらゆる種類の化学製品を受け入れるために適切に準備された郊外の場所で、貴社の化学汚水を排出する」予定だとあった[64]。

いうまでもなく、アクエドはただの屋外ゴミ捨て場で、有毒廃棄物を扱えるような場所ではない。一台目のトラックが到着したのは、契約の成立から数時間後のことだった。さらに二、三時間すると、アビジャンの住民たちが異臭に気づいて目覚めはじめた。それが危機の始まりだった。

このスキャンダルはまもなく、トラフィギュラの存亡に関わる大問題に発展していった。コートジボワール政府は有毒廃棄物を処理するために国際的な支援を求めた。ことの大きさを察したドーファンは、アビジャンへ飛んで事態を収拾しようとした。しかし逆に投獄されてしまい、その後五カ月にわたって未決拘留されることになる。翌年トラフィギュラは、ドーファンを釈放させるために、コートジボワール政府に対して清掃費用に加え、体調を崩したという九万五〇〇〇人以上の被害者への補償金として一億九八〇〇万ドルを支払った。のちにまた、イギリスでの訴訟の和解金として三〇〇〇万ポンドを支払いもした[65]。それでも禍根は残った。

「どこからどう見ても、あまりに愚かだった」とマーク・クランドールは言う。トラフィギュラの共同設立者クランドールは、このスキャンダルの直前に社を去っていた。

コンパニー・トミーが有毒廃棄物を家屋の密集する場所に捨てるつもりだったことを、トラフィギュラの誰もが知っていたとは思わない、とクランドールは言った。だが、それで商社の嫌疑が晴れることはないだろうとも。

「きっと誰かがこう言ったんだろう……ちょっとあやしい感じがするが、こっちが何も知らなければ、こっちの責任にはならない、とね。そもそもコートジボワールでどこかの新しい会社が、そちらが処理にかかるとお考えのコストより安い金額で積み荷を引き取りますよと言ってきたのなら、まあ私が考える仮説は……その会社は積み荷をバージ船に積んで、外洋のどこかへ運んでいくつもりなのだ、というところだろうね[66]」

この危機から大きな教訓を得た、とトラフィギュラは言っている。「弊社はあの事件が及ぼした現実の、そして指摘されている影響への深い遺憾の意をあらためて表明するものである」と声明を出した[67]。しかし現在でも、三人いる社の経営幹部のひとりで〈プロボ・コアラ号〉問題に深く関わったホセ・ラロッカは、あのとき社が犯した主なミスは、有毒廃棄物をどう扱ったかではないと考えている。そのあとに起きたメディアのネガティブな反応への対処をまちがったことだ、と。「メディアはたがいに連携し合っていた。まるでマフィアだった[68]」

第11章　飢えを儲けの種に

温家宝は努めて平静を装っていた。二〇〇八年四月のことだ。ここ五年間、温は中国の首相として、世界最速の成長を遂げつつある大国の舵取りをしてきた。しかし北京にほど近い河北省の小麦畑を視察したときには、自身の指導者としての力をすべて奮い起こす必要があった。「穀物が手に入るかぎり、パニックになる必要はない」。農民と地元高官たちの小さな集まりで、温家宝はそう語りかけた。[1]

中国政府は食料不安を鎮めるキャンペーンを展開していたが、そのトーンは次第に絶望の色を濃くしていた。各新聞は何週間も、冷凍肉や穀物袋、食用油のタンクがうずたかく積まれた国の食料庫の写真を掲載しつづけていた。そして温家宝は、中国の穀物在庫は必要十分であると言いつのった。「わが中国は完全に国民を養うことができる」[2]

だが内々の場では、中国の指導者たちは恐れおののいていた。二〇〇六年以降、主食となる食品の価格は、中国やその他の新興国市場の需要に後押しされて上昇を続けていた。この数十年で初めて世界の農業生産は、数のうえで急増するだけでなく、急速に豊かにもなった世界人口が消費する量についていけなくなっていた。そして二〇〇八年初めに始まった天候不順が、世界の主要な穀倉地を相次いで襲った。アルゼンチンからカナダ、ベトナム、ロシアにいたるまでの地域が、農家にとっては温暖でなくてはいけない時期にひどく暑くなり、雨が降らなくてはいけない時期に日照りが続いた。

そしていま、価格は急騰していた。二〇〇六年半ばの大豆価格は一ブッシェルあたり五ドル四〇セントだった。しかし温が河北省の農場を視察しているころには、その二倍以上になっていた。世界的な小麦、米、トウモロコシの価格高騰は衝撃をもたらした。ウォール街の金融危機と同時に、ダッカ、カイロ、メキシコシティの街で食料危機が起こりつつあった。

この食料価格の上昇は、一〇年にわたるコモディティー・スーパーサイクルの終着点だった。食料だけではない。急増する需要はすでに世界中の石油の流れを再編成し、アフリカの鉱物資源への新たな投資を引き込み、全世界のコモディティー生産者とコモディティー商社の懐をうるおした。中国に主導されるスーパーサイクルが始まって数年間、コモディティー市場に起きている変化に気づく人々は少なかった。だがいまでは日用品の価格までが急激に上がり、コモディティー商社のビジネス姿勢が一般市民の暮らしとぶつかり合っていた。

その影響はほぼすぐに、世界の最貧困層で感じられるようになった。すでに食べ物に苦労している人々が、ますます飢えで苦しむことを強いられていた。世界の最貧困層を支援する国連機関である世界食糧計画は、資金が底を突きかけたため、難民に配給する一日の割当量を減らさざるを得なくなった。[3]

コモディティー商社はその嵐の中心にいた。温家宝は、口では大丈夫だと言いながらも、中国が誰かの助けなしにこの危機を乗り切れるという確信はとうてい持てなかった。最大の懸念材料は大豆である。北京はずっと以前から、農産物の完全自給自足を目指してきた。ところが一九九〇年代半ば、都市部の富裕層が食肉を求めるようになると、増える一方の豚や鶏の飼料になる大豆の輸入を認めるよう政策を転換した。当初、中国の大豆の輸入は目立たなかった。しかしその後、他のコモディティーの需要と同様に、中国の食欲も旺盛になった。二〇〇八年に中国の消費量は、グローバルな大豆取引の五〇％以上を占めるまでになった。

価格高騰、そして食料不足を恐れる国民に直面した中国の首相は、ある集団に注目した。天候がどうなろうと関係なく、食料供給を確保できる唯一の存在――コモディティー商社に。

北京は多くの商社に電話をかけるまでもなかった。石油と金属の商社がビトル、グレンコア、トラフィギュラの三社なら、農産物取引は四つの商社で占められていた。「ＡＢＣＤ」と呼ばれる、アーチャー・ダニエルズ・ミッドランド、ブンゲ、カーギル、ルイ・ドレフュスだ。「やらないわけにはいきませんでした」と、当時ブンゲのＣＥＯだったアルベルト・ヴァイサーは振り返る。「中国政府相手にビジネスをするのに、立ち止まっている余裕はありませんよ」[4]

中国だけではない。食料インフレの新たな波が世界を席巻するなか、富裕国の政府も貧困国の政府もともに、食料価格の上昇は発展の妨げになるだけでなく、安全保障上の脅威でもあることに気づきはじめた。「大規模な飢餓は、政府と社会、国境の安定への脅威となります」とヒラリー・クリントンは、二〇〇九年から一三年までアメリカ国務長官を務めた際に言った。「食料安全保障は単に食料だけの問題ではありません。安全保障にまつわるすべて――経済の安全保障、環境の安全保障、さらには国家の安全保障にまつわるすべてなのです」[5]

何百万人もの国民がパンを主食とする中東や北アフリカでは、各国大統領が小麦の価格に気をもんでいた。サウジアラビアは世界最大の大麦輸入国だが、ラクダの飼料となる大麦が足りるかどうかを国王と側近たちが案じていた。アジアではフィリピンとベトナムの政府が米価の高騰に不安を隠せなかった。

コモディティー商社は穀物を積んだ船を世界中へ送り出していた。ただしそれは、戦々恐々とする政治家たちの要請に応じるためだけではない。グローバル取引の中心に位置する商社は、世界経済が次第に脆弱化していく状況を誰よりも的確に見通すことができた。そして各国政府にアドバイスを与え、世界中にコモディティーを売り回る一方で、将来の市場動向に大きく賭けて巨額の利益を上げようとしていたのだ。

何百万もの人々が飢えに苦しみ、銀行危機が金融市場を混乱に陥れ、世界が数十年来の深刻な不況に見舞われた時期。だがコモディティー商社にとっては、結果的にはかつてない利益をもたらす時期となった。

緑濃いジュネーブの裏通りにあるオフィスから、グローバル経済を呑み込んだ騒動を眺めながら、カーギルのトレーダーたちは次第に興味をつのらせていた。ジョン・H・マクミラン・ジュニアが一九五六年、カーギルの国際部門であるトラダックスをジュネーブに開設して以来、この部門はカーギルの中枢となっていた。世界七〇カ国にある支社から情報がジュネーブへ流れ込み、トレーダーたちがその情報をもとに、世界のコモディティー市場への賭けを行うのだ。

現物取引のビジネスで得られる知見がどれほど貴重なものか、トレーダーたちは「大穀物強盗」の時代からよく理解していた。当時カーギルは、ソ連との取引では多少の損失を出したものの、ジユネーブのトレーダーたちが穀物価格が上昇するほうに賭けたおかげで大儲けをした。そのとき以来、ソ連が取引の電話をかけてくるたびに、ジュネーブのトレーディングフロア中がしんと静まるようになった。トレーダーたちが「熊が電話してきたぞ」とささやき合い、価格上昇を見込して穀物先物を買うときが来たことを誰もが知るのだった。[6]

二〇〇八年までに、カーギルのジュネーブ支社の事業はきわめて効率的なマシンとなり、豊富な経験からやすやすと情報をまとめ上げてはポジションを調整していた。グローバルな食料の供給状況にあわてふためいている各国政府をなだめるために、カーギルの幹部連が派遣されているあいだ、ジュネーブのトレーダーたちはその情報から健全なグローバル経済の全体像を作り出していた。そして彼らはすぐに、経済がガス欠になりつつあることに気づいた。過去一〇年のすさまじい経済拡張によって、コモディティー価格は記録的な高値まで押し上げられたが、いまではそのコモディティー価格がグローバル経済を阻害していたのだ。ガソリン価格の暴騰で車のオーナーは自宅にこもり、食料価格の高騰で各家庭は買い控えせざるを得ず、金属価格の高騰で製造業者の利ざやは目減りした。そのうえ二〇〇八年春には、信用市場の危機がグローバルな銀行部門を危険にさらし、好況は急速に後退へ転じつつあった。

カーギルのトレーダーが実践していたのは、アンディ・ホール流のコモディティー取引だった。静かに慎ましく、だが根拠のある自信を持って、社の資金を大胆に賭ける。カーギルにはオランダとイギリス出身のトレーダーが非常に多かったため、口さがない社員たちから「ダッチ・マフィア」「ブリティッシュ・マフィア」と呼ばれていた。そしていま、世界経済が急激な縮小へ向かおうとしていることが次第に確実になってくると、先物市場で原油価格や海運運賃が下落するほうに大きく賭けはじめた。初めのうちその賭けは——市場の専門語ではショート・ポジションという

――原油価格がまだ上がりつづけたために損失を出した。だがトレーダーたちは怯《ひる》まなかった。そしてまもなく、彼らの正しさが立証された。九月になるとリーマン・ブラザーズが破産を申し立て、それを機に金融市場への信頼は大幅に落ち込んだ。夏をピークに世界が景気後退へ向かうことが明らかになり、コモディティー価格は暴落した。原油は、七月上旬には一バレルあたり一四七・五〇ドルで取引されていたのが、その年の末にはバレル三六・二〇ドルにまで下がった。大豆の価格は一ブッシェルあたり一六ドル超がピークで、その後半分以下まで下落した。

こうした投機的取引について、カーギルは公にしたことはなく、実際にどれだけ稼いだかも明かしていない。だが、この取引に直接関わった二人の人物によれば、二〇〇八年の末から〇九年初めにかけて、カーギルは原油と運賃のショート・ポジションから一〇億ドル以上の利益を得たという[7]。この世界最大の農産物商社はグローバル市場を揺るがす混乱もやすやすと利益に変えられる、という端的な実例だった。

投機はつねにコモディティー取引の中心要素でありつづけてきたが、コモディティー商社の多くは長年のあいだ、自社のビジネスには将来的な価格の動向に賭けることも含まれているということを認めずにいた。だが、あらゆるコモディティー商社のなかで最も投機に頼った事業モデルをとっているのは、実は農産物商社なのだ。当然といえば当然かもしれない。農産物商社は、まだ原油先物市場など存在すらしていない一九世紀にできたシカゴ先物市場で、何十年ものあいだ取引を続けてきたのだから。

だがそれは、農産物市場というほかとはちがったメカニズムの機能でもあった。石油や金属では、重要な供給元の数は限られている――石油産出国の政府機関、大手の石油会社、および鉱業会社。これはつまり、石油商社や金属商社には、こうした組織との大規模で有利な契約を勝ち取ることが成功の大きな鍵になるということだ。しかし商社であること自体は、それほど大きな情報的優位をもたらさないということでもある。

一方で農産物商社は、何千もの農家から買い付けをしている。だから仕事の苦労は多いけれど、それだけチャンスも多くなる。とくに大手の商社はたくさんの農家と取引をすることで、貴重な情報が得られる。「ビッグデータ」という考え方が一般化するずっと以前から、農産物商社はそれを活用し、何千もの農家から集まる情報を集約することで、市場の状況についての知見をリアルタイムで得ていたのだ。そして毎月、米国農務省が世界の主要穀物に関する最新情報を出すと、農産物商社のトレーダーたちは、そこでほぼ確実だと言われている内容が正しいかどうかに賭けることができた。たいていの商社の内部には、社の現金を投機に使って利益を上げることだけを業務とするトレーダーたちがいた――彼らは自己売買《プロプライエタリー》のトレーダー、略してプロップ・トレーダーと呼ばれた。

「私が働いたことのある会社はどこも、ほとんどの儲けを自己売買の取引で得ていた」とリカルド・ライマンは言う。農業トレーダーのライマンは、ルイ・ドレフュスに勤務し、その後ノーブル・グループとエンゲルハート・コモディティーズ・トレーディング・パートナーズのCEOに就任した。[8]

二〇〇八年から〇九年にかけてコモディティー価格が高騰し、さらに暴落したとき、投機で一儲けしたのは農産物商社だけではなかった。投機的な取引への抵抗の度合いは商社によって差がある。それでも程度の差はあれ、あらゆるトレーダーが投機を行っていた――専用の自己売買取引のデスクを通じ、商品をヘッジするタイミングや方法を選ぶことによって、あるいは単に価格が予想どおりに動けば利益を得られるような取引を現物市場で行うことによって、とやり方はさまざまだった。

「われわれは投機家だ」と、金属商社コンコード・リソーシズのCEOマーク・ハンセンは言っている。「われわれは投機的な取引をしていることに対しては謝罪しない。この業界で最悪の事態は、みんなが自分たちのやっていることに投機的な要素がないというふりをしたときに起こったのだ」[9]

商社が行った投機的な賭けがすべて成功したわけではない。たとえば二〇〇八年の価格急落のとき、グレンコアはアルミニウム市場への投機で大損をした。[10]世界最大の金属商社でさえ、いつも正しく市場を見きわめられるわけではないのだ。

だが全般的に見て、二〇〇〇年代後半は投機の盛んな時期だった。そして二〇〇九年にもコモディティー商社の勢いは止まらなかった。大手銀行の破綻が重なって世界経済は大打撃を受けたが、コモディティー・スーパーサイクルの主な原動力である中国は、政府による大規模な景気刺激策のおかげですみやかに回復した。コモディティー価格は再び上昇に転じ、二〇一〇年には新たな高値の領域に入った。

その後またしても、食料市場が天候不順に見舞われた。このときは、政治の影響を受けやすいコモディティーの流れの中心にいるグレンコアが、その立場を利用して結果的に利益を上げた。グレンコアが穀物取引に足を踏み入れたのは、一九八一年にマーク・リッチ&カンパニーがオランダの商社グラナリアを買収して以降だ。そして一九八〇年代には共産圏へ送られる穀物の主要な供給元となった。しかしソ連崩壊以降、この地域の国々は農産物の主要な輸出国となっていた――とくに小麦は、カザフスタンの草原やロシアのボルガ川流域から黒海の港を経由して、世界中へ運ばれていた。

グレンコアは旧ソ連の国々と良い関係を保ちつづけ、二〇〇〇年代末にはロシア産小麦の最大の輸出業者として、ロシア全土の農家から小麦を買い付けていた。だから二〇一〇年夏にロシアの主要産地が旱魃《かんばつ》の被害を受けたときも、グレンコアのトレーダーたちは迅速に対応できる立場にいた。

小麦市場にはすでに不安が広がりつつあった。ロシア政府が国内での価格を心配して、数年前にやったように、また穀物の輸出規制を行うのではないか。そこへグレンコアが介入した。八月三日に同社のロシア産穀物事業の責任者ユーリ・オグネフがテレビ出演すると、そうした措置を公然と促した。ところがオグネフは、単に輸出の制限を求めただけではなかった――輸出の全面禁止を訴えたのだ。「われわれの見るところ、政府にはすべての輸出を停止する理由がある」とオグネフは言った[11]。その補佐役も同じ内容のメールをジャーナリストたち宛てに送っている[12]。

ロシア政府が食料危機への対処で苦慮していたとすれば、グレンコアはその決断を下すための政治的な口実を与えたのだった。二日後の八月五日、モスクワはオグネフの提案どおりに輸出禁止措置を取り、小麦の価格はわずか二日で一五％も上昇した。

グレンコアは制限のない自由な取引の範囲を世界中に広げることで、華々しい成果を上げてきた会社である。それがなぜこうした、時代に逆行するような政策を求めたのか。グレンコア本社はオグネフの発言とは距離を置き、彼と彼の補佐役はわが社の見解を代弁したわけではないと言った。ライバル商社のトレーダーたちのあいだでは、グレンコアは輸出禁止を口実にして何か不利な契約から抜け出そうとでもしているのだろうかという推測も出た。

だが、オグネフと彼の補佐役が穀物の輸出禁止を言い出した日からさらに数週間前のこと。グレンコアはすでに、穀物価格の上昇にひそかに賭けていたのだ。ロシアの状況の深刻さを見てとった同社のトレーダーたちは、シカゴでトウモロコシと小麦の先物を買い占め――トレーダーの用語では「ロング」という――価格の高騰によって利益を得るポジションを取ったのである。

この取引は、もし翌年にグレンコアがロンドンでの株式上場を決めていなかったら、決して表沙汰にはならなかっただろう。上場の際にグレンコアが取引銀行に対して、わが社の株を買うよう投資家たちを説得してほしいという指示を送ったとき、われわれには市場への優れた先見の明があるのだと自慢げに吹聴したのだ。ある銀行がグレンコアの幹部たちとの会見からまとめた報告書によると、この商社は「ロシアの旱魃が始まった二〇一〇年の春から夏にかけて、穀物の生育条件が急激に悪化しているというきわめて時宜に即した報告をロシアの農業資産から受けていた」という。「これによってグレンコアは、小麦とトウモロコシの自己売買の取引を〝ロング〟で行える立場に立った」[13]

二〇一〇年六月から一一年二月のあいだに、小麦の価格は二倍以上になった。グレンコアは自分たちにも責任の一端がある食料危機から利益を得られる絶好の位置にいた。二〇一〇年に同社の農産物取引部門が上げた収益は、過去最高の六億五九〇〇万ドルとなり、グレンコアの石油部門と石炭部門の収益を合わせた額を大きく上回った。[14]

もちろん、グレンコア幹部の声明やモスクワの輸出禁止措置があろうとなかろうと、旱魃はロシアの穀物に大打撃を与えていただろう。それでもこの措置は波及効果を生み、どこよりもロシアの小麦に依存している地域に広範な悪影響を及ぼすことになった――中東である。

ロシアが小麦輸出国としての重要性を増していくにつれ、パンを常食にする中東や北アフリカの国々は最も重要な顧客となっていた。二〇一〇年には、エジプトが自国の供給量の半分をロシアから買い入れていたほどだ。そしてロシアが小麦を輸出禁止にするというニュースが入ると、この地域の政府はどこもパニックに陥った。

商社はそれをなだめようと最善を尽くし、フランスやアメリカの小麦をこの地域まで大量に迂回させた。だが恐れおののいた各国政府は小麦の買い付け量を倍に増やし、とりわけ供給が不足している小麦の需要をよけいに高めてしまった。このパニック買いは価格上昇に拍車をかけ、長年にわたって中東・北アフリカ全体に燻っていた不満をさらに悪化させた。もともと高い失業率や腐敗、政治的自由の不足に冒されていた地域だ。若年層の市民たちは改革を求める声を上げていた。

二〇一〇年一二月にチュニジアの果物売りの青年が、腐敗した自国の官僚制度に抗議し、自分の体にガソリンをかけて火を放った。それが中東の歴史を塗り替える出来事の連鎖の始まりとなった。各国で抗議運動が勃発し、数カ月のうちにチュニジア、エジプト、イエメンで終身独裁者たちが政権から追われた。リビアでは内戦が始まり、ムアンマル・カダフィ政権が倒れた。シリアで始まった抗議運動はやがて、この地域の歴史上最も長く、最も血なまぐさい紛争のひとつとなった。

この一連の革命はのちに「アラブの春」と呼ばれるようになる。そして二〇一〇年の食料価格の高騰は、その引き金となる要因のひとつだった。「食料が原因だったと言いきるつもりはないが、いろいろからみ合った要因のひとつに食料があったことは確かだ」と、二〇二〇年までルイ・ドレフュスのCEOを務めたイアン・マッキントッシュは言う。「政治的な問題を作り出したければ、国民を飢えさせるのが一番早い」[15]。またしても食料価格の高騰は、世界で最も貧しい層の人たちの暮らしを混乱に陥れる一因となった。そしてまたしてもコモディティー商社にとっては、すばらしく割のいい投機のチャンスとなったのである。

このスーパーサイクルの絶頂期は、コモディティー商社にかつてない規模の利益をもたらした。この時点で農産物取引のゆるぎないリーダーだったカーギルの儲けっぷりが、その棚ぼた景気の規模を物語っている。二〇〇〇年のカーギルの純利益は五億ドルを少し下回るほどだった。二〇〇三年にスーパーサイクルの勢いが増してくると、その利益は史上初めて一〇億ドルを超え、やがて二年後には二〇億ドルとなった。さらに二〇〇八年、ジュネーブのトレーダーたちがグローバル経済のメルトダウンに賭けたことが功を奏し、同社は約四〇億ドルという記録的な利益をたたき出した。

コモディティー取引業界全体にとっても、途方もなく実入りのいい取引の時代だった。二〇一一年までの一〇年間で、ビトル、グレンコア、カーギルという石油、金属、農産物の世界最大のコモディティー商社は、合わせて七六三億ドルの純利益を上げた（巻末付録2の表を参照）。これは驚天動地の金額だった。一九九〇年代の商社の儲けの一〇倍であり、[16]アップルやコカ・コーラの同期間の売上高を上回っていた。[17]ボーイングやゴールドマン・サックスといった企業国家アメリカの巨頭を丸ごと買うのにも十分だっただろう。[18]

かつての一九七〇年代も、フィリップ・ブラザーズやマーク・リッチなどの商社が石油市場で何億ドルも稼ぎ、カーギルやコンチネンタルが穀物市場で同じように儲けた狂乱の時代だったが、今回はインフレ調整後でもそれをしのぐほどの、現代史においてこの業界が最高の収益を上げた時期となった。そしてこれだけの大金を手にしたのは、ほんの一握りの人間だった。カーギルはいまでもカーギル家とマクミラン家が所有する会社で、両家を合わせて一四人の十億長者《ビリオネア》がいる——これは王族を除いた世界のどのファミリーよりも多い。[19]グレンコア、ビトル、トラフィギュラの所有主はいまも社員で、コモディティー取引での大当たりは数人の最高幹部を途方もない大金持ちにした。

この時期のコモディティー商社の利益は、すべて先物市場の投機からもたらされたわけではない。価格の高騰は鉱山、製油所、飼料工場といった資産への投資からも、特大のリターンをもたらす結果になった。そしてこの時期の不安定な市場は、コモディティーからマネーを引き出すありとあらゆる方法を現出させていた。

金融危機の影響を受けてコモディティー需要が落ち込むと、ビトルなどの石油商社は、不要な石油を買い取って保管することで大儲けをした——アンディ・ホールがおよそ二〇年前にやったのとほぼ同じ手法である。市場が供給過剰になるたびに商社が行って大きな利益を得てきた取引で、新型コロナウイルスのパンデミックが起こった二〇二〇年などは、その最たるものだった。アルミニウムのトレーダーも余剰金属を大量に倉庫に運び込み、莫大な利益を上げていた。アルミニウム取引のあるトップトレーダーは、「われわれは毎日、甘い汁を吸っていた」と、当時の利益を振り返っている。[20]

コモディティー商社はたっぷり恩恵に浴していても、飢えと不況に苦しんでいる他の世界からすれば、その金満ぶりは侮辱として映った。となれば、商社の巨額の利益がスケープゴートを求める政治家たちの標的となるのは時間の問題だった。

生活必需品の価格がここまで乱高下する責任は誰にあるのか。そう問いかける勢力の矛先はまもなく投機家に——なかでもコモディティー商社に向けられた。「原油の投機家たちは、アメリカの消費者がガソリンスタンドで途方に暮れるほうに賭けて儲けているんです」とアメリカ下院議長ナンシー・ペロシは訴えた。[21] そこからトレーディング業界への規制を強めるべしという要求が起こるまではすぐだった。「商社がグローバルな食料体系に及ぼす影響が大きくなりつづけている以上、彼らには責任ある存在として振る舞ってもらわねばならない」と、飢餓に苦しむ人々の支援団体オックスファムの事務局長ジェレミー・ホッブスは語った。[22]

コモディティー商社が政治家たちに目をつけられるのは、いまに始まったことではない。一九七〇年代に穀物や石油の価格が高騰したとき、政界からの最初の反応は、当時コモディティー・トレーダー以外には誰も把握できずにいた市場の情報をもっと提供するようにとの要求だった。だがこうした声は、コモディティー商社の活動を現実に規制する試みにはほとんどつながらなかった。二度目に圧力がかかったのは一九九〇年代半ば、日本の住友商事の銅トレーダー浜中泰男が、会社が認可していない一連の取引で二〇億ドル以上の損失を出したときだった。[23] このスキャンダルは銅市場全体を呑み込み、訴訟の連鎖を引き起こした。そしてこれを機に一六カ国の規制当局からなるコンソーシアムが、コモディティー市場をもっとうまく規制する方法はないかと再び模索するようになった。

「コモディティー価格、生産、保管、配送のグローバルな性質が次第に強まり、そうした市場に対する規制の扱いが多様化することで、市場の健全性と信頼性の問題が倍増した」。一九九七年の東京での会議のあとに、規制当局者たちはそう語った。「供給に限りのある現物引き渡しの市場において、情報は公正で秩序のある市場を維持し、市場の健全性を守るための重要な手段である」[24]

しかし二〇〇八年ごろには、食料危機のあいだにコモディティー・トレーダーたちが行った賭けを見ればわかるように、最高の情報はまだコモディティー商社が握っていた。現物市場が重要なことは認識されはじめていたものの、各国政府はコモディティー商社の活動をほとんど規制しようとはしていなかった。コモディティーブームのピーク時、イギリスの規制機関である金融サービス機構（ＦＳＡ）は国会議員たちから、なぜここまで価格が高くなっているのか、ＦＳＡは市場をどう監視しているのかと問いただされた。議員たち宛てのメモのなかで、ＦＳＡは驚くほど素っ気ない言葉でこう説明した。「われわれはコモディティーの現物《スポット》取引は規制しない」[25]

だが、コモディティー商社による投機が、実際にコモディティー価格の高騰の原因になったのだろうか。答えはほぼ確実にノーだ。コモディティー商社が価格に影響を及ぼしうることはまちがいないし、過去にもそういうことはあった。市場で最後に頼られる買い手および売り手として、彼らはあまり重要でない原油や小麦の価格を定める取引に関与することが多かった。また、大口の生産者や消費者が主に長期的な契約を結ぶ傾向があるのに対し、コモディティー商社がより積極的に参加していたのは、設定された基準価格を他の全員が使用するスポット市場だった。

価格を操作することができたのも明らかだ——コモディティーの現物在庫を大量に買い込んで保管し、価格を押し上げるのが主なやり口だった。金属市場では一八八七年、ロンドン金属取引所の設立からたった数年後に、最初の大がかりな買い占めが始まり、一九八〇年代にはかなり頻繁に起きるようになった。[26]だが、広く認められたひとつの真実がある。どれほど大きなコモディティー商社であっても、価格をあまり長くどちらか一方向へ押しやりつづけようとすれば、必ずその逆へ向かおうとする需給の原理があるかぎり、苦戦にならざるを得ない。それはマーク・リッチが一九九二年の亜鉛の取引でしくじった末に、身をもって思い知らされたことだった。

二〇〇〇年代には、どのコモディティー市場の規模もぐんと大きくなって参入者も増えたため、グローバルな在庫の多くを買い占めることは最大手の商社にさえ財務的に不可能になった。たしかに市場のあちらこちらでは、スクイーズなどの歪みがいまだに生じていた。だがそれは特定の場所や製品のサブカテゴリーに限られる傾向があり、長くは続かなかった。たとえば二〇一〇年には、あるトレーダーがカカオ豆の在庫のほとんどを一気に買い占め、このチョコレートの原料価格を三三年ぶりの高値に押し上げるのに一役買い、映画『００７』の悪役をもじった「チョコフィンガー」の異名をとった。[27]しかしチョコフィンガーも天候まで変えることはできず、主要な生産国コートジボワールの収穫量が懸念されていたほど小さくならないとわかると、市場はたちまち落ち着きを取り戻した。

食料危機になると、コモディティー投機家に責任を負わせたくなるのは世の常だ――遠い昔から政治家たちは、コモディティー価格が高騰するたび、投機家という存在を安易にスケープゴートにしてきた。西暦三〇一年にローマ皇帝ディオクレティアヌスは、「荒れ狂い燃えたぎる、自らを律することのない」「強欲」への対応として何百もの商品の価格の上限を設けた[28]。一八九七年にドイツ連邦議会は、不作のために小麦の価格が高騰したあとでその先物取引を禁止した[29]。一九五〇年代には、アメリカの政治家たちがタマネギの先物取引を違法とした――この禁止措置は現在もなお残っている[30]。

そしてまた二〇〇七年一一月、コモディティー価格が急騰し、暴落し、再び急騰したときには、市場での金融投機家の役割について激しい議論が起こった。学者や研究者、トレーダー、銀行家から賛否両論が出された。金融投機家が短期的な価格変動を増幅させ、多少はバブル発生の原因になったのではないかという声は多かったが[31]、大勢としては、価格が変動する主な理由は需要と供給の要因にあるという見解がほとんどだった[32]。学者たちの研究から、この結論はグローバル経済における日の当たらない一角でもある程度裏づけられることがわかった。金融市場で取引されていない一部の原材料、たとえば麻布や皮革、獣脂といったものの価格は、取引所で売り買いされるときの価格と連動して上昇し、金融投資はコモディティー価格にほとんど影響していない[33]。IMFもこう結論づけている。「最近の研究からは、コモディティー市場の金融化が明らかに不安定化の影響をもたらしたという強力な証拠は得られていない[34]」

しかし二〇〇八年、そして二〇一〇年にも食料価格が高騰したのは、また別の意味でコモディティー商社に責任の一端があった。数十年にわたって、とくに世界の食料供給への悪影響を強めるような政策を後押ししてきた商社が存在した。これは商社がホワイトハウスの内部にまで政治的影響力を及ぼすというきわめて難度の高い取り組みだった。そして二〇〇〇年代の後半には、その影響が世界中で感じられるようになった。食料価格が上昇し、何百万もの人々が飢え、政情不安が中東を覆った。

その政策とは、エタノールを自動車燃料に使用するというものだ。エタノールは穀物や糖類から作られるアルコールの一種だが、自動車が誕生して以降、燃料として使われていた時期があった。ドイツの発明家ニコラウス・オットーは、自ら開発した初期の内燃機関にエタノールを使用し、ヘンリー・フォードは一九〇八年にエタノールを燃料とするT型フォードを設計した[35]。だがまもなくガソリンやディーゼル燃料に押され、エタノールは自動車用燃料としての地位を失った。

トウモロコシ由来のエタノールを自動車の動力源に使えばいいのでは――この考えは一九七〇年代の石油危機を機に新たに勢いを得ると、その後四〇年にわたってだんだん支持を集めてきた。だがその一方で、グローバルな食料供給の多くを燃料に振り向けることに危惧を抱くコモディティー・トレーダーもいた。二〇〇七年までカーギルのCEOだったウォーレン・ステイリーは、エタノールの使用を奨励することは、最終的に人々の口に入る食料を奪うことになりかねないと主張した。「世界は二者択一を迫られることになるだろう」[36]

しかしそんな危惧など意に介さない商社もあった。そして実際に、四〇年にわたってエタノールを戦略の中心に据えてきたのだ。それはABCDの「A」、アーチャー・ダニエルズ・ミッドランド（ADM）だった。同社のストーリーは、コモディティー商社が欧米資本においても、途上国の場合とまったく遜色ない影響力を持つことを証明するものである。

ADMはぱっとしない中堅の穀物加工会社だったが、一九七〇年にドウェイン・アンドレアスがCEOに任じられてから大きく変わった。カーギルでトレーダーの経験を積んだアンドレアスは、小柄でも精力的な人物だった。騎手のような体格と、もじゃもじゃの眉にきらきら光る目の持ち主だが、政治家や政府を自分の遊び道具とでも見ているような、人心を操る達人だった。[37]

ADMの舵取り役となったアンドレアスは、政治的なコネクションを利用してエタノール産業へのロビー活動にとりかかった。アンドレアスの指揮のもとADMは、エタノール産業の減税や融資保証を唱える政治家たちにロビー資金を投入していく。アンドレアスの定めた標的には、のちに一九九六年に共和党の大統領候補として出馬するボブ・ドールもいた。

そうしたなかにはまた、アメリカ合衆国大統領その人も含まれていた。アンドレアスは一九七一年、個人としてリチャード・ニクソンの秘書に一〇万ドルの現金を届けた――こうした匿名の選挙資金提供が違法とされるのはそれから一年後のことだ。アンドレアスがニクソンに現金を渡したのは、このときだけではない。別の時期にADMのCEOが支払った二万五〇〇〇ドルは、ニクソンの資金調達係を経由して、ある銀行口座に収まっていた――最終的にニクソンの失脚をもたらすあのウォーターゲート事件で、民主党全国委員会の本部に侵入した賊五人のうちひとりの口座に。[38]

アンドレアスのロビー活動は実を結んだ。アメリカ政府はエタノールをガソリンに混ぜて使うことに税制優遇措置を導入し、外国のエタノールの供給元に関税をかけ、エタノール工場の建設に融資保証を提供した。そしてADMは、一九九〇年代半ばにはトウモロコシを原料とするアメリカのエタノール生産の八〇%近くを占め、政府による大盤振る舞いから最大の恩恵をこうむる立場になっていた。引退する一九九〇年代末までに、アンドレアスはADMを農産物加工、エタノール生産、トレーディングに携わる巨大コモディティー企業へと発展させ、「世界のスーパーマーケット」と自称するようになっていた。[39]

アンドレアスの退任後も、ADMはそのスタイルや戦略を大きく変えることはなかった。エタノール産業への投資を続け、その目標の助けになってくれる政治家たちに資金と便宜を提供しつづけた。食料より燃料の生産者になることを将来の最優先事項に掲げ、おそらくそのごく明確な意思表示として、石油業界出身の新CEOを雇い入れた。こうして二〇〇六年、元シェブロンの精製責任者パトリシア・ウォーツがADMに加わった。

ウォーツは現在にいたるまで、大手コモディティー商社のCEOに就任した唯一の女性であり、アンドレアスに劣らず意欲あふれる人物だ。タフでせっかち、そしておそろしく野心的なウォーツは、私はCEOになるのだという意志をずっと持ちつづけてきた。そして一九八〇年代から九〇年代の石油業界を覆っていた性差別を乗り越えると、ADMでの職務にも同じ反骨精神を持ち込んだ。「私は会社の外部、業界の外部、ファミリーの外部、性役割の外部にいるのです」と彼女は語った。[40]

石油大手シェブロン時代にウォーツは、トウモロコシを原料とするエタノールの使用を義務づければ「予期せぬ結果」が起こりかねないと警告していた。[41] ところがいまは改宗者らしい信念をもって、ワシントンのエタノール支援を称賛していた。「バイオ燃料は環境に、エネルギー安全保障に、そしてアメリカ経済に良い影響を及ぼします[42]」

ウォーツが舵を取ったADMは、アメリカ中西部に巨大工場をつぎつぎ建設し、エタノール生産能力を拡大していった。また一方ではロビー活動の出費を、二〇〇六年の約三〇万ドルから二〇〇八年には二一〇万ドル近くにまで増やした。[43]

ADMの努力はむだにはならなかった。二〇〇〇年代初めに石油価格が上昇しはじめると、エタノール使用を普及させる政策は、アメリカが中東の石油に依存することを安全保障面から危惧するタカ派、トウモロコシ価格の上昇を求める農家、化石燃料の代替物を求める左寄りの気候変動活動家と、普通ならありえない組み合わせの勢力を政治的に結びつけることになった。
こうした支持層が強力なネットワークを形づくり、エタノールは政治的に盤石な存在となった。二〇〇五年にジョージ・W・ブッシュは、石油に数十億ガロンのエタノールをガソリンに混ぜることを精製業者に義務づける法案を通した。エタノールの生産量は急増した。二〇〇〇年、アメリカでトウモロコシから抽出されるエタノールの生産量はおよそ二〇億ガロンになった。そして二〇〇六年には新法によって一年あたり少なくとも四〇億ガロンの消費が義務化された。
原油価格が高騰して一バレルあたり一〇〇ドルを超えると、エネルギー産業はアメリカ政府の新たな規制に強制される形でエタノール使用をさらに増やした。アラブの春が中東を呑み込んだ二〇一一年までに、アメリカのエタノール産業は地球上のトウモロコシ生産の六分の一を消費するようになっていた。[44]
もちろん、エタノールだけが農産物価格の高騰を招いたわけではなくても、大きな要因であったことはまずまちがいない。ADMでさえ、現在ではエタノール燃料と縁を切っている。「わが社としては、エタノールは今後の戦略的重点分野にはならないことを明言してきた」と広報担当者は言っている。[45]
だがADMがエタノールに背を向けるころには、同社のロビー活動の影響はすでに世界中におよんでいた。二〇〇八年と二〇一〇年の食料危機は、コモディティー商社の影響力の強さを示す好例だった。一商社によって推し進められた政策が、世界市場に混乱を引き起こしたのだ。そのためにコモディティー商社は世界の食料供給のさらに中心を占めるようになり――それでまた商社はかつてないほどの大儲けができた。こうした状況全体がコモディティー・スーパーサイクルの頂点を示すものであり、その過程がトレーダーたちを戦略的に重要な位置へと押し上げ、彼らに途方もない富をもたらしたのだった。

だがこのときにコモディティー・トレーダーの世界と一般の庶民たちの世界がぶつかり合ったことは、その後のトレーディング業界に長期的な影響を及ぼしていく。それは、陰に隠れていたトレーダーが表舞台に姿を現しはじめるきっかけとなる。そして世界はコモディティー商社のビジネスと、彼らが蓄えてきた富の大きさをさらに深く理解することになるのだ。

第12章　十億長者《ビリオネア》の製造工場

夜明け前にトレーダーたちが到着しはじめた。

スイスの静かな村バールにあるグレンコアの本社に、世界屈指の有力なビジネスマンがつぎつぎ自動車でやってきたのだ。彼らの上司アイバン・グラゼンバーグは派手な車を好まないので、ほとんどの人間はポルシェを家に置いてきた。

午前六時六分、バールを取り巻く丘陵地帯の上に太陽が昇るころには、ビルの地下にある駐車場は満杯になっていた。グレンコアという社のきびしい基準からしても早すぎるこの時間に、トレーダーたちがオフィスまで駆けつけてきたのには、単純な理由があった。この二〇一一年五月初旬の水曜日の朝、コモディティー業界最大の秘密のひとつが明らかになるのだ——グレンコアを所有しているのは誰なのか？[1]

この一年にわたってグラゼンバーグと彼のチーム、そして増える一方の銀行家グループは、新規上場（ＩＰＯ）の準備をしていた。金融業界にとってＩＰＯは、きわめて華やかな振り付けと王室の結婚式並みの複雑な手順を伴う大イベントだ。企業が史上初めて株式を一般に売り出す前に、こなさなくてはならない一連の儀式がある——銀行の選定、投資家たちとの協議、さらには社の歴史や経営や財務に関する大量の情報の準備。

グレンコアのチームは数カ月かけて、一六〇〇ページを超える目論見書を書き上げた。そこには世界のコモディティー市場でのグレンコアの活動——世界の亜鉛と銅の取引量の半分以上、石炭輸出の四分の一、大麦輸出の二四%をグレンコアが扱っていること——が微に入り細をうがって記されていた。コンゴ民主共和国、コロンビア、カザフスタンの鉱物の詳細についても長々と付け加えられ、法律関連の決まり文句だけでも数十ページにもおよんだ。ところが何度も作り直され、回覧され、熟読されてきたこの目論見書は、つねにある一ページだけが空白だった。「重要株主の持ち株比率」と書かれたページである。

二〇年前にマーク・リッチからこの会社をバイアウトして以来、グレンコアでは社員の持ち株比率の話題はタブーとされてきた。どの社員が株主であるかということでさえ、秘密とされていた。年に一度、白い封筒がオフィス中をめぐって株主のもとに届けられる。封筒の中身は、当人の持ち株の価値がどうなったかを知らせるものだ。そのたびに詮索好きのトレーダーたちが、誰が封筒を受け取ったか、誰が受け取らなかったかを見きわめようと駆けずり回っていた。

ある元グレンコア社員にはこんな記憶がある。ひとりの同僚に何気なく自分の株式割り当ての話をしたところ、長年にわたる社の会計士にして秘密の守護人エーベルハルト・クネヘルの部屋まで呼び出された。クネヘルはその元社員の軽率さを叱責し、こう言ったという。「グレンコアではしゃべってはならないことがひとつある——自分の持ち株のことだ」[2]。グラゼンバーグに最も近い部下で、各コモディティー部門のトップを務める一二人の有力者でさえ、自分自身と直属のトレーダー以外の持ち株比率については何も知らなかった。社内で株主全員の持ち株比率を把握していたのは、会計士とグラゼンバーグ、そのころにはグレンコアの会長となっていたウィリー・ストロットの三人だけだった。

それこそが、目論見書が発表になる当日の朝六時に、駐車場が満杯になっていた理由だった。この日トレーダーたちは、彼らの同僚のうちのいったい誰が、世界最大のコモディティー商社の最大の株主であるかを知らされるのだ。そして彼らがその事実を知ったのは、世界中の他の人々とまったく同じタイミングだった。

目論見書で明かされた資産の規模は、グレンコアのベテランたちにさえ衝撃をもたらしただろう。CEOのアイバン・グラゼンバーグは同社の一八・一%を所有していた。そしてIPOが実施された当日、彼は九三億ドル相当の資産を持つ、地球上で最も裕福な一〇〇人のなかに入った。[3]

グラゼンバーグひとりではない――IPOで生まれる十億長者の数は七人にも上った。ダニエル・メイトとテリス・ミスタキディスは分析好きなスペイン人と活発なギリシャ人で、銅、鉛、亜鉛部門の共同責任者だが、それぞれの持ち株は三五億ドル相当だった。石炭部門を率いる口の悪いアメリカ人トア・ピーターソンは三一億ドル。石油部門を束ねる自信満々のイギリス人アレックス・ビアードは二七億ドル。農産物部門トップのクリス・マホーニー、アルミニウム担当のゲーリー・フェーゲルも十億長者クラブに名を連ねていた。[4]

上位一三人のパートナーは、IPO直前の時点でグレンコアの五六・六%を所有しており、その評価額は合計で二九〇億ドルだった。またその下には数十人の、数千万から数億ドル分の株を持つ社員たちがいた。

グレンコアのIPOは、コモディティーブームがもたらす富の結実だった。ある意味では、ずっと目立たない場所にいたコモディティー商社が一気に駆け上った頂点といえる。一〇年にわたる中国の驚異的な成長によって、グレンコアやその同業他社は世界の新しい経済秩序に欠かせない歯車となった。そして同時にグレンコアのトレーダーたちは、世界一裕福な人々の仲間入りを果たした。

そのことで、いままで陰に隠れていた世界経済の片隅に世間の目が注がれるようになった。グレンコアのIPOがあるまで、コモディティー商社はほとんど無名の存在だった。商社が供給しているのは、エネルギー、金属、食料など、現代生活に欠かせない原材料である。地球上の七〇億の人々で、彼らの恩恵にあずかっていない人間はほとんどいないはずだ。なのにその名前はごく少数にしか知られていない。グレンコアが目論見書を発表したときは、まるでグラゼンバーグが明かりのスイッチを入れ、業界全体を照らし出したかのようだった。グレンコアはおそらく期せずして、数十年も舞台裏にいようと頑張って努めてきたあとで、自分たちのみならずコモディティー取引の世界全体へと世間の詮索の目を向けさせることになった。

これはコモディティー・トレーダーたちにとっても重大な結果をもたらす変化だった。いまではジャーナリストから活動家や鉱山会社の幹部や規制当局にいたるまで、誰もがコモディティー商社の活動を知るチャンスを得られるし、グレンコアの年次業績を見るたびにその規模や収益性を思い出させられる。グラゼンバーグや彼のトレーダーたちが認識していたかどうかはともかく、グレンコアのIPOはひとつの転換点となっていく。巨大な資金力と影響力を世界中に及ぼすコモディティー商社の存在は、もう見過ごされずにはすまなくなったのだ。

IPOは業界の形が変化していることの表れでもあった。好景気はコモディティー商社に儲けをもたらしはしたが、その下に覆い隠されるなかで生まれてきたある長期的な傾向が、ビジネスを難しくしつつあった。情報がより速く、安く、広く入手できるようになり、過去何十年もコモディティー商社がライバルたちを出し抜いてきた強みが失われようとしていた。次第に透明性が高まっていく世界では、節操に欠けたコモディティー商社が腐敗や贈賄を通じて儲けるのはずっと難しくなる。さらに主要な供給元だった鉱山業者や石油メジャーは統合の時期を経て、あとに残った少数の大企業は商社に物流の支援を頼まなくてもすむようになった。

　こうした状況下で、コモディティー商社の昔ながらの、ある場所で買い、別の場所で売って儲けるというビジネスモデルは維持が難しくなってきていた。トレーダーたちには社から自分の取り分をもらって家に帰るという手もあっただろうが、それは彼らの流儀ではない。代わりにほとんどの商社は、グレンコアやカーギルが先駆けとなった道をたどった。資産に投資し、その利益を用いて鉱山やタンカー、倉庫、製粉所などからなる独自のサプライチェーンを作り上げようとしたのだ。

　この手法はグラゼンバーグが炭鉱資産を蓄積しはじめた一九九〇年代から提唱していたものだった。鉱山などの資産を持たない商社には、チャンスはどんどん少なくなっていくだろうと彼は主張した。「完璧な実例を挙げようか。わが社の資産には、アルミニウムと鉄鉱石はない」。グラゼンバーグが名指ししたのは、グレンコアという商社の内部では補欠扱いとなっていた二つのコモディティーである。「大当たりを取るのでなく、小さな利ざやでとにかく量をこなしていくやり方になる。それなりの利益は出るだろうが、なんの見応えもない」[5]

　ライバルたちが彼の例にならい、さらに大きな規模で事業を展開するなか、コモディティー商社は世界中の石油や金属や穀物を売り買いする仲買人だけにはとどまらず、グローバル取引の流れに不可欠なインフラの小帝国となった。そしてその舞台の多くは新興国市場だった。二〇一一年にビトルはアフリカのガソリンスタンド網に投資し、南アフリカを除いたアフリカ全土で第二位の小売業者となった。[6] 同じ年にカーギルは、ある世界最大の、ベトナムからロシアまで多くの国に加工工場を持つ動物飼料メーカーを買収した。一九五〇年代にソ連産石油を取引したマバナフトの創業者テオドア・ヴァイサーのファミリーは、世界最大の石油貯蔵タンク網の所有主となって現れた。

そして数年後の二〇一五年、地層中の頁岩《けつがん》に含まれるシェールオイルの生産が急増し、アメリカが四〇年ぶりに重要な原油輸出国になると、コモディティー商社は真っ先にその原油を買い入れたばかりか、アメリカの油田と世界をつなぐインフラの建設にも乗り出した。[7] たとえばトラフィギュラは一〇億ドルを投じて、テキサス州に大型タンカーが停泊可能なターミナルを建設した。[8] マーキュリアもアメリカのある港湾施設に投資し、ノースダコタ州という辺鄙な場所から原油を世界市場へ出荷するのに活用した。

資産への投資はビジネス的に、きわめて理にかなった方策だといえる。しかしグレンコアが鉱山の買収を始めたときに学んだように、それにはコストがかかり、長期的な資金が必要になる。いまはグレンコアのライバル商社も、長期的な資金調達の方法を探していた。その選択肢のひとつが、グレンコアのように株式を売却することだった。グレンコアの同業他社のなかで、同じ上場企業になるという道をたどった商社はない（ADM、ブンゲ、ノーブル・グループなど数社は何年も前に上場していた）。しかしその多くは、債券という形で公開市場から資金を調達していた。二〇一〇年から一三年にかけての時期に、トラフィギュラ、ルイ・ドレフュス、グンバーの三社は初めて社債を発行した。それ以外の形で外部の投資家を活用する、たとえば政府系ファンドやプライベート・エクイティといった方法を見つけた企業もある。たとえばビトルは自己資金に加え、ジョージ・ソロス、アブダビの政府系ファンド、サウジアラビアのある富裕な一族からの投資も利用して、資産への投資を行う新会社を設立した。ノーブル・グループは政府系ファンドの中国投資有限責任公司に、マーキュリアは中国の国営企業にそれぞれ株式を売却した。

こうした新しい資本は、より大きな取引や大口の投資を行う資金をコモディティー商社にもたらした。だがそのために、商社はかつてなかったほど自分たちの情報の多くを公開せざるを得ず、長らく陰に隠れて暗躍してきたこの業界がありがたくない世間の注視を浴びることになった。金融界ですらほとんど知る者のなかったグレンコアという会社が、一面トップの見出しを飾る常連となった。ずっとひそかに世界中を飛び回るのに慣れていたトレーダーたちが、自宅の前に陣取ったカメラマンたちを目にするようになった。グレンコアのように株式公開の道を選ばず、社債の発行を選んだ企業も、社債保有者向けに情報の多くを公開しなければならなかった。

これはのちに業界の一部が悔やむようになる変化だった。公開市場への注目度が高まることは、コモディティー商社の規模や重要性がより広く知られるということでもある。二〇一一年五月のグレンコアの上場は、投資家やジャーナリスト、政府にとってコモディティー商社が無視できないほど大きな存在になったことを示す転機だった。

グレンコアのIPOへの道は、その四年前から始まっていた。

二〇〇七年、上級トレーダーたちを招集したグラゼンバーグは、社が陥っているジレンマについて話した。非公開会社であるグレンコアには、もうこれまでと同じペースで買収を続ける余裕がなくなった。社が成長を維持する手段はただひとつ、株式公開しかない。

コモディティー価格の絶え間ない上昇によって、グラゼンバーグが以前から続けてきた資産への、とくに鉱山への投資という戦略の継続が難しくなりつつあった。要するに、もう買いつづける余裕がなくなったのだ。資産を買うには値が高くなりすぎていたし、またグレンコアが非公開企業である以上、上場企業のように株式を使って買収資金をまかなうこともできない。

さらにグレンコアの場合、過去の成功が仇となって返ってきていた。この二年間に儲けた額が大きすぎたせいで、株を持っているトップトレーダー数人が一度に辞めようものなら、惨憺たることになりかねなかった。なぜかといえば、グレンコアから退職する社員が出るたびに、会社はその社員の持ち株を買い戻したうえで、五年間にわたってその株主資本の累積した金額を支払わなくてはならないからだ。[9] 株主の退職は実質的に、グレンコアの株主資本が減るだけでなく、負債が増えることも意味している——社のバランスシートにとっては二重の痛手だ。

それまでなんとかしのぐことができていたのは、同社が過去に上げてきた利益の規模が比較的小さく、株主の社員が辞めても支払いができるだけの儲けが出ていたためだった。だがそのあとに中国の好況が始まり、それに伴って収益性が急上昇した。二〇〇六年から〇七年のあいだに、グレンコアはそれまでの八年間を上回る収益を上げた。[10] もしもいま、株主の社員何人かに退職されれば、社の負債が一〇億ドル単位で増える恐れがあった。

グラゼンバーグがパートナーたちに示した選択肢は、単純明快だった。未公開のままでいることもできるが、その場合はもう資産の買収からは手を引き、大株主の社員が辞めても支払いができるように現金を蓄えておく必要がある。さもなければ、株式の公開しかない。

さらに、グラゼンバーグの動機となる力がもうひとつあった。グレンコアとエクストラータの関係がこじれはじめていたのだ。エクストラータは目覚ましい勢いで成長を遂げ、世界有数の大鉱山会社となった。グレンコアもまた独自に、コンゴ民主共和国へ進出するなど、鉱山の買収をどんどん進めていた。やがて二つの姉妹会社が衝突するようになった。たとえばＢＨＰビリトンがペルーの銅鉱山を売却しようとしたときには、両社ともが関心を表明した。

それでグラゼンバーグはデイビスに、グレンコアとエクストラータを合併させる計画を持ちかけはじめた。グレンコアにとってこの合併は、エクストラータがすでにロンドンとチューリヒに上場していたため、IPOの煩わしい手続きを経ずにIPOと同じ結果を得られるものとなる。グレンコアのトレーダーたちが株式公開は必要だと合意してくれさえすれば、エクストラータとの合併がそのための望ましい手段であることは明らかだった。グレンコアの内部では大勢のトレーダーがこんな冗談を飛ばしていた。エクストラータという名前は「抽出《エクストラクション》」と「地層《ストラータ》」を組み合わせたコンサルタント発案の造語だが、実はグレンコアの「出口戦略《エグジット・ストラテジー》」という意味だったのだ、と。

「二〇〇七年に、われわれはそのための案に合意した」とグラゼンバーグは言っている。[11] エクストラータがグレンコアを吸収するという案だった。グレンコアは依然として、エクストラータの株式の三四%を保有していた。つまりグレンコアの幹部たちは、グレンコアの株と引き換えにエクストラータの株を手に入れることになる。

　それでグラゼンバーグにとっては二つの問題が解決する。グレンコアのトレーダーたちは上場企業の一部として、さらに大規模な資産を買収できるようになる。自分たちの株を通貨として活用し、現金の代わりに買収先の企業の株主に渡すことができるのだ。そして自社のトレーダーたちが退職するとなっても、もう会社全体が危険にさらされることはない——彼らはただ公開された株式を持って出ていき、それを好きなときに売ればいいのだ。「二社を統合するというのは理にかなっていた」とデイビスも言っている。[12] だが交渉は難航した。グラゼンバーグもデイビスも、両社の統合には意義があるという点では一致していたにしても、評価額で折り合いがつかなかったのだ。

　だが、まもなく両社の話し合いは、はるかに大きな企業合併の陰に隠れることになる。二〇〇七年一一月、デイビスはロジャー・アニエリから接触を受けた。アニエリはブラジルの国営企業で、鉄鉱石生産では世界一位の超大手鉱山会社であるヴァーレの野心的なＣＥＯだった。ヴァーレがエクストラータを買収して、世界最大の鉱山会社を作ろうというのだ。デイビスにとっては、エクストラータで過ごした時期の当然の結実だった――コモディティー・スーパーサイクルの波に乗りつづけた怒濤の六年間のあとで、自分も株主たちもすっきり清算ができる。

だが、グラゼンバーグが障害になった。グレンコアはエクストラータの株式の三分の一以上を保有していて、どんな取引に対しても実質的な拒否権があった。グラゼンバーグ、デイビス、アニエリの三人は、世界最高の高給取りである投資銀行家の一団の仲介を受け、数カ月にわたって細部を詰めようとした。だがグラゼンバーグはのらりくらりと時間稼ぎをした。

明らかにつまらない問題、たとえば統合会社から生産されるニッケルをグレンコアが取引できる期間といったことに、グラゼンバーグは確認のために何週もかけた。デイビスの目には、それはただの方便にしか映らなかった。「この交渉が失敗したのは、アイバンがそう望んだからだ。アイバンは価値よりも支配を重視した」[13]。デイビスは苛立ち、動揺し、エクストラータを辞めようとすら思った。その後やっと、デイビスとグラゼンバーグは合併の協議を再開した。

やがてグローバルな金融危機が起こり、にわかに二人は会社の存続に集中せざるを得なくなった。理論上は、エクストラータの状況のほうがグレンコアよりも不安定なはずだった。エクストラータは鉱山会社であり、コモディティー価格の下落は鉱山の収益低下に直結する。一方、商社であるグレンコアは、ただコモディティー価格の動向の逆に賭けることで、利益を上げつづけられる。また価格が下がれば、石油や金属、穀物を扱うコストもそれぞれ下がるため、借り入れの必要性が少なくなる。

だがそれはあくまで理屈のうえのことで、実際にはこの両社の運命は複雑にからみ合っていた。

グレンコアは保有するエクストラータ株を担保にして融資を受け、買収を続けていた。二〇〇八年末から〇九年初めにかけて、エクストラータの株価が急落し、グレンコアがエクストラータ株を取引銀行に渡さざるを得なくなるリスクが高まっていた。そうして自己強化型のサイクルができあがっていった。ヘッジファンドがエクストラータ株が下がるほうに賭ける。そうすることでグレンコアにより圧力をかけ、エクストラータ株を投げ売りする方向へ持っていけることを承知のうえで。

同時にヘッジファンドは、信用市場でもグレンコアの負けに賭けた。グレンコアを破綻から守る保険費用がうなぎ上りになった。リーマン・ブラザーズ崩壊の余波を受けて、つぎはどこになるのかと世界中の企業が戦々恐々とするなか、グレンコアの取引銀行や取引先企業には大きな不安がよぎった。

信用はコモディティー取引の生命線だ。商社が毎回前払いをしなくても膨大な量の原材料を扱えるのは、この信用のおかげである。信用がなければビジネスは軋みをあげて止まってしまう。それがいま、突然ゴールドマン・サックスからグレンコアに電話があり、丁重にこう言ってよこした。これは双方のためになると思って言うのだが、そちらがつぎに取引をするときは、別の銀行に声をかけたほうがよろしいのではないか。一般企業のなかにはグレンコアが金属を荷積みするときに前払いをさせるところも出てきた。

グレンコアのトレーダーたちさえ、自社の将来に疑いをもちはじめた。「愉快な時期ではなかった」と当時のある幹部は言う。もしＩＰＯとともに持ち株を売っていれば、彼も十億長者になっていただろう。「二〇〇八年九月の時点で、グレンコア株の価値がどれぐらいかと聞かれたら、正直答えに窮しただろうね」[14]

金融危機が来るという冷や汗まじりの恐怖は、中国が何度となくインフラに大規模な支出を行ってコモディティー需要を高め、グローバル経済の回復を主導したおかげでほどなく収まった。しかしこの経験は、グレンコアを深いところで変化させた。危機のさなかにあった二〇〇八年末、グラゼンバーグは企業の信用度を評価する格付け会社のひとつからこんな質問を受けた。もし二〇人の大株主が一度に社を辞めたら、グレンコアはどう対処するつもりなのか。[15] グラゼンバーグはパートナーたちにつぎつぎ電話をかけた。そして二四時間以内に、少なくともあと三年は退職しないという同意を全員から取りつけた。

グラゼンバーグが珍しく弱気になった瞬間だった。会社が重圧にさらされ、彼は部下たちに支持を求めなくてはならなかった。もし部下の誰かがこれをチャンスと見て直談判を求めていたら、無力なグラゼンバーグは拒めなかっただろう。社内の力関係が変化し、雰囲気はとげとげしくなった。グレンコアのトレーダーたちはずっと兄弟のようで、悪ふざけをし合ったりひどい出張の予定を押しつけ合ったりしていたが、いまはもっと疑い深く、容赦なく、攻撃的になった。金融危機のなかでグレンコアの生き残りをかけて戦うという経験から、グラゼンバーグはさらに確信を強めた。パートナーたちが大量離脱するリスクを取り除き、社の成長を阻んでいる制約をなんとかしなくてはならない、と。

これを機にグレンコアは、着実にＩＰＯへ歩んでいくことになる。ほどなくグラゼンバーグと彼のトレーダーたちは、世界最大級の政府系ファンドやその他の資産運用者たちに売り込みをかけはじめた。二〇〇九年一二月、グレンコアはそうした投資家グループから、特定の条件下でグレンコアの株式に換えることができる負債という形で、二二億ドルを調達した。一九九四年のロシュの出資以来、初めて社外の投資家がグレンコアを評価したことになる――その額は三五〇億ドルだった。[16]

グラゼンバーグは依然として、グレンコアとエクストラータの合併をデイビスに迫っていた。だがグレンコアをどのように評価するかで、両者はまだ合意できずにいた。そこで二〇一〇年五月ごろ、グレンコア社内の財務担当者や弁護士や会計士が小チームを作り、本格的にＩＰＯの準備を始めた。グレンコアは着々と容赦なく、上場企業として生きる道を歩んでいった。

グラゼンバーグにとって大きな課題のひとつが、グレンコアの会議室に座る新しい取締役たちを見つけることだった。これまでこのコモディティー商社の取締役会を構成するのは、グラゼンバーグ本人と社の内部の数名だけだった。役割もだいたい儀礼的なものでしかない。毎年の決算もただ機械的に承認し、多少の大事な決定もろくに検討もせずにすませる。取締役会はいつも一〇分ほどで終わった。

グラゼンバーグもそんな体制を続けていけるに越したことはなかっただろうが、ロンドンの資産運用者たちを説得して投資させるには、もっと健全に見える取締役会が必要なのはわかっていた。それでコモディティー業界や金融業界のつてをたどって片っ端から電話をかけ、数人の新取締役と契約した。しかしまだ会長が必要だ。ストロトットが留任するのは、彼が社の歴史に深く関わりすぎているせいで無理だった。グレンコアは候補者リストの作成にとりかかった。

いよいよＩＰＯが近づいてきた二〇一一年四月上旬には、ＢＰの元ＣＥＯジョン・ブラウンが最有力候補となっていた。ＩＰＯの正式発表の前日、いわば結婚式の招待状を送るのに近い儀式として、グラゼンバーグと幹部たち数人は新会長との面識をもう少し深めようとチェルシーのブラウン宅に出向いた。

ブラウンは小柄ながら、すばらしく切れる頭脳と威厳ある物腰の、一連の合併を通じてＢＰを世界屈指の石油会社へと押し上げた人物だった。グラゼンバーグが声をかけた時点で、ブラウンが何かを証明する必要はほとんどなかった。ひとつだけあった苦い個人的なスキャンダルも——かつて恋人だった男性からアウティングされ、その関係について法廷で偽証をしたためにＢＰを去らざるを得なくなった――彼は職場の多様性をアピールするための材料に変えてしまっていた。さらに貴族院の議員であり、テート美術館の評議員会議長でもあった。

ブラウンは趣味のいい豪華な自宅の書斎に、グレンコアのトレーダーたちを集めた。稀覯本《きこうぼん》や骨董の収集品に囲まれた部屋で、一同はベネチアン・シルクのベルベット張りの椅子に腰をおろした。ＢＰ時代のブラウンのあだ名は「石油業界の太陽王」だった[17]。そして彼はいま、金箔を貼った天井を背景幕として、まもなく十億長者になる男の一団に囲まれながら、開廷を告げた[18]。

ブラウンは自身が会長に座る予定の会社について質問をしはじめた。するとまもなく、グレンコアのトレーダーたちが不快げな様子になってきた。その場に居合わせた当事者によって、何が問題だったのかの説明は異なっている。マーク・リッチから会社をバイアウトして以来、グレンコアのトレーダーは自分たちの運命の主人であり、誰にもお伺いを立てる必要のない立場だった。だからブラウンの居丈高な態度には我慢がならなかった。彼らは席を立ち、ＢＰの元ＣＥＯの傲慢さをぶつぶつこぼしながら、われわれの会社をブラウンは自分の手で切り回すつもりなのじゃないかと案じた。

ブラウンはブラウンで、グレンコアのトレーダーたちが実際にどれだけ儲けているのかをまったくつまびらかにしないと感じていた。そして彼をお飾りに押し立てることしか望んでいない会社に自分の評判を預けるのは気が進まなかった[19]。

グラゼンバーグと彼のパートナーたちがブラウンの家を出て、テムズ川を望むチェルシーの通りへ足を踏み出すころには、ブラウンがグレンコアの会長になるというプランは立ち消えになっていた。ただしひとつ問題があった。ＩＰＯへいたるまでの振り付けがすでにできあがっていた。ブラウンをグレンコアの会長として迎えることは数カ月前から計画されていて、グラゼンバーグたちがブラウン宅を訪れた日のまさに翌朝、グレンコアは会長の就任を発表する予定だった。プレスリリースの原稿も書き上がっていた。待ちに待ったグレンコアのＩＰＯが正式発表されると同時に、ブラウンが就任する手はずだったのだ。

しかし会長案が白紙になったいま、グラゼンバーグはプランＢを見つける必要に迫られた。そしてサイモン・マレーにしようと決断した。冒険好きな元軍人のマレーは、グレンコアが香港で資金調達を計画していた時期に、同じ場所でキャリアを積んだ人物だった。だがグラゼンバーグがその抜擢を決めた時点で、発表まであと数時間しかなかった。マレーはいくら電話してもつかまらない。それでプレスリリースは、会長の名前が入るはずの箇所が空白のまま発表された。「グレンコアは新任の会長に関してはすでに決定を下し、任命手続きの最終段階に入っていますが、その内容は近日中に通知いたします」と発表された文面にはあった。[20]

結局のところ、どたばた気味だったグレンコアの準備も大した問題にはならなかった。投資家たちのコモディティーへの熱狂ぶりが病的なレベルにまで高まるなか、調達額は一〇〇億ドルに達した。そしてロンドン市場では史上最大の上場となり、グレンコアはＦＴＳＥ１００の一角を占め、イギリスの退職者たちの年金基金に加わることになった。[21]

この間もグラゼンバーグはほぼ休みなく、グレンコアとエクストラータの合併に向けた交渉をデイビスと続けていた。[22]

いまようやくグラゼンバーグは、デイビスの社を大きく下回ることのない、一定の市場評価を得られた（ＩＰＯ時のグレンコアの価値は六〇〇億ドル弱、エクストラータは六七〇億ドル）。だが二人の関係は険悪になっていた。デイビスはグラゼンバーグがヴァーレの買収を妨害したと言って非難した。グラゼンバーグはデイビスが二〇〇九年一月の株式市場の低迷期に、エクストラータの株主に現金の増額を要求したことを不快に思っていた。

グラゼンバーグにとって、ＩＰＯはつねにエクストラータとの合併実現への踏み台だった。グレンコアのＩＰＯが完了したいま、本格的な交渉が始まった。統合会社の仕組みをどうするか、両社の相対的な評価をどうするか、新会社を統括するのは誰か。ほぼすべてにおいてグラゼンバーグとデイビスの意見は対立した。

目標に到達するまでの困難にかんがみて、双方ともこの話し合いを「エベレスト」というコード名で呼んだ。そして二〇一一年末、グラゼンバーグとデイビスはさんざん応酬し合った末に歩み寄りを見せた。デイビスはエクストラータの取締役会にこの協議を持ち込んだ。これは最高の条件といえるか？　ノーだ、とデイビスは取締役たちに言った。だがそれでも、グラゼンバーグから引き出すことのできる最善の条件ではある。

一方のグラゼンバーグは、自社のトップトレーダーたちを集めて会議を開いた。全員がエクストラータとの合併に乗り気なわけではなかった。とくに銅トレーダーのミスタキディスは、グレンコアはエクストラータの資産にカネを出しすぎだろう、エクストラータの幹部連中は無能な怠け者だ、一緒に仕事をしなきゃならないなんてまっぴらだと憤った。財務担当トップのスティーブ・カルミンも難色を示した。

それでもグラゼンバーグは押し切った。二〇一二年二月七日、両社は合併を発表した。公式にはグレンコアがエクストラータを買収し、エクストラータの株主に新たにグレンコア株を発行する。

価格はエクストラータ株一株につきグレンコア株二・八株の割合で、評価としては市場の取引価格をわずかに上回る。デイビスはCEOとして留任し、グラゼンバーグはその補佐としてトレーディング部門のトップとなる。[23]

この計画の核の部分にある緊張関係は、ほぼすぐに明らかになった。グラゼンバーグのトレーダーたちは、デイビスとエクストラータの幹部たちへの侮蔑をほとんど隠そうとしなかった。だが少なくとも書類上では、エクストラータはグレンコアのトレーダーたちと同等もしくは上の立場にあり、両者は一緒に肩を並べて働くことを求められる。その一方でグレンコアのトレーダーたちは、統合会社の株式のかなりの部分を保有しつづけることになるのだ。

両社の内外を問わず、この取り決めが長続きすると考える者はほぼいなかった。グラゼンバーグのトレーダー連中が自分たちの保有する株の力にものを言わせるようになるのは時間の問題だ、という観測があった。「われわれとしては誰ひとり、この体制がずっと続くとは思っていなかったし、誰がトップの座に就くのかも火を見るより明らかだった」と、グレンコアの側で交渉にあたった人物は言っている。[24]

デイビスもまた同じ結論に達していた。だがそのことが彼の誤算を招き、後の転落へとつながっていく。

エクストラータとグレンコアがコモディティーブームで肩を並べて成長するにつれ、デイビスは次第に、グレンコアのトレーダーたちが手にする途方もない富に憤りを覚えるようになっていった。エクストラータのCEOである彼自身も、一般の基準から見ればたいへんな金持ちではあった。サンデー・タイムズ紙の発表するリッチ・リストの見積もりによると、合併時のデイビスの資産は八〇〇〇万ポンド（一億三〇〇〇万ドル）で、そのおよそ半分はエクストラータ株によるものだった。[25]

だがグラゼンバーグの場合はまた桁がちがった——しかもそのかなりの部分が、デイビスが経営してきたエクストラータの成功によって築かれていた。グラゼンバーグはグレンコアが非上場でいるあいだに同社の筆頭株主となっていたが、デイビスは上場会社エクストラータの株主としては、年金基金などの機関投資家の下に位置する、どちらかといえば小規模な株主だった。

　合併が近づくにつれデイビスは、統合会社から自分や部下たちが排除されるのは時間の問題だと思い込むようになった。そこで自分と部下たちのために、「残留特別手当」——金額はじつに二億ドル以上——を設定するように求めた。デイビスたちが社にとどまるか、あるいは意に反してグラゼンバーグのトレーダーたちに追い出された場合に受け取ることができるものだ。

だが、タイミングが最悪だった。折しも株主による直接行動の波がイギリス中に押し寄せ、投資家たちが強欲もしくは無能と判断した経営者や取締役を票決でやめさせようとする動きが盛り上がっていた。この運動はのちに「株主の春」と呼ばれるようになるが、法外な役員報酬も重要な争点のひとつだった。エクストラータの上位株主たちからもデイビスの金銭交渉に対しては嫌悪の声が出ていた。

　この特別手当をめぐる争いのために、エクストラータの株主たちのあいだで両社の合併に対する反対運動が勢いを増した。株主からはすでに、グラゼンバーグはエクストラータにもっと高値を提示するべきだという声も出ていた。またそれと並行して、カタールの政府系ファンドがエクストラータ株を購入しはじめていた。そしてわずか数カ月で一〇％以上の株式を保有するまでになった。ファンドはグレンコアに提示額の増額を要求した。[26] 合併交渉は暗礁に乗り上げた。

　グラゼンバーグは再び、トップトレーダーたちとの協議を持った。もともとこの案件を進めるのに気乗りしていなかった者たちは、増額にはさらに難色を示した。ミスタキディスは他の一部の大株主とともに、会社の経営権を握れるのなら提示額を増やすべきだと主張した。グラゼンバーグは強気を崩さず、何週間も頑として提示額を上げようとしなかった。だがそれはブラフで、カタール側も心得たものだった。彼らはただ要求を繰り返した――提示額を上げろ、でないと交渉はおしまいだ。

資源業界きっての敏腕ディールメーカーとして伝説的存在になっていたグラゼンバーグも、いよいよ負けを認めざるを得なくなった。彼がロンドンの王室御用達ホテル、クラリッジスに入っていったのは、九月六日の夜遅くのことだった。エクストラータとの合併話を救うための窮余の一策として、カタールの首相に直談判しに行ったのだ。

その場に同席したのは、カタールと親交の深い元イギリス首相のトニー・ブレアだった。この合併の成功に数千万ドルの報酬がかかっている投資銀行家たちが、ブレアを呼んで事態の収拾を図ることを提案していたのだった。

協議はうまく運んだ。熟練トレーダーのグラゼンバーグは、交渉の準備も怠りなかった。深夜〇時を回ったころ、彼はホテルから出てきた。提示額をエクストラータ一株につきグレンコア三・〇五株まで上げる必要はあったが、カタールの承認を勝ち取ったのだ。グレンコアのCEOは仲間の石炭トレーダーたちが飲んでいる近くのバーへ直行した。

午前二時ごろになって、デイビスに電話をかけた。カタール側と交渉が成立した、と相手に伝えた。ただ、ひとつ良くないことがある――統合会社のCEOには、デイビスではなく、グラゼンバーグが就く。翌朝、エクストラータの取締役たちがツークに集合し、株主のあいだでこの合併の可否の票決を行うことになった。取締役会が始まる数分前、グレンコアの提案する新しい条件を記した紙が取締役会に届けられた。エクストラータの会長が律儀に、居並ぶ株主たちの前でそれを読み上げた。「ふざけやがって」と、ある人物はつぶやいた。[27]
八カ月後、取引はついに完了し、ロンドンを舞台に繰り広げられてきた史上最大級の企業メロドラマの幕が下ろされた。のちにデイビスはイギリス保守党の事務局長兼財務局長となったが、エクストラータとグレンコアの合併の経緯にはずっと憤りを隠さなかった。グレンコアは当初からこの合併をじゃまするつもりで、残留特別手当に対する株主たちの反発をかきたてるのに加担した、またカタールにはこちら側を応援するという確約を反故にされた、という恨みが残った。
ともあれ、グラゼンバーグと彼のチームは世界の頂点に立った。二社が統合して生まれた、評価額としてはBHPビリトン、リオティントに次ぐ世界第三位の鉱山会社となる企業の三分の一を、グラゼンバーグとトレーダーたちは所有することになった。[28] グレンコアはいまや世界最大のコモディティー商社であるだけでなく、世界最大級の天然資源生産会社でもあった。中国、日本、ドイツの発電所で使用される一般炭の世界最大の輸出業者であり、鉄鋼業に重要な金属フェロクロムと亜鉛の最大の採掘業者であり、携帯電話や電気自動車のバッテリーに欠かせないコバルトの最大の生産者だった。加えて、サプライチェーンのあらゆる場所——たとえばチャドや赤道ギニアの油田、カナダやオーストラリアやロシアの穀物サイロや港湾、メキシコのガソリンスタンドなど——に投資を行う資金力もあった。グラゼンバーグの言葉で言うなら、「新たな最強の企業《パワーハウス》」だった。[29]

グレンコアのIPOは、グラゼンバーグと社のトレーダーたちを金持ちにしただけではなかった。さらに積極的な事業展開を可能にしたのだ。ミック・デイビス相手にエクストラータ買収の交渉をしているのと同時期、グラゼンバーグは六〇億ドルを投じてカナダの穀物商社バイテラを買収していた。その一年あまりあとには、リオティントの会長に電話をして、われわれ二社で世界最大の鉱山会社を創り出す契約を結ばないかと持ちかけている。

このＩＰＯが第一歩となって、グレンコアはより開かれた会社へと容赦なく向かっていくかに見えた――一部のコモディティー・トレーダーがいくら抗おうとしても、この動きは次第に欠かせないものになりつつあった。グレンコアのトレーダーたちがウォール街の銀行と組んでビジネスを始めるとき、逃亡者となった創業者のマーク・リッチを追い落とすことが必要だったのと同じように、トレーディング業界が大きくなって世界の金融システムに統合されていくにつれ、その代価としてより開かれた体制が求められるようになったのだ。

だが、上場はさらに新たな難題を突きつけてもきた。そしてグラゼンバーグと彼のチームには、まだその心構えができていなかった。六カ月に一度、自分たちのやることなすことを――そしてその成果を――公表しなくてはならなくなったのだ。彼らの活動はすべて逐一、事細かに報道された。そして何よりも、ＩＰＯによって明らかにされた驚愕の儲けっぷりに、ライバル企業から顧客、投資家、ジャーナリスト、ＮＧＯ、さらには政府までが姿勢を正して目をこらすようになった。グレンコアはいま、かつてないほどきびしい視線を浴びていた。

こうした詮索の目は、陰でひそかに活動することを好むグレンコアがずっと避けようとしてきたものだった。そうすれば、誰とどのように取引をしているのかというばつの悪い質問から逃れることができる。だがそこには単に、この商社がグローバルなネットワークを有しているおかげで他の会社や投資家に大きく先んじていた時代に、自分たちの知見を部外者に知らせたくないという理由もあった。だからこそグレンコアは、過去に何度もあった株式公開の機会を拒んできたのである。

マーク・リッチの時代には、株式公開が議論に上るようなことは一度もなかった、と同社の初期のパートナーのひとりフェリックス・ポーゼンは言う。「世間に公にしたくないこともいくつかあった。それに、慣れの問題でもあったと思う。われわれはみんな、仲間うちの会社でいるのに慣れていたんだ[30]」

その後、グレンコアが以前にロシュに売却した株式を買い戻そうとしていた一九九〇年代末、数人の投資銀行家から株式を公開してはどうかという提案があった[31]。だがウィリー・ストロトットの世代のトレーダーたちは、銀行家たちの建議にも心を動かされなかった。上場すれば、グレンコアの「起業家としての自由」が制限される、とストロトットは言った[32]。

一九九〇年代を通じて同社の三人の常務取締役のひとりだったパウル・ヴァイラーは、さらに単刀直入な言い方をしている。「われわれには手数料を支払いたいという場合、有利な点があった。つまり、ある種の支払いをしたいときに、それを社の年次報告書で公表しなくてもすんだんだ[33]」

だがこうした利点も、一九九〇年代末にはすでに薄れつつあった。一九九七年にOECD加盟国に採択された「国際商取引における外国公務員に対する贈賄の防止に関する条約」、二〇〇三年の「腐敗の防止に関する国際連合条約」といった法規によって、企業が手数料や賄賂を渡すのが難しくなった。さらにニュースや情報が以前よりも安く広く利用できるようになるにつれ、グレンコアがグローバル経済に対して持っていた知見の価値も下がっていった。「多少の利点はあったにしろ、こういう状態がいずれ終わることはみんなわかっていた」とヴァイラーは言う。「私の見るところ、会社が非公開のままでいるには大きくなりすぎたということだ」

それでもこのIPOに伴う各種報道は、グレンコアのトレーダーたちが予想もしなかった波及効果をもたらした。グレンコアの供給元であり買い手でもある鉱山会社や石油会社、農家、精製会社、製造会社はずっと以前から、グレンコアが儲けていることは知っていたが、IPOがあって以降は、この会社が実際にどれだけ儲けているかを考慮に入れて動く必要が出てきた。そしてグレンコアは自社を覆っていたベールを剝いだだけでなく、トレーディング業界全体の収益性をとうてい無視できないほど明らかなものにしたのだ。

「いつも顧客とのあいだに緊張感があった。はて、君たちは公正な取引をしていると言うが、だったらどうやっていろんなところからこれほど大儲けしているんだ、とね」と、二〇〇六年までグレンコアの合金鉄部門のトップだったデイビッド・イスロフは言う。ＩＰＯまでは「みんなわれわれが儲けているのは知っていた。だが、それがどのくらいかは……誰も知らなかった」。

これが株式公開に反対する場合のおなじみの議論だった――実際のところ、一部のコモディティー商社がＩＰＯを断念した主な理由でもある。一九四〇年代のフィリップ・ブラザーズは自社のバランスシートや年間利益といった情報を、当時のある幹部によれば、「開発中の原爆並みの機密事項」とみなしていた。[34] だがのちには方針を変えて、一九六〇年に上場企業ミネラルズ&ケミカルズと企業合併し、株式公開したコモディティー商社の最初の例となった。

上場企業であるというのは何よりも、もし問題が起きたときには、ぞっとするほど細かな点までが公の舞台にさらされるということだ。グラゼンバーグがそれを実際に味わうまでに長い時間はかからなかった。社が上場の準備をしているうちにも、綿花の価格が史上最高値にまで高騰していたのだ。綿花市場に比較的新しく参入したグレンコアには、その動向が裏目に出た。公開企業として初めて社の通算決算を発表する段になったとき、グラゼンバーグは三億三〇〇〇万ドルを超える綿花取引の損失を公表せざるを得なかった。[35] グレンコアのトレーダーたちがＩＰＯのあいだ注意深く培ってきた無敵のオーラは、すっかり打ち砕かれた。

さらに悪い事態が、エクストラータとの合併協定からわずか二年後に待ち受けていた。二〇一五年、中国の成長鈍化の影響を受けて、石油から銅にいたるまでのコモディティー価格が急落した。ちょうど好景気時代の投資の多くが増産という形で実を結ぼうとしているときだった。グラゼンバーグが拡張にかけた情熱のせいで、グレンコアの債務負担は重くなり、各ヘッジファンドはグレンコア株が下がるほうに賭けはじめた。

グラゼンバーグは狼狽した。株価が急落し、社は数週にわたって沈黙していた。やがて不承不承、新株発行と資産売却、負債返済の計画を承認した。だが何週かのあいだ、それだけでは十分ではないように見えた。あるときには一日で二九％の下落という、FTSE100の優良銘柄としては異例な数字も記録した。最終的には市場が好転し、グレンコアの株価も回復したが、非上場のままでいればおそらく味わわずにすんだ苦い経験だった。

これは株式上場がもたらす弊害の貴重な教訓といえるが、同じ目に遭ったのはコモディティー商社だけではなかった。ノーブル・グループは、かつて金属スクラップのディーラーだったリチャード・エルマンが設立した香港の商社である。ノーブルが華々しいまでの転落を遂げたのは、あるひとりの社員が、この会社は会計操作で利益を水増ししていると言い出したのがきっかけだった。ノーブルの問題は陰惨きわまりない形で公にさらされた。新たな問題が明るみに出るたびに新聞がつぎつぎ記事を書きたて、ノーブルの株価は壊滅的な下落をたどった。そして最終的には債権者に買い取られることになった。[36]

こうした経緯から多くのトレーダーは、コモディティー取引という業態は合名会社が一番いいと結論するにいたった。「この業界は公開にするべきじゃない」とフィリップ・ブラザーズの元CEOデイビッド・テンドラーは言っている。[37] 実際に、グレンコアに続いて公開市場に参入した大手コモディティー商社はほかにはない。二〇〇〇年代半ばの時点で非公開だった商社は、そのままでいつづけようと意識的に決断したのだ。ビトルは一九八〇年代の前半に、ＩＰＯをしようかどうか迷っているというように、投資銀行クラインウォート・ベンソンと契約し、六億五〇〇〇万ドルの評価額を提示させるところまでいった[38]。また二〇〇六年ごろにも銀行と契約し、株式公開を模索したが、最終的にはそれも断念した[39]。ルイ・ドレフュスも一時的に、ＩＰＯを検討したことがある[40]。

上場そのものに熱烈に反対しつづけた商社もあった。「われわれの最大の利点は、社内に七〇〇名近くの株主がいることです。彼らのビジネス上の利益は社と軌を一にしています」とトラフィギュラのＣＥＯジェレミー・ウィアーは言っている[41]。

大手コモディティー商社のなかで、カーギルはどこよりも熱心に上場企業になるのを避けようとした企業だった。同社は一世紀以上にわたって、穀物取引の先駆けであるカーギル家とマクミラン家が所有してきた。

やがて二〇〇六年、創業者の孫娘であるマーガレット・カーギルが他界する。マーガレットはアメリカ一金持ちの女性のひとりだったが、その財産の大半はカーギルの一七・五％の株式で、自由には使えなかった。マーガレットは慈善団体をいくつか設立していたが、彼女の死後、そうした団体が出資金を現金化しようと試みた。そしてカーギルにＩＰＯを勧め、少なくともマーガレットの持ち株分を公開するよう働きかけはじめた。

カーギル家とマクミラン家の面々は、この案に断固反対した。それから五年にわたって、カーギルのさまざまな株主グループ間でひそかに激しい争いが続けられた。最終的にカーギルがたどり着いた解決策は、マーガレットの慈善団体から彼女のカーギルの持ち株を買い戻すことだった。引き換えに慈善団体は、カーギルが株式の過半数を保有するモザイクという肥料会社の九四億ドル相当の株を取得する[42]。そしてカーギルとマクミラン家の他の株主たちは、モザイクの株式五七億ドル相当を受け取った。この取り決めはカーギルにとって二つの問題を解決するものだった。マーガレットが設立した慈善団体の要望を満たし、同時に他の家族株主たちのために数十億ドルを調達することで、将来的にはIPOを実施しようという声を弱めたのだ。[43]またこれによって、カーギル自体の評価額——およそ五三五億ドル——も初めて明らかになった。[44]「このことはおそらくわがファミリーの、非上場会社でありつづけるという固い意志を示す最高の証拠だ」とカーギルの当時のCEOグレゴリー・ペイジは言った。[45]

それでもカーギルやビトル、トラフィギュラなどの企業は、ずっと非公開を保って世間の注目を浴びないように精いっぱい努めていたが、グレンコアのIPOによって否応なく、この部門全体の知名度が上がることになった。にわかにグレンコアの株式が、イギリスの退職者年金基金のうち相当の比重を占めるようになり、グレンコアや同業他社の動向は、同じFTSE100に入っている通信会社のボーダフォンや製薬グループのグラクソ・スミスクラインといった企業以上に関心を引く見出しとなった。

二〇〇八年には原油や食料の価格高騰をめぐって大騒動になったが、この年に世界的な大新聞で大手コモディティー商社のどれかに触れている記事は三八五件しかなかった。ところが二〇一一年には、その数は一八八六件となっていた。[46]各通信社がコモディティー商社関連の記事を専門に書く特派員と契約しはじめた。そして商社の側は広報チームをてこ入れせざるを得なくなった——場合によっては、史上初めて広報の専門家を雇い入れるところも出てきた。トラフィギュラはフィナンシャル・タイムズ紙の元エディターと契約したりもした。

何十年にもわたってコモディティー商社を覆ってきた秘密のベールが、容赦なく引き剥がされようとしていた。世間の注目にさらされる生活への移行は、ときとして痛みも伴った。あれはまちがいだったという声もまだあった。ＩＰＯまでグレンコアの取締役を務めていた元ＣＦＯズビネク・ザックは、「そもそも上場するべきじゃなかった」と言う。そしてＩＰＯにいたる決定の原因は「強欲と傲慢」だとしている。[47]

株式公開からどんな不利益が起こりうるにしろ、業界が公開市場のほうへ転換したことにはかなりの利益も伴った。ＩＰＯ、債券の売却、プライベート・エクイティ投資家とのパートナーシップといったもののどれを目指すにしても、コモディティー商社が利用できる投資家の候補がぐんと増えたおかげで、調達できる資金の額も格段に大きくなった。

コモディティー商社が歴史上初めて、世界情勢の変化を決定づけられる資金力を手にしたのである。

第13章　権力の商人

二〇一八年初めにその短い発表があったとき、ペンシルベニア州の公立学校に勤める教員の誰かが注意を払うことはおそらくなかっただろうが、そこには彼らの退職後の蓄えにとってありがたくない知らせが含まれていた。

ペンシルベニア州の教員の年金基金は、州都ハリスバーグの赤レンガ造りのオフィスの監督下にある。五〇万人の教員および元教員たちの五〇〇億ドル超の蓄えを管理している公立学校職員退職制度だ。公的年金基金は一般的に、投資にかけてはごくごく保守的だと評される。伝統的に優先されるのは、特大のリターンよりもまず安全性。世界の危険な地域に手を出す冒険的投資家、というイメージには最も遠い。

ところが二〇一八年三月一九日に、契約先の持ち株会社のひとつから届いた簡潔な通知は、ペンシルベニア州の教員たちの蓄えを使った最新の投資が、保守的というどころの騒ぎでないことを伝えていた。

「二〇一七年九月二五日にクルディスタン地域政府が実施した独立住民投票の結果、キルクーク油田の接収によって当地域政府の輸出がおよそ五〇％減少し、契約上の最低供給量に悪影響が生じていることをここにお知らせします」と通知にはあった。[1]

ペンシルベニアの教員たちは気づかなかっただろうが、その数カ月前、彼らの退職後の蓄えのわずかな一部がクルディスタンへ送られていたのだ。サウスカロライナ州では六〇万人以上の警察官、裁判官、その他の公務員の蓄えが同じ投資に注ぎ込まれていた。さらにウェストバージニア州の教員や消防士、警察官たちの蓄えも。

アメリカの公務員たちを中東でも指折りの不安定な地方と結びつけるこの投資は、低税率・低審査の地域に置かれた得体の知れない投資ビークルのあいだをマネーが行きかう、現代の金融システムの絶妙な寓話といえるかもしれない。ペンシルベニア州、サウスカロライナ州、ウェストバージニア州からイラク北部へと達するマネーの流れは、不透明なタックスヘイブンとして悪名高いケイマン諸島の首都ジョージタウン、金融に有利なアイルランドの首都ダブリン、ロンドン中心部の金持ち地区メイフェア、中東マネーのハブである金満の首長国ドバイを経由していた。

実際にアメリカの年金受給者たちが自分の加盟する基金の年次報告を見ていたとしても、おそらく何も気づきはしなかっただろう。ただ、その年金基金の投資先リストのなかに埋もれるように、「オイルフローSPV1DAC」という名前があったはずだ。そして少し深く掘り起こせば、オイルフローSPV1DACとはアイルランドの会社で、住所はダブリン中心部にあるありふれた四階建てビルで、そこには他に二〇〇ほどの会社が正式に登記されていることがわかっただろう。[2]

二〇一六年にアイルランド当局に提出された書類によると、その会社の目的は「あらゆる形態の金融資産の取得、管理、保有、売却、処分、融資、取引」となっていた。[3] そして二〇一七年初め、オイルフローSPV1DACはケイマン諸島証券取引所に登録された。そして二〇二二年までに返済予定の「担保付き分割返済債権」で五億ドルを調達していた。[4]

オイルフローSPV1DACのとくに際立った特徴は、投資先としていかに優れているかということだった。現在の超低金利の世界にあって、この耳慣れないアイルランド企業が提示する利回りは驚くほど高かった。五年にわたって確約された年率は一二%――当時のアメリカ国債の金利の六倍以上である。

高い利回りはもちろん、この投資商品に大きなリスクが伴うことの反映でもあった。フランクリン・テンプルトンは、アメリカ国内の年金基金の資金をこの債券へ誘導したファンドマネジャーだが、それを「イラク北部の石油を裏づけとする米ドル建て債券」とのみ説明していた。[5]

実のところこの債券は、アメリカの年金受給者たちの蓄えをイラク・クルディスタン独立運動の財政的支援に回そうとする複雑なからくりの一部だった。この投資は彼らの年金基金を、何世紀にもおよぶ中東の歴史と石油資源をめぐる争い、そして冒険好きなコモディティー商社の世界が絡み合う壮大なゲームへと巻き込んだのである。オイルフローSPV1DACは、ただの匿名の投資ビークルではなかった。同社を支配していたのは、他ならぬグレンコアだった。[6]

コモディティー商社は、少なくともテオドア・ヴァイサーがソ連へ向かった時代から、人がなかなか足を踏み入れない場所に資金を注ぎ込んできた。そして一九八〇年代に入ると、コモディティーの流れを担保にして、さらに危険の多い国への融資を行うようになった。たとえば一九八〇年代初めにマーク・リッチ&カンパニーは、内戦のただ中にあるアンゴラ政府への約八〇〇〇万ドルの貸し付けに合意した。これは一国の産出する石油が貸し付けの担保にされた初めての例のひとつだった――この種の取引は後年、大きな人気を博すことになる。[7]

二〇一一年のグレンコアのＩＰＯに象徴されるように、この業界が外部から資金を調達する方向に変わったことで、コモディティー商社はかつてない影響力を持つようになった。アメリカの年金基金機構も、以前のマーク・リッチ＆カンパニーが相手なら、大事なお金を預けようとはゆめ思わなかっただろう。しかし形を変えて現代に現れたその会社が作り出し、管理している投資ビークルには進んでマネーを注ぎ込んだのだ。彼らがこう理屈づけたとしても不思議はない——だってグレンコアは上場企業で、ＦＴＳＥ１００にも名を連ねているじゃないか、と。

　こうした新たな資金力によって、コモディティー商社はグローバル経済システムのさらに重要な存在となり、過去になかったほどの規模でグローバルな政治に影響を及ぼす手段を与えられた。トレーダーたちを導くのはマネーだが、そうして利益を追求するうちに、彼らは必然的にある政治的な役割を果たしていた。突然のように手にした資金力によって、一国全体の資金を調達し、それまで凍結され閉め出されていた個人や国が国際金融システムにアクセスできるように計らい、さらにはリビア内戦やクルディスタン独立闘争のような政治的紛争にまで決定的な役割を果たせるようになったのだ。ロンドンやツーク、ヒューストンの快適なオフィスから、トレーダーたちは歴史を創っていた。

　イラク、シリア、トルコ、イランにまたがって分布する三〇〇〇万人のクルド人は、しばしば自国領土を持たない世界最大の民族グループと言われる。[8] 一九九一年の第一次湾岸戦争以降、バグダッドのサダム・フセイン政権から迫害を受けながらも、クルド人はイラク北部で半独立国家となっていた。そして二〇〇三年に米軍がサダムを倒すと、戦禍のあとのこの地域は、さらに大きな自治権を持つようになった。

それでもこうした自治は、クルド人の大半が望んでいた完全独立には遠いものだった。とはいえクルディスタンが一国として機能するには、経済的に独り立ちすることが求められる。そして経済発展の可能な国になろうとするなら、その一番の希望の源は石油だった。

二〇一四年初め、クルド人に好機が訪れた。隣国シリアでは三年にわたって内戦が続き、その瓦礫のなかから現れた危険な新興勢力が力を増しつつあった。ジハード主義者の集団、イスラム国(ＩＳＩＳ)である。二〇一四年、シリアに拠点を打ち立てたこの集団は、ついでイラクに目を向けた。

ＩＳＩＳはまずイラク西部の、政情不安なラマディやファルージャなどの都市を含む一帯を押さえた。そして六月には北部へ攻勢に出ると、イラク軍を圧倒し、モスルを占領した。パニックに駆られて撤退するイラク軍は、モスルの南にある重要な都市、キルクークを放棄していった。ところがキルクークはＩＳＩＳの手には落ちなかった。クルド人ゲリラ部隊ペシュメルガがその間隙を突いたのだ。

クルド人にとっては異例の勝利だった。一九二〇年代に近代的な国民国家イラクが成立して以来、キルクークの石油はバグダッドの中央政府が支配してきた。だがクルド人はずっと、数千年の歴史を持つ文明のるつぼであるこの都市がほしくてならなかった。そしていま、戦わずしてその場所を掌握できたのだった。

クルド人部隊はキルクーク近くの伝説の地、ババ・グルグルも確保した。この名はクルド語で「火の父」を意味する。何千年にもわたって地面の上に炎が噴き出し、地下の巨大な油田から漏れ出る天然ガスを燃料に燃えつづけてきた場所。ババ・グルグルの炎とは、旧約聖書に登場する灼熱の炉であり、バビロンの王ネブカドネザルが黄金の像の前で頭を垂れることを拒んだ三人のユダヤ人をそのなかに投げ入れたとされる。

二〇一四年には、サダム・フセイン失脚後のイラクでクルド人が自国の独立を国際社会に向けて推進するロビー活動を始めてから、一〇年以上が過ぎていた。二〇一一年に南スーダンが国際的な承認を得てスーダンから分離したとき、クルド人は自分たちもそれと同等に扱われることを望んだ。だがワシントンをはじめ、欧米諸国の政府は反対した。

キルクークの石油資源を手に入れたことで、クルド人は経済的に自立した国を建設するチャンスを得た。そしてまもなく、彼らの進む道を手助けしようと、種々雑多なフィクサーやらコンサルタントやらが現れた。石油に関しては、どうやって市場に売り出すかをよく知る人間を雇った。ムルタザ・ラカーニ。一〇年前にイラクでグレンコアのために働き、石油・食料交換プログラムのスキャンダルで重要な役割を果たした、まさにあの人物だ。いまは独立したコンサルタントとなっていたラカーニは、クルド人と商品取引業者とのつながりを支援した。[9] ほかにクルディスタンに現れたフィクサーのなかには、ポール・マナフォートの名前もあった。彼はのちにドナルド・トランプの選挙対策委員長を務め、金融詐欺で投獄されることになる。クルディスタンでのマナフォートの役割は、独立住民投票の実施を手伝うことだった。[10]

新たに石油を換金するには、売り込む手段を見つける必要がある。だが決して簡単な仕事ではなかった。バグダッドは、クルディスタンの原油はイラク国家から盗まれたものだとみなし、買い手に対して法的措置をとると脅していた。この警告に多くの製油所は二の足を踏んだ。今後どうなるかわからないクルディスタンよりも、バグダッドの中央政府のほうが石油の供給元としてはるかに重要だったからだ。[11]

製油所がバグダッドの脅しに怯えていたとしても、コモディティー商社は簡単に恐れ入りはしなかった。何社かはキルクークの占領以前からクルド人が細々と販売する石油を買い入れていたこともあり、彼らがより大量の石油を商うのに進んで手を貸した。クルディスタンの石油に引き寄せられて、トラフィギュラ、グレンコア、ビトルなど大手コモディティー商社が石油を買い求めようと、つぎつぎクルディスタンの首都アルビルに降り立った。

コモディティー商社にとっても、イラク北部の自治区を統治するクルディスタン地域政府との取引は、政治的にきわめてデリケートなものだった。ビトルが内戦状態のリビアで肩入れした反政府勢力のように、アルビルの地域政府も国際的には承認されていない。そしていうまでもなく、石油の所有権そのものが論争の的になっていた。クルド人は自分たちのものだとし、バグダッドはこの石油を合法的に売ることができるのは連邦政府だけだと言い張る。商社が行うあらゆる取引には訴訟の脅威がつきまとっていた。

「初期のビジネスというと、そちらで好きに原油を持って行って、どこか売るところを見つけてもらえるかいという調子だった。なにしろ当時は、原油は争点になりやすいコモディティーだったからね」とベン・ラッコックは言う。彼はトラフィギュラの石油部門のトップで、実際に輸送の段取りを手伝っていた。[12]「まったく難しい仕事だったよ。一時期はどこにも（石油の）買い手が見つからなかった」

そこでトラフィギュラは、一九七〇年代から八〇年代にかけて禁輸措置をくぐり抜けるのに使っていた巧妙な仕掛けに、再び頼ることにした。クルディスタンの石油はイラク北部からパイプラインを通じて一〇〇〇キロ移動し、トルコを通って地中海のセイハンの港まで送られた（巻末付録3の地図を参照）。そこでタンカーに積み込まれたあと、まるで魔法のように、ふっと消えてしまったのだ。
クルディスタンの石油取引の先駆けであるトラフィギュラにとって、このトリックの種は、エイラート―アシュケロン・パイプラインにあった。一九七〇年代にマーク・リッチが、イラン産の石油をイスラエル経由でヨーロッパへ持ち込むのに使ったのと同一のルートである。いまはこのパイプラインを使って双方向に石油を送り出すことができた。それでトラフィギュラはアシュケロンまでタンカーを送ってクルディスタンの原油を荷揚げし、その原油はイスラエル領内を通って紅海に面したエイラート港まで行く。そこでもう跡をたどるのは不可能になる。石油の一部はイスラエル国内にたどり着くこともあり、また一部は中国の独立系製油所へと流れていった。こうした製油所は原始的な設計のものが多く、ティーポットと呼ばれている。[13]
一九七〇年代のときと同じように、エイラート―アシュケロン・パイプラインを利用するのは外交的に見て危ない橋だった。イラクは一九四八年以来、公式にイスラエルとは戦争状態にあり、バグダッドはユダヤ人の国家を認めていなかった。ところがトラフィギュラのCEOクロード・ドーファンは彼独自の魔法を使い、ほどなくイスラエルはイラク北部のクルド人の石油が自国の領土を通るのを許可するようになった。「イスラエルがある選択をした、それはまちがいない」とラッコックは言う。「このときの政治的状況は、イスラエルには問題にならなかったわけだ」[14]
とはいえ、クルディスタンでの石油取引がすべて計画どおりに運んだわけではない。二〇一七年半ばのあるとき、ビトルは〈ネバーランド号〉というタンカーに一〇〇万バレルほどのクルディスタン産原油を積み、カナダの製油所へ向けて送り出した。するとバグダッドのイラク政府が行動に出た。この原油が北米へ運び込まれてしまったら、勝手に石油を売ろうとするクルド側の戦略が勝利を収めることになる――バグダッドにとって政治的に耐えがたい結果だ。イラク政府は、問題の原油は盗まれたものだと公に言明し、船舶と積み荷の押収のほか、ビトルに対して三〇〇〇万ドルの損害賠償を求める訴えを起こした。カナダ連邦裁判所は、もしタンカーが自国領海に入った場合は、差し押さえるようにとの命令を発した。

　数えきれないほどの外交官や弁護士、法廷から任命された執行官たちはいうまでもなく、世界の石油業界全体が固唾を呑んで、一隻のタンカーの行方に目をこらした。ところが〈ネバーランド号〉は、そのまま姿を消した。無線を切ったことで、コモディティーの専門家たちにもその居場所を追跡できなくなり、事実上の幽霊船となったのだ。その後の足取りは杳として知れなかった。だが四週間ほどたって、タンカーは再び無線のスイッチを入れた。最後に目撃されたマルタ島付近まで戻ってきたのだ。しかし積み荷は空だった。ビトルはクルディスタンの石油をどこかで荷揚げしていた。どこで？　どうやって？　そして相手は？

　数年たったいまも、ビトルのトレーダーたちはこの件について口をつぐんだままだ。「みんな積み荷が消えたことは知っている。ヨーロッパや北米で降ろされたのでないことも」とビトルの上級パートナーであるクリス・ベイクは言う。「つまり、東へ行ったわけだ[15]」

　クルディスタンの石油をめぐるこの戦いは、バグダッドには勝ち目のないものだった。マネーと石油の流れはあまりに魅力的だったし、たとえイラク政府が行く手にどんな障害を置こうとしても、コモディティー商社が回避するすべを見つけるのは容易だった。「最後にはバグダッドも、これは自分たちが一度に一カーゴずつ奪い取れる戦いではないと気づいたんだ」とベイクは言う。

　コモディティー商社の協力でクルディスタン地域政府が出荷する原油は、ピーク時には日量六〇万バレルに達した——これはノルウェーの石油輸出の約半分に相当する。そしてクルディスタンの石油の半分は、ペシュメルガが押さえたキルクーク周辺の油田から産出するものだった[16]。それでもまだアルビルには足りなかった。この地域が独立を求めていくには、相当の現金を投入する必要がある。クルド人指導者たちは再びコモディティー商社に頼った。将来に石油を引き渡すのと引き換えに、現金を貸してもらえないだろうか。各商社は同意した。石油を担保として、ビトルやトラフィギュラやグレンコア、さらにロシアの国営石油会社ロスネフチ、ペトラコといった小さめの商社も加わり、なんと三五億ドルをクルド人自治政府に貸し付けたのだ。[17] クルディスタンにとっては同地域の経済全体の一七・五％ほどに相当する、途方もない金額だった。[18] 返済はその後数年にわたって原油を輸出することで行われる。一部の商社は自己資金を使い、また一部の商社は銀行の支援を求めた。

だがグレンコアは、きわめて異例なルートをとった。クルディスタンに自己資金を使うのはリスクが高すぎると判断した。国際投資家たちから現金を調達するために、石油を担保とする高金利の証券を売ったのだ。そしてこの債券を原資としてクルド人への貸し付けを行う。オイルフローSPV1DACの誕生である。

これに関わっている各コモディティー商社にとって、リスクは相当に大きかった。バグダッドはキルクークから産出する石油をいまだに盗品とみなしているし、自治区とイラクの他地域を隔てる国境は控えめにいっても流動的だった。内戦が起こるリスクもつねにあった。そしてさらにまずいのは、ISISがこの地域全体を脅かしていたことだ。

こうしたリスクはもちろん、オイルフローSPV1DACの資金源であるアメリカの年金受給者たちにとっても大きなものだった。この債券の投資家向けプレゼンテーションは、三分の一がさまざまなリスクの列挙に費やされた――「テロ、宗教紛争、内戦、国境紛争、ゲリラ活動、社会不安、財政難、為替レートの変動、高インフレ」などである。プレゼンテーションではまた、投資家のマネーが贈賄に使われる可能性についても言及し、クルディスタンは「ガバナンスの実践に関しては リスクの高い地域」だと指摘していた。[19]

そのうえグレンコアは、クルディスタン地域政府から直接にではなく、仲介会社を通して石油を買い入れるという形の取引にしていた。他の石油商社と同様、クルディスタンが石油を売る手助けをすればバグダッドの怒りを買う恐れがあるので、解決策として仲介業者を使うことにしたのだ。投資家から得た現金五億ドルと引き換えに、クルディスタン自治政府はグレンコアではなく、仲介会社と契約を結ぶ。そしてつぎに仲介会社がグレンコアと契約する。

その仲介役をするのは名の知れた会社ではなく、投資家へのプレゼンテーションでは名前すら出されなかった。だがグレンコアには十分なじみのある会社だった。グレンコアのクルディスタン産石油取引の仲介役を務めたのは、一年と少し前にドバイに設立されたエクスモア・グループである。ドバイ沖に浮かぶ人工島パーム・ジュメイラを見下ろす四七階の高層ビルを拠点とするエクスモアは、ヨセフ・ドルジャンという名のトレーダーが設立した会社だった。ドルジャンはかつてグレンコアで一五年間、アジアと旧ソ連全域で取引をしていた。[20] グレンコアは古株の元社員のひとりをクルド人政府との仲介役に使っていたのだ。

商社との石油取引から入ってきた現金は、クルド人自治区の生き残りをかけた主要な手段となった。[21] だがその現金は教師や警官の給料に使われるだけでなく、はるかに大きな役割を果たした。このオイルダラーはクルディスタンの独立運動を大きく後押ししたのである。コモディティー商社と取引をする以前、クルディスタン自治政府はバグダッドからの施し以外の収入源をほぼ持たなかった。それがいま初めて、この地域の政治家たちに、バグダッドからの真の独立が手の届くところにあると感じられた――そして初めて、そのための資金を得ることができそうだとも。

二〇一七年九月、グレンコアがオイルフローＳＰＶ１ＤＡＣを通じてこの地域のために資金を調達してからわずか数カ月後だった。クルディスタンの政治家たちは運命の決断を下し、新たに手に入れた経済面での独立を、今度は政治面での解放へとつなげていこうとした。グレンコアなどコモディティー商社との石油取引によって財政的保障ができたいま、バグダッドの中央政府に逆らって独立を問う住民投票を実施したのだ。結果は圧倒的だった。人口の九三％がイラクからの分離独立に賛成票を投じた[22]。

だがクルド人が、ほんの数年前の南スーダンのときのように、国際社会が新しい国家を歓迎してくれることを期待していたとしたら、それは誤算だった。ＩＳＩＳが撤退すると、欧米はもう軍事的な同盟相手としてのクルド人にあまり頼らなくなった。欧米政府はアルビルに対し、独立を問う住民投票は実施しないよう釘を刺していた。ただでさえ危なっかしい地域に、また危なっかしい国家が生まれるのは何よりも望ましくない。その警告が無視されたからには、アメリカもヨーロッパもほとんどバグダッドの動きを止めようとはしなくなった。

住民投票から数日のうちに、イラクの中央政府は再び権威を確立しにかかった。連邦軍を北へ送り込み、キルクークの街とその油田を奪還した。クルド人自治区の独立の望みは無惨についえた。ババ・グルグルの石油資源によって可能になったかもしれない経済的自立も、いまでは夢物語のように思えた。何十億ドルも投じて独立運動を支援してきたコモディティー商社にとっては苦い成り行きだった。

そしてオイルフローＳＰＶ１ＤＡＣがイラクの軍事行動に関する通知をケイマン諸島証券取引所に送りはじめたのもこの時期だった。グレンコアはこの投資ビークルの設立にあたって、輸出か原油価格が落ち込んでも対応できるだけの余裕を持たせていたし、かりにクルド人政府の支配のもとで石油生産量が激減したとしても、融資先への返済能力にただちに影響が出ることはないはずだった。だが二〇二〇年に再び原油価格が暴落すると、グレンコアがオイルフローSPV1DACに組み込んでいた余裕ももう尽きてしまった。このビークルは確約を果たすことができなくなり、投資家たちも返済予定の遅れに同意せざるを得なかった。

ペンシルベニア州の教員の年金基金にしてみれば、オイルフローSPV1DACへの投資は、増えつづける退職者のために従来の投資では得られない高収入を生み出そうとする手段だった。その資金が中東の政治にどういった影響を及ぼすことになるのか、彼らが考慮したかどうかも定かではない。たとえば、ペンシルベニア州公立学校職員年金基金がオイルフローSPV1DACに行った投資は、フランクリン・テンプルトンが管理する新興市場債券の幅広いポートフォリオの一部だった、と広報担当者は言っている。

「ペンシルベニア州公立学校職員年金基金の投資専門家およびコンサルタントは、この種の新興市場投資につきもののリスクのみならず、その投資戦略やポートフォリオすべてに関連する長所と短所をよく認識している[23]」

コモディティー商社はよくこんな言い方をする。自分たちは政治とは無関係だ——どちらか一方の側につくことはない。ただ金銭的な関心のみに基づいて動く、と。これは現代史を通じての、この業界のモットーだった。人質危機のさなかのイランと取引をしたことを問いただされたとき、マーク・リッチはこう答えた。「われわれはビジネスの場で政治的に振る舞うことはない。過去にもそんなことはなかった。それがわれわれの哲学だ[24]」

たしかに一部のコモディティー・トレーダーには、個人の財力を使って政治的な企図を推し進めようとするタイプもいる。アメリカのコーク・インダストリーズのオーナーであるコーク兄弟は、何億ドルも費やして保守派の候補者や政策を支援してきた。規模はぐっと小さくなるが、ビトルのイアン・テイラーはイギリスの保守党に数百万ポンドを献金したし、二〇一四年のスコットランド独立住民投票では、スコットランドのイギリス残留を求める「ベター・トゥギャザー」キャンペーンを個人資産で支援した。

それでもやはり、トレーダーたちがコモディティー取引に関わる動機は、ほぼ決まって冷徹なまでに金銭的なものだ。合法で利益が出る取引であれば、たいていのコモディティー商社はそこで立ち止まって、政治的な影響が望ましいものになるかどうかを考えるようなまねはしないだろう。「われわれは現物としての石油の流れを、ここまではまだ正しいとか大丈夫だと思える範囲で扱ってるんだ」とビトルのクリス・ベイクは言う。「じっくり腰を据えて葉巻を一服して、よし、ここでひとつ歴史を作ってやろうなんて考えやしないよ。そんな暇があればいいとは思うが[25]」

だが、政治的影響力を持つのが目標ではないとしても、それでコモディティー商社がなんの影響も及ぼさないということにはならない。コモディティーがマネーとパワーに直結する世界では、商社は歴史の流れを変える力を持つ。クルディスタンの場合、コモディティー商社がこの地域にバグダッドへの経済的依存から脱するよう手を貸し、独立を求めていくだけの自信を持たせることになった。

商社が政治との関わりを排したつもりだとしても、クルディスタンの資源担当大臣アシュティ・ハウラミは、商社が果たす役割の重要性を強く認識していた。経済的自立が政治的自立の前提となる、というのが彼の哲学だった。「経済が政治に先んじて主導権を取り、政治家に決断を迫ってい

「経済的な独立を助けるものだ[27]」とハウラミは言った。[26] そしてコモディティー商社の現金とは？「経済的な独立を助けるものだ」

独立住民投票から数週間後、ビトルのCEOテイラーはある会議で、コモディティー商社はクルドの独立を後押しするのに役立ったのかと尋ねられた。少し間を置いてから、彼は認めた。「まあ、そうでしょうね[28]」

コモディティー商社が新たに得た資金力を活用した場所は、クルディスタンだけにとどまらない。好況時の収益と、公開市場へのアクセスが拡大したことが相まって、商社はさらに遠くまで大盤振る舞いの範囲を広げられるようになった。そしてリビアからカザフスタン、コンゴから南スーダンにいたるまで、普通の投資家なら怖気づくような、資源は豊富でも政治的に脆弱な国々の主たる資金源となったのだ。

次第にコモディティー商社は、自己資金をリスクにさらすのではなく、国際金融市場のリンク役として、銀行や年金基金などの投資家から得たドルを遠く離れた国々でのコモディティー取引に振り向けるようになっていた。これは慣れた役どころだった——なにしろ商社はずっとコモディティー市場の仲介業者を務めてきたのだ。そしていまはその役割をマネーの仲介役にまで広げつつあった。

こういった現象が二〇〇八年の世界金融危機以後に起きていたのは、偶然の一致ではない。金融産業の野放図な拡大の象徴だったアメリカやイギリス、ヨーロッパの投資銀行が、いまは退潮の一途だった。破綻したり、国有化されるところまではいかなくても、次第にきびしい規制の下に置かれつつあった。資源が豊富でも難しい国は、銀行の用語で「フロンティア市場」と呼ばれるが、べつに言われるまでもなく、そうした国々からは撤退していった。

コモディティー商社は、銀行が直面しているほどの規制や監視の対象にはならなかったので、喜び勇んでその空白を埋めようとした。グレンコアのオイルフローSPV1DACがその好例である。だがこれは、世界中の同様に難しい地域に見られる、同様に数多くある案件のひとつだった。グレンコアは二〇一六年、投資家に向けてのプレゼンテーションで、過去六年間に一七〇億ドルを超える石油の前払いを取り決めたこと、取引では一度も損失を出していないこと、「あらゆる主要銀行や大手機関投資家を含む、全世界の一五〇以上の金融機関」と密接な関係を築いていることなどを誇らしげに語った。[29]

大規模金融業者としてのコモディティー商社の役割が増してきた点も、コモディティー取引のビジネス、とくに石油取引が変化しつつあることの反映だった。世界的に情報が入手しやすくなり、従来からのモデルが崩れていくなか、商社は収益性を維持しようとして規模とサイズを優先させた。パイプラインや港湾、貯蔵タンク、製油所などのネットワークへの投資が功を奏した――そしてこの資産の「システム」のなかへ、ますます大量の石油を送り込もうと努めた。一度に何カーゴかの石油を売買して大きな額を儲けるよりも、一つひとつは儲けの小さな石油を膨大な単位で扱おうとしたのだ。一九八〇年代の半ば、当時最大の石油商社だったマーク・リッチ&カンパニーは、日量約一三〇万バレルの原油と精製品を商っていた。[30]二〇一九年には、最大の石油商社の座に就いていたビトルが扱う量は日量八〇〇万バレルだった。ビトルだけが飛び抜けていたわけではない。トラフィギュラは日量六一〇万バレル、グレンコアは日量四八〇万バレルを取引していた。

「とどのつまり、われわれのビジネスには規模が必要なんです」とイアン・テイラーは言った。「〝サイズが大事だ〟、なんて意味深な言い方はしたくないですが[31]」

十分な規模を持つ商社は、市場価格のちょっとした動きに対応して、石油契約や資産を活用することができた。たとえば、アメリカへ送る原油の予定を変更してアジアへ向かわせられるのではないか。製油所が処理しているいろいろな種類の原油の混合比率を変えてその価格差を利用できるだろうか。ある契約でトレーダーが引き渡しを数日遅らせたり、何バレルか少なく、あるいは多く渡したりすることが可能だろうか。あるいは何百万バレルも貯蔵タンクで保管し、次の価格高騰を待てるのではないか。

こういったシステムは、とくに石油を中心として、金属や穀物などのコモディティー取引のモデルになった。これが機能するには、とにかく大量の石油がシステムのなかを流れつづけるようにしつつ、市場から示されるあらゆるチャンスに対応できる準備をしておかねばならない。そして大量の石油を確保するベストな方法は、生産者に融資をして、数年単位の関係で相手を縛ることだった。

そこでコモディティー商社の出番となった。買うことのできる石油があって、現金が必要な売り手がいるところなら、彼らはどこにでも自分のマネーを（そして他人のマネーも）投入した。その舞台はリビア内戦の戦場から、クレムリンの金ぴかの大広間にまで広がっていった。

こうした大規模金融取引の台頭は、コモディティー商社の発展における新時代を示していた。取引がより大きくなり、管理する金額もより大きくなった。商社はいま、一国全体の資金を調達する力を――さらに国が存続できるかどうかを左右する力を備えていた。もはや単なるコモディティーのトレーダーではなく、権力を商う者だった。

世界中を探してもチャドのように、コモディティー商社が一国の経済を支配するほどの役割を果たした場所はまず見当たらない。グレンコアがこのアフリカの国で行った取引が示しているのは、一部の商社には国際政治のなかでとくに好ましからぬ人物たちが相手でも、その金融資源を注ぎ込む用意があるということだった。

内陸に位置し、絶望的な貧困と腐敗にあえぐチャドは、国際投資家にとっては魅力に欠ける国だ。[32]一九九〇年のクーデター以来、この国を統治していたのは、百戦錬磨の陸軍大将イドリス・デビだった。民主主義に肩入れするよりも、ウイスキーのシーバスリーガルのほうに深く肩入れしがちな人物である。[33]国内外からの排除の働きかけ（フランス政府はかつて彼に、退陣と引き換えに年金と快適なアパートを提供しようと持ちかけた）をかわしながら、[34]デビは権力の座を維持し、世界でも指折りの在任期間の長いリーダーとなった。

チャドにはそこそこの石油資源があるにもかかわらず、国民にはデビの幸運は分け与えられていない。平均寿命は世界で三番目に短く、[35]人口の半分近くは世界銀行の定めた貧困ラインを下回り、[36]紛争と政情不安で国土は荒廃していた。

二〇一三年に、チャドはまた新たな、イスラム武装勢力という形をとった脅威に直面していた。アルカイダはアフリカ中部で勢力を強めていて、デビは隣国のマリ、そしてチャドとナイジェリアの国境地帯にいるジハード主義者たちと戦うべく軍を配備した。

だが、チャド大統領は問題を抱えていた。戦闘を続けるための資金が足りなかったのだ。国際投資家たちに経済的な災害地域とみなされているチャドには、ただ銀行に電話をかけて融資を求めるというのは無理な話だった。また旧宗主国のフランス、世界銀行、ＩＭＦなどの援助機関もデビに多額の支援をすることには慎重になっていて、いまではどんな融資も貧困削減にしか使えないようきびしい制限をかけなくてはならないと言ってきた。

ほかにはどこの融資元にも相手にされないとわかり、チャド大統領はある会社に助けを求めた。

この国への貸し付けに伴うリスクを快く受け入れ、その現金が地域全体に及ぼす波及効果にも無頓着な商社——グレンコアに。

二〇一三年五月にデビ大統領は、将来の石油供給を担保にした融資という形で、三億ドルの現金をグレンコアから受け取った。同じ年の終わりまでに、この商社は融資額を二倍の六億ドルまで増額していた[37]。融資にはこんな但し書きがあった——この現金は「国家予算を補助するための非軍事的目的」にしか使用できない[38]。ところがこの限定的に見える条項には裏があった。チャドはグレンコアの現金を非軍事的な用途に使うことで、予算の残りを軍事費に充てられたのだ。グレンコアは実質的に、デビが近隣諸国でジハード主義者と戦うための資金援助をしていたのである。

原油価格がバレル一〇〇ドルを超えている時点では、デビにとってグレンコアは、ひどい人権侵害の実績や経済失政で国際的に悪評を得ている自分にも巨額の現金を貸してくれる銀行として映った。そして再びこの商社を頼った。二〇一四年にデビは、グレンコアからさらに一四億五〇〇〇万ドルを借り入れた。今度の目的は、シェブロンが一部保有するチャドの油田の株式を買い取るためである[39]。

クルディスタンのときと同じく、グレンコアはチャドに対しても、全額を自己資金で貸し付けたわけではなかった。代わりに銀行グループや他の投資家たちを口説いてこの取引を支援させたのだ[40]。そしてクルディスタンのときと同じく、投資元にはアメリカ最大の年金基金もいくつか含まれていた——ある届出書によれば、オハイオ州公務員年金基金とウェストバージニア州投資管理委員会がグレンコアのチャドでの取引に資金を提供したことになっている[41]。

グレンコアとデビとの取引は、原油価格がバレル一〇〇ドル超のうちはごく友好的に進んでいたが、二〇一四年末に原油価格が下落しはじめると、両者の関係は悪化した。アメリカのシェールオイル産業の産出量が増加し、原油価格は二〇一四年のバレル一一五ドルをピークとして、二〇一六年初めには二七ドルにまで暴落した。こうした状況下で、チャドが債務を返済するのは難しくなった。それで契約についての再交渉を求め、長時間の協議の結果、グレンコアは貸し付け条件の見直しに同意した。だがこの見直しの内容は、グレンコアがチャドにとっていかに重要な存在となっているかを物語っていた。原油価格がまだ低迷している状況で、この貧困国がグレンコアとそのパートナーたちに対して負っている債務はおよそ一五億ドルという、国内総生産の一五％に相当する金額だった。[42]

条件の見直しがあってから、グレンコアへの債務はチャド政府にきびしい緊縮財政を強いた。国は教育、医療、投資への支出削減を余儀なくされ、数カ月にわたって給与の支払いにすら苦しんだ――すべては世界最大のコモディティー商社への返済義務を果たすためだ。ＩＭＦは財政難の国に対して財政規律を課すことで有名だが、そのＩＭＦすらチャドの支出削減を「劇的」だと評したほどだった。[43]

デビはやがてグレンコアとの取引を後悔するようになり、この融資を愚か者の飛びつくバーゲンと呼んだ。そして「グレンコアから融資を取りつけたことは無責任だったと認めざるを得ない」とも語っている。[44]自国が崩壊の瀬戸際に瀕すると、デビは債務の条件を再び見直すように求め、グレンコアも二〇一八年には合意して、返済の期日を延ばし、金利も半分に減らした。[45]

現在もグレンコアの融資はチャドにとってきわめて重要で、ＩＭＦがこの国の経済に関する論評を発するときには、政府の財政状態の分析のなかで必ずこのコモディティー商社に言及するほどだ。新型コロナウイルス感染症に見舞われる以前ですら、グレンコアへの返済は二〇二六年まで終わらないだろうと予想されていた。[46]デビはチャドをほぼ完全に支配しているにもかかわらず、コモディティー商社と行った取引への疑念に駆られるようになり、こんな発言をしている。「グレンコアの代表をこの国に迎えたとき、私は尋ねたんだ、あなたがたは誰かに手数料を渡したことはあるのか、と」[47]

チャドでのグレンコアが最後に頼られる貸し手だったとすれば、カザフスタンではビトルがその役割を果たしていた。グレンコアのチャドでの取引が、将来の石油供給と引き換えに資金を提供するという比較的単純なものなのに対し、ビトルのカザフスタンでの長年にわたる取引は、コモディティー商社が資源の豊富な国でのビジネスを維持するために、進んで人間関係の複雑なネットワークを作り上げようとすること――そしてそこから利益を得ていることを示すものだった。

コモディティーブームの時代、カザフスタンは石油会社が注目する新たな投資先のフロンティアだった。人口もまばらなカザフスタンの平原に突然、テキサスやスコットランド、カナダから石油資源を求めてやってきた地質学者や技術者たちがあふれ、ドルが大量に流れ込み、カザフスタンのステップから超現代的な新しい都市が生え出してくる一方で、この国の政治家やオリガルヒたちがメイフェアやドバイのクラブやホテルに詰めかけた。

だが二〇一〇年代初めになると、この中央アジアの国は、多くの国際投資家にとって輝きを失いつつあった。ソ連解体後の硬直した官僚主義、頻繁なルール変更、エリート層の強欲さへの不満が渦巻いていた。カザフスタンを代表する石油プロジェクト「カシャガン」は、度重なる遅延とコスト高に悩まされ、エンジニアたちから冗談で「すっからかん《キャッシュ・オール・ゴーン》」と呼ばれるほどだった。

二〇一四年に原油価格が急落すると、カザフスタン政府はパニックに陥った。ソ連崩壊以前からこの国は、ヌルスルタン・ナザルバエフというただひとりの人物に統治されていた。この大統領の権威主義的な統治が受け入れられていたのは、おおむね国民が年々豊かになっているという理由からだった。しかしいまはそれも陰りが見え、ナザルバエフの支配は次第に危うく見えはじめていた。

なかでも大きな心配の種は、国営石油会社のカズムナイガス（ＫＭＧ）の存在だった。おそろしく巨大な、町ひとつの人口を雇用する企業である。二〇一一年にはカザフスタン西部で石油労働者のストライキが発生し、警察との衝突で大勢の死者が出るという、ソ連崩壊以降のカザフスタンの歴史上最も暗い事件のひとつとなった。

二〇一四年末に原油価格が下落したあと、ＫＭＧはどうしても現金が必要になり、カザフスタン中央銀行に資金を注入してくれるよう懇願した。だがそれも、一時しのぎの策でしかなかった。カザフスタンの国営石油会社はより永続的な解決策を求め、石油商社のビトルに目をつけた。

二〇一六年初めからビトルはＫＭＧに対し、将来の石油供給と引き換えに、総額六〇億ドル以上を貸し付けた[48]。この取引でビトルは実質的に、カザフスタンの国営石油会社の最大の融資元に、またおそらくカザフスタンという国家の唯一にして最大の融資元になった[49]。これはチャドやクルディスタンで行われたのと同タイプの前払い取引、つまり将来の石油供給を担保にした貸し付けだった。そしてこうした取引の常套で、現金は最終的に複数の銀行から調達されたが、とうていビトルなしでは実現し得ないことだった[50]。

ナザルバエフ大統領は原油価格の下落を乗り切り、ずっと以前から計画されていた後継者の育成を達成し、老いてもなお「国家の指導者」という役どころからこの国を監督できる立場となった。そしてビトルは、カザフスタンの国家財政に何十億ドルもの現金を注入するのと引き換えに、数億バレルのカザフスタン産石油を受け取ったのである。

しかしこれらは、ビトルがカザフスタンで行った最初の取引でもなんでもなかった。ビトルは一〇年以上も前からこの国との結びつきをこつこつと育んできた。二〇〇五年という早い時期から、ビトル・セントラル・アジアという名の事業体が、ＫＭＧの取引部門の石油を買い入れる有力な得意先になっていたのだ[51]。

どこからどう見てもビトル・セントラル・アジアは、大手石油商社の単なる子会社のように思える。住所もジュネーブのビトルと同じ場所だ。取締役はビトルの最上級パートナーの二人である[52]。ところがビトル・セントラル・アジアは、ビトルの単なる子会社ではなかった。実のところ、ビトル本体が所有するのは四九％でしかない[53]。この会社の過半数の株式を保有していたのは、アルビンド・ティクという人物だった（のちに彼の持ち株比率は五〇％弱まで減らされる）。

世界最大の石油商社が、その名を冠した会社の過半数の株式を部外者に持たせるというのは奇異に感じられるかもしれないが、ティクはただの部外者ではなかった。長年にわたるカザフスタンのエネルギー業界の重要人物で、一九九〇年代にこの国で石油と穀物の取引を始め、グレンコア退社後のマーク・リッチのもとで短期間ながら働いたこともあった。やがて彼はティムール・クリバエフのビジネス仲間になった。クリバエフはカザフスタン大統領の娘婿で、同国の石油部門において最も有力な個人として広く認められ、ときにはナザルバエフの後継者と目されることもあった[54]。

ビトルは質問に対して、「ティク氏とクリバエフ氏との関係がビトルに重要な利益をもたらしたとは考えていない」と答えている。ティクの広報担当者は、ティクは最初にビトルとのビジネスを始めてから数年後の二〇〇六年まで、クリバエフとはなんの取引関係もなかったと言った。「ティク氏がクリバエフ氏との関係を利用して、ＶＣＡ（ビトル・セントラル・アジア）やビトル等の企業がなんらかの便宜または有利な条件を得られるようにしたという事実は一切ありません[55]」

ビトルとティクの合弁は、きわめて収益性の高い事業だった。たとえば二〇一一年から一八年のあいだに、ビトル・セントラル・アジアの持ち株会社――ここにはビトルとティクによる他の合弁企業、たとえばヴィマール、タイタン・オイル・トレーディング、ユーロアジアン・オイルといった名称の会社も含まれる――が株主に支払った配当は一〇億ドルを超えた[56]。

そして一〇年以上たっても、ビトルはカザフスタンで最有力の国際石油商社でありつづけている――これは長期的な関係を進んで築こうとする商社がどのように報われるかということの証左だ。

カザフスタンやチャド、クルディスタンで、コモディティー商社はその多大な資金力を用いて大きな成果を上げた。だが、どこよりも多くのドルを注ぎ込んできた国はロシアだった。その過程でコモディティー商社はおそらく、国際ビジネスの世界にいる他の誰にもまして、ウラジーミル・プーチンに貢献してきた――そのおかげでプーチンは、欧米に対し地政学的に対立する行動をとりながらも、権力の座にとどまりつづけることができたのだ。

二〇〇〇年代の好況の時期には、ロシアもコモディティー商社の資金をあまり必要としていなかった。ロシアは欧米の投資家のお気に入りだった。ＢＲＩＣｓ経済の一角を占め、その急成長ぶりと中間層の発展ぶりは、コモディティーの豊富な新興国市場の将来性に賭けようとする者たちには抗しがたい魅力を放っていた。ユーコスの資産が国家に接収され、ミハイル・ホドルコフスキーが投獄されるというショッキングな事件のあとですら、ロシア企業やロシア国家は前と同じように欧米の投資家や銀行から簡単に借り入れができた。

やがて二〇一二年、プーチン大統領の有力な腹心の友人であるイーゴリ・セチンが、民間会社の

TNK－BPを買収することに同意した。プーチンはかねてからロシアの石油資産を国営会社のロスネフチに集約するよう強く求めていた。評価額は五五〇億ドルという、同国のエネルギー産業史上最大級の企業買収だった。欧米の銀行はこぞってロスネフチに現金を貸したが、世界最大級の石油会社を預かるセチンには、グローバルな銀行システムが集められる以上の額の現金が必要だった。

そこへまたしてもコモディティー商社が介入した。セチンがCEOとしてロスネフチを引き継いで以来、グンバーはもうこの国営石油会社の愛顧を失っていた（セチンとティムチェンコはともにプーチンの友人でありながら、個人的には緊張関係にあり、ときにはたがいに口をきこうともしなかった）[57]。

そしていま、急きょ資金が必要となったセチンは、グンバーのライバル二社に電話をかけた――グレンコアのアイバン・グラゼンバーグ、ビトルのイアン・テイラーである。数週間のうちに両社は一〇〇億ドルという途方もない金額をかき集め、将来の石油供給と引き換えにロスネフチに渡した[58]。これは史上最大の石油担保取引だった。三〇年前にマーク・リッチとアンゴラのあいだで初めてこうした取引が行われたときの額は八〇〇〇万ドルだったが、それ以降コモディティー商社は、ついにその一〇〇倍以上の額を貸し付けるようになったのだ。

グレンコアとビトルにとっては、世界最大の石油輸出国のひとつに食い込む実入りのいい足がかりだった。だがまもなく両社は、ロスネフチ、セチン、ロシアにとってさらに重要な存在となっていく。

二〇一四年三月一八日、プーチンはクリミアで急ぎ行われた住民投票の結果を受け、クリミアをロシアに編入する法令に署名した。欧米諸国はこの動きを、ウクライナの一部領土の違法な併合とみなし、対抗のために制裁を通じてロシアへの経済的圧力を強化した。ワシントンは手始めに、クレムリンに近い有力な個人に制裁を科したが、ここにはセチンも含まれ、その理由として「ウラジーミル・プーチンへの絶対的な忠誠心」が挙げられた[59]。

同年夏にはウクライナ東部での戦闘が激化し、欧米諸国はロシア経済に対する制裁を一段と強化する——そこにはロスネフチそのものが含まれていた。ロスネフチに対する制裁は、同社との取引を全面的に禁じるものではなかったが、同社への長期融資は明確に禁止された。

この問題はセチンの頭を大いに悩ませた。ロシアの金融システム全体の命取りになってもおかしくない事態だった。ロスネフチはビトルとグレンコアからの一〇〇億ドルに加え、ＴＮＫ－ＢＰの買収を完了させるために欧米の銀行や投資家から約三五〇億ドルを借り入れていた。二〇一四年末から二〇一五年初めにかけて、借入金の一部は返済期限を迎える。ロスネフチが制裁によって国際債務市場から閉め出されている以上、解決策としてはルーブルで借り入れ、その通貨をドルに換えるしかない。だがロスネフチの貸付期限が近づくと、ルーブルは暴落し、わずか数時間で四分の一の価値を失ってしまった。

コモディティー商社はロスネフチの苦境にも動じなかった——それどころか、何かお役に立てることは、とばかりに列をなした。トラフィギュラはロスネフチとの取引を大幅に拡大し、ＣＥＯのジェレミー・ウィアーは二〇一五年初めの状況をビジネスチャンスと評した。「われわれはニッチ市場を見てとったのです」[60]

だが、ロシアにおそらく最大の成功をもたらしたのはグレンコアだった。二〇一六年になっても原油価格は低迷し、ロシア政府は現金が不足していた。ロシアのエネルギー部門でかつてないほど大胆かつ積極的に支配を拡大してきたセチンは、ロスネフチがロシアのある民間石油生産会社を買収することをプーチンに納得させた。そして引き換えに、ロシア政府が保有するロスネフチ株の一部を売却できるように計らうと確約した――この年の末にはロシアの予算に思いがけない大金をもたらすことができる、と。

ところがその期限が迫ってきても、買い手はなかなか見つからなかった。中東やアジアの投資家たちのあいだを往復しても、ロスネフチ株を数十億ドルで買い取ろうという者は現れない。[61]そこでまたしてもセチンを救ったのが、グレンコアだった。グレンコアも自前ですべての資金を出すつもりはなく、カタール政府に話を持ちかけた。かつてエクストラータとの合併をめぐってグラゼンバーグと争ったカタールの政府系ファンドは、いまではグレンコア最大の株主となっていた。そしてグレンコアとカタールは手を組み、共同で一一〇億ドルを投資してロシア政府が保有するロスネフチ株を購入した。

セチンは勝ち誇った――制裁をかいくぐってまでロスネフチの株を買おうとする投資家はいないという予測を、この取引によって出し抜いたのだ。そしてグレンコアのおかげでプーチンは、急激な景気後退を乗り切ることができた。コモディティー商社がロシア大統領の政治生命を救った、とまでいうのは大げさだろうが、その活動が助けになったことはまちがいない。

クレムリンで開かれたレセプションで、笑顔のプーチンは、グラゼンバーグがつつましい石炭取引からキャリアを始めたことを話した。[62]「ロシアでのあなたのビジネスは必ずや発展し、成功すると申し上げたい」と大統領は言い、グラゼンバーグや取引に加わった他の面々にロシア連邦友好勲章を授与した。[63]テオドア・ヴァイサーが、石油を買うためにモスクワを訪れてから六〇年、コモディティー商社は、ロシアの政治権力の中枢でもろ手を挙げて歓迎されるまでになったのだ。

世界のあらゆる場所で、コモディティー商社の現金が歴史の流れを変えつつあった。コモディティー・トレーダーの多くはイギリスやアメリカのパスポートで世界中を飛び回り、欧米の拠点から活動している。それでも彼らが、欧米の政治的な利益に一致した動きをするという保証はどこにもない。

たとえばリビアの内戦で、ビトルが一〇億ドル超分の燃料を反政府勢力のもとへ運んだように、トレーダーたちが明らかに自国政府の外務省と同じ方向へ向かおうとする場合もあった。あるいはカザフスタンのように、欧米の政府がトレーダーたちの活動に多かれ少なかれ無関心だったという場合もある。

しかしまた、その取引が欧米の政策に真っ向から対立する場合もあった。コモディティー商社の資金はクルディスタン独立住民投票を後押ししたが、それはＩＳＩＳとの戦いに悪影響があるというアメリカの強い反対を無視して行われた[64]。チャドでは、イドリス・デビの政府に対して世銀やＩＭＦなど欧米主導の機関がきびしい制限を課そうとするなか、グレンコアの資金がデビの資金調達に役立った。ロシアでは、コモディティー商社の現金が欧米の政策に真っ向から逆らう形で使われ、ロスネフチとプーチンがアメリカとＥＵによる制裁の影響を切り抜ける助けとなった。

そして欧米の政治家や規制当局も、コモディティー商社が世界の金融・政治においておそろしく重要な存在となっていることを理解するとともに、その相手が何をしているかまったくといっていいほど監視できていないことに気づきはじめた。コモディティー商社がかつてない資金力を蓄えているというのに、その活動はずっとほぼ規制されずにきたのである。

二〇〇七年から一一年にかけての価格の乱高下を機に、先物市場の規制を強化しようとする動きが強まったが、現物のコモディティー市場はおおむね手つかずのままだった。この問題は規制当局にも伝わっていなかったわけではない。しかし大体において規制当局には、法的権限も政治的支援も、そして何か大したことができるほどのリソースの持ち合わせもなかった。ただひとつ、コモディティー商社のビジネスのなかで、積極的な規制に対してもろさを見せかねない部分があった。コモディティー商社は比較的少数の銀行に頼って巨額の信用を提供されていた。そして何よりも、そうした現金を米ドルで使えるということに依存していた。

終章　不都合な秘密はいくらでも

　トラフィギュラの息の根を危うく止めかけることになるその電話は、二〇一四年のある夏の日にかかってきた。

　いまではこのコモディティー商社は、もはやかつてのような新興会社ではなくなっていた。グローバルなコモディティー取引の頂点に達したことを象徴するかのように、オフィスビルを丸ごと買い上げ、最上階に会議室を設置したばかりだった。色の入ったガラス張りの部屋には、革製の椅子が置かれ、その上から疲れを知らないＣＥＯクロード・ドーファンがジュネーブの家並みを見下ろすことができた。

　トラフィギュラの成功はほぼ、あるひとつの銀行が提供する資金のおかげといえた。ＢＮＰパリバである。一九七〇年代に石油のスポット取引が始まってからというもの、このフランスの銀行はコモディティー取引を支える資金調達の王として、業界全体の活力源となってきた。何十億ドルもの短期融資を提供することで、商社は自己資金をあまり使わずに世界中の石油、金属、穀物を売り買いすることができたのだ。ドーファンにとってBNPパリバとの関係はなくてはならないものだった。トラフィギュラの創業期からこのフランスの銀行は最大の貸し手であり、ときには同社の資金調達の半分を占めていたこともある。良いときも悪いときも、ドーファンが有毒廃棄物のスキャンダルのさなかにコートジボワールで投獄されるという最悪の状況下でさえ、トラフィギュラのそばを離れずにいたのだ。

だからその日、BNPパリバからの電話を受けたとき、たぶんちょっとしたご機嫌伺いだろうとドーファンは思ったかもしれない。BNPパリバの幹部の誰かがこちらの健康状態を気遣ってかけてきたのだろうか。数カ月前にドーファンは肺がんの診断を受けていた。彼のほうも何かしら同情の言葉を伝えるつもりだったかもしれない。折しもBNPパリバはアメリカ政府による制裁措置に違反したことで窮地に立たされ、この銀行の歴史上最も暗い時期を迎えていた。

だが、つぎに聞かされた言葉は、ドーファンが予想だにしないものだった。ご機嫌伺いの電話どころではなかった。BNPパリバはトラフィギュラの社長に対し、当行はもうあなたがたとビジネスはしないと言ってきたのだ。このフランスの銀行は、約二〇億ドルの融資枠をトラフィギュラから引き揚げると申し渡した。地球上のあらゆる場所で、何十年にもわたるコモディティー取引を通じて築き上げられてきた両社の関係は、この日終わりを告げた。[1]

トラフィギュラに半生を捧げてきたドーファンにとって、それは大転換の瞬間だった。チェーンスモーカーで情け容赦のない、だが魅力的でウイットに富んだドーファンは、一九八〇年代にマーク・リッチの後継者と見られていた世代に属する、リッチの取引スタイルを世界各地に広めたトレーディング伝道団の最後のひとりだった。彼はそうしたイメージに沿ってトラフィギュラを立ち上げ、ほぼ意志の力だけでこの新興商社をビトルやグレンコアと肩を並べる大企業へと押し上げたのだ。
それはまた、コモディティー商社にとって新しい時代の幕開けとなる瞬間でもあった。富と世界的な影響力の絶頂に達したまさにそのとき、この業界は永久に変わろうとしていた。まだ規制や監視がほとんどないなかで、数十年にわたって世界中にその勢力を拡大してきたコモディティー商社の前に、攻撃的で予測不可能な警察官が現れたのだ。アメリカ合衆国政府という名の警察官が。

このときBNPパリバは、アメリカのキューバ、スーダン、イランに対する制裁措置に違反した罪を認め、約九〇億ドルの支払いに同意したばかりだった。[2]

これはフランスのエリート層にもグローバルな銀行業界にも衝撃を与える画期的な事件となった——アメリカ当局が同盟国である外国の大手銀行に対して、これほど大規模な訴訟を起こすのは初めてのことだった。

アメリカ政府は裁判の陳述で、BNPパリバは制裁措置に違反することを「知りながら、わざと意図的に」アメリカの金融システムを通じて数十億ドルを動かしていた、と辛辣に説明した。制裁を無視したその取引のなかには、BNPパリバが「あるオランダ企業」に対して行った米ドルの貸し付けも含まれていた。[3] 融資の目的は、「キューバに送られて精製され、同国に販売される原油製品の購入資金を調達する」ことにあった。

アメリカはこのオランダ企業を名指ししてはおらず、何か悪いことをしたとも言ってはいない。しかしこの企業の存在がBNPパリバに対する告発のリストに含まれていたことが理由で、BNPパリバの幹部がクロード・ドーファンに電話をよこしたのだった。ごく一部の関係者をのぞいて誰にも知られていなかったが、キューバに石油を送っていた謎のオランダ企業とは、トラフィギュラだったのである。[4]

キューバを支配しているビトルに挑む形で、ドーファンが強引に割り込んでいった一九九〇年代から、トラフィギュラとＢＮＰパリバは手を携えてこの国でビジネスをしてきた。ドーファンはハバナ郊外の製油所のタンクに保管された原油および精製品の在庫を担保に、現金を貸し付けることに同意した。以来ずっと、トラフィギュラはこの取引を続けてきた。「われわれはこうした在庫に対し、ある銀行、つまりＢＮＰパリバと協力して融資を行う。そして向こう（キューバ国営石油会社）は現金が必要なときに石油を買うんだ」と、当時トラフィギュラの財務担当トップだったエリック・ド・テュルケームは振り返る。[5]

この契約はフィデル・カストロの政権が苦しい時期に現金を蓄えておくのに役立ち、ドーファンはキューバ市場に念願の足掛かりを得た。トラフィギュラにとっては小さめの取引で、一度に関与する在庫の額は四〇〇〇万ドル程度だった。[6] それでもトラフィギュラのキューバでの取引は幾度も繰り返され、積もり積もって数億ドルの売り上げをもたらした。

アメリカ政府は何年ものあいだ気づかずにいた。アメリカは米企業がキューバと取引をするのを違法としたが、欧州の各国政府はその禁止措置に異を唱え、ヨーロッパ企業の多くが進んでキューバに投資しつづけていた。ＢＮＰパリバの問題は、トラフィギュラのキューバ事業を支援するための融資が米ドル建てだということ、つまりアメリカの金融システムを経由しなくてはならないことにあった。

このフランスの銀行は、アメリカの制裁措置を知っていながら、わざとキューバとの関係を隠していた。直接的な形で支払うのではなく、口座を何重にも重ねて取引の出どころを偽装し、関与する他の銀行には「振替指図書でキューバの名を出さないように」と指示していたのだ。[7]

この偽装が発覚すると、ワシントンはＢＮＰパリバに対して容赦ない措置をとった。二〇一四年に和解金として定められた九〇億ドルは、単一の金融機関に科された罰金としては過去最大級の額だった。同じくらい痛烈だったのは、BNPパリバの一部が一年にわたって米ドルのシステムへのアクセスを禁じられたことだ――これは米ドルが王として君臨する国際金融市場で活動する銀行にとって前例のない厳格な罰則だった。

トラフィギュラのジュネーブ本社で電話を受けたドーファンは、すぐさまことの重大さを理解した。BNPパリバからの連絡は社の存亡に関わる脅威だった。このフランスの銀行はトラフィギュラの最大の融資元であるだけでなく、さまざまなコモディティー商社に融資しているヨーロッパの銀行の動向を左右する存在だった。そのBNPパリバがトラフィギュラから手を引いたとなれば、他の銀行も逃げ出すかもしれない。ドーファンは他の取引銀行に電話をかけまくり、トラフィギュラを見捨てないでくれと懇願した。

BNPパリバの一件は、アメリカ政府が国境の向こうの世界に対しての方針を変化させたことの明確なしるしだった。今後わが国の外交政策に反する行為があれば積極的に訴追を行っていく――たとえそれで同盟国の大企業を攻撃することになろうと。

その主要な武器となるのが米ドルだった。世界の銀行システムで飛び抜けて重要なこの通貨のおかげで、ワシントンは自らの意志を押し通せるだけの巨大な力を手にしている。BNPパリバの例でもわかるとおり、米ドルのシステムから閉め出されて生きていける銀行はどこにもない。かくして世界中のあらゆる銀行が実質的にアメリカの法執行機関の延長となり、どこかでアメリカの政策に反する行動が行われていないか積極的に監視しはじめるのだ。

BNPパリバへの措置を発表するなかで、米司法長官エリック・ホルダーは世界中の企業へ警告を発した。いわく、アメリカはもはや、ただ相手がアメリカ人でないからといって見て見ぬふりをすることはない。

「こうした結果は、世界のどこであれ、アメリカでビジネスを行うあらゆる機関に対して強いメッセージを送るものだ。すなわち――違法行為は許されない」とホルダーは言った。「どこであれそうした行為が発覚すれば、法の許す最大の限度内で罰せられることになるだろう」[8]

この一幕は、トレーダーたちが世界中を飛び回り、腐敗した国や制裁を受けたパーリア国家を相手に取引していた時代の幕引きを告げるものだった。BNPパリバに対する巨額の罰金は、コモディティー商社にはごくわずかな影響を及ぼしただけで、他の取引銀行を味方につけようとするドーファンの活動が功を奏し、トラフィギュラは生き延びた。だがそれは来たるべき事態の前兆だった。まもなくコモディティー商社もアメリカ政府の照準に捉えられ、ひとつの業界としてのコモディティー先物にもまた暗雲が立ち込めることになる。

ずっと以前から多くのコモディティー商社は、制裁や禁輸措置を脅威よりもむしろ好機と捉えてきた。通商を禁止された国は取引先の選択肢が少なくなるので、そうした国と取引をする抜け道を見つけた者たちの利益はその分大きくなる。だからこそマーク・リッチとジョン・デウスは一九八〇年代、アパルトヘイト下にある南アフリカへの石油禁輸措置を覆すことで天文学的な利益を上げられたのだ。

それが可能になった理由は、禁輸措置の実施に抜かりが多かったことにある。制裁が適用されているのが一部の国だけなら、制裁を科されていない国にコモディティー商社が子会社を設立し、そこを通じて容易に取引ができた。商社としての活動の多くは国際水域で発生するので、どの国の法律にも縛られない。またコモディティー商社のビジネスは、国際金融システムの最も不透明な場所でも同じように行われていた。たとえば、あるときにはケイマン諸島のペーパーカンパニーを、また別のときにはマルタのペーパーカンパニーを使ったり、パナマからリベリア、マーシャル諸島にいたるまであらゆる国の旗を船に掲げて航行したり、といったぐあいだ。

真にグローバルな形で制裁が科されることはめったになかった。ソ連が崩壊するまで、国連安全保障理事会が経済制裁を発動したのは、一九六六年の南ローデシアと一九七七年の南アフリカに対しての二度だけだった。どんなときでも経済制裁に反対してきたモスクワが、一九九一年からその方針を取り下げると、国連はソマリアからユーゴスラビアまでの各国に二〇回以上の制裁を科した。[9]それでもまだ、現金はその措置を回避して飛びかった。コモディティー商社が本社を置くスイスは、二〇〇二年まで国連に加盟していなかったからだ。そしてコモディティー商社がスイスで何か良からぬまねをしても、スイスの検察当局は自国の大口納税者である企業を積極的に訴追しようとすることはまずなかった。

コモディティー・トレーダーたちは長年にわたって、マーク・リッチの「ナイフの刃の上を歩く」の格言を地で行っていた——合法かどうかの境界まで可能なかぎり近づき、見つかるかぎりの抜け道を利用する。法の文言を破りはしなくても、その精神は嘲《あざけ》ってみせる。ビトルが二〇一二年、バーレーンの子会社を使ってヨーロッパの対イラン制裁を回避したのはその好例だ。[10]

賄賂に関しても似たようなものだった。アフリカや旧ソ連、中東の多くの国々では、権力者と良好な関係を築くことがコモディティー取引事業の核にあり、それは彼らに金を渡す手段を見つけることを意味した。

一九七〇年代に、贈賄をビジネス上の避けられないコストと見ていたのは、コモディティー商社だけでなかったことはまちがいない。ウォーターゲート事件以降、アメリカの政府機関は国内外の政治家に企業が払った金銭に関する調査を開始した。そして明らかになった実態は、企業国家アメリカの土台を揺るがすものだった。四〇〇を超える企業が疑わしい、もしくは明白に違法な支払いを外国で行ったことがあると認めたのだ。[11]アメリカの精油会社アシュランド・オイルは、マーク・リッチがフィリップ・ブラザーズで過ごした最後の時期の取引先だったが、同社CEOがある外国の「公務員に対して個人的に七五〇〇ドルを渡した」のを含め、外国公務員に数千ドルの贈賄をしていたことを認めた。[12]クック・インダストリーズは一九七二年、ロシアに穀物を販売した商社のひとつだったが、一部の社員が「穀物取引に関連する違反行為や、連邦政府に認可された穀物担当公務員に対する贈賄や脅迫などの行為に関与していた可能性がある」と述べている。[13]

それまでアメリカでは、ビジネス目的による外国公務員への贈賄は違法とはみなされなかった。だが一九七七年に海外腐敗行為防止法が可決されると、アメリカに属する個人や企業が外国で賄賂を渡すことが違法となった。他の多くの国でも少しずつ、贈収賄に関する法律は強化されていった。ところが一部の国、とくにスイスは、その対応がきわめて遅かった。外国公務員への贈賄はビジネス界で広く受け入れられていただけでなく、税控除の対象として認められてさえいたのだ。スイスの企業が海外のビジネス相手に渡した賄賂を控除の対象にできなくなったのは、ようやく二〇一六年、新しい法律が承認されてからのことだった。「私人に対する贈賄はもはや、事業目的のために正当化される費用とは認められない」とスイス政府は記している。[14]

私人はもとより、外国政府公務員への贈賄を訴追する点でも、スイスは消極的だった。スイス国内の企業が外国で行った贈賄が事件となったのは、ようやく二〇一一年のことだ。[15]しかもその罰則は、世間にさらされて恥をかくことをのぞけば、きわめて軽いものだった。社員が外国公務員への贈賄を行った企業に科されるのは、最高額で五〇〇万スイスフラン、加えて利益の没収。IMFはこの罰金を「効果的でもなく内容に見合ってもおらず、抑止力にもならない」と評している。[16]
時代遅れの規制と、スイスのように見て見ぬふりが得意な国のおかげで、たいていのコモディティー商社はほとんど苦労せずに、最も重要な相手との関係を保つすべを見つけられた。マーク・リッチは自らの最盛期に、何度も賄賂を渡していたことを公に認めている。ビトルも石油・食料交換プログラムのスキャンダルでイラクにキックバックを支払ったことを認めた。トラフィギュラは二〇〇六年、大きな石油契約を結んでいたジャマイカの政権与党に四七万五〇〇〇ドルを支払った。ジャマイカ政府はこの現金の恩恵を受けたが、あれは政治献金であると言い張った。トラフィギュラのほうはこれを通商に関連するものだと言っている。[17] ADMのある子会社は二〇〇二年から〇八年のあいだに、仲介者を通じてウクライナ政府関係者に二二〇〇万ドルを支払い、一億ドルの税還付を得ていた。[18]
グレンコアには、現金の詰まったブリーフケースを手に世界中を飛び回るトレーダーたちがいた。「よく五〇万ポンドを持ってロンドンまで行っていた」と、二〇〇二年までグレンコアの最高幹部のひとりだったパウル・ヴァイラーは言う。一度ヒースロー空港で、荷物のなかの大量の現金に驚いた税関職員に呼び止められ、こんな大金をどうするつもりなのかと訊かれた。実際にこれを渡すはずの相手からは、領収書がもらえないのを知っていたヴァイラーは、冷静にこう答えた。「ギャンブルをしに行くんだ」
それでもヴァイラーは、グレンコアの歴史を通じて腐敗の度合いは一般に信じられているより小さかったと言う。「ただそこいらじゅうにばらまいたおかげでビジネスができた、というようなことはない。その手が使えない国はたくさんあった。日本ではだめ、チリでもだめ、西ヨーロッパでもだいたい効かなかった。南米では、まあまあ……そう、それから、中国ではとてもよく効いたな[19]」

ところが、アメリカがＢＮＰパリバに巨額の罰金を科した二〇一四年、世界は変わろうとしていた。何十年にもわたってアメリカは、卓越した軍事力にものを言わせ、世界中に自分たちの意思を押しつけてきた。だがイラクやアフガニスタンで何年も戦いつづけた結果、アメリカ国民は戦争に倦み疲れた。それでバラク・オバマ大統領のもと、ワシントンは自らの意志を押し通す新たな方法を見いだした――世界的な金融システムにおける米ドルの力を武器に利用するのだ。

制裁プログラムはアメリカの外交政策のツールとして盛んに使用されていく。相手はアメリカの敵である国や、アメリカ政府の目から見て、世界中の腐敗や人権侵害の原因となっている個人だった。こうした措置が可能なのは、米ドルの圧倒的な優位性があったからこそだ。二〇世紀後半にアメリカ経済が世界を支配するようになると、グローバル取引の大部分は――ほぼあらゆるコモディティーを含め――米ドルで価格が決められた。米ドル建ての取引はすべてアメリカの銀行を通して決済しなければならないため、アメリカの制裁は「わが国の国境を越えた巨大な重みと影響力」を持つようになった、と二〇一三年から一七年まで米財務長官を務めたジャック・ルーは言う。[20]

だがアメリカはさらに深く踏み込み、「セカンダリーサンクション（二次的制裁）」という新たな考え方を取り入れた。米ドルのグローバルな重要性を利用して、ドル建てでない取引までも取り締まろうというのだ。二次的制裁には、制裁対象となった事業体とビジネスを行った企業に対して、それがたとえドル建てでなかったとしても、アメリカの金融システムへのアクセスを禁じる、という脅しも含まれる。つまりアメリカを世界の警察官にしようというのだ。ルー自身、このような二次的制裁は「最も親しい同盟国の一部からさえ、アメリカの外交政策を世界の他の地域に適用しようとする治外法権の試みと見られている」ことを認めている。[21]

最初のターゲットは銀行だった。BNPパリバだけではない。HSBC（香港上海銀行）にもメキシコの麻薬資金のロンダリングに協力したとして一九億ドルの罰金を科した。[22]クレディ・スイスはアメリカ国民の租税回避を助けたということで二六億ドルを支払った。[23]

コモディティー商社にとっても、世界は変わろうとしていた。トラフィギュラはメインバンクのBNPパリバを失ったものの、なんとか生き延びた。だがこの一件は業界全体への威嚇射撃だった。ワシントンの照準がコモディティー商社に合わせられるのは、もう時間の問題だ。各商社はそれまで何十年も、わが社は政治とは無関係だと吹聴しながら、アメリカ政府の嫌いなありとあらゆる個人や政権と取引をするチャンスに飛びついてきた。しかしアメリカが軍事力ではなく、経済力を駆使した外交政策を推し進めはじめると、その政策に害をなしがちなコモディティー商社を次第に大目に見ようとはしなくなっていった。

アメリカによる制裁は、イラン、ロシア、ベネズエラなどコモディティー商社が最もよく取引をしていた国々を標的にしはじめた。さらにアメリカは、それまでテロリストや麻薬ディーラー用に取ってあった制裁リストに、商社の親しい友人や盟友をどんどん加えていった。

アイバン・グラゼンバーグがサッカー観戦をともにしたあのアルミニウム王、オレグ・デリパスカも、ワシントンは制裁の対象とした。「デリパスカがさる政府高官に賄賂を渡した、さるビジネスマンの殺害を指示した、またロシアの組織犯罪集団とのつながりを持っていたとの疑惑」がその理由だった[24]（デリパスカはこうした疑惑を否定し、アメリカ政府を提訴している）。グレンコアの長年にわたるビジネスパートナーのダン・ジェルトレルは、「コンゴ民主共和国における不透明かつ腐敗した鉱山・石油取引」の疑いで制裁を科された[25]（ジェルトレルもこの疑惑を否定している）。そしてロスネフチの取引部門を取り仕切るベルギー生まれの副社長で、長年にわたり多くのコモディティー商社の重要な窓口だったディディエ・カシミロも、同じ目に遭った[26]。

火線に立たされていたのは、コモディティー商社のビジネスパートナーだけではない。商社そのものも徐々にアメリカの標的となっていった。グンバーでは、共同創業者のゲンナジー・ティムチェンコが、二〇一四年のロシアによるクリミア併合のあとに制裁を科された。米財務省は彼をロシア大統領の「側近」の一員だと評し、こう言明している。「ティムチェンコのエネルギー部門での活動は直接的にプーチンとつながっている。プーチンはグンバーに投資しており、グンバーの資金にもアクセスできる可能性がある[27]」

これはグンバーにとって青天の霹靂だった——この商社のロシアでの成功をめぐって長らくささやかれていたうわさがすべて事実だと認定されたのだ。銀行からの信用に依存しきっていたグンバーは、はたして生き残れるのか。制裁が発動してからしばらく同社の状況は真っ暗だと思われた。ところがグンバーは思いがけない解決策を用意していた。米財務省の声明から数時間以内にグンバーは、ティムチェンコが自分の持ち株を売却していたと発表した——制裁が科される一日前のことだったという。同社CEOによれば、ワシントンにいたティムチェンコのロビイストたちが、プーチン周辺に制裁がおよぶという話を聞きつけたため、ティムチェンコは大急ぎでパートナーのトルンクビストに持ち株を買い取らせる取引をまとめたのだった[28]。

二〇一四年にBNPパリバが制裁されて以降、コモディティー商社の商習慣の不透明な部分におびただしい調査が入るようになった。ブラジルでは現地の検察当局が、FBIと米司法省、スイスの司法長官の協力を得て、ある調査を開始した。ブラジルの石油公社ペトロブラスの社員たちに対し、多くの国際商社が供給契約の見返りに金銭を渡していたという嫌疑である。検察当局は、ビトル、トラフィギュラ、グレンコアが二〇一一年から一四年のあいだにペトロブラスの社員や仲介者に総額三一〇〇万ドルの賄賂を支払ったと主張した[29]。ペトロブラスの元トレーダーで、「フィル・コリンズ」とあだ名される人物は、ビトルから賄賂を受け取ったことを証言した。「ああいった取引で、賄賂がほしいと思っても、一カーゴではバレル一〇ドルにもならない。一回売るたびに、製品ひとつごとに何セントか、というのをずうっと続けたら、初めて違法な儲けになるんだ」[30]。二〇二〇年一二月、ビトルはブラジルのほかエクアドル、メキシコでも当局者への贈賄を行ったと認め、一億六四〇〇万ドルを支払うことに合意した。トラフィギュラは嫌疑を否定し、グレンコアは進んで捜査当局に協力していると言った。

スイスでは、グンバーが九五〇〇万ドルの支払いを命じられた。グンバーの社員のひとりがコンゴ共和国とコートジボワールの役人に賄賂を渡して石油を取引しようとしたためだが、これはスイス検察がコモディティー商社に対して下した最大の罰則だった[31]。そして検察当局はグレンコアにも捜査のメスを入れはじめた。世界最大のコモディティー商社にして、フィリップ・ブラザーズとマーク・リッチ&カンパニーの帝国の後継企業に対する一撃は、ある意味ひとつの象徴だった。二〇一八年七月にグレンコアは、贈賄とマネーロンダリングに関する調査のために、米司法省から召喚されたことを発表した。調査の対象となるのは、コンゴ民主共和国の銅・コバルト鉱山や、ナイジェリア、ベネズエラでの石油取引など、同社の一一年間におよぶ活動だった[32]。一年後にはイギリスの重大詐欺局も、グレンコアを「贈賄の疑い」で調査中だと発表した[33]。二〇二〇年にはスイスの司法長官もこれに追随した[34]。

かつては天性の取引上手の華々しい一例と見られた、グラゼンバーグのコンゴでの冒険も、いまは社の将来に暗い影を落とすことになった。グレンコアの株価は暴落し、会社の評価額とトップトレーダーたちの資産が何十億ドルも消えうせた。[35] グラゼンバーグは自身と会社の将来について投資家たちから矢のような質問を浴びせられ、ほどなくCEOの任から退くことを発表した。[36]

アメリカ政府がなぜコモディティー商社に焦点を当てようとするのか、高官たちはその理由を説明しなかったが、コモディティー・トレーダーの頭のなかでは、ワシントンがこちらに照準を定めていることは疑いようがなかった。二〇一四年のBNPパリバの一件がグローバルな銀行業界の行動を一変させたように、アメリカ当局は国際的なコモディティー商社の行動がどこまで許容できるかの新しい基準を定めようと決めたらしかった。

クロード・ドーファンの後任としてトラフィギュラCEOに就任したジェレミー・ウィアーは、ワシントンの新たな攻撃の標的となった感覚をこう要約している。「この業界は――以前の銀行業界と同じで――顕微鏡で見るように見られている」[37]

本書が描いてきたのは、コモディティー商社のトレーダーたちが舞台裏に身を隠しながら、グローバルな力の頂点に上りつめるまでのストーリーである。コモディティー商社はほぼ表に立つことなく、世界の石油市場をセブン・シスターズの支配から解放するのに貢献した。ロシアと旧ソ連の国々の経済見通しを一新させ、コンゴからイラクにいたるまでの資源産出国の政府に力を付与してきた。

ところがいま、この業界は全方面から集中砲火を浴びている。今後の見通しに影を落としているのは、贈賄の調査だけではない。二一世紀に入って最初の一〇年間は好況だったが、その後コモディティー商社の収益性は横ばいになっている。業界はいまでも堅実な利益を上げられてはいる――二〇二〇年に原油価格が暴落したときには、多くの商社が大儲けした。しかしそれより一段か二段か上の収益性の向上は望めないことがどんどん明らかになってきているのだ。

　理由のひとつは、コモディティーブームの大きな原動力となった中国の減速である。二〇〇七年に成長率一四％以上を誇った中国経済は、新型コロナウイルス感染症の蔓延で足踏みを強いられる以前から、すでに六％まで成長が鈍っていた。コモディティー価格は、二〇〇七年から一一年にかけての記録的な数字から大きく下落した。トレーディング業界全体の収益も横ばいになっている。

　だが中国の経済失速は、コモディティー商社の収益がもう伸びなくなった理由の一部に過ぎない。商社はさらに深い、構造的な問題をいくつか抱えている。

　一つめは情報の民主化だ。何十年ものあいだコモディティー商社は、市場の他の勢力に対して圧倒的な情報の優位性を持っていた。世界中に置いた支社の広大なネットワークから、経済活動やコモディティーの需給に関する分刻みの情報など、あらゆるデータが大量に送られてくる。もしチリの銅山で労働者がストライキに入ったり、ナイジェリアで新しい油田が生産を開始したりすれば、それを真っ先に知るのはコモディティー商社だった。長距離電話をかけるのに事前の予約が必要だった時期、商社は往々にして独自の通信網を構築していた。ともすれば政府機関よりもくわしいほどだった。「ＣＩＡがよくわれわれのところへ来ていた」と、一九七五年から八四年までフィリップ・ブラザーズを統括していたデイビッド・テンドラーは回想する。「しょっちゅう訪ねてきたよ。経済のことを聞かせてくれ、いま見ているものについて話してくれ……とね。ＣＩＡはわれわれを各国の情報源のように思っていたんだ[38]」

情報は最も価値ある資源だった。それをコモディティー商社が支配していた。各コモディティーの正確な価格という最も基本的な情報でさえ、誰でも簡単に知ることもできるものではなかったのだ。一九八〇年代や九〇年代には、金属トレーダーがひとりでザンビアやペルー、モンゴルに現れ、一週前の価格で銅を買い付けることで、すぐに利益を上げられた。こうしたあぶく銭は、発展途上国だけに限ったことではない。ロンドンで原油先物が始まる前、エクソンのイギリス子会社は、前日の建値をベースに北海原油を売っていた[39]。価格が上昇すれば、商社はエクソンから原油を買うことで、ほぼ確実に利益を出せた。

そんな状況が一九八〇年代に変わりはじめた。ニュースやデータをほぼリアルタイムで発表・配信できる新しい技術の登場が原因だった。皮肉なことに、この発展を促したのは、コモディティー取引業界最大の買収劇のひとつだった。フィリップ・ブラザーズとソロモン・ブラザーズの合併である。両社は統合に際してスタッフの一部を解雇した。そのなかにソロモンの幹部、マイケル・ブルームバーグがいた。ブルームバーグは一〇〇〇万ドルを手に社を去り、それを元手にデータ会社を設立した。ブルームバーグのデータはやがて世界中のどこのトレーディングフロアでも見られるようになり、コモディティー商社の情報面での優位性を損なうことに一役買った[40]。

やがてインターネットが普及し、情報のスピードと入手しやすさが飛躍的に向上すると、コモディティー商社の優位はさらに少しずつ削り取られていった。二〇〇〇年代初めにはまだ、非現物のトレーダーに比べれば、世界中の石油の出荷状況についてはるかに優れた情報を入手できた。これはどこで石油が不足しているか、どこで供給過剰になっているかを判断するのにきわめて重要なものだ。ところが衛星写真が広く普及したことで、タンカーを追跡して情報を売る業者が急増すると、その優位性すら失われた。

情報の民主化とは、ただコモディティーを世界中に動かすだけで利益を得るのは難しくなるということを意味する。市場の変化を他の誰より早く察知してそれを利用するという、従来のコモディティー商社のビジネスモデルは、あらゆる市場参加者が同じ情報にアクセスできる時代にはどんどん維持しづらくなってくる。もちろん、ときどき需要ショックや供給ショックで価格が乱高下することはあるし、コモディティー商社は市場で大きなプレゼンスを示していれば、そこから恩恵を受けられる。だがそれは、戦争や不作、鉱山のスト、パンデミックが起きることを当てにした、先行きの不確かなビジネスモデルでしかない。

コモディティー商社の収益性に関わる二つめの問題は、過去四分の三世紀にわたって商社に最大の恩恵をもたらしてきた傾向のひとつ——グローバル取引における自由化の逆転だ。世界初の近代的な自由貿易協定である一九四七年の関税貿易一般協定から、二〇〇一年の中国のWTO加盟にいたるまで、開かれた国境、摩擦のない取引、グローバリゼーションが第二次世界大戦後の傾向となった。それはコモディティー商社にとって、グローバル取引の拡大と、市場どうしがより簡単につながることを意味した。真にグローバル化された市場では、商社がチリの銅を中国に売るのもドイツに売るのも同じように容易になるので、どこでも価格が一番高い場所に送ることができる。二〇一五年には、アメリカが米国産原油の事実上の輸出禁止を解除したことで、グローバルな石油市場に新たな取引の流れが生まれた。それが商社にとって最後の追い風だった。

だがそれ以降、時代の流れはグローバリゼーションや自由な取引とは逆方向へ向かっている。ドナルド・トランプが二〇一六年、反自由貿易を明確に掲げてアメリカ大統領に選出された。そして公約を果たそうと、いくつもの自由貿易協定を破棄して中国との貿易戦争を始め、鉄鋼から大豆まであらゆるものに新しく関税を課すようになった。そして関税は取引の流れの変更を引き起こした。

たとえばアメリカから中国への大豆の輸出量は、以前は年間一二〇億ドル相当もあったが、その後何年かはブラジルがアメリカに取って代わった。こうした動きに翻弄された商社もあれば、それによって利益を得た商社もあった。しかしそれ以上に気がかりなのは、この貿易戦争がグローバル取引の全体量にどういった影響を及ぼすかである。コモディティー商社は数十年にわたって拡大する国際取引から利益を得てきたが、この傾向が逆転すれば、おそらく苦しむことになるだろう。

グローバル取引で起きている分断化は、アメリカの貿易政策を超えて進行中だ。消費者は少しずつ、自分の買う製品の生産・流通プロセスをたどれるかどうかに関心を寄せるようになってきている。たとえばこのチョコレートバーはフェアトレードのものか、この携帯電話に使用されている鉱物は紛争と関わってはいないか。それはつまり、カカオ豆やコバルトならなんでも買いますとはいかなくなるということだ。原料がどこから来たものかを正確に伝えなくてはならない。その結果として、市場はより分断化が進み、そのなかでコモディティー商社はどこからでも買い、誰にでも売るということができなくなる。

コモディティー商社に突きつけられる三つめの問題は、彼らのビジネスの核心にある——気候変動だ。この業界が上げる利益の多くは、石油やガス、石炭のような化石燃料の取引から来ている。もし石油メジャーや石炭メジャーが地球の汚染に責任があるのだとしたら、コモディティー商社はそんな企業の生産物を世界市場に送り出す、つまり手助けをする存在である。

世界が石油や石炭の消費にだんだん背を向けるようになれば、トレーダーたちのビジネスも苦しくなるだろう。グレンコアにとって、石炭は最大の稼ぎ頭のひとつだ。この会社は石炭商社としてトップというだけでなく、世界最大級の炭鉱会社のひとつでもある。一方でビトル、マーキュリア、グンバー、トラフィギュラは収益の大部分を石油取引に頼っている。

すでに多くのエコノミストが――一部のトレーダーたちも――石油需要は遅くとも二〇三〇年ごろにピークに達すると考えている。「私たちのビジネスはおそらく、今後一〇年で終わります。なぜなら石油需要はこれからピークに達しはじめる――たぶん二〇二八年か二九年ごろです」とイアン・テイラーは言っている。「再生可能エネルギーの利用が進み、電気自動車（ＥＶ）が市場のかなりの部分を占めるようになるでしょう」[41]

気候変動は、コモディティー商社にとって全面的にネガティブな話だと捉える必要はない。たとえば電気自動車への移行は、バッテリーの製造に使われるコバルトやリチウム、ニッケルの市場の大幅な拡大を引き起こしている。ＥＶが普及すれば、電力市場も商社にとって興味深いものになってくるだろう。もっともこうした市場が、いま石油取引でコモディティー商社が稼いでいる年間数十億ドルの代わりになるという未来はなかなか見えてこない。

最後の四つめの問題は、コモディティー商社のこれまでの成功が自らの仇になっていることだ。グレンコアのＩＰＯが示すように、この業界が少しずつ陰から姿を現すとともに、コモディティー商社の莫大な収益が衆目を集めるようになってきた。そして商社の活動の一部をくわしく知って愕然としたのは、アメリカの政策立案者や法執行当局だけではなかった。商社にとっての顧客、つまり天然資源の生産者や消費者たちも、商社がとてつもない利益を――しかもときとして自分たちを踏み台にして――上げていることに気づきはじめたのだ。

それに応じて、生産者たちの多くも以前よりコモディティーを賢く売り買いするようになってきている。産油国の政府が所有する国営企業は、独自に社内でトレーディング事業を立ち上げた――そうすれば、ビトルのような大企業相手にバレル単位で競争するのでもなければ、少なくとも自分たちの石油を可能な範囲で最も収益が上がるように売ることができる。

自前のトレーディング事業を始めた生産者として挙げられるのは、まずサウジアラムコと、アブダビ・ナショナル・オイルカンパニー。どちらも中東に膨大な石油資源を有する国営企業だ。そしてロシアのロスネフチに、二〇一五年にアゼルバイジャンのフィリップ・ブラザーズの石油取引事業の残滓《ざんし》を買収したソカル。[42] 国営の石油会社だけでなく、最大の石油メジャーのエクソンモービルや、アングロアメリカンなどの鉱業会社もトレーディングに乗り出してきている。これはコモディティー商社にとってはたいへんな問題だ。自社で取引をする石油生産者が増えるほど、市場のなかでコモディティー商社が事実上閉め出される部分がどんどん大きくなっていく。これは一九七〇年代にセブン・シスターズが石油市場の支配権を失って以来、ずっと続いてきた傾向の逆転現象である。

さらに最大の脅威が、コモディティー商社最大の顧客からもたらされている——中国だ。過去二〇年間、トレーディング業界の利益を後押ししてきたのは、原材料を求める中国のあくなき需要だった。だが、他の資源産業と同じように、中国政府もコモディティー商社の莫大な利益に気づいていた。そのため、中国は商社にとって相変わらず大規模かつ重要な市場なのだが、一方で北京は次第に自前のコモディティー取引事業を構築する動きを強めてもいる。それがとくにはっきりうかがえるのが農業だ。コフコは中国の国営農産物取引機関だが、二〇一四年から四〇億ドルを投じて、国際的な食品取引部門を立ち上げた。また金属では、近年になって中国の各企業が、ルイ・ドレフュスの金属取引事業をはじめ、複数の中堅商社の買収を進めている。そして石油では、ユニペック、チャイナオイル、珠海振戎などの商社が中国に輸入される製品のかなりの割合を扱うようになってきている。

グレンコアやビトルのようなコモディティー商社にとって、中国のトレーダーたちは二重の脅威を突きつけてくる。彼らのプレゼンスが増せば、商社が中国に商品を売る余地が減るというだけではない。もしアメリカの規制当局や欧米の社会的圧力を無視して活動できる存在がいるとしたら、それは中国人だ。彼らは他のコモディティー商社に比べて、グローバルな銀行システムやアメリカの金融市場にアクセスする必要性が少ない。だからアメリカの制裁が強化され、欧米のコモディティー商社が特定の市場から退かざるを得なくなるにつれて、中国のトレーダーたちが有利になっていったのだ。

たとえばイランでは、アメリカの制裁強化に伴い、欧米の商社は一切のビジネスを停止することを余儀なくされた。だが中国で一九九〇年代半ばに設立された、軍とのつながりを持つ商社の珠海振戎は、それでもイランからの買い付けを続けてきた。同社の破天荒なリーダー楊慶龍《ヤン・チンロン》は、二〇一四年に死去したが、中国版マーク・リッチかジョン・デウスともいうべきトレーダーだった。「クレイジー・ヤン」のあだ名で通っていて、客人への歓待ぶりでつとに知られた酒豪だ。楊は珠海振戎をイラン産原油を扱う世界最大のトレーダーへと成長させ、一時は中国が海外で買い入れる原油の六分の一を供給していた。[43] アメリカに資産を持たず、アメリカの金融システムをほとんど利用せずにすむ珠海振戎は、アメリカの制裁という脅威を無視することができた。そして実際に、ワシントンは二度も珠海振戎に制裁を科している。一度目はオバマ政権下の二〇一二年に、テヘランにガソリンを売ったとき。二度目は二〇一九年に、トランプ政権下でイラン産原油を買い入れたときだ。[44] この中国の会社にとって、それは些細な不都合にすぎなかった。

「はっきり言って、おそらく中国人のほうが、われわれよりはるかにリスクを取ろうという意欲にあふれていますよ」とイアン・テイラーは言った。[45]

だが、もし誰かが、コモディティー商社はこのまま静かに落日に向けて遠ざかっていく、あるいはこの世界がコモディティー商社なしでもうまく機能するすべを見つけられると考えていたとしたら、それはとんでもない勘違いだろう。コモディティー商社が過去半世紀にわたって築いてきたビジネスモデルには何かしらの圧力がかかるかもしれない。だが世界の天然資源の中心という位置にいるおかげで、彼らはこれまでと同様、世界経済にとって不可欠な存在でありつづけるはずだ。

二〇二〇年の一連の出来事が、そのことを示す究極の証拠だった。新型コロナウイルスが世界中に蔓延し、世界経済が一九三〇年代の世界恐慌以来の危機に陥ると、コモディティー・トレーダーたちは素早く行動に移った。このとき彼らは、これまで何度もやってきたように、市場が最後に頼る買い手として介入した。だがこのときの市場には、いまだかつてない規模で最後の買い手が必要だった。それがコモディティー商社への招集命令だった。そのライバルや批判勢力も、電光石火の速さで何十億ドルもの火力を配備できる商社の能力には敵うはずもなかった。

二〇二〇年の二月、新型コロナウイルスが中国の国境を越え、韓国やイラン、イタリアにまで広がりはじめても、欧米諸国の多くはまだ、このウイルスがもたらす脅威には無関心だった。だがバールにあるグレンコアの目立たない本社の内部では、トレーダーたちは世界経済におよぶであろう影響にのんびり構えるどころではなかった。中国に駐在するスタッフは、数週間前から新型コロナウイルスの致命的な深刻さを伝えるメッセージを伝えていた。このまま行けば、世界中の国々がこれと同じ脅威に直面し、中国と同様の手段をとる、つまり経済活動の大部分を停止し、国民に旅行を控えるよう指示することになるのは避けられないだろう。その意味することはただひとつ、前世紀のあいだに人類の移動性は飛躍的に向上したが、その動力となってきた石油の需要が激減するということだ。価格の暴落を回避しようとするなら、産出国もそれに合わせて大幅に減産をしなくてはならない。

だがグレンコアには、協調減産がおそらく実現しないということもわかっていた。このコモディティー商社はマーク・リッチの時代からずっとモスクワの有力な関係者のネットワークを頼りにしてきたが、いまあらためてその本領を発揮していた。ロシアはＯＰＥＣの主要パートナーとして、協調減産のときには参加しなければならない。ところがグレンコアの関係筋が言うには、モスクワは減産には絶対反対だとのことだった。[46]

グレンコアは石油があふれ出す世界への準備を始めた。シンガポール支社のトレーダーたちは契約可能なタンカーを探してブローカーに電話をかけまくり、余った原油を保管する態勢に入った。アンディ・ホールが三〇年前に実行した取引の完全な引き写しである。ただし今回は規模がはるかに大きかった。三月にグレンコアは〈ヨーロッパ号〉と契約した。エッフェル塔の高さより長い甲板の下に、三二〇万バレルの石油を積み込める世界最大のタンカーだった。

そしてグレンコアですら予測しなかったほどの、大規模な破綻が訪れた。三月中旬には、妥協を知らないロシアがサウジアラビアとの価格戦争に突入した。サウジ政府は減産どころか、原油の汲み上げ量を増やした。その一方で、世界各国が新型コロナウイルスの拡大を抑えようと、厳格なロックダウンを開始した。世界中で数十億人が急に家に閉じこもるようになったのだから、影響は計り知れない。石油需要はすっかり干上がった。通常の時期なら、深刻な不況になると世界の石油需要はほぼ四％減少する——だが、飛行機が飛ばず、工場が閉鎖され、街の中心部から人気が消えたいま、需要は三〇％もの減少となった。

石油市場に激震が走った瞬間だった。原油価格が下落の一途をたどるだけではない。貯蔵タンクはもうあふれんばかりで、大手生産者はただ石油の置き場所がないという理由で操業を止めざるを得なくなるのを恐れた。石油会社は必死だった。「これでは石油というひとつの産業が、かつての石炭産業のように消滅してしまう」と、アメリカのシェールオイル生産会社のCEOスコット・シェフィールドは警告した。[47]

新型コロナウイルス流行前には一バレルあたり六〇ドル前後だった原油価格が、バレル三〇ドルを割り込み、さらに二〇ドル以下にまで暴落した。そして四月には数時間にわたって、かつてテオドア・ヴァイサーがソ連を口説いて外へ持ち出し、マーク・リッチが戦争と禁輸のさなかに売買し、「黒いゴールド」と呼ばれるほど誰からも望まれたコモディティーが、文字どおり無価値になった。世界の石油地帯、たとえばアメリカのシェール革命の中心となったテキサスなどは、大量の石油であふれ返り、短時間ながら原油価格がゼロ以下になったこともあった。

そこにコモディティー商社が介入した。一九九〇年にアンディ・ホールがやったのと同じように、石油を買い入れて保管し、先物市場を使って利益を確定したのだ。グレンコアのトレーダーたちは世界最大級のタンカーの小艦隊を従えて、絶望に暮れるアメリカの石油生産者のもとを回り、ノースダコタのバッケン油田からテキサスとニューメキシコのパーミアン盆地まであらゆる場所の石油を買いあさった。シェール油田からは、原油の一部をパイプラインを通じてメキシコ湾で待機するタンカーまで送り、そこからさらに大型の〈ニューコンフォート号〉に積み替え、地球を半周してシンガポール沖のマラッカ海峡へ向かった。そこでまた、アメリカ産石油を巨大タンカー〈ヨーロッパ号〉の船体に積み込んだ。

そのあと〈ヨーロッパ号〉は、何もせずにいた。グレンコアがバッケンやパーミアンのシェールオイル生産者から原油を買い入れていた時点で、価格は一バレル一〇ドル程度だった。だが市場状況はおそろしく極端で、たった三カ月後に引き渡される先物がその三倍の価格で取引されているほどだった。グレンコアはただ、石油を買って保管し、先物を売るだけでいい。それで三倍の現金が入ってくるのだ。タンカーのレンタル料と石油購入の資金調達コストを差し引いても、グレンコアはこの取引で五〇ないし一〇〇%のリターンを得ることになる。[48]それで〈ヨーロッパ号〉は投錨して動かず、その巨体はマラッカ海峡に一時だけ浮かぶ島になった――そしてグレンコアのATMに。

やがて需要が回復しはじめると、グレンコアは取引再開のために動き出した。アジア諸国はパンデミックの第一波を欧米よりもうまく乗り切り、その経済が石油市場の立ち直りの牽引役となった。〈ヨーロッパ号〉はまさに絶妙な位置にあった。七月上旬、一〇〇万バレルの原油は別のタンカーに積み替えられ、世界有数の製油所を擁する韓国の温山《オンサン》港へと送られた。

生産会社にとって、石油は価値を失っていた。だがグレンコアをはじめとするコモディティー商社にとっては、実入りのいい獲物だった。石油需要ががた落ちしている世界では、どうしても商社が必要とされる。どれだけ状況が逼迫しようと、つねに買う用意をしているコモディティー・トレーダーたちが。たった数カ月間で、用のなくなった石油と精製品が世界中に一〇億バレルも保管され、その多くが商社によって売買された。[49]これは当時の大統領ドナルド・トランプまでが一言述べるほどの大胆な取引だった。「たったいま、世界中の海に石油がある。どの船も満杯だ……石油がそこに蓄えてある――石油が外洋に送り出されて、何カ月もずっと海の上に置かれている。こんな状況はいまだかつて見たことがない[50]」

やがて事態が落ち着いたとき、この時期は石油取引史上、指折りに収益性の高い期間だったことが判明する。二〇二〇年の最初の六カ月間、グレンコアはエネルギーの取引で一三億ドルを稼いだ――同社の石油トレーダーたちが上げたなかで最高の数字である。[51]トラフィギュラとマーキュリアも石油取引で記録的な利益を計上した。[52]

しかしこの出来事には、ただの一攫千金のチャンスという以上の意味があった。これから何年、何十年ものあいだにどんな難題に直面しようと、コモディティー商社は相変わらず現代経済に不可欠な役割を果たしつづけると再認識させたのだ。欧米諸国の政治家のなかには、コモディティー商社が世界各地のあやしい地域で政治を弄んでいると軽蔑する向きもあるだろうが、その政治家たちにしても、世界中の天然資源を売買し蓄えることのできる商社に依存していることに変わりはない。

石油は世界における重要な力の通貨でありつづけている。そしてコモディティー商社はいまでも石油市場の達人なのだ。もし急に需要のなくなった石油を買い付けられる商社がいなかったとしたら、一〇億バレルもの石油の行き場がなくなるところだった。本書を執筆している時点では、グローバルな石油産業がパンデミックによる価格低迷から回復する道筋はまだ定かではない。それでもあの一番必要な時期に、大量の石油を買い付けて保管することのできるコモディティー商社の存在がなければ、もっと多くのテキサスの石油会社が破綻に直面し、もっと多くの採掘労働者が職を失い、ナイジェリアやアンゴラ、イラクの政府予算がもっと大幅に削減されていたことはほぼまちがいないだろう。

コモディティー取引の業界はかつてない批判にさらされているとはいえ、二〇二〇年の一連の事件は、コモディティー商社がいまなお世界経済における強力な存在であることを示すものだった。

だが、コモディティー・トレーダーが今後も重要な勢力でありつづけるとしても、本書に登場してきたのと同じ顔ぶれにはならないだろう。私たちが描いてきたストーリーの主役の多くは、もう現役のトレーダーではない。マーク・リッチは二〇一三年に、クロード・ドーファンは二〇一五年に、そしてイアン・テイラーは二〇二〇年にこの世を去った。ジョン・デウスは引退してバミューダの住処《すみか》に引きこもった。アンディ・ホールは美術品の蒐集を楽しんでいる。そして誰より厳格で意欲的なトレーダーだったアイバン・グラゼンバーグも、二〇二一年に引退することを発表した。コモディティー取引の風向きが変わりつつあると感じていない業界の人間はまず見当たらないだろう。

新たな世代に道を譲ろうとしているのは、そうした一部の個人たちだけではない。いまやトレーディングの哲学全体が消滅の危機に瀕しているのだ。これまでコモディティー商社は、合法もしくは許容可能というぎりぎりのところで取引を行い、環境を汚染するコモディティーを悪びれもせずに商い、役員室を白人男性のみで独占してきたが、それがもう通用しなくなるかもしれない。

新たな秩序をとりわけ積極的に推し進めているのは、罰金を科されたBNPパリバの二の舞いを恐れるヨーロッパの銀行だ。いくつかの大手銀行が損失に懲りて、コモディティー取引への融資から完全に手を引いている。そのおかげで、変わらず融資を続けている銀行の意見はいっそう重みを増した。コモディティー商社は資金調達の面で銀行に頼りきっているため、その声に歩調を合わせる以外にどうするすべもない。多くの商社がエージェント、つまり贈賄を外注する手段となっていた第三者のフィクサーをもう利用しないと発表した。もっとも、古い文化の変容を推し進めているのは銀行だけではない。世界全体がそちらへ動いているのだ。

「銀行や規制当局だけではないですね」とグンバーのCFOムリエル・シュワブは言う。「社会全体から、持続可能性や気候変動、ビジネスを倫理的に行うといった方向に、より強い圧力がかかっています」[53]

またジェンダー多様性の問題は、欧米世界のなかでトレーディング業界がとくに遅れているとされる点だが、ここでも状況が変わりつつあるとシュワブは見ている。コモディティー取引業界で最年長の女性のひとりとして、シュワブは「これは男にしかできない仕事だという意識を持った男性たち」とさんざん出会ってきた。しかしコモディティー商社はいま、最も新しく採用した社員たちの圧力を受けて、すでに進化しはじめている、と彼女は言う。

「いまの時代に若い人材を雇おうとするのなら……若い人たちは、ダーティーな石油をどこかで人知れず荷揚げするようなダーティーな会社で働きたいとは思わないでしょう。私は心から思っています。そういう若い世代がこの業界を形づくっていくのなら、業界自体も変わらなくてはならないと。そして実際に、変わりつつあるんです[54]」

私たちがこれまで足取りを追ってきた会社のなかでも、カーギルはとくに世界での地位を確固たるものにしている――そしてその大きな理由は、企業としてトレーディングから別のビジネスへ焦点を移したことだ。いまもカーギルは世界有数の農産物商社ではあるが、何年も前からその利益をトウモロコシ加工場や大豆粉砕機、食肉包装工場への投資に再投資し、そちらのほうの利益がトレーディング事業をはるかに上回っている。カーギルがいま計画中なのは、トレーディングが利益全体に占める割合を三分の一まで下げることだ。社のトレーダーたちの運が悪い年には、その数字は一〇％になるかもしれない[55]。

これは他の商社も追随しはじめているモデルだ。現在のアイバン・グラゼンバーグは、グレンコアは他の鉱山会社となんら変わらないとでもいうように話している。「トレーディングはもうわが社の主力ではない。むしろ市場を理解し、社の製品を市場にうまく売り込めるようにするための良い手段という扱いになっている[56]」

ルドウィグ・ジェセルソンとマーク・リッチの衣鉢を継いだ人物にしては、ちょっと考えづらい発言だ。グラゼンバーグの言葉だけ見れば、コモディティー取引業界は死にかけているのだと結論づけたくなっても無理はない。そして実際、珠海振戎など中国の商社の例はともかく、ある種の取引スタイルはやはり廃れようとしているのだろう。とくに重要な贈賄事件の多くはまだこれから結論が出るところだが、コモディティー商社の多くのビジネスモデルはすでに変化を余儀なくされている。フィリップ・ブラザーズに始まり、マーク・リッチ&カンパニー、そして現在のグレンコアへと連なる王朝に象徴されるトレーディングのスタイル――どこへでも行き、誰とでも取引し、ナイフの刃の上を歩く――はまもなく歴史の一ページへ追いやられるのかもしれない。グンバーのCEOトルビョルン・トルンクビストはこんな言い方をしている。「オールドスタイルのトレーダーというか、マーク・リッチ流の守旧派のことだが、彼らの一部はまだあまりよくわかっていない。FBIの前に座って、じっくり話をするまではね。そうなって初めて、理解するんだ[57]」

もしくは二〇一九年にイアン・テイラーが私たちに語ったように。「われわれは変わりました。良い評判を得るのがすごく、すごく大事なことだと受け止めています。ある種のことはできない、またある種のことはやるべきでないということも完全に受け入れている。だからやりません、基本的には[58]」

だが、コモディティー取引業界の終焉が来ると予測するのは、まずまちがいなく時期尚早である。天然資源が世界中へ輸出されつづけるかぎり、コモディティー商社の役割も残りつづけるだろう。いくら生産者や消費者がトレーディングに参入しようと試みても、いますぐコモディティー商社の資金力と機動力の組み合わせに太刀打ちできるとはまず期待できない。また気候変動の問題は、商社のビジネスの核であるコモディティーの位置づけを危うくしているとはいえ、とりわけ熱心な環境保護論者でも、石油が今後も世界のエネルギー供給の大きな部分を占めつづけるだろうということは認めている。

逆風は強いにもかかわらず、コモディティー商社は依然として利益を上げている。二〇二〇年の石油市場での大当たりがあったとしても、この業界は今後どこかで見直しを迫られるだろう。だが、たとえ合法と非合法を隔てるナイフの刃の上を歩かなくても、市場が完全に効率的に動くようにならないかぎり、その非効率性を利用し、市場から届く価格のシグナルに応じてコモディティーを世界中で動かせば、まだまだたんまり稼ぐことは可能だ。

そして世界のコモディティーの中央集配センターという役割のおかげで、商社はほぼ唯一無二といってもいいその経済的・政治的な力をいまだに失っていない。商社の現金がクルディスタン自治区の独立運動を後押ししたのはつい最近の二〇一七年のことだ。アイバン・グラゼンバーグがロシア国家への貢献でウラジーミル・プーチンから勲章を授与されたのも同じ年だった。そして二〇二〇年の試練から無傷で生還した石油会社や石油国家は、少なからず商社に恩義を負うことになっただろう。

世界は変化しつつあるとはいえ、天然資源を売り買いしなくてはならないのはいつの世も同じだ。そしてコモディティーはいまでも、マネーとパワーへいたる絶対確実な道である。コモディティー・トレーダーはおそらく今後も、世界情勢のなかで強力な存在でありつづけるだろう。しかし、何十年も日陰の存在だった時期が過ぎたいま、その影響力が見過ごされることはもはやないはずだ。

謝辞

コモディティー取引の業界は、透明性が高いという評判をとったことは過去に一度もない。著者である私たちはふだんにもまして、情報源が自ら進んで事情を明かすことに頼ってきた。何年も前に初めて、自分たちのビジネスについてよく知りたいと言って協力してくれた人たちから、最近になってこの本のために録音前提のインタビューに応じた数十人の人たちまで、数え上げればきりがない。彼らの多くは、記者を相手にするのに慣れてもいなければ、快適だと感じもしなかったはずだが、それでも話をしてくれたことに心から感謝している。また、オックスフォード大学エネルギー研究所の図書館を快く開放してくれた、バサム・ファトゥとアンドリュー・ハドソンにも感謝を申し上げたい。

長年にわたって私たちは、取材のために何十もの国を訪れてきた。とくに現地のドライバーや通訳、フィクサーの方たちにはお世話になった。しばしば自らの安全を危険にさらしながら、私たちが無事に帰れるよう尽力した人たちだ。

われらがブルームバーグ・ニュースの上司たちは、この本の執筆のために私たちが本業から離れざるを得なかったときも、ゆるぎないサポートを惜しまなかった。この本を書くことを勧めただけでなく、初期の草稿を読んで多くの有益なコメントやサジェスチョンをくれたウィル・ケネディ、エマ・ロス＝トーマス、ジョン・フレアー、ヘザー・ハリスに感謝を。スチュアート・ウォーレス、リート・グレゴリー、ジョン・ミックルスウェイトは当初から私たちを支えてくれた。ユリヤ・フェドリノワとイリーナ・レズニックは、私たちが取材のためにいろいろなつてをたどるのを手伝った。ほかにもニュース編集室の大勢の同僚が、私たちが取材や執筆でいないあいだも持ち場の穴が埋まるよう計らってくれた。

私たちがコモディティー商社についての記事を書こうと思ったのは、フィナンシャル・タイムズ紙に在籍中のことだ。同紙の編集をしていたライオネル・バーバーとジリアン・テットは、こちらから説得するまでもなく、まだ実績のないこの分野に時間を割くことを許可してくれた（ジリアンとアレック・ラッセルには、初めて私たちに共同での仕事を割り振ってくれたことに感謝したい）。FTグローバル・コモディティー・サミットのときは、ダイアナ・ウィッティントンが何度も夜遅くまで準備を手伝い、直前のどたばたにも動じることなく対応してくれた。

われらがエージェントのアンドリュー・ワイリーは、早い時期からこのプロジェクトを熱烈に支持し、ジェームズ・プレンとともに、当初のアイデアを形にするために手助けをした。

ペンギン・ランダムハウスのローワン・ボーチャーズは、初めて本を書く著者二人が編集者に求めるすべてを叶えてくれた。初対面のときから私たちが何をやろうとしているかを把握し、私たちが送りつけたものすべてを良くしようと繊細さと熱情をもって取り組んだ。賢明かつ虚心坦懐なアドバイスをくれたルーシー・ミドルトン、かけがえのない相談役を務めたナイジェル・ウィルコックソン、原稿に磨きをかけてくれたアンナ・エルベ、カバーデザイン担当のセアラ・エリオットにも感謝したい。オックスフォード大学出版局（ＯＵＰ）では最初にこの本に興味を持ったデイビッド・パービン、本の落ち着き先を決めてくれたジェームズ・クックに感謝を申し上げたい。イザベル・ラルフス、ケイラ・ディファビオは広報を担当してくれた。

本書のアイデアはずっと以前から温めていたもので、私たちが何年ものあいだコモディティー商社について考えをめぐらせるあいだ、友人たちは辛抱強くそれに耳を傾けた。ピーターとエイミー・バーンスタインは、私たちがその考えをまとめ、また出版の世界を理解するために惜しみなく手を貸してくれた。サム・プリチャード、エド・カミング、クレム・ネイラーは初期の草稿を読んだうえで思慮深いコメントを寄せてくれた。カロラ・ホヨスの導きに、そして友情に感謝を伝えたい。

私たち二人にはすばらしく幸運なことに、言葉では表現できないほどあらゆる形で支えてくれる愛情深い家族に恵まれている。サンドラ・ファーキーはわが家を執筆用の隠れ家にした（そしてハビアーを気分転換のサイクリングに連れ出しもした）。ジャン・コリングスは自分の名前が印刷された字になることも含め、この時期を最後まで楽しんだことだろう。ホゼ・ブラスとメアリ・カーメン・オーティンは、このプロジェクトのために私たちが離れているときでも、決してゆらぐことのない励ましをくれた。君たちの愛とサポートに、心から感謝する。

付録

付録1　リビアの石油パイプライン

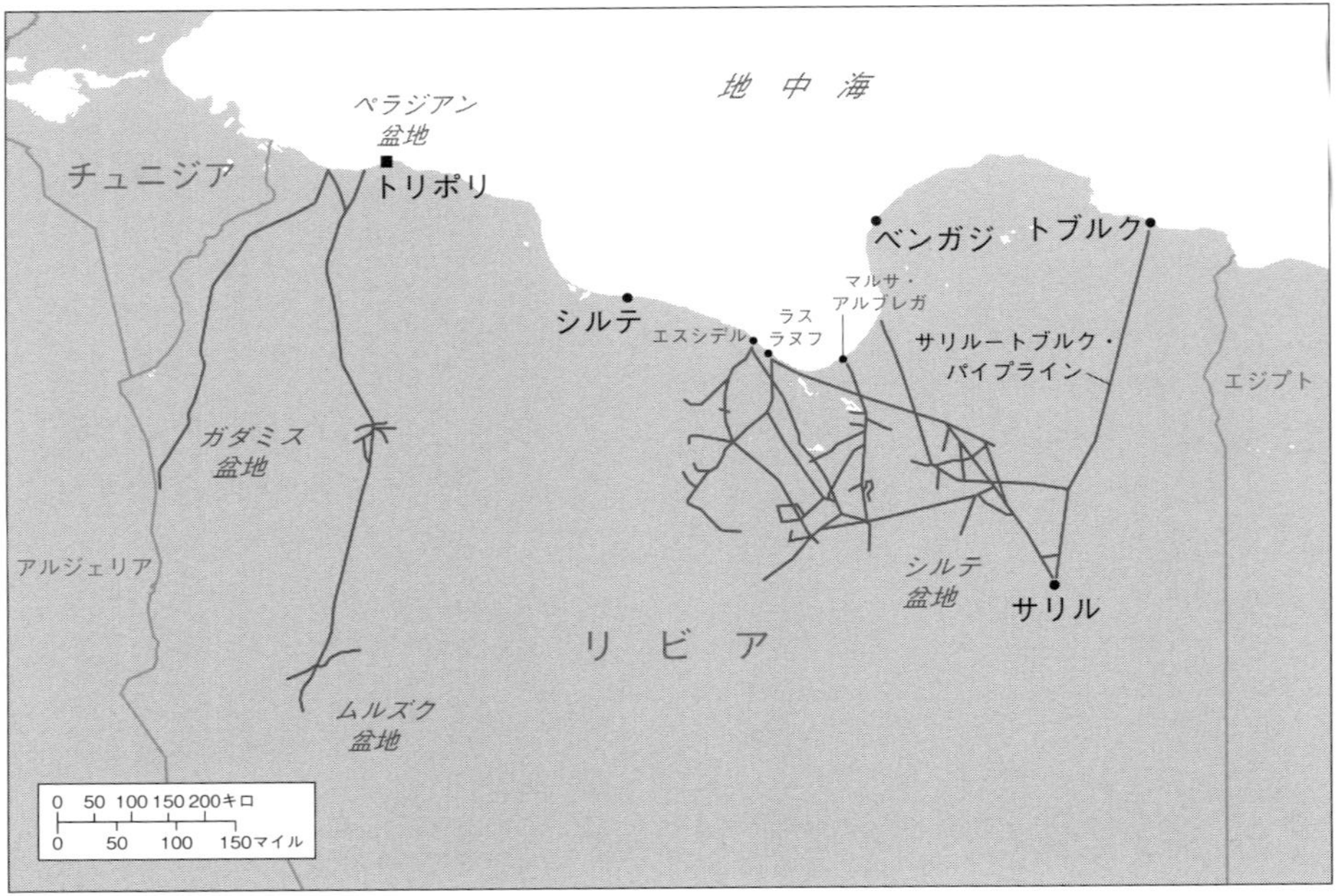

付録2　大手コモディティー商社の純利益（1998 － 2019 年）

（単位：100 万米ドル）

	グレンコア	ビトル	カーギル		グレンコア	ビトル	カーギル
1998	192	24	468	2009	1,633	2,286	3,334
1999	277	68	597	2010	3,751	1,524	2,603
2000	420	290	480	2011	4,048	1,701	15,735*
2001	708	271	358	2012	1,004	1,080	1,175
2002	939	214	827	2013	-7,402	837	2,312
2003	1,120	422	1,290	2014	2,308	1,395	1,822
2004	2,208	634	1,331	2015	-4,964	1,632	1,583
2005	2,560	1,097	2,103	2016	1,379	2,081	2,377
2006	5,296	2,222	1,537	2017	5,777	1,525	2,835
2007	6,114	1,120	2,343	2018	3,408	1,660	3,103
2008	1,044	1,372	3,951	2019	-404	2,320	2,564

＊カーギルの 2011 年の純利益は、肥料メーカーグループのモザイクの株式売却益を含む。モザイクの売却益を除外した 2011 年の収益は 26 億 9300 万ドル。

付記：カーギルの数字は、独自の会計年度（6 月 1 日から 5 月 31 日まで）のもの。グレンコアとビトルの数字は一般の会計年度のもの。2011 年以前のグレンコアの数字は、持ち分証券保有者と株主に分配された利益を含む。

出典：各社の年次報告書および社債目論見書

付録３　中東の石油パイプライン

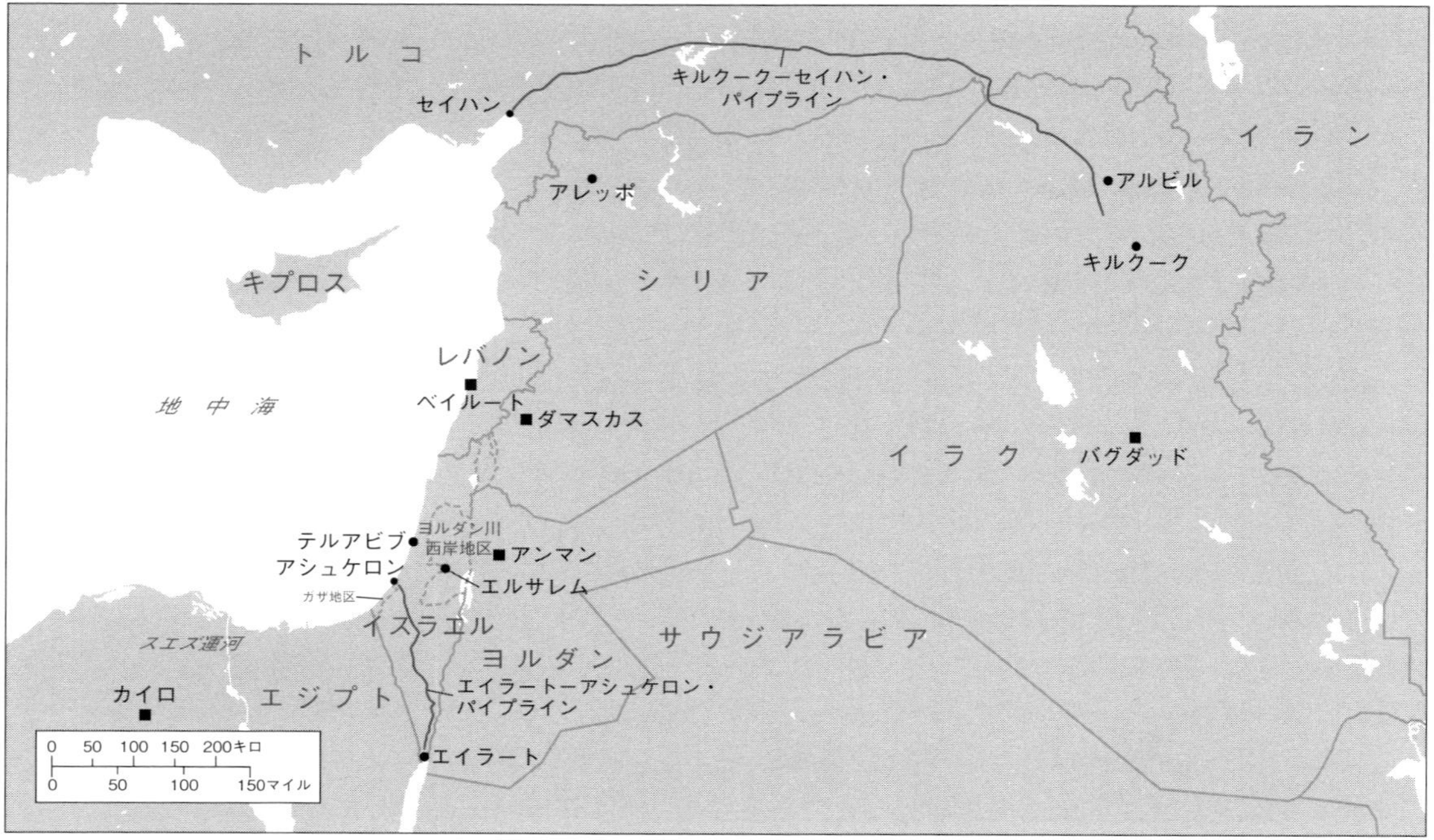

付録４　１バレルあたりの石油価格（1950 － 2019 年）

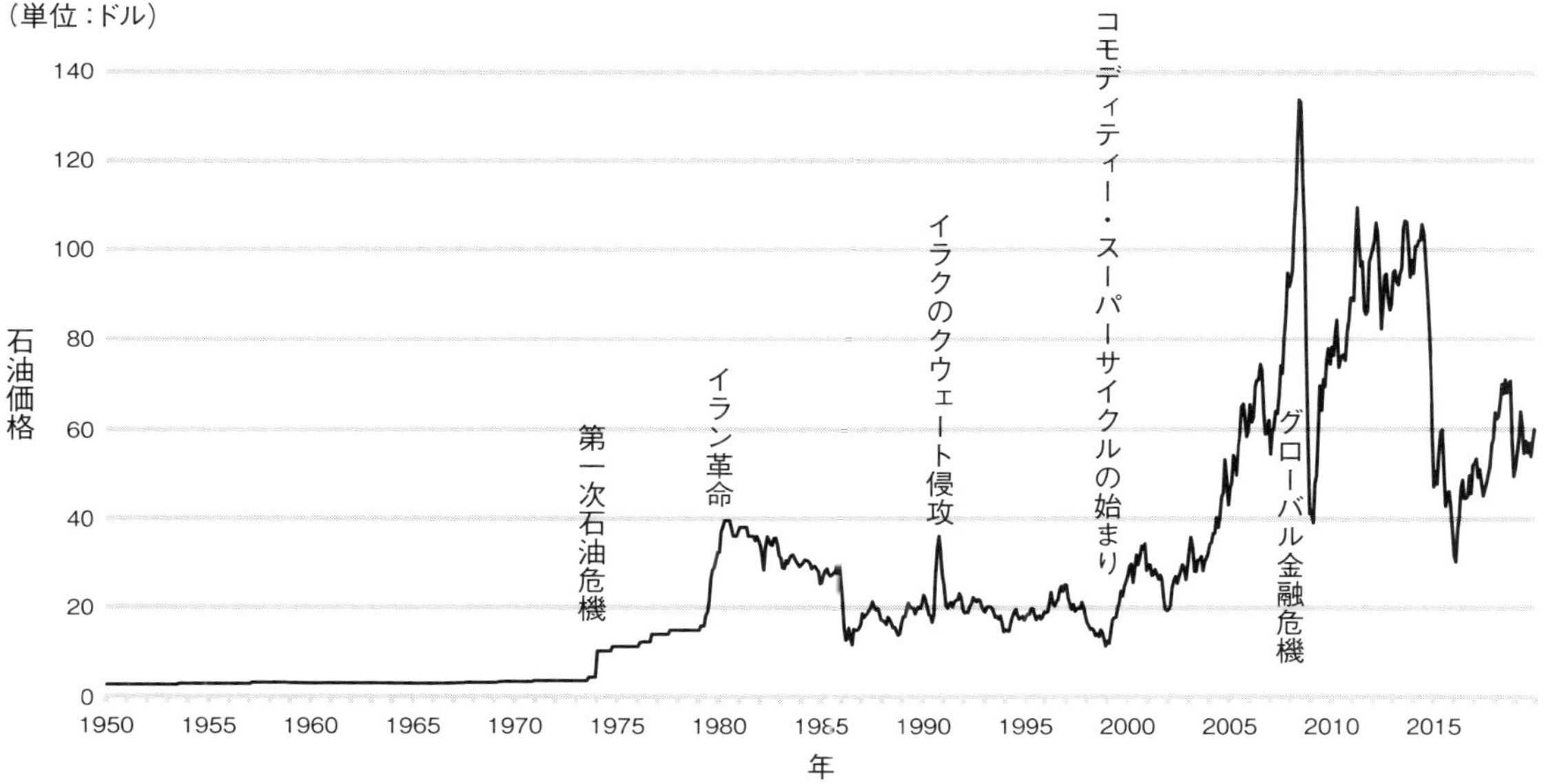

出典：ラピダン・エネルギー・グループ。米国石油協会、連邦準備制度、米国エネルギー情報局、ブルームバーグをもとに作成。原油価格は、1982 年までは米国ミッドコンチネント 36 度原油の、それ以降は WTI 原油の月々の「公示価格」である。

原注

序章　最後の冒険家たち

1　このリビアでのビトルの冒険に関するくだりは、以下の記事（*Bloomberg Markets magazine* in June 2016, called 'Inside Vitol: How the World's Largest Oil Trader Makes Billions'）のほか、著者たちが以前に、またその後に行ったビトル幹部へのインタビューに基づく。

2　二〇一九年、ビトルは一日あたり八〇〇万バレルの原油と精製品を取引した。'2019 volumes and review', Vitol, 27 March 2020, https://www.vitol.com/vitol-2019-volumes-and-review. 国際エネルギー機関によると、二〇一九年のドイツ、フランス、スペイン、イギリス、イタリアの消費量は一日あたり八一五万バレルだった。

3　'Risky Oil Supply Deal Pays off For Vitol', *Financial Times*, 5 September 2011, https://www.ft.com/content/93aecc44-d6f3-11e0-bc73-00144feabdc0.

4　'Vitol's Ian Taylor on oil deals with dictators and drinks with Fidel', *Financial Times*, Lunch with the FT, 3 August 2018, https://www.ft.com/content/2dc35efc-89ea-11e8-bf9e-8771d5404543.

5　'Libya on the brink as protests hit Tripoli', *Guardian*, 21 February 2011, https://www.theguardian.com/world/2011/feb/20/libyadefiant-protesters-feared-dead.

6　前掲、*Financial Times*, 5 September 2011.

7　ビトルは、軍に対してではなく「人道的利用のために」燃料を供給したと言っている（ビトル、著者たちへの電子メール、二〇二〇年二月）。それとは無関係に、反政府勢力が支配下に置いたベンガジのアラビアン・ガルフ・オイルの幹部アブデルジャリル・マユフは、燃料は反政府軍に使用されたと語っている。

8　クリス・ベイク、著者たちとのインタビュー、ロンドン、二〇一六年四月。

9　'US Says $300 Million in Libyan Assets Unfrozen to Pay Vitol', Bloomberg News, September 2011, https://www.bloomberg.com/news/articles/2011-09-01/u-s-says-300-million-of-libya-assets-freed-to-payvitol-for-rebels-fue..

10 デイビッド・フランセン、著者たちとのインタビュー、ロンドン、二〇一九年二月。
11 イアン・テイラー、著者たちとのインタビュー、ロンドン、二〇一六年三月。
12 前掲、*Financial Times*, 5 September 2011.
13 'Final report of the Panel of Experts established pursuant to resolution 1973 (2011) concerning Libya', United Nations Security Council, New York, 9 March 2013, https://www.securitycouncilreport.org/atf/cf/%7B65BFCF9B-6D27-4E9C-8CD3-CF6E4FF96FF9%7D/s_2013_99.pdf.
14 'Ian Taylor: the oilman, his cancer and the millions he's giving the NHS', *The Sunday Times Magazine*, 8 June 2019, https://www.thetimes.co.uk/article/ian-taylor-the-oilman-his-cancer-and-the-millions-hesgiving-the-nhs-wnwbtpq2h.
15 'Phibro's New Commodity: Money', *New York Times*, 9 August 1981, https://www.nytimes.com/1981/08/09/business/phibro-snew-commodity-money.html.
16 ビトル、トラフィギュラ、グレンコア、マーキュリア、グンバーの二〇一九年のデータは各会社の報告に基づくもの。
17 Kingsman, Jonathan, *Out of the Shadows: The New Merchants of Grain* (2019), introduction.
18 Darton Commodities, 'Cobalt Market Review, 2019.2020'.
19 イアン・テイラー、著者たちとのインタビュー、ロンドン、二〇一九年二月。
20 'Glencore appoints first woman director', *Financial Times*, June 2014, https://www.ft.com/content/9c46d148-fcf8-11e3-bc93-00144feab7de.
21 'There are 316 Men Leading Top Commodity Houses and Only 14 Women', Bloomberg News, 19 March 2018, https://www.bloomberg.com/news/articles/2018-03-19/there-are-316-men-leading-topcommodity-houses-and-only-14-women.
22 グレンコア二〇一九年年次報告書。
23 Pirrong, Craig, 'The Economics of Commodity Trading Firms', University of Houston, 2014, p.8, https://trafigura.com/media/1192/2014_trafigura_economics_of_commodity_trading_firms_en.pdf.

24 ジム・デイリー、著者たちとのインタビュー、ロンドン、二〇一九年八月。

25 World Trade Statistical Review 2018, World Trade Organization, Geneva. pp.41-44, https://www.wto.org/english/res_e/statis_e/wts2018_e/wts2018_e.pdf.

26 デイビッド・マクレナン、著者たちとのインタビュー、ミネアポリス、二〇一九年八月。

27 World Bureau of Metal Statistics.

28 ビトル、グレンコア、トラフィギュラ、カーギルの各社の二〇一九年会計年度の会社報告書に基づき著者たちが算出した。日本の取引データは http://www.customs.go.jp による。

29 '2016 America's Richest Families', *Forbes*, 29 June 2016, https://www.forbes.com/profile/cargill-macmillan-1/#3961c31223b6.

30 'Commodity Traders—Impact of the New Financial Market Regulation', Pestalozzi Attorneys at Law, 25 December 2016, https://pestalozzilaw.com/en/news/legal-insights/commodity-traders/legal_pdf/.

31 トルビョルン・トルンクビスト、著者たちとのインタビュー、ジュネーブ、二〇一九年八月。

32 パウル・ヴァイラー、著者たちとのインタビュー、チューリヒ、二〇一九年六月。

33 マーク・ハンセン、著者たちとのインタビュー、ロンドン、二〇一九年二月。

34 二〇〇〇年から二〇一九年までのビトルの決算に基づく。

35 'The World is Hungry for Coal, Glencore Says'. *Coal Week International*, August 2001.

36 'Glencore CEO Slams Fight Against Developing New Coal Mines', Bloomberg News, 24 October 2019.

第1章　先駆者たち

1 この記述は主に、テオドアの息子ヘルムート・ヴァイサーと著者たちとのインタビュー（ハンブルク、二〇一九年五月）に基づく。

2 'Utka neftyanykh monopolii zapada', TASS, 20 March 1963. グーロフとのインタビュー。

3 'A Journey Through Time: Milestones of Success', Marquard & Bahls, https://www.marquard-bahls.com/en/about-us/history/details/event/show/founding-of-the-gefo-society-for-oil-shipments.html.

4 米国勢調査局、二〇世紀統計。https://www.census.gov/prod/99pubs/99statab/sec31.pdf.

5 'Post-war reconstruction and development in the Golden Age of Capitalism', UN World Economic Survey 2017, https://www.un.org/development/desa/dpad/wp-content/uploads/sites/45/WESS_2017_ch2.pdf.

6 Bernstein, William, *A Splendid Exchange: How Trade Shaped the World* (London: Atlantic Books, 2008), p.8.

7 フィリップ・ブラザーズの歴史に関する情報は、主としてWaszkis, Helmut, *Philipp Brothers: The Rise and Fall of a Trading Giant* (Metal Bulletin, 1992) に基づく。フィリップ・ブラザーズの元幹部ワスキスは綿密な調査メモを残しており、現在ニューヨークのレオ・ベック研究所に保管されている。ワスキスのメモにある各項目は「フィリップ・ブラザーズ・コレクション (Philipp Brothers Collection)」としてまとめられ、その後に収納されたボックス、フォルダ、ページ番号が付されている。このコレクションは以下で閲覧できる。https://digifindingaids.cjh.org/?pID=431072.

8 フィリップ・ブラザーズ文書、box 1, folder 3, p.40.

9 以下にその記述がある。Charles Bendheim, Philipp Brothers Collection: box 1, folder 16, p.157.

10 デイビッド・テンドラー、著者たちとのインタビュー、ニューヨーク。二〇一九年八月。

11 フィリップ・ブラザーズの元幹部、ノーバート・スミスの回顧録、以下に連載された。*The Jewish Link of New Jersey*, part 19, https://www.jewishlinknj.com/features/23920-my-stories-19.

12 'Philipp Brothers in Tito deal', *New York Times*, 13 October 1950, https://www.nytimes.com/1950/10/13/archives/philippbrothers-in-tito-deal.html.

13 Philipp Brothers' 1973 annual report, Philipp Brothers Collection: box 2, folder 7, p.95.

14 MacMillan, William Duncan, *MacMillan: The American Grain Family* (Afton Historical Society Press, 1998), p.304.

15 Broehl, Jr, Wayne G., *Cargill: Trading the World's Grain* (University Press of New England, 1992), p.787.

16 以下におけるカーギル幹部の証言に基づく。'Multinational Corporations and United States Foreign Policy' hearings before the Subcommittee of Multinational Corporations of the Committee on Foreign Relations, part 16, p.101, Washington 1973.76.

17 Morgan, Dan, *Merchants of Grain* (An Authors Guild Backinprint.com Edition, 2000; 最初の出版：Viking, 1979), p.122.

18 Broehl, Jr Wayne G., *Cargill: Going Global* (University Press of New England, 1998), pp.36-46.

19 デイビッド・マクレナン、著者たちとのインタビュー、ダボス、二〇二〇年一月。

20 Wiener, Robert J., 'Origins of Futures Trading: The Oil Exchanges in the 19th Century', L'Universite Laval, Quebec, Canada. 1992.

21 ヘルムート・ヴァイサー、著者たちとのインタビュー、ハンブルク、二〇一九年五月。

22 Ermolaev, Sergei, 'The Formation and Evolution of the Soviet Union's Oil and Gas Dependence', 2017, https://carnegieendowment.org/2017/03/29/formation-and-evolution-of-soviet-union-s-oiland-gas-dependence-pub-68443.

23 Yergin, Daniel, *The Prize* (New York: Simon & Schuster, 1993), p.497.

24 'Impact of Oil Exports from the Soviet Bloc', National Petroleum Council, Washington, 1962, p.25, https://www.npc.org/reports/1962-Impact-Oil_Exports_From_The_Soviet_Bloc-Vol_I.pdf.

25 フィリップ・ブラザーズ文書、box 1, folder 2, p.48.

26 ヘルムート・ワスキスとエルンスト・フランクとのインタビュー、一九七八年六月。Metallgesellschaft Collection; AR 25149, p.271; Leo Baeck Institute.

27 ジャン・ピエール・アダミアン、アントワン・カラサッス、著者たちとのインタビュー、ジュネーブ、二〇一九年二月。

28 'The Colossus of Phibro', *Institutional Investor*, 1981. Philipp Brothers Collection: box 1, folder 17, p.158.

29 Broehl, Jr, Wayne G., *Cargill: Trading the World's Grain* (University Press of New England, 1992), p.793.

30 フェリックス・ポーゼン、著者たちとのインタビュー、ロンドン、二〇一九年五月。

31 'The Colossus of Phibro', *Institutional Investor*, 1981.

32 一九四〇年の利益の数値は次による。Broehl, Jr, Wayne G., *Cargill: Trading the World's Grain* (University Press of New England, 1992), p.879; 一九七〇年の利益の数値は次による。Broehl, Jr, Wayne G., *Cargill: Going Global* (University Press of New England, 1998), p.379.

33 フィリップ・ブラザーズ文書、1947 accounts: box 1, folder 11, p.55.
34 フィリップ・ブラザーズ文書、box 1, folder 11, p.143.
35 ソ連による穀物買い付けに関する最もすぐれた記録は、Trager, James, *The Great Grain Robbery* (New York: Ballantine Books, 1975) である。さらにアメリカ議会は、'Russian Grain Transactions' (Senate Permanent Subcommittee on Investigations, July 1973) 'Sale of Wheat to Russia' (House Agriculture Committee, September 1972) などで、この買い付けに関する公聴会を開いている。どちらの公聴会でも、商社幹部や政府関係者から直接のくわしい証言があった。
36 'Some Deal: The Full Story of How America Got Burned and the Russians Got Bread', *New York Times*, 25 November 1973, https://www.nytimes.com/1973/11/25/archives/some-deal-the-fullstory-of-how-amepnka-got-burned-and-the-russians.html.
37 Luttrell, Clifton, 'The Russian Wheat Deal . Hindsight vs. Foresight', US Federal Reserve of St. Louis, October 1973, https://www.staff.ncl.ac.uk/david.harvey/MKT3008/RussianOct1973.pdf.
38 Broehl, Jr, Wayne G., *Cargill: Going Global* (University Press of New England, 1998), p.224.
39 Morgan, Dan, *Merchants of Grain*, p.168.
40 Broehl, Jr, Wayne, G., *Cargill: Going Global*, p.224.
41 同、p.225.
42 フォーチュン５００リスト、一九七二年、*Fortune Magazine*, https://archive.fortune.com/magazines/fortune/fortune500_archive/full/1972/.
43 US General Accounting Office, "Exporters' Profits On Sales of US Wheat to Russia", p.2, http://archive.gao.gov/f0302/096760.pdf.
44 'Soviet Grain Deal is Called a Coup', *New York Times*, 29 September 1972, https://www.nytimes.com/1972/09/29/archives/sovietgrain-deal-is-called-a-coup-capitalistic-skill-surprised.html.

第2章　石油のゴッドファーザー

1　大統領デイリー・ブリーフ、CIA、一九六八年四月二五日。https://www.cia.gov/library/readingroom/docs/DOC_0005974399.pdf, declassified in 2015.

2　Yergin, Daniel, *The Prize*, pp.523-524.

3　パイプライン建設の交渉のくわしい概要については、以下を参照。Bialer, Uri, 'Fuel Bridge across the Middle East—Israel, Iran, and the Eilat-Ashkelon Oil Pipeline', Israel Studies, vol. 12, no. 3, http://ismi.emory.edu/home/documents/Readings/Bialer_Fuel_Bridge_Israeli_cil_pipline.pdf. また、最近のスイスの判決には、所有の構造に関する情報が含まれている。Suisse, Tribunal Fédéral, 27 June 2016, https://res.cloudinary.com/lbresearch/image/upload/v1469537636/suisse_tribunal_f_d_ral_arr_t_du_27_juin_2016_4a_322_2015_266116_1354.pdf.

4　'The Time Has Come for Israel to Expose Its Most Secret Firm', *Haaretz*, 18 September 2016, https://www.haaretz.com/opinion/the-time-has-come-for-israel-to-expose-its-secret-firm-1.5437187.

5　経歴の詳細は以下の本から。Ammann, Daniel, *The King of Oil: The Secret Lives of Marc Rich* (New York: St Martin's Press, 2009)（邦題『相場師マーク・リッチ——史上最大の脱税王か、未曽有のヒーローか』）, *Petition for Pardon for Marc Rich and Pincus Green, 2001*,（以下の米下院議会資料に収録）*Justice Undone: Clemency Decisions in the Clinton White House*, 107th Congress, 2nd session, Report 107-454, 14 May 2002, https://www.congress.gov/107/crpt/hrpt454/CRPT-107hrpt454-vol3.pdf.

6　Ammann, Daniel、前掲書、p.36.

7　フェリックス・ポーゼン、著者たちとのインタビュー、ロンドン、二〇一九年五月。

8　Waszkis, Helmut, *Philipp Brothers: The Rise and Fall of a Trading Giant*, p.207.

9　イザベル・アライアス、著者たちとのインタビュー、リマ、二〇一九年四月。

10　ダニー・ポーゼン、著者たちとのインタビュー、ロンドン、二〇一九年二月。

11　ロケ・ベナビデス、著者たちとのインタビュー、リマ、二〇一九年四月。

12　Copetas, A. Craig, *Metal Men: Marc Rich and the 10-Billion-Dollar Scam* (London: Harrap Limited, 1986), p.51.（邦題『メタル・トレーダー——地球を売買する男たち』）

13 Ammann, Daniel, *The King of Oil: The Secret Lives of Marc Rich* (New York: St Martin's Press, 2009), pp.58-59.
14 'Mystery of the Disappearing Tankers', *The Sunday Times*, 13 December 1970, p.11.
15 'Minerals Yearbook 1970, Chromium', United States Geological Survey, p.302, http://images.library.wisc.edu/EcoNatRes/EFacs2/MineralsYearBk/MinYB1970v1/reference/econatres.minyb1970v1.jmorning00.pdf.
16 エルンスト・フランケル、ヘルムート・ワスキスとのインタビューの逐語的記録。Philipp Brothers Collection; AR 25131; box 1, folder 9, p.6.
17 Ammann, Daniel, 前掲書、p.67.
18 Garavini, Giuliano, *The Rise & Fall of OPEC in the Twentieth Century* (Oxford: Oxford University Press, 2019), p.203.
19 Akins, James, 'The Oil Crisis: This Time the Wolf Is Here', *Foreign Affairs*, vol. 51, no. 3 (April, 1973), pp.462-490, https://pdfs.semanticscholar.org/7e25/19e3a8f85571946eb76785c43cd1a493caf0.pdf.
20 Waszkis, Helmut, *Philipp Brothers: The Rise and Fall of a Trading Giant*, p.212.
21 同、p.211.
22 同、p.292. 脚注。
23 Yergin, Daniel, *The Prize*, p.581.
24 ウィーンにあるホテルのヤマニの部屋で行われた会議についての記述は以下にある。'How the Oil Companies Help the Arabs to Keep Prices High', *New York Magazine*, 22 September 1975.
25 Yergin, Daniel, 前掲書、p.585.
26 同、p.588.
27 大統領デイリー・ブリーフ、CIA、一九七三年一〇月一八日。二〇一六年六月二〇日に一部が機密解除された。https://www.cia.gov/library/readingroom/docs/DOC_0005993960.pdf.
28 'Markets Pointers', Europ-Oil Prices (London), 3 December 1973, p.1.
29 'Milestones in the History of U.S. Foreign Relations: Oil embargo 1973.74', US State Department, https://

history.state.gov/milestones/1969-1976/oil-embargo.

30 Broehl, Jr, Wayne G., *Cargill: Going Global*, p.237.

31 ミルトン・ローゼンタール（エンゲルハード社長兼ＣＥＯ）、以下で引用されている。'Engelhard's Gold', *Dun's Review*, April 1975, in Philipp Brothers Collection: box 2, folder 2, p.17.

32 Waszkis, Helmut, *Philipp Brothers: The Rise and Fall of a Trading Giant*, p.215.

33 リッチがDaniel Ammann（前掲書、p.73）に語ったところでは、ジェセルソンは彼とグリーンにそれぞれ一五万ドルを提示し、ジェセルソンがヘルムート・ワスキス（*Philipp Brothers: The Rise and Fall of a Trading Giant*, p.215）に語ったところでは、彼は二人にそれぞれ二五万ドルまで出す意思があった。

34 Ammann, Daniel、前掲書、p.73.

35 'Inside Philipp Brothers, a $9 billion supertrader most people don't know', *BusinessWeek*, 3 September 1979. Philipp Brothers Collection: box 2, folder 10, p.207.

36 Ammann, Daniel、前掲書、p.75.

37 'Secrets of Marc Rich', *Fortune*, 23 January 1984.

38 サン・カンパニーの商社部門であるサン・インターナショナルの社長、ジェラルド・F・チェルキオ、以下で引用されている。'The Man Behind Marc Rich', *New York Times*, 18 August 1983, https://www.nytimes.com/1983/08/18/business/the-man-behind-marc-rich.html.

39 アイザック・クエルブ、著者たちとのインタビュー、マドリード、二〇一九年六月。

40 アイザック・クエルブ、著者たちへの電子メール、二〇一九年六月。

41 マニー・ワイス、著者たちとのインタビュー、ロンドン、二〇一九年三月。

42 'Le Pape Du Negoce', *Le Temps*, 30 October 2008, https://www.letemps.ch/opinions/pape-negoce.

43 Ammann, Daniel、前掲書、p.82.

44 フィリップ・ブラザーズ文書、box 1, folder 11, p.143.

45 フィリップ・ブラザーズ、一九七七年年次報告書。以下に収録されている。Philipp Brothers Collection: box 2, folder 9.

46 Razavi, Hossein, 'The New Era of Petroleum Trading: Spot Oil, Spot-Related Contracts, and Futures Markets', World Bank Technical Paper, Number 96, Washington, 1989.

47 Tetreault, Mary Ann, *Revolution in the World Petroleum Market* (Quorum Books, 1985), p.55.

48 'Die Knochen sind noch nicht numeriert', *Der Spiegel*, 17 February 1986, https://www.spiegel.de/spiegel/print/d-13517991.html.

49 'Oil: The Great Noses of Rotterdam', *New York Times*, 8 July 1979, https://www.nytimes.com/1979/07/08/archives/oil-thegreat-noses-of-rotterdam-a-market-that-runs-on-the-telex.html.

50 'Etude Sur Le Trading Petrolier', Ministere de la Mer, 14 June 1983, http://temis.documentation.developpement-durable.gouv.fr/docs/Temis/0002/Temis-0002860/7522.pdf.

51 ビル・エミット、著者たちとのインタビュー、二〇一九年五月。

52 'Deuss: From Second-Hand Car Dealer to Controversial World Figure', *Bermuda Sun*, 18 February 1994, http://bermudasun.bm/Content/Default/NewsOlder20120206/Article/Deuss-From-secondhand-car-dealer-to-controversial-world-figure/-3/1294/31102.

53 Boon, Marten, 'Deuss' demise: an oil trader's struggle to keep up with the market, 1970s-1990s', MPRA Paper, 2019, https://mpra.ub.uni-muenchen.de/95460/1/MPRA_paper_95460.pdf.

54 Sanoff, Jonathan, 'Soyuznefteexport v JOC Oil Ltd: a Recent Development in the Theory of the Separability of the Arbitration Clause', in *The American Review of International Arbitration*, 1990. サノフはトランスワールド・オイルの法務顧問補として、JOCオイルのアドバイザーを務めていた。

55 Levine, Steve, *The Oil and the Glory* (New York: Random House, 2007), p.133.

56 米国対アドバンス・ケミカル社との裁判におけるフランシス・V・エリアスの宣誓供述書。Case no. CIV-86-1401-P, US District Court for the Western District of Oklahoma. エリアスは当時トランスワールド・オイルの総務担当重役だった。

57 'Energy: JOC Oil Bona Fides', 米国務省、マルタ、バレッタ、米大使館からの電信、一九七四年五月。以下のウィキリークスによる。https://wikileaks.org/plusd/cables/1974VALLET00848_b.html.

58 'Request for Information on Petroleum Company', 米国務省、ボツワナ、ガボローネ、米大使館からの電信、一九七五年一月。以下のウィキリークスによる。https://wikileaks.org/plusd/cables/1975GABORO00154_b.html.
59 'Request for Background Information on World Oil Bank', 米国務省、トルコ、アンカラ、米大使館からの電信、一九七八年五月。以下のウィキリークスによる。https://wikileaks.org/plusd/cables/1978ANKARA03599_d.html.
60 'Iran-Contra Investigation', US Senate, appendix B, vol. 25'、セオドア・G・シャックリーの宣誓供述書、pp.20-23 and 377-383. トランスワールド・オイル（Transworld Oil）の綴りがまちがってTrans-Worldになっており、ジョン・デウス（John Deuss）も何度かJohn Doisとまちがって綴られている。https://ia902906.us.archive.org/25/items/reportofcongress25unit/reportofcongress25unit.pdf.
61 'Deuss: From Second-Hand Car Dealer to Controversial World Figure', *Bermuda Sun*, 前掲。
62 'Ayatollah Khomeini returns to Iran', *The Associated Press*, 1 February 1979, https://www.apnews.com/3042785d564d4acaa2e4a18bfc206d25.
63 Yergin, Daniel, 前掲書、pp.656-680.
64 'Middleman Made a Fortune in the Good Old Days Of Oil Crisis', *Washington Post*, 15, February 1983.
65 Yergin, Daniel, *The Prize*, p.679.
66 Copetas, A. Craig, 前掲書、p.72.
67 Ammann, Daniel, *The King of Oil*, p.177.
68 ヘルムート・ヴァイサー、著者たちとのインタビュー、ハンブルク、二〇一九年五月。
69 フィリップ・ブラザーズ文書、box 1, folder 11, p.143.
70 Broehl, Jr. Wayne G., *Cargill: From Commodities to Customers* (University Press of New England, 2008), p.38.
71 Group of Seven, 'Declaration 1979', Tokyo, 29 June 1979, in Oxford Institute of Energy Studies archive, grey literature, box 79.

第3章　商社は最後の頼みの綱

1 このマーク・リッチ&カンパニーとジャマイカの取引に関する記述は、主にヒュー・ハート、マニー・ワイス、ビンセント・ローレンス、カールトン・デイビスと著者たちとのインタビューに基づく。この国を見舞った金曜夜の危機の話はハートから聞かされたもの。

2 米国地質調査所によると、一九八〇年代前半のジャマイカはオーストラリア、ギニアに次ぐ世界第三位のボーキサイト生産国で、オーストラリア、米国、ソ連に次ぐ世界第四位のアルミナ生産国だった。

3 'History of Aluminum', The Aluminum Association, 2019, https://www.aluminum.org/aluminum-advantage/history-aluminum.

4 米国地質調査所データ。

5 Stuckey, John A., *Vertical Integration and Joint Ventures in the Aluminum Industry* (Harvard University Press, 1983), p.84.

6 東欧からのアルミニウム輸入に関する欧州委員会の決定、一九八四年一二月一九日。https://eur-lex.europa.eu/legalcontent/EN/TXT/HTML/?uri=CELEX:31985D0206&from=GA.

7 米国地質調査所データ。

8 'World Bauxite Industry: Recent Trends and Implications of Guyana's Nationalization Moves', CIA, April 1971, https://www.cia.gov/library/readingroom/docs/CIA-RDP85T00875R001700010006-3.pdf.

9 Waszkis, Helmut, *Philipp Brothers: The Rise and Fall of a Trading Giant*, p.120.

10 'Guyana's Bauxite Industry Since Partial Nationalization', CIA, December 1972, https://www.cia.gov/library/readingroom/docs/CIA-RDP85T00875R001700040056-5.pdf.

11 'Bodies on the Doorstep: Jamaica in the 1970s', Association for Diplomatic Studies and Training, https://adst.org/2016/12/bodiesdoorstep-jamaica-late-1970s/.

12 'Rules Bent for Jamaica, Helping US Industry', *New York Times*, 1981, https://www.nytimes.com/1982/04/28/business/rules-bentfor-jamaica-helping-us-industry.html.

13 Davis, Carlton, *Jamaica in the World Aluminium Industry*, 2011, vol. 3, p.67; and USGS yearbooks.

14 ヒュー・ハート、著者たちとのインタビュー、キングストン、二〇一九年三月、およびマニー・ワイス、著者たちとのインタビュー、ロンドン、二〇一九年三月。

15 ‘What’s Behind the Govt., Marc Rich Relationship?’, *The Daily Gleaner*, 5 August 1985, p.1, https://newspaperarchive.com/kingstongleaner-aug-05-1985-p-1/. マニー・ワイス、ヒュー・ハートと著者たちとのインタビューでも裏づけられた。

16 ケン・ヒル、リッチ逮捕に何年も費やした米連邦執行官。以下に引用されている。‘The Face of Scandal’, *Vanity Fair*, June 2001, https://www.vanityfair.com/news/2001/06/rich200106.

17 ヒュー・ハート、著者たちとのインタビュー、キングストン、二〇一九年三月。

18 ジャマイカ・ボーキサイト研究所。

19 ヒュー・ハート、著者たちとのインタビュー、キングストン、二〇一九年三月。

20 Davis, Carlton, *Jamaica in the World Aluminium Industry*, vol. 3, p.90.

21 ‘Implementation Completion Report—Clarendon Alumina Production Project’, World Bank, 1995, http://documents.worldbank.org/curated/en/326311468043471038/pdf/multi-page.pdf.

22 マニー・ワイス、著者たちとのインタビュー、ロンドン、二〇一九年三月。

23 ‘Marc Rich “Tolling” Deals Reopen US Aluminium Plants’, *Financial Times*, 17 October 1986.

24 ‘Electric Shocks for Aluminium Producers’, *Financial Times*, 11 September 1987.

25 米労働統計局、生産者価格インデックス、アルミニウム・ホイル、FREDデータベースによりアクセス。https://fred.stlouisfed.org/series/WPU10250111.

26 マニー・ワイス、著者たちとのインタビュー、ロンドン、二〇一九年三月。

27 同。

28 リッチによる。以下から引用。‘Alchemist At Large’, *Financial Times*, 1 September 1988.

29 マニー・ワイス、著者たちとのインタビュー、ロンドン、二〇一九年三月。

30 ヒュー・スモール、著者たちとのインタビュー、キングストン、二〇一九年三月。

31 ヒュー・スモール、ビンセント・ローレンス、著者たちとのインタビュー、キングストン、二〇一九年三月。

32 ‘PM Confirms Rich Deal’, *The Daily Gleaner*, 30 June 1989, https://newspaperarchive.com/kingston-gleaner-jun-30-1989-p-1/.

33 クラレンドン・アルミナ・プロダクション、二〇〇六年目論見書のデータに基づく。
34 一九八二〜八七年に三億一三〇〇万ドル、一九八八〜九九年に三億六五〇〇万ドル、二〇〇〇年に一億二五〇〇万ドル、二〇〇三年に六五〇〇万ドル。Davis, Carlton, '2009: Fiscal Budgets (Part 1) Prepayment of bauxite and alumina earnings' を参照。http://old.jamaica-gleaner.com/gleaner/20090308/focus/focus5.html and Clarendon Alumina Production 2006 bond prospectus.
35 カールトン・デイビス、著者たちとのインタビュー、キングストン、二〇一九年三月。
36 Copper Handbook, World Bank, 1981（コンゴ民主共和国は一九七一〜九七年には、ザイールという国名で呼ばれていた）。http://documents.worldbank.org/curated/en/543761492970653971/pdf/multipage.pdf.
37 'What's in a name?', *The Economist*, 5 October 2017. このエコノミストとは、世界銀行の一部門である国際金融公社に勤務していたアントワン・ファン・アットマールである。
38 リカルド・レイマン、著者たちとのインタビュー、ロンドン、二〇一九年八月。
39 以下から引用。'Why Marc Rich is Richer than Ever', *Fortune*, 1 August 1988, https://archive.fortune.com/magazines/fortune/fortune_archive/1988/08/01/70845/index.htm.
40 'While Marc Rich Was Fugitive, Firm Dealt With Pariah Nations', *Wall Street Journal*, 23 April 2001, https://www.wsj.com/articles/SB982885815892990443.
41 エリック・ド・テュルケーム、著者たちとのインタビュー、ジュネーブ、二〇一九年三月。
42 Ammann, Daniel, *The King of Oil*, 前掲書、p.194.
43 Macmillan, Harold, 'The Wind of Change', Cape Town, 3 February 1960, http://www.africanrhetoric.org/pdf/J%20%20%20Macmillan%20-%20%20the%20wind%20of%20change.pdf.
44 のちにグレンコアのCEOとなるアイバン・グラゼンバーグは、この禁止措置のために、一九八四年ロサンゼルス五輪に参加できなかった。
45 Shipping Research Bureau, 'Embargo: Apartheid Oil's Secrets Revealed' (Amsterdam University Press, 1995), 以下に収録。社会史国際研究所文書、p.192, https://archief.socialhistory.org/sites/default/files/docs/collections/embargo_apartheids_oil_secrets_revealed_0.pdf#overlay-context=nl/node/4708.

46 Ford, Jonathan, *Depression, Oil Trading & a Mind at War With Itself* (Chipmunkapublishing, 2016)、ある元ビトルのトレーダーの回顧録。
47 マーク・クランドール、著者たちとのインタビュー、ロンドン、二〇一九年三月。
48 デイビッド・イスロフ、著者たちとのインタビュー、ニューヨーク、二〇一九年八月。
49 Shipping Research Bureau, 前掲資料、p.326.
50 'South Africa's Secret Lifeline', *Observer*, 3 June 1984.
51 Van Vuuren, Hennie, *Apartheid, Guns and Money* (London: Hurst & Company, 2018).
52 Shipping Research Bureau, 前掲資料、p.258.
53 Van Vuuren, Hennie, 前掲書、p.103.
54 Shipping Research Bureau, 前掲資料、p.149より引用。ＢＢＣはジョン・デウスのインタビューを放送しなかったが、そのテープは数年後、一九八九年九月一〇日のオランダのテレビ調査番組『ハウデン・ベルヘン』で使用され、表に現れた。
55 Ammann, Daniel, 前掲書、p.195.
56 匿名希望のマーク・リッチ&カンパニーの元幹部と著者たちとのインタビュー。
57 「ムッシュー・ンドゥロ」（一九八〇年代初頭にコブコを設立したマーク・リッチのトレーダーが使用したペンネーム）、著者たちとのインタビュー。
58 世界銀行一人あたりＧＤＰデータベース。https://data.worldbank.org/indicator/ny.gdp.pcap.cd?most_recent_value_desc=true.
59 米国連邦準備制度の実効金利は一九八一年に二二%超のピークに達した。
60 一九八〇〜八三年のブルンジの石油消費量を日量七〇〇〜八〇〇バレルとする米国エネルギー情報局（ＥＩＡ）のデータと、標準的なＶＬＣＣの積載量二〇〇万バレルに基づく。
61 匿名希望のトレーダーと著者たちとのインタビュー。
62 Ammann, Daniel, 前掲書、p.93.
63 'Executive Order 12205', US Government, Washington, 7 April 1980, 45 FR 24099, 3 CFR, 1980 Comp., p.248.

https://www.archives.gov/federal-register/codification/executive-order/12205.html.

64 ＮＢＣによるリッチへのインタビュー、一九九二年。

65 'Indictment: United States of America vs Marc Rich et al.', 米連邦地方裁判所、ニューヨーク州南部地区地方裁判所、一九八三年九月。

66 同。

67 'The Lifestyle of Rich, the infamous', *Fortune*, 30 June 1986, https://fortune.com/2013/06/30/the-lifestyle-of-rich-the-infamousfortune-1986/.

68 'Judge Orders Exxon to Repay $895m', *Financial Times,* 26 March 1983.

69 'Arco to Pay $315 Million to Settle Claims of Price Control Violations, Overcharges', *Wall Street Journal*, 2 May 1986.

70 Thomas, Evan, *The Man to See* (New York: Simon & Schuster, 1991), p.417. だがリッチはこの話を否定し、「一かけらの事実もない」と言った。弁護士からアメリカへ戻るよう言われたことは一度もない、とリッチは言っている。

71 'The controversial pardon of international fugitive Marc Rich', US Congress, Washington, 8 February and 1 March 2001, pp.73 and 303, https://upload.wikimedia.org/wikipedia/commons/1/12/2001_The_Controversial_Pardon_of_International_Fugitive_Marc_Rich.pdf.

第４章　紙の樽

1 アンディ・ホール、著者たちとのインタビュー、デルネブルク、二〇一九年三月。

2 ＢＰ世界エネルギー統計レビュー。クウェートの生産量は日量一四〇万バレル、イラクは二八〇万バレル。世界の総石油生産量は日量六三八〇万バレルと推定される。

3 国連安全保障理事会決議六六一、一九九〇年八月六日。http://unscr.com/en/resolutions/doc/661.

4 アンディ・ホール、著者たちとのインタビュー、デルネブルク、二〇一九年三月。

5 'Will Phibro's Daddy Squash Its Ambitions?', *Business Week*, 25 March 1991.

6 コリン・ブライス、著者たちとのインタビュー、ロンドン、二〇一九年二月。
7 「堂島米取引所」日本取引所グループ。https://www.jpx.co.jp/dojima/en/index.html.
8 Wiener, Robert J., 'Origins of Futures Trading: The Oil Exchanges in the 19th Century', L'Université Laval, Quebec, Canada. 1992.
9 アンディ・ホール、著者たちとのインタビュー、デルネブルク、二〇一九年三月。
10 'Salomon Inc.'s Powerful Oil Man, Andrew Hall, Leads a Resurgence of Traders on Wall Street', *Wall Street Journal*, 11 January 1991.
11 Oil Monthly Market Report, International Energy Agency, Paris, January 1990, p.11.
12 'Saddam's Message of Friendship to President Bush', 米国務省、バグダッド米大使館からの電信、一九九〇年七月二五日。https://wikileaks.org/plusd/cables/90BAGHDAD4237_a.html.
13 アンディ・ホール、著者たちとのインタビュー、デルネブルク、二〇一九年三月。
14 同。
15 'Iraq Threatens Emirates and Kuwait on Oil Glut', *New York Times*, 18 July 1990, https://www.nytimes.com/1990/07/18/business/iraq-threatens-emirates-and-kuwait-on-oil-glut.html.
16 'Invading Iraqis Seize Kuwait and Its Oil', *New York Times*, 3 August 1990, https://www.nytimes.com/1990/08/03/world/iraqinvasion-invading-iraqis-seize-kuwait-its-oil-us-condemns-attackurges.html.
17 'Meaner than a Junkyard Dog', *Texas Monthly*, April 1991, https://www.texasmonthly.com/articles/meaner-than-a-junkyarddog/.
18 アンディ・ホール、著者たちとのインタビュー、デルネブルク、二〇一九年三月。
19 Waszkis, Helmut, *Philipp Brothers: The Rise and Fall of a Trading Giant*, pp.232-233.
20 フィリップ・ブラザーズ文書、box 1, folder 11, p.143.
21 デイビッド・テンドラー、著者たちとのインタビュー、ニューヨーク、二〇一九年八月。
22 'Behind the Salomon Brothers Buyout', *Fortune*, 7 September 1981, https://fortune.com/1981/09/07/salomon-brothers-buyout/.

23 Waszkis, Helmut, *Philipp Brothers: The Rise and Fall of a Trading Giant*, p.251.
24 同。
25 デイビッド・テンドラー、著者たちとのインタビュー、ニューヨーク、二〇一九年八月。
26 'Voest-Alpine Plight Affects All Austria', *New York Times*, 20 January 1986, https://www.nytimes.com/1986/01/20/business/voestalpine-plight-affects-all-austria.html.
27 クロックナー、企業ウェブサイト。https://www.kloeckner.com/en/group/history.html.
28 'Ferruzzi Group — Trading Activities May Post $100m Loss for 1989', *Wall Street Journal*, 25 September 1989.
29 セルジュ・バルサノ、著者たちとのインタビュー、パリ、二〇一九年一一月。
30 'OPEC Keeps Oil Traders Guessing', *Financial Times*, 12 April 1988.
31 匿名希望のトランスワールド・オイルの元幹部と著者たちとのインタビュー。
32 同。
33 推定される損失の規模は資料によって異なるが、総じて二億ドルから六億六〇〇〇万ドルとされている。Bower, Tom, *The Squeeze* (London: HarperPress, 2010), pp 63.65.
34 'Oil Trader Big Winner in Atlantic Sale to Sun', *New York Times*, 7 July 1988, https://www.nytimes.com/1988/07/07/business/businesspeople-oil-trader-a-big-winner-in-atlantic-sale-to-sun.html.

第5章　マーク・リッチの凋落

1 本章のマーク・リッチの転落についての記述は、主にズビネク・ザック、ヨーゼフ・ベルマン、パウル・ヴァイラー、マニー・ワイス、アイバン・グラゼンバーグ、マーク・クランドール、グラハム・シャープ、ダニー・ポーゼン、アイザック・クエルブなどの関係者への著者たちのインタビュー、および Ammann, Daniel, *The King of Oil*（前掲）に基づく。
2 一九七七年にマーク・リッチ&カンパニーに入社し、石油部門の財務を担当したジム・デイリーと著者たちとのインタビュー、ロンドン、二〇一九年八月。
3 リッチとのインタビュー。'Fugitive Marc Rich Prospers Abroad, Hopes to Settle US Criminal Charges', *Wall

Street Journal, 1 February 1994.
4 'Smoking Out Marc Rich', *Institutional Investor*, 1 August 1992.
5 ダニー・ポーゼン、著者たちとのインタビュー、ロンドン、二〇一九年二月。
6 マーク・クランドール、著者たちとのインタビュー、ロンドン、二〇一九年五月。
7 'A definition of Richness', *Financial Times*, 10 August 1992.
8 マーク・クランドール、著者たちとのインタビュー、ロンドン、二〇一九年五月。
9 'Aide to Marc Rich Quits Post', *New York Times*, 4 June 1992, https://www.nytimes.com/1992/06/04/business/aid-to-marc-rich-quitspost.html.
10 マニー・ワイス、著者たちとのインタビュー、ロンドン、二〇一九年五月。
11 同。
12 アイザック・クエルブ、著者たちとのインタビュー、マドリード、二〇一九年六月。
13 同。
14 ブルームバーグのデータによる。
15 ズビネク・ザック、著者たちとのインタビュー、ツーク、二〇一九年六月。
16 Ammann, Daniel, *The King of Oil*, p.226.
17 マニー・ワイス、著者たちとのインタビュー、ロンドン、二〇一九年五月。
18 マーク・クランドール、著者たちとのインタビュー、ロンドン、二〇一九年五月。
19 'What Makes $1 Billion a Year and Oils the Global Economy While Rebuilding Its Reputation?', Bloomberg News, 2018, https://www.bloomberg.com/news/features/2018-05-31/oil-trader-trafigurarebuilds-reputation-while-making-billions.
20 'Marc Rich Cedes Majority Stake in Commodities Firm He Founded', *Wall Street Journal*, 9 March 1993; 'Marc Rich Hopes For Resolution of Tax Case', *Financial Times*, 12 March 1993.
21 同席したズビネク・ザックの証言。著者たちとのインタビュー、ツーク、二〇一九年六月。
22 ズビネク・ザック、著者たちとの書簡、二〇二〇年二月。

23 'Marc Rich Passes Control of Company to Employees', *Wall Street Journal*, 10 December 1993, and Ammann, Daniel, 前掲、p.233.
24 アイザック・クエルブ、著者たちとのインタビュー、マドリード、二〇一九年六月。
25 複数の審議関係者による。だがエブナーはストロトットとの議論を覚えておらず、コモディティーに投資したこともないと言っている（マーティン・エブナー、著者たちとの電話インタビュー、二〇二〇年二月）。
26 'Roche's 93 net rose by 29%', *Wall Street Journal*, 20 April 1994.
27 一九九四年以前の同社の構造は複雑で、バイアウトの詳細についてはパートナーによって記憶が異なっている。リッチは、会社の売却で約六億ドルを受け取ったのは確かかと伝記作家から訊かれ、「事実から遠くない」と答えている（Ammann, Daniel, *The King of Oil*, 前掲、p.235）。
28 Ammann, Daniel, 前掲書、p.233.
29 マーク・クランドール、著者たちとのインタビュー、ロンドン、二〇一九年五月。
30 トラフィギュラ、社内出版物。
31 ダニー・ポーゼン、著者たちとのインタビュー、ロンドン、二〇一九年二月。このグループは、トラフィギュラのほかにスカイダイバーも買収したが、ブラックハートは棚上げにした。
32 エドムンド・バイデル、著者たちとのインタビュー、リマ、二〇一九年四月。
33 匿名希望のトラフィギュラの元幹部と著者たちとのインタビュー。
34 ズビネク・ザック、著者たちとのインタビュー、ツーク、二〇一九年六月。
35 グレンコアの当該期間のトレーディング利益に基づき著者たちが算出した。
36 ルチオ・ジェノベーゼ、著者たちとのビデオ通話インタビュー、二〇二〇年一〇月。
37 一九九八年から債券目論見書に掲載された内容、および元パートナーとのインタビューに基づく。
38 オーストラリア高等裁判所でのブランク対国税局との訴訟、二〇一六年。http://www.hcourt.gov.au/assets/publications/judgmentsummaries/2016/hca-42-2016-11-09.pdf.
39 マーク・クランドール、著者たちとのインタビュー、ロンドン、二〇一九年五月。

第6章　史上最大の閉店セール

1　トランスワールドのロシアでの活動に関するこの記述は、以下のものに基づく。複数のトランスワールド元社員および幹部と著者たちとのインタビュー、レフ・チェルノイとマイケル・チェルニーが著者の質問に寄せた電子メールでの回答、ルーベンのウェブサイトの経歴情報を含むアーカイブ、その他ルーベンや他の人たちの、以下に挙げたものを含むさまざまな公開されたインタビュー。'Russia's Aluminium Tsar', *The Economist*, 21 January 1995; 'Grabbing a Corner on Russian Aluminum', *Businessweek*, 16 September 1996; 'Helter-Smelter: Helter-Smelter: Amid Russia's Turmoil, UK Firm Wins Slice of Nation's Aluminum', *Wall Street Journal*, 28 January 1997; 'Transworld Group: Pitfalls for Pioneers', *Financial Times*, 17 June 1998; and 'Aluminium "Risk Taker" Changes Tack in Russia', *Financial Times*, 11 April 2000.

2　フェリックス・ポーゼン、著者たちとのインタビュー、ロンドン、二〇一九年五月。

3　Tarasov, Artem, *Millionaire*（2004）. ロシア語の文章を著者たちが翻訳した。http://lib.ru/NEWPROZA/TARASOW_A/millioner.txt.

4　同。

5　'Soviets buy American', *New York Times*, 10 May 1989, https://www.nytimes.com/1989/05/10/opinion/foreign-affairs-soviets-buyamerican.html.

6　当時マーク・リッチ&カンパニーの上級幹部だった、匿名希望の人物による。

7　フィリップ・ブラザーズ、ついでメタルゲゼルシャフトに勤務していたデイビッド・リリーによる。フィブロの金属取引チームがメタルゲゼルシャフトに移ったとき、ドイツ企業はニッケル取引の重要な部分を引き継いだ。

8　以下における彼の息子によるもの。'The Reuben Show: The Hottest Property Tycoons in London', *Evening Standard*, 25 June 2010, https://www.standard.co.uk/lifestyle/the-reuben-show-the-hottest-propertytycoons-in-london-6484966.html.

9　'Baby Reuben', *Estates Gazette*, 24 June 2006.

10　'Brothers Go Public Over Their Success', *Jewish Chronicle*, 28 March 2003, https://www.reubenbrothers.com/brothers-go-publicover-their-success/.

11 デイビッド・イスロフ、著者たちとのインタビュー、ニューヨーク、二〇一九年八月。
12 同。
13 ダニー・ポーゼン（当時のマーク・リッチ&カンパニーのモスクワ支社長）、著者たちとのインタビュー、ロンドン、二〇一九年二月。
14 レフ・チェルノイ、著者たちの質問に対する電子メールの回答、二〇二〇年二月。
15 'We Saved the Industry', *Rosbalt*, 25 November 2006（レフ・チェルノイとのインタビュー）, http://chernoi.ru/top/publikatsii/publitsisitika/105-my-spasli-promyshlennost-rossii-intervyu-informatsionnomuagentstvu-rosbalt-25-11-2006.
16 'Grabbing a Corner on Russian Aluminum', *Businessweek*, 16 September 1996.
17 'Aluminium "Risk Taker" Changes Tack in Russia', *Financial Times*, 11 April 2000, https://www.reubenbrothers.com/aluminium-%e2%80%b2risk-taker%e2%80%b2-changes-tack-in-russia/.
18 同。
19 レフ・チェルノイ、著者たちの質問に対する電子メールの回答、二〇二〇年二月。
20 'Trans-World — Establishment of a New Aluminium Company', Macquarie Equities Limited, December 1995.
21 'King of the Castle', *The Economist*, 21 January 1995, https://www.reubenbrothers.com/king-of-the-castle-russianaluminium/.
22 同。
23 'It's Lawyers at Dawn in the Wild East', *Guardian*, 1 March 2000, https://www.reubenbrothers.com/it%e2%80%b2s-lawyersat-dawn-in-the-wild-east/.
24 ゲイリー・ブッシュ、著者たちとのインタビュー、ロンドン、二〇一九年五月。
25 'Helter-Smelter: Amid Russia's Turmoil, UK Firm Wins Slice of Nation's Aluminum', *Wall Street Journal*, 28 January 1997.
26 ブルームバーグのデータによる。
27 前掲、*Financial Times*, 2000, ルーベン・ブラザーズのウェブサイト経由。

28 ベレゾフスキー対アブラモビッチ―グロースター裁判、二〇一二年、paragraph 1044. [2012] EWHC 2463 (Comm).
29 'Smert' predprinimatelya', Kommersant, 12 September 1995, https://www.kommersant.ru/doc/117306.
30 イーゴリ・ビシュネフスキー（グレンコアの前モスクワ支社長）、著者たちとのインタビュー、ロンドン、二〇一九年六月。
31 デイビッド・イスロフ、著者たちとのインタビュー、ニューヨーク、二〇一九年八月。
32 前掲、*Financial Times*, 2000、ルーベン・ブラザーズのウェブサイト経由。
33 同。
34 同。
35 同。
36 米国務省、二〇〇五年カザフスタン投資環境報告。https://2001-2009.state.gov/e/eeb/ifd/2005/42065.htm.
37 ルーベン・ブラザーズのウェブサイトのアーカイブ。http://web.archive.org/web/20060419184709/http://www.reubenbrothers.com/transworld.html.
38 同。*Financial Times*, 2000, ルーベン・ブラザーズのウェブサイト経由。
39 'Reuben Brothers give Tories nearly £200,000', *Financial Times*, 29 July 2008, https://www.ft.com/content/4cc2e73c-5dc2-11dd-8129-000077b07658.
40 'Reuben Foundation donates £80 million for first new Oxford college in 30 years', Oxford University, 11 June 2020, https://www.ox.ac.uk/news/2020-06-11-reuben-foundation-donates-80-million-first-new-oxford-college-30-years.
41 イーゴリ・ビシュネフスキー、著者たちとのインタビュー、ロンドン、二〇一九年六月。
42 一緒に試合を観戦した匿名希望の人物による。
43 'Lev Chernoy: Almost half the business elite of the country are my protégés,' *Komsomlskaya Pravda*, 15 November 2004, https://www.kp.ru/daily/23403/33998/.
44 ルチオ・ジェノベーゼ、著者たちとのビデオ通話インタビュー、二〇二〇年一〇月。

45 Klebnikov, Paul, *Godfather of the Kremlin: Life and Times of Boris Berezovsky* (Mariner Books, 2001), p.71.

46 ポール・クレブニコフ、同、p.182, およびレイモンド・クレテグニー、著者たちとのインタビュー、ジュネーブ、二〇一九年五月。

47 イーゴリ・ビシュネフスキー、著者たちとのインタビュー、ロンドン、二〇一九年六月。

第7章　資本主義に冒された共産主義

1 'El Hotel Parque Central de La Habana Cumple ya 20 años', *Cibercuba*, 6 May 2018, https://www.cibercuba.com/noticias/z2018-05-06-u1-e196568-s27316-hotel-parque-central-habana-cumple-20-anos.

2 'Search for New Capital Sources', *Cuba Business*, October 1994, vol. 8, no. 8.

3 イアン・テイラー、著者たちとのインタビュー、ロンドン、二〇一九年二月。

4 コリン・ブライス、著者たちとのインタビュー、ロンドン、二〇一九年二月。

5 デイビッド・ジェイミソン、著者たちとのインタビュー、グラファム、二〇一九年二月。

6 Ford, Jonathan, *Depression, Oil Trading & A Mind At War With Itself* (Chipmunkapublishing, 2016), p.130.

7 'Ian Taylor: the oilman, his cancer, and the millions he's giving the NHS', *The Times*, 二〇一九年六月八日。https://www.thetimes.co.uk/article/ian-taylor-the-oilman-his-cancer-and-the-millions-hes-givingthe-nhs-wrnwbtpq2h.

8 Blasier, Cole, 'El fin de la Asociacion Sovietico-Cubana', Revista del Instituto de Estudios Internacionales de la Universidad de Chile, https://revistaei.uchile.cl/index.php/REI/article/download/15377/28489/ and TASS, 'Trade, Credit Pact Signed with USRR', Moscow, 12 January 1964.

9 マーク・リッチ&カンパニーの匿名希望の元上級トレーダーと著者たちとのインタビュー。

10 フィデル・カストロのスピーチ、一九九〇年一月二八日。カストロ・スピーチ・データベース、ラテンアメリカ・インフォメーション・センター、テキサス大学（オースティン）。http://lanic.utexas.edu/project/castro/db/1990/19900129.html.

11 イアン・テイラー、デイビッド・フランセン。著者たちとのインタビュー、ロンドン、二〇一九年二月。

12 ビトル、パンフレット、二〇一〇年。
13 ビトル、一九九四年年次報告書。
14 *Cuba Business*, 前掲記事、一九九四年一〇月。
15 *Team spirit* (Paris: Sucres et Denrées, 2012), 同社の創業六〇周年を記念して印刷された本。
16 デイビッド・フランセン、著者たちとのインタビュー、ロンドン、二〇一九年二月。
17 Perez-Lopez, Jorge, 'The Restructuring of the Cuban Sugar Agroindustry: A Progress Report, Association for the Study of the Cuban Economy', 2016, https://www.ascecuba.org/asce_proceedings/therestructuring-of-the-cuban-sugar-agroindustry-a-progress-report/.
18 米農務省、海外農業サービス・データベース。
19 デイビッド・フランセン、著者たちとのインタビュー、ロンドン、二〇一九年二月。
20 サンライズ（バミューダ）リミテッドの所有構造は、ビトルの一九九四年年次報告書に示されている。
21 Ford, Jonathan、前掲書。
22 'Vitol's Ian Taylor on oil deals with dictators and drinks with Fidel', *Financial Times*, 8 April 2018, https://www.ft.com/content/2dc35efc-89ea-11e8-bf9e-8771d5404543.
23 'Lured by Sun and Socialism, Tourists Flocking to Cuba', *Washington Post*, 1999, https://www.washingtonpost.com/archive/politics/1999/01/09/lured-by-sun-and-socialism-tourists-flockingto-cuba/f5ec77c7-95ed-4b6b-b318-d12b47a74ea9/.
24 イーゴリ・ビシュネフスキー、著者たちとのインタビュー、ロンドン、二〇一九年六月。
25 ダニー・ポーゼン、著者たちとのインタビュー、ロンドン、二〇一九年二月。
26 匿名希望のカーギルの元幹部とのインタビュー。
27 レイモンド・クレテグニー（前アンドレ社長）、著者たちとのインタビュー、ジュネーブ、二〇一九年五月。
28 ビトルから著者たちに提供されたデータ、二〇一〇年二月。
29 ビトル・トラスト・マスター、目論見書、一九九九年。
30 'Inside Vitol: How the World's Largest Oil Trader Makes Billions', Bloomberg News, 2016, https://www.

bloomberg.com/news/features/2016-06-01/giant-oil-trader-vitol-makes-billions-in-volatiletimes.
31 ビトル、一九六七年次報告書。
32 デイビッド・ジェイミソン、著者たちとのインタビュー、グラファム、二〇一九年二月。
33 フィリップ・ブラザーズ文書、box 1, folder 11, p.143.
34 パンフレット、ビトル・ホールディングNV, 1974, p.11.
35 デイビッド・ジェイミソン、著者たちとのインタビュー、グラファム、二〇一九年二月。
36 'Fasting on the Oil Glut', *Texas Monthly*, October 1984.
37 デイビッド・ジェイミソン、著者たちとのインタビュー、グラファム、二〇一九年二月。
38 ビトル、一九七〇年年次報告書。
39 Ford, Jonathan、前掲書、p.120.
40 ユーロミンの一九九五年年次報告書、イギリス企業登記局で閲覧可能。https://beta.companieshouse.gov.uk/company/FC016897/filing-history.
41 同。
42 イアン・テイラー、著者たちとのインタビュー、ロンドン、二〇一九年二月。
43 ビトルから著者たちに提供したデータによれば、一九九九年の石油および精製品の取引量は日量約三〇〇万バレルだった。グレンコアの社債目論見書では、同年の石油および精製品の取引量は日量二五〇万バレルとなっている。
44 ラジュナトビッチ（アルカン）訴訟、旧ユーゴスラビア国際犯罪法廷、一九九七年。https://www.icty.org/x/cases/zeljko_raznjatovic/ind/en/ark-ii970930e.pdf.
45 'Oil chief paid $1 million to warlord', *Guardian*, 1 July 2001, https://www.theguardian.com/world/2001/jul/01/balkans.warcrimes2
46 ビトル、著者たちへの電子メール、二〇二〇年二月。
47 OMVペトロームSA対グレンコア・インターナショナルAG、イングランド・ウェールズ高等裁判所（商事裁判所）、二〇一五年三月一三日。[2015] EWHC 666 (Comm), http://www.bailii.org/ew/cases/EWHC/Comm/2015/666.html; 賠償金の額はグレンコアの二〇一五年年次報告書による。

48 グラハム・シャープ、著者たちとのインタビュー、ロンドン、二〇一九年二月。
49 グループの持ち株会社、ビトル・ホールディングBVは、この年六六〇万ドルの利益を計上したが、ビトル・ホールディングⅡSAという、ビトルの経営陣がグループの株式を保有するためのルクセンブルクの事業体は、六〇〇万ドルの損失を計上した。
50 米司法省対カーギル社およびコンチネンタル・グレイン社、コロンビア地区裁判所、Civil No. 1: 99CV01875、ワシントン、一九九九年六月八日。https://www.justice.gov/atr/case-document/file/490676/download.
51 ブライアン・ギルバリー、著者たちとのインタビュー、ロンドン、二〇一九年一一月。
52 以下の本がエンロンの興亡を包括的、魅力的に描いている。McLean, Bethany, and Elkind, Peter, *The Smartest Guys in the Room* (New York: Portfolio, 2003).
53 'Enron Will Pay $445 Million to Buy Metals Merchant MG', *Wall Street Journal*, 二〇〇〇年五月二三日。https://www.wsj.com/articles/SB959026617606197228.
54 'Inside Vitol: How the World's Largest Oil Trader Makes Billions', Bloomberg News, 1 June 2016, https://www.bloomberg.com/news/features/2016-06-01/giant-oil-trader-vitol-makes-billions-involatile-times.
55 McLean, Bethany, and Elkind, Peter, 前掲書、p.225.
56 同、p.224.
57 'Timeline: A Chronology of Enron Corp.', *New York Times*, 18 January 2006, https://www.nytimes.com/2006/01/18/business/worldbusiness/timeline-a-chronology-of-enron-corp.html.
58 米司法省対カーギル社およびコンチネンタル・グレイン社、コロンビア地区裁判所、Civil No. 1: 99CV01875、ワシントン、一九九九年六月八日。https://www.justice.gov/atr/case-document/file/490676/download.

第8章 ビッグ・バン

1 「エクストラータ。上昇一途」のメモは、二〇〇一年六月二七日、ミック・デイビスからブライアン・アゾパルディ、ガビン・フォーリー、ベニー・レベネへ送られた。著者たちが所有するコピーによる。
2 Deng Xiaoping, 'Emancipate the Mind, Seek Truth From Facts and United as One in Looking to the Future',

Beijing, 13 December 1978, http://cpcchina.chinadaily.com.cn/2010-10/15/content_13918199.htm.

3 Leung, Guy C. K., Li, Raymond, and Low, Melissa, 'Transitions in China's Oil Economy, 1990.2010.

4 Yiping Xiao, Yan Song, and Xiaodong Wu, 'How Far Has China's Urbanisation Gone?', *Sustainability*, August 2018, https://res.mdpi.com/sustainability/sustainability-10-02953/article_deploy/sustainability-10-02953.pdf.

5 Eslake, Saul, 'Commodity Prices', Paper Presented to the International Conference of Commercial Bank Economists, 23 June 2011, https://grattan.edu.au/wp-content/uploads/2014/04/092_ICCBE_commodities.pdf.

6 ＩＭＦ一人あたりＧＤＰデータ（二〇一一年ドル表示、購買力平価に基づく）。https://www.imf.org/external/pubs/ft/weo/2019/01/weodata/weorept.aspx?pr.x=61&pr.y=11&sy=1980&ey=2024&scsm=1&ssd=1&sort=country&ds=.&br=1&c=924&s=NGDPRPPPPC%2CNGDPDPC%2CPPPPC&grp=0&a=.

7 'Protocol on the Accession of the People's Republic of China', World Trade Organization, November 2001, https://www.wto.org/english/thewto_e/acc_e/a1_chine_e.htm.

8 ＩＭＦデータ。

9 World Bureau of Metal Statistics.

10 'Commodity Supercycles: What Are They and What Lies Ahead', Bank of Canada, Bank of Canada Review, Autumn 2016, https://www.bankofcanada.ca/wp-content/uploads/2016/11/boc-reviewautumn16-buyuksahin.pdf.

11 同。

12 'The Role of Major Emerging Markets in Global Commodity Demand', World Bank, June 2018, http://documents.worldbank.org/curated/en/865201530037257969/pdf/WPS8495.pdf.

13 'Glasenberg was a cheeky kid—ex teacher', *Sunday Times* (South Africa), 22 May 2011, https://www.timeslive.co.za/news/south-africa/2011-05-22-glasenberg-was-a-cheeky-kid-ex-teacher/.

14 ニューヨークシティー・マラソンの結果、グラゼンバーグのページ。https://results.nyrr.org/runner/5960/result/941106.

15 'Der Reichster Haendler der Welt', Bilanz, 1 May 2011, https://www.handelszeitung.ch/unternehmen/der-reichste-handler-derwelt.

16 フェリックス・ポーゼン、著者たちとのインタビュー、ロンドン、二〇一九年五月。
17 グレンコアの公式略歴による。https://www.glencore.com/en/who-we-are/our-leadership.
18 ヨーゼフ・ベルマン、著者たちとのインタビュー、チューリヒ、二〇一九年五月。
19 ズビネク・ザック、著者たちとのインタビュー、ツーク、二〇一九年六月。
20 'Enex Float Lifts Veil on Glencore's $10bn Empire', *Sydney Morning Herald*, 1 September 2001.
21 匿名希望のグレンコアの上級幹部二名による。
22 パウル・ヴァイラー、著者たちとのインタビュー、チューリヒ、二〇一九年六月。
23 匿名希望のグレンコアの元社員と著者たちとのインタビュー。
24 グレッグ・ジェームズ、著者たちとの電話インタビュー、二〇一九年六月。
25 アイバン・グラゼンバーグ、著者たちとのインタビュー、バール、二〇一九年八月。
26 ＩＭＦのデータによると、一九八八年末にはオーストラリアの一般炭の輸出価格は一トンあたり二六・一ドルまで下落し、一九八七年以来の安値となった。
27 グレンアコア、二〇〇二年五月、目論見書。
28 'The World is Hungry for Coal, Glencore Says', *Coal Week International*, August 2001.
29 'Glencore's Glasenberg on Enex IPO, Coal Potential: Comment', Bloomberg News, 4 September 2001.
30 グレンコア、二〇〇〇年八月、目論見書。
31 'Enex Float Lifts Veil on Glencore's $10bn Empire', *Sydney Morning Herald*, 1 September 2001.
32 グレンコア、二〇〇二年五月、目論見書。
33 エクストラータ、二〇〇二年、株式公開目論見書。
34 ミック・デイビス、著者たちとのインタビュー、ロンドン、二〇一九年六月。
35 この記述は、著者たちがミック・デイビス、アイバン・グラゼンバーグをはじめとする当時の幹部や顧問たちに行ったインタビューのほか、同時期の会社報告書に基づく。
36 ミック・デイビス、著者たちとのインタビュー、ロンドン、二〇一九年六月。
37 ブルームバーグのデータによる。

38 社債目論見書と関連開示資料に基づいて著者たちが作成した、グレンコアの過去の財務データ。
39 アンディ・ホール、著者たちとのインタビュー、デルネブルク、二〇一九年三月。
40 'Profile: Michael Farmer', *Metal Bulletin*, March 2014.
41 ノーブル・グループ二〇一六年年次報告書。
42 'Born to be a Noble Man', *South China Morning Post*, 27 May 2002.

第9章 オイルダラーと泥棒政治家

1 石油・食料交換プログラムのスキャンダルでグレンコアが果たした役割に関するこの記述は、ポール・ボルカー率いる調査委員会の長く詳細な報告書に基づく。'Report on Programme Manipulation', Independent Inquiry Committee into the United Nations Oil-for-Food Programme, 27 October 2005. グレンコア、ラカーニ、インコメド・トレーディングの役割については一四三〜一五六ページに詳述されている。
2 'Pakistani broker fuels Iraqi Kurdistan oil exports', *Financial Times*, 29 October 2015, https://www.ft.com/content/02a7065a-78cd-11e5-933d-efcdc3c11c89.
3 'Music and message of Baghdad's Concert for Peace expected to fall on deaf ears in Washington', *Irish Times*, 1 Feb 2003, https://www.irishtimes.com/news/music-and-message-of-baghdad-sconcert-for-peace-expected-to-fall-on-deaf-ears-in-washington-1.347379.
4 'Pakistani broker fuels Iraqi Kurdistan oil exports', *Financial Times*, 29 October 2015. ラカーニの広報担当者はのちにブルームバーグ・ニュースに対し、ラカーニがこのときに言った意味は、「だいたい小さなチームで、〝実際的な(ハンズ・オン)〟役割でがんばって働く」ということだったと語っている。
5 'Report on Programme Manipulation', 国連石油・食料交換プログラム独立調査委員会、二〇〇五年一〇月二七日、一五四ページ。
6 サーチャージは当初一バレルあたり五〇セントに設定されていたが、まもなく送付先に応じて二〇〜二五セントに引き下げられた。二〇〇二年末にはまた一バレルあたり一五セントまで引き下げられた。
7 報告書の全文は、独立調査委員会ウェブサイトのアーカイブ版(http://web.archive.org/web/20071113193128/

http://www.iic-offp.org/documents/IIC%20Final%20Report%2027Oct2005.pdf）で閲覧できる。この報告書で石油・食料交換プログラムの操作に関与したと非難された一部の個人は、その調査方法や結論について、政治的に動機づけられたものだと公に批判した。だが国連安全保障理事会の承認を受けたこの調査は、コフィー・アナン国連事務総長から「きわめて徹底した調査」であると賞賛され、調査であきらかになった情報は多くの反腐敗の裁判で引証された。

8 独立調査委員会報告書、前掲、p.198.

9 同、p.152.

10 'Comprehensive Report of the Special Advisor to the DCI on Iraq's WMD', Iraq Survey Group（この報告書は主執筆者である米国中央情報局長付特別顧問のチャールズ・デュエルファーにちなみ、デュエルファー報告書と呼ばれている）。30 September 2004, p.39.

11 同、p.38.

12 'The Billion-Dollar Broker Who Managed a Nation's Oil Wealth', Bloomberg News, 16 July 2020, https://www.bloomberg.com/news/articles/2020-07-16/billion-dollar-broker-how-one-manmanaged-a-nation-s-oil-wealth.

13 'Glencore reveals more IPO rewards', *Financial Times*, 17 February 2012.

14 ニューヨーク・カウンティー地区連邦地検プレスリリース、二〇〇七年一一月二〇日。https://star.worldbank.org/corruption-cases/printpdf/19592.

15 'Firm Pleads Guilty in Oil-For-Food Case', *Houston Chronicle*, 26 May 2006, https://www.chron.com/business/energy/article/Firmpleads-guilty-in-Oil-for-Food-case-1862731.php.

16 'Houston Oil-For-Food Trader Gets 2 Years', *Houston Chronicle*, 8 March 2008, https://www.chron.com/business/energy/article/Houston-Oil-for-Food-trader-gets-2-years-1779305.php.

17 ＢＰ世界エネルギー統計レビュー・データベース。

18 同。

19 同。

20 クラレンドン・アルミナ・プロダクション、二〇〇六年債券目論見書。

21 トン・クロンプ、著者たちとのインタビュー、ロンドン、二〇一九年七月。

22 ボブ・フィンチ、著者たちとのインタビュー、ロンドン、二〇一九年四月。

23 ＰＫオーレンに関する申し立てについてのポーランド調査委員会ヒアリング、二〇〇五年三月三〇日。http://orka.sejm.gov.pl/Biuletyn.nsf/0/9BF87564C6DC12DC1256FDA00469547?OpenDocument.

24 同。

25 クラウン・リソーシズＡＧ対ビノグラドスキーなど訴訟、二〇〇一年。判決のコピーは以下にある。https://www.ucc.ie/academic/law/restitution/archive/englcases/crown_resources.htm.

26 ヤンキレビッチとスモロコフスキー、著者たちへの電子メール、二〇二〇年二月。二人による言明の全文は以下のとおり。「クラウン・リソーシズが、何年も前に本訴訟の当事者ではない複数の会社からなんらかの支払いを受けたことに関して、その元従業員二名（および所属する会社）に対して二〇〇一年に請求を行い、しかるべき判定を得たことは事実だ。Ｊ＆Ｓに対してなんらかの不正を指摘する主張が行われたことはなく、またかりにそうした主張が行われ、それに関連してＪ＆Ｓへの訴訟が起こされたのであれば、徹底的に争ったであろう。だがあいにく、当然のことながら、そうしたことは起こらなかった」

27 ティムチェンコの経歴の詳細は以下による。トルンクビスト、著者たちとのインタビュー、ジュネーブ、二〇一九年五月。ティムチェンコとウォールストリート・ジャーナル紙との二〇〇八年のインタビュー（https://www.wsj.com/articles/SB121314210826662571）、フィナンシャル・タイムズ紙の二〇〇八年のプロフィール（https://www.ft.com/content/c3c5c012-21e9-11dd-a50a-000077b07658）、ベドモスチ紙の二〇一三年のプロフィール（https://www.vedomosti.ru/library/articles/2013/01/21/chelovek_s_resursom）.

28 トルビョルン・トルンクビスト、著者たちとのインタビュー、ジュネーブ、二〇一九年五月。

29 'Gunvor pins future on Swedish CEO after Russian co-founder exits', Reuters, 24 March 2014: https://uk.reuters.com/article/uk-ukrainecrisis-gunvor/gunvor-pins-future-on-swedish-ceo-after-russianco-founder-exits-idUKBREA2N05K20140324.

30 ＢＰ世界エネルギー統計レビュー・データベース。

31 キプロス企業登記データ。

32　マルコ・デュナン、著者たちとの電話インタビュー、二〇一九年八月。
33　オランダとキプロスで提出されたマーキュリアの決算書。
34　持ち株会社は二〇〇七年一月、マーキュリア・エナジー・グループ・リミテッドに社名を変更した。
35　On his annual 'Direct Line' call-in show, broadcast on 17 April 2014, https://www.vesti.ru/doc.html?id=1488888.
36　'Timchenko: Everything has to be paid for, and acquaintance with top officials as well', ティムチェンコとタス通信とのインタビュー、4 August 2014, https://tass.com/top-officials/743432.
37　Freeland, Chrystia, *Sale of the Century: The Inside Story of the Second Russian Revolution* (Abacus, 2005), p.178.
38　'Khodorkovskiy otmeril sebe srok', Vedomosti, 3 April 2003 (Khodorkovsky measured out his term) and 'Ritt auf der Rasierklinge', *Spiegel*, 3 May 2003 (Ride on the razorblade).
39　Gustafson, Thane, *Wheel of Fortune* (Harvard University Press, 2013), pp.297-300.
40　ティムチェンコのインタビュー、*Forbes Russia*, 2012, https://www.forbes.ru/sobytiya/lyudi/181713-tot-samyi-timchenko-pervoeintervyu-bogateishego-iz-druzei-putina.
41　トルビョルン・トルンクビスト、著者たちとのインタビュー、ジュネーブ、二〇一九年五月。
42　グンバー、著者たちへの電子メール、二〇二〇年二月。同社は多くのロシア企業から石油を買い入れたが、その大半はTNK－BPからの供給だったという。
43　同。同社によれば、二〇〇五年から一四年のあいだに平均一八・五%の配当を支払った。
44　二〇〇八年五月一四日付フィナンシャル・タイムズ紙に掲載された書簡のなかで、彼は「石油産業における私の二〇年以上のキャリアは便宜や政治的コネクションの上に築かれたものではない」と言っている。https://www.ft.com/content/c3c5c012-21e9-11dd-a50a-000077b07658.
45　企業業績データに基づいて著者たちが作成した。

第10章　目的地はアフリカ

1 Deaton, Angus, 'Commodity Prices and Growth in Africa', *Journal of Economic Perspectives*, vol. 3, no. 3, summer 1999, pp.23-40, https://www.princeton.edu/~deaton/downloads/Commodity_Prices_and_Growth_in_Africa.pdf.

2 世界銀行のデータ。サハラ以南アフリカ諸国のＧＤＰは、一九八一年の三八一二億ドルに対し、二〇〇一年は三八一八億ドルだった。一人あたりＧＤＰは一九八一年よりも二〇〇一年のほうがはるかに低い。この二〇年間にサハラ以南アフリカの人口は三億九四二〇万人から六億八二九〇万人へと約七五％増加した。https://data.worldbank.org/region/sub-saharan-africa.

3 米国地質調査所、銅・鉱物イヤーブック。https://s3-us-west-2.amazonaws.com/prd-wret/assets/palladium/production/mineral-pubs/copper/240497.pdf.

4 'BP Statistical Review of World Energy', June 2019. ナイジェリアの石油生産量は、一九七九年の日量二三〇万二〇〇〇バレルに対し、一九九九年には日量一八九万五〇〇〇バレルとなった。二〇一〇年には日量二五〇万バレルに上昇していた。

5 Cover story, 'The hopeless continent', *The Economist*, 13 May 2000, https://www.economist.com/node/21519234.

6 世界銀行のデータ。サハラ以南アフリカ諸国のＧＤＰは、二〇一一年には一兆五五〇〇億ドルだった。

7 United States of America v. The M/Y Galactica Star et al.', United States District Court, Southern District of Texas, Houston Division, 14 July 2017, and 'Department of Justice Seeks to Recover Over $100 Million Obtained from Corruption in the Nigerian Oil Industry', US Department of Justice, Press Release, 14 July 2017, https://star.worldbank.org/corruption-cases/sites/corruption-cases/files/DOJ-Galactica-Complaint.pdf and https://www.justice.gov/opa/pr/department-justice-seeks-recover-over-100-millionobtained-corruption-nigerian-oil-industry.

8 Silverstein, Ken, *The Secret World of Oil* (London: Verso, 2015), p.53.

9 'Congo Bribery Probe Puts Israeli Billionaire's Future on Hold', Bloomberg News, 23 February 2018, https://www.bloomberg.com/news/articles/2018-02-23/he-got-rich-on-congo-mines-until-bribeprobe-put-future-on-hold.

10 'Congo war-driven crisis kills 45,000 a month: survey', Reuters, 22 January 2008, https://www.reuters.com/article/us-congodemocratic-death/congo-war-driven-crisis-kills-45000-a-monthstudy-idUSL2280201220080122.

11 'Report of the Panel of Experts on the Illegal Exploitation of Natural Resources and Other Forms of Wealth of DR Congo', United Nations, 12 April 2001, https://reliefweb.int/report/democratic-republic-congo/report-panel-experts-illegal-exploitation-naturalresources-and.

12 'Gertler Earns Billions as Mine Deals Leave Congo Poorest', Bloomberg News, 5 December 2012, https://www.bloomberg.com/news/articles/2012-12-05/gertler-earns-billions-as-mine-dealsleave-congo-poorest.

13 'President Bush Meets with Democratic Republic of Congo President Kabila', White House, 26 October 2007, https://georgewbushwhitehouse.archives.gov/news/releases/2007/10/images/20071026-1_d-0061-3-515h.html.

14 'Congo Bribery Probe Puts Israeli Billionaire's Future on Hold', Bloomberg News, 23 February 2018.

15 'Augustin Katumba, President's Alleged Treasurer and Enforcer, Steps Out as Head of National Assembly's Ruling Coalition: His Influence Could Remain', US Department of State, Diplomatic Cable from US Embassy in Kinshasa, Washington, 14 December 2009, https://wikileaks.org/plusd/cables/09KINSHASA1080_a.html.

16 'Trouble in the Congo: The Misadventures of Glencore', *Bloomberg Businessweek*, 16 November 2018, https://www.bloomberg.com/news/features/2018-11-16/glencore-s-misadventure-in-the-congothreatens-its-cobalt-dreams.

17 ダン・ジェルトレル（「DRCパートナー」と言及されている）からオクジフの幹部への二〇〇八年三月一六日付電子メール、US District Court Eastern District of New York, 'US vs Och-Ziff Capital Management Group LLC', Cr. No. 16-516 (NGG), Deferred Prosecution Agreement, Page A-12. のちの二〇一九年八月二八日付判決は、ジェルトレルを「DRCパートナー」と特定している（16-CR-515 (NGG)、ニコラス・ガローフィス判事の署名入り命令と覚書）。

18 'The Kingmaker is dead', *The Economist*, 20 February 2012, https://www.economist.com/baobab/2012/02/20/the-kingmakeris-dead.

19 'Equity in Extractives: Stewarding Africa's Natural Resources for All', Africa Progress Panel, 2013.

20 'Gertler Earns Billions as Mine Deals Leave Congo Poorest', Bloomberg News, 5 December 2012.

21 'Congo Bribery Probe Puts Israeli Billionaire's Future on Hold', Bloomberg News, 23 February 2018.

22 米国財務省プレスリリース、二〇一七年一二月二一日。https://home.treasury.gov/news/press-releases/sm0243.

23 ジェルトレルのスポークスマン、質問に対する電子メールでの回答、二〇二〇年三月。

24 グレンコア、二〇一一年五月三日、IPO目論見書、p.859, https://www.glencore.com/dam/jcr:268b58d2-61b8-44d1-997a-17e76bb66f93/Final-Prospectus-3-May-2011-lowres.pdf.

25 グレンコア、IPO目論見書、p.77.

26 'Glencore Faces New Legal Challenge Against Congo Cobalt Mine', Bloomberg News, 8 June 2018, https://www.bloomberg.com/news/articles/2018-06-08/glencore-faces-new-legal-challengeagainst-cobalt-mine-in-congo.

27 グレンコア、二〇〇七年年次報告書、p.31。グレンコアはこの年次報告書で、ムタンダ・マイニングの株式四〇%の取得と石油タンカー数隻の購入の二件で、合計二億九六〇〇万ドルを支払ったことを明らかにしている。

28 'Equity in Extractives', Africa Progress Panel, 2013.

29 コンサルタントのゴルダー・アソシエイツはグレンコアのIPO手続きの一環として、二〇一一年五月にムタンダ全体を三〇億八九〇〇万ドルと評価した（グレンコア、二〇一一年五月三日、IPO目論見、p.130)。

30 'Glencore takes control of Mutanda with $480 million deal', Reuters, 22 May 2012, https://www.reuters.com/article/glencoremutanda/update-2-glencore-takes-control-of-mutanda-with-480-mlndeal-idUSL5E8GM5RO20120522.

31 グレンコアとジェルトレルの関係の詳細は広く報道されている。たとえば、'Trouble in the Congo: The Misadventures of Glencore', *Bloomberg Businessweek*, 16 November 2018; 'Congo Bribery Probe Puts Israeli Billionaire's Future on Hold', Bloomberg News, 23 February 2018; and 'Gertler Earns Billions as Mine Deals Leave Congo Poorest', Bloomberg News, 5 December 2012 など。

32 Bloomberg News, 5 December 2012, 前掲。

33 不特定のデューデリジェンス会社からオクジフ社員への二〇〇八年二月二一日付電子メール。ジェルトレルは「ＤＲＣパートナー」と言及されている。'US vs Och-Ziff Capital Management Group LLC', US District Court Eastern District of New York, Cr. No. 16-516 (NGG), Deferred Prosecution Agreement, p.A-9.

34 'US vs Och-Ziff Capital Management Group LLC', US District Court Eastern District of New York, Cr. No. 16-516 (NGG), Deferred Prosecution Agreement, https://www.justice.gov/opa/file/899306/download.
35 'US vs OZ Africa Management GP, LLC', US District Court, Eastern District of New York, Cr. No. 16-515 (NGG), Plea Agreement, https://www.justice.gov/opa/file/899316/download.
36 'Glencore purchases stakes in Mutanda and Katanga', Glencore press release, 13 February 2017, https://otp.investis.com/clients/uk/glencore2/rns/regulatory-story.aspx?cid=275&newsid=843557.
37 'Subpoena from United States Department of Justice', Glencore press release, 3 July 2018, https://www.glencore.com/media-andinsights/news/Subpoena-from-United-States-Department-of-Justice.
38 'Puma International Financing SA, $750,000,000 5% Senior Notes due 2026 Prospectus', Puma Energy, 31 January 2018, and 'Share Purchase Agreement', Puma Energy LLC, 21 August 2013.
39 トラフィギュラ、二〇一四年、二〇一八年年次報告書。
40 トルビョルン・トルンクビスト、著者たちとのインタビュー、ジュネーブ、二〇一九年八月。
41 'Banknote Shortage Still Acute', US State Department, cable from US embassy in Harare, Zimbabwe, Washington, 28 July 2003, via WikiLeaks, https://wikileaks.org/plusd/cables/03HARARE1521_a.html.
42 'Cargill closes local cotton business', *The Herald*, 15 October 2014, https://www.herald.co.zw/cargill-closes-local-cottonbusiness/.
43 'Cargill Makes Bootleg Currency', US State Department, cable from US embassy in Harare, Zimbabwe, Washington, 6 August 2003, via WikiLeaks, https://wikileaks.org/plusd/cables/03HARARE1577_a.html.
44 'Zimbabwe plunging toward total collapse', *Chicago Tribune*, 8 June 2003.
45 デイビッド・マクレナン、著者たちとのインタビュー、ミネアポリス、二〇一九年八月。
46 'Cargill Makes Bootleg Currency', US State Department, 6 August 2003.
47 'Commodities: Destination Africa', *Financial Times*, 11 November 2013, https://www.ft.com/content/817df4c2-35c0-11e3-952b-00144feab7de.
48 'Dirty Diesel: How Swiss Traders Flood Africa with Toxic Fuels', *Public Eye*, September 2016, https://www.

publiceye.ch/fileadmin/doc/Rohstoffe/2016_PublicEye_DirtyDiesel_EN_Report.pdf.

49 'Rapport de la Commission Nationale d'Enquête sur les Déchets Toxiques dans le District d'Abidjan', Republic of Côte d'Ivoire, pp.27-28, https://www.trafigura.com/media/1440/2006_trafigura_rapport_commission_nationale_enqu%C3%AAte_district_abidjan_french.pdf.

50 'Trafigura & the Probo Koala', Trafigura, pp.8-9, https://www.trafigura.com/media/1372/2016_trafigura_and_the_probo_koala_english.pdf.

51 'Trafigura Beheer BV Investor Presentation', Trafigura, March 2010.

52 トラフィギュラの電子メール、二〇〇五年一二月二七日、午後四時五四分。ジェームズ・マクニコルから他の石油トレーダーたち宛。https://www.trafigura.com/media/1374/2009_trafigura_emails_published_by_the_guardian_english.pdf.

53 トラフィギュラの電子メール、二〇〇五年一二月二七日、午後一時一二分、ジェームズ・マクニコルから他の石油トレーダーたち宛。

54 トラフィギュラの電子メール、二〇〇五年一二月二八日、午後九時三〇分、ジェームズ・マクニコルから他の幹部たち宛。

55 トラフィギュラの電子メール、二〇〇五年一二月二七日、午後七時二九分、ナイーム・アフメドから他の幹部たち宛。

56 トラフィギュラの電子メール、二〇〇五年一二月二八日、午前九時三〇分、ジェームズ・マクニコルから他の幹部たち宛。

57 トラフィギュラの電子メール、二〇〇六年三月一三日、午前九時一五分、トウラ・ジェラキスからから他の幹部たち宛。

58 〈プロボ・コアラ号〉船長からの、指令を受け取ったという確認の電子メール、二〇〇六年四月一五日、午後四時二六分。

59 フレーザー・カーマイリー卿指揮のもとでの〈プロボ・コアラ号〉審問第二回中間報報告。https://www.trafigura.com/media/1382/2010_trafigura_second_interim_report_of_lord_fraser_of_carmyllie_qc_probo_koala_report_

english.pdf.

60 〈プロボ・コアラ号〉に関するトラフィギュラの報告書、二〇一六年、p.8.

61 ‘Rapport de la Commission Nationale d’Enquête sur les Déchets Toxiques dans le District d’Abidjan’, Republic of Côte d’Ivoire, p.46.

62 同。p.45.

63 ‘Neglect and Fraud Blamed for Toxic Dumping in Ivory Coast’, *New York Times*, 24 November 2006, https://www.nytimes.com/2006/11/24/world/africa/24ivory.html.

64 トラフィギュラとコンパニー・トミーとの契約は、以下に全文（フランス語で）引用されている。‘Rapport de la Commission Nationale d’Enquête sur les Déchets Toxiques dans le District d’Abidjan’, Republic of Côte d’Ivoire, p.19. コンパニー・トミーのレターヘッドが見られるオリジナルの手紙の画像（英語）は以下に掲載されている。‘The Toxic Truth’, Greenpeace and Amnesty International, 2012, p.46.

65 事件の詳細は、トラフィギュラが自社のスキャンダルについてまとめた以下の概要による。‘Trafigura and the Probo Koala’, https://www.trafigura.com/media/1787/2016_trafigura_and_the_probo_koala.pdf.

66 マーク・クランドール、著者たちとのインタビュー、ロンドン、二〇一九年六月。

67 トラフィギュラ、著者たちへの電子メール、二〇二〇年二月。

68 ホセ・ラロッカ、著者たちとのインタビュー、ジュネーブ、二〇一九年五月。

第11章　飢えを儲けの種に

1 ‘The ravening hoards’, *The Economist*, 17 April 2008, https://www.economist.com/asia/2008/04/17/the-ravening-hoards.

2 ‘Wen Jiabao Inspects Agriculture and Spring Farming in Hebei’, BBC Monitoring translation of Xinhua, 6 April 2008.

3 ‘Funds crunch threatens world food aid’, *Financial Times*, 12 June 2009, https://www.ft.com/content/524d50da-56ae-11de-9a1c-00144feabdc0.

4 アルベルト・ヴァイサー、著者たちとのインタビュー、ロンドン、二〇一九年三月。

5 'Remarks at the Clinton Global Initiative Closing Plenary', US State Department, 25 September 2009, https://2009-2017.state.gov/secretary/20092013clinton/rm/2009a/09/129644.htm.

6 トン・クロンプ（一九八〇年代にカーギル勤務）、著者たちとのインタビュー、ロンドン、二〇一九年七月。

7 匿名希望のカーギルの幹部二名と著者たちとのインタビュー。

8 リカルド・レイマン、著者たちとのインタビュー、二〇一九年八月。

9 マーク・ハンセン、著者たちとのインタビュー、ロンドン、二〇一九年二月。

10 匿名希望のグレンコアの幹部二名とのインタビュー。

11 'Moscow Urged to Ban Grain Exports', *Financial Times*, 3 August 2010, https://www.ft.com/content/dfa6ba3a-9f27-11df-8732-00144feabdc0.

12 'Russian Officials Mull Grain Export Curbs, Union Says', Bloomberg News, 4 August 2010: https://www.bloomberg.com/news/articles/2010-08-03/russia-should-ban-grain-exports-as-droughtwithers-crops-glencore-says.

13 'Glencore reveals bet on grain price rise', *Financial Times*, 24 April 2011, https://www.ft.com/content/aea76c56-6ea5-11e0-a13b-00144feabdc0.

14 農産物取引と石油／石炭取引の収益性については以下を参照。Glencore's IPO prospectus, May 2011, p.50, 農産物部門の収益性の過去データは以下を参照。'Olympian Expands Glencore's Empire With Emerging Food Colossus', Bloomberg News, 3 May 2017, https://www.bloomberg.com/news/articles/2017-05-03/olympian-expands-glencore-empire-with-emerging-food-colossus.

15 イアン・マッキントッシュ、著者たちとのインタビュー、ロンドン、二〇一九年、六月。

16 ビトル、グレンコア、カーギルの一九九八〜九九年の年平均利益、八億一三〇〇万ドルに基づく。

17 アップルの期間累計純利益は六一五億ドル、コカ・コーラは六一二億ドルだった。

18 二〇一一年末のボーイングの時価総額は五五〇億ドル、ゴールドマン・サックスは四五〇億ドルだった。http://media.ft.com/cms/73f82726-385d-11e1-9f07-00144feabdc0.pdf.

19 'Cargill-MacMillan family', *Forbes*, 29 June 2016, https://www.forbes.com/profile/cargill-macmillan-

1/#5095a3cd23b6.

20 匿名希望のあるトレーダーと著者たちのインタビュー。

21 'Dems' new gas-pump villain: Speculators', Politico, 8 July 2008, https://www.politico.com/story/2008/07/dems-new-gaspump-villain-speculators-011583.

22 'Cereal Secrets', Oxfam, Oxfam Research Reports, August 2012, https://www-cdn.oxfam.org/s3fs-public/file_attachments/rr-cereal-secrets-grain-traders-agriculture-30082012-en_4.pdf.

23 'Sumitomo Ex-Trader Wants Company to Share Scandal Blame', *New York Times*, 18 February 1997, https://www.nytimes.com/1997/02/18/business/sumitomo-ex-trader-wants-company-to-sharescandal-blame.html.

24 'Tokyo Commodity Futures Markets Regulators' Conference', October 1997, pp.4-9, https://www.cftc.gov/sites/default/files/idc/groups/public/@internationalaffairs/documents/file/oia_tokyorpt.pdf.

25 'Treasury Select Committee, Memorandum from the FSA on Oil Market Regulation', UK Financial Services Authority, 10 July 2008, https://publications.parliament.uk/pa/cm200708/cmselect/cmtreasy/memo/oilreg/ucm0202.htm.

26 一八八七年に始まったセクレタンによる銅の買い占めを含む、金属市場の買い占めの歴史に関する説明は、以下を参照。Tarring, Trevor, *Corner! A century of metal market manipulation* (1998).

27 'Armajaro sells position as it offloads cocoa', *Financial Times*, 16 December 2010, https://www.ft.com/content/cfb68d4e-094e-11e0-ada6-00144feabdc0.

28 'Edict on Maximum Prices', Diocletian, http://web.archive.org/web/20060916063955/http://orion.it.luc.edu/~jlong1/priceed.htm.

29 Jacks, David S., 'Populists v. Theorists: Futures Markets and the Volatility of Prices', Simon Fraser University, http://econ.queensu.ca/CNEH/2005/papers/futures_CNEH_0305.pdf.

30 'Hearings Before a Special Subcommittee of the Committee on Agriculture', US Congress, House of Representatives, 16, 17, 18 and 22 May 1956, Washington, pp.292-325.

31 'Price Volatility in Food and Agricultural Markets: Policy Responses', joint report by FAO, IFAD, IMF,OECD,

UNCTAD, WFP, the World Bank, the WTO, IFPRI, June 2011, http://www.fao.org/fileadmin/templates/est/Volatility/Interagency_Report_to_the_G20_on_Food_Price_Volatility.pdf.

32 たとえば以下を参照。Fattouh, Bassam, Kilian, Lutz, and Mahadeva, Lavan, 'The Role of Speculation in Oil Markets: What Have We Learned So Far?', *The Energy Journal*, vol. 34, no. 3, https://www.iaee.org/en/publications/ejarticle.aspx?id=2536&id=2536 and Irwin, Scott H., Sanders, Dwight R., and Merrin, Robert P., 'Devil or Angel? The Role of Speculation in the Recent Commodity Price Boom (and Bust)', paper presented at the Southern Agricultural Economics Association Meetings, Atlanta, Georgia, 31 January.3 February 2009, https://www.cftc.gov/sites/default/files/idc/groups/public/@swaps/documents/file/plstudy_24_ism.pdf.

33 'Financial Investment in Commodity Markets: Potential Impact on Commodity Prices and Volatility', Institute of International Finance, September 2011, https://www.eia.gov/finance/markets/reports_presentations/2012PaperFinancialInvestment.pdf.

34 World Economic Outlook, IMF, September 2011, p.60.

35 'History of Ethanol Production and Policy', North Dakota State University, https://www.ag.ndsu.edu/energy/biofuels/energybriefs/history-of-ethanol-production-and-policy.

36 'Boom in Ethanol Reshapes Economy of Heartland', *New York Times*, 25 June 2006, https://www.nytimes.com/2006/06/25/business/25ethanol.html.

37 'Dwayne's World', *Mother Jones*, July/August 1995.

38 'Kenneth H. Dahlberg, Link in the Watergate Chain, Dies at 94', *New York Times*, 8 October 2011, https://www.nytimes.com/2011/10/09/us/kenneth-h-dahlberg-watergate-figure-and-wwii-acedies-at-94.html.

39 ＡＤＭでのドウェイン・アンドレアスの浮沈を描いた最も詳細な記録は以下のもの。Khan, E. J., *Supermarketer to the World: The Story of Dwayne Andreas CEO of Archer Daniels Midland* (New York: Warner Books, Inc., 1984) and Eichenwald, Kurt, *The Informant* (Broadway, 2000).

40 'It's Good To Be The Boss', *Fortune*, October 2006, https://money.cnn.com/magazines/fortune/fortune_archive/2006/10/16/8390308/index.htm.

41 ‘A Bet on Ethanol, With a Convert at the Helm’, *New York Times,* 8 October 2006, https://www.nytimes.com/2006/10/08/business/yourmoney/08adm.html.

42 ADM, company statement, 5 June 2009, https://www.adm.com/news/news-releases/archer-daniels-midland-company-statementregarding-obama-administration-biofuels-support.

43 Center for Responsive Politics, Archer Daniels Midland, https://www.opensecrets.org/lobby/clientsum.php?id=D000000132&year=2008.

44 Annual US Fuel Ethanol Production, Renewable Fuel Association, https://ethanolrfa.org/statistics/annual-ethanol-production/and WASDE reports, US Agriculture Department, https://usda.library.cornell.edu/concern/publications/3t945q76s.

45 ＡＤＭ、著者たちへの電子メール、二〇二〇年二月。

第12章　十億長者の製造工場

1 ここでのグレンコアのＩＰＯに関する記述は、多数の元・現グレンコアのトレーダーや幹部へのインタビューのほか、公表されたインタビューや当時の資料に基づく。

2 匿名希望のグレンコアの元社員と著者たちとのインタビュー。

3 フォーブス誌の「The World's Billionaires 2011」はＩＰＯ前の二〇一一年二月発行のため、グラゼンバーグは入っていない。もし入っていれば、九六位にランクされていただろう。

4 マホーニーとフェーゲルの持ち株比率が明らかになったのは、この数カ月後だった。

5 アイバン・グラゼンバーグ、著者たちとのインタビュー、バール、二〇一九年八月。

6 Ｖｉｖｏ、ＩＰＯ目論見書、二〇一八年、p.64.

7 ‘First U.S. Oil Export Leaves Port; Marks End to 40-Year Ban’, Bloomberg News, 31 December 2015, https://www.bloomberg.com/news/articles/2015-12-31/first-u-s-oil-export-leaves-port-marking-end-of-40-year-ban.

8 ‘Advancing US Exports’, Trafigura, p.8, https://www.trafigura.com/media/1472/2020-trafigura-us-crude-oil-exports-brochure.pdf.

9　その仕組みはいささか複雑なものだった。議決権のある株式にはすべて「利益参加認定証」が付いていて、保有者にはその年に社が上げた利益が分配される権利がある。グレンコアは毎年、退社した株主から株を買い戻し、新進のスター社員に発行していた。そして社を去った株主には退任から五年間にわたり、グレンコアがその利益参加認定証に対して過去の利益分配額を支払っていた（四半期ごと、利息付き）。

10　社債発行目論見書で公表された決算によると、グレンコアの一九九八年から二〇〇五年のあいだの純利益は八四億ドルだったが、二〇〇六～〇七年には一一四億ドルに達した。

11　アイバン・グラゼンバーグ、著者たちとのインタビュー、バール、二〇一九年八月。

12　ミック・デイビス、著者たちとのインタビュー、ロンドン、二〇一九年、ロンドン、二〇一九年九月。

13　同。

14　匿名希望のグレンコアの元上級幹部と著者たちとのインタビュー。

15　Kelly, Kate, *The Secret Club That Runs the World* (London: Portfolio, 2014), p.63.

16　'Glencore issues up to US$2,200 million 5% convertible bonds due 2014', Glencore press release, 23 December 2009.

17　'Sun King of the Oil Industry', *Financial Times*, July 2002, https://www.ft.com/content/2a42aa08-a261-11db-a187-0000779e2340.

18　'Inside Lord Browne of Madingley's Chelsea Home', *Telegraph*, 25 July 2013, https://www.telegraph.co.uk/lifestyle/interiors/10199624/Interiors-inside-Lord-Browne-of-Madingleys-Chelseahome.html.

19　このプレゼンテーションに出席していた、あるいは説明を受けた複数の関係者が、匿名を条件に語った内容による。

20　'Announcement of intention to float on the London Stock Exchange and the Hong Kong Stock Exchange', Glencore press release, 14 April 2011, https://www.glencore.com/dam/jcr:d91c0e46-8b24-48ec-b5f2-4b4637e1b90c/201104140800-Glencore-ITF.pdf.

21　二〇二〇年末現在、この記録はまだ続いている。

22　グレンコアとエクストラータの合併に関するこの記述は、著者たちが当時、またその後にグラゼンバーグ、デイビス、その他多数の交渉関係者とインタビューした結果に基づく。

23 ‘Recommended all-share merger of equals of Glencore International PLC and Xstrata PLC to create unique $90 billion natural resources group’, Glencore press release, 7 February 2012, https://www.glencore.com/dam/jcr:4fe5ba2e-6abb-41ad-910a-247a39e4e3a6/Everest-Finalversion-Feb.pdf.

24 匿名希望のある人物と著者たちとのインタビュー。

25 *The Sunday Times* Rich List 2011.

26 ‘Glencore’s $65bn Deal Close to Collapse’, *Financial Times*, 27 June 2012, https://www.ft.com/content/fec6352e-bfb1-11e1-bb88-00144feabdc0.

27 ‘Glencore chief makes offer with a twist’, *Financial Times*, 7 September 2012, https://www.ft.com/content/ec2167f0-f903-11e1-8d92-00144feabdc0.

28 二〇一三年五月三日のグレンコアのプレゼンテーションによると、グレンコアの「経営幹部」が拡大会社の株式を三四・九%、「従業員と管理職」が三五・七%保有している。

29 ‘Recommended All-Share Merger of Equals of Glencore International Plc and Xstrata Plc to Create Unique $90 Billion Natural Resources Group’, Glencore press release, 7 February 2012.

30 フェリックス・ポーゼン、著者たちとのインタビュー、ロンドン、二〇一九年五月。

31 ズビネク・ザック、著者たちとのインタビュー、ツーク、二〇一九年六月。

32 ‘Enex Float Lifts Veil on Glencore’s $10bn Empire’, *Sydney Morning Herald*, 1 September 2001.

33 パウル・ヴァイラー、著者たちとのインタビュー、チューリヒ、二〇一九年六月。

34 フィリップ・ブラザーズ文書、box 1, folder 11, p.39.

35 ‘Cotton Trading Costs Glencore $330 Million’, *Financial Times*, 7 February 2012, https://www.ft.com/content/16af8bfe-51b2-11e1-a30c-00144feabdc0.

36 ‘How a Last-Minute Raid Derailed Noble Group’s Story of Rebirth’, Bloomberg News, 20 December 2018, https://www.bloomberg.com/news/articles/2018-12-20/how-a-last-minute-raid-derailed-noblegroup-s-story-of-rebirth.

37 デイビッド・テンドラー、著者たちとのインタビュー、ニューヨーク、二〇一九年八月。
38 デイビッド・ジェイミソン、著者たちとのインタビュー、グラファム、二〇一九年二月。
39 'Inside Vitol: How the World's Largest Oil Trader Makes Billions', *Bloomberg Markets*, 1 June 2016.
40 'Louis Dreyfus Looks to IPO or Partial Sale', *Financial Times*, 16 October 2011, https://www.ft.com/content/f8499efe-f813-11e0-a419-00144feab49a.
41 ジェレミー・ウィアー、著者たちとのインタビュー、ジュネーブ、二〇一九年五月。
42 'Cargill to Give Up Mosaic Stake in $24.3 Billion Deal', *Wall Street Journal*, 19 January 2011.
43 Tan, Ruth S. K., and Wiwattanakantang, Yupana, 'Cargill: Keeping the Family Business Private', National University of Singapore and Richard Ivey School of Business Foundation, Case Study, 2015.
44 'Commodity Daily: Putting a price on Glencore', *Financial Times*, 20 January 2011.
45 'Cargill agrees $24 billion spin-off of Mosaic', *Financial Times*, 19 January 2011.
46 ニューヨーク・タイムズ紙、ウォールストリート・ジャーナル紙、フィナンシャル・タイムズ紙、エコノミスト誌のいずれかに掲載されたカーギル、グレンコア、ビトル、トラフィギュラの少なくとも一つに言及した記事の年間の件数（ファクティバのデータベースを利用）。
47 ズビネク・ザック、著者たちとのインタビュー、ツーク、二〇一九年六月。

第13章　権力の商人

1 'Oilflow SPV 1 DAC: Company Announcement', Cayman Islands Stock Exchange, 19 March 2018, https://www.csx.ky/companies/announcement.asp?Id=6518.
2 スペイン中央銀行が公表したリストによると、二〇二〇年半ば時点で、モールズワース通り三二番地には一九八社が登記されている。https://www.bde.es/webbde/en/estadis/fvc/fvc_ie.html)。
3 オイルフローＳＰＶ１ＤＡＣの設立、基本規約、アイルランド企業登記局、二〇一六年一〇月二五日。
4 ケイマン諸島証券取引所はオイルフローＳＰＶ１ＤＡＣの上場を二〇一七年一月一三日に認めている。https://www.csx.ky/companies/announcement.asp?Id=5850.

5 監査済み年次報告書、フランクリン・テンプルトン・シリーズ・ファンドⅡ、p.7, http://www.ftidocuments.com/content-common/annualreport/en_GB/FTSIIF-annual-report.pdf.

6 オイルフローSPV1DACの二〇一七年財務諸表は、同社が最終的にグレンコアに支配されていることを示している。

7 ジム・デイリー、著者たちとのインタビュー、ロンドン、二〇一九年八月。デイリーは一九七七年から八〇年までマーク・リッチ&カンパニーの石油担当CFOを、一九八三年から九〇年まで石油取引のトップを務めていた。

8 Arango, Tim, 'For Iraq's Long-Suffering Kurds, Independence Beckons', *New York Times*, 9 September 2017, https://www.nytimes.com/2017/09/09/world/middleeast/iraq-kurdistan-kurds-kurdishreferendum-independence.html.

9 'Pakistani broker fuels Iraqi Kurdistan oil exports', *Financial Times*, 29 October 2015, https://www.ft.com/content/02a7065a-78cd-11e5-933d-efcdc3c11c89.

10 'Manafort Working on Kurdish Referendum Opposed by US', *New York Times*, 20 September 2017, https://www.nytimes.com/2017/09/20/us/politics/manafort-kurdish-referendum.html.

11 'Under the mountains: Kurdish Oil and Regional Politics', Oxford Institute for Energy Studies, January 2016, p.12, https://www.oxfordenergy.org/wpcms/wp-content/uploads/2016/02/Kurdish-Oil-and-Regional-Politics-WPM-63.pdf.

12 ベン・ラッコック、著者たちとのインタビュー、ジュネーブ、二〇一九年五月。

13 同。

14 同。

15 クリス・ベイク、著者たちとのインタビュー、ロンドン、二〇一九年四月。

16 クルディスタン地域政府への脅しにもかかわらず、イラクの石油生産は増加している。International Energy Agency, Monthly Oil Market Report, October 2017.

17 'Iraq Turmoil Threatens Billions in Oil Traders' Kurd Deals', Bloomberg News, 18 October 2017, https://www.bloomberg.com/news/articles/2017-10-18/iraq-turmoil-threatens-billions-in-oil-traderdeals-with-kurds.

18 クルディスタン地域政府統計局の推計では、二〇一一年の地域ＧＤＰは二〇〇億ドル。http://krso.net/files/articles/240816061824.pdf.

19 オイルフローＳＰＶ１ＤＡＣ投資家向けプレゼンテーション、二〇一六年一二月一日。

20 エクスモアと取引を行った人たちによる。ドルジャンの経歴の詳細は、二〇一九年一〇月二五日アクセスのリンクトインのプロフィルに基づく。

21 Raval, Anjli, 'Kurds defy Iraq to establish own oil sales', *Financial Times*, 23 August 2015.

22 クルディスタン独立高等選挙・住民投票委員会によって事前に公表された結果、二〇一七年九月二七日。http://www.khec.krd/pdf/173082892017_english%202.pdf.

23 ペンシルベニア州公立学校職員年金基金の広報担当者からの著者たちへのメール、二〇一九年四月。

24 リッチとＮＢＣとのインタビュー、一九九二年。

25 クリス・ベイク、著者たちとのインタビュー、ロンドン、二〇一九年八月。

26 'Iraq's Kurdistan oil minister "pleads" for international support', *Financial Times*, 19 October 2017, https://www.ft.com/content/586dbee9-8899-39e1-9e9e-82bc8e2d4bff.

27 'Iraq's Kurdistan negotiates new terms, raises oil pre-payments to $3 billion', Reuters, 28 February 2017, https://www.reuters.com/article/us-iraq-kurdistan-oil-idUSKBN1671F5.

28 'In conversation with Ian Taylor, Chairman and Group CEO, Vitol', Chatham House, 5 October 2017, https://www.chathamhouse.org/file/conversation-ian-taylor-chairman-and-group-ceo-vitol.

29 オイルフローＳＰＶ１ＤＡＣ投資家向けプレゼンテーション。

30 マーク・リッチとのインタビュー、'The Lifestyle of Rich, the Infamous', *Fortune*, 1986, https://fortune.com/2013/06/30/the-lifestyleof-rich-the-infamous-fortune-1986/.

31 イアン・テイラー、著者たちとのインタビュー、ロンドン、二〇一九年二月。

32 透明性国際指標。チャドは一八〇カ国中一六五位。https://www.transparency.org/cpi2018.

33 フランス政府のチャドの専門家は、デビの「Chivaz Regal〔ママ〕への慢性的な耽溺」に関して、ある会話で説明している。ウィキリークスによって公開された米国外電、二〇〇五年一一月一六日。https://wikileaks.org/plusd/

cables/05PARIS7792_a.html.

34 ウィキリークスによって公開された米国外電、二〇〇五年一二月一三日。https://wikileaks.org/plusd/cables/05NDJAMENA1761_a.html.

35 二〇一八年の世界銀行のデータ。平均寿命が下がったのは中央アフリカ共和国とレソトだけだった。https://data.worldbank.org/indicator/sp.dyn.le00.in?most_recent_value_desc=false.

36 世界銀行データ。https://data.worldbank.org/indicator/SI.POV.NAHC?locations=TD.

37 'Tchad Rapport EITI 2016', Extractive Industries Transparency Initiative, August 2018, p.52, https://eiti.org/sites/default/files/documents/rapport_itie_tchad_2016.pdf.

38 同。

39 同。

40 'Glencore arranges $1 billion oil loan for Chad', *Financial Times*, 16 June 2014, https://www.ft.com/content/1061fc0a-f539-11e3-91a8-00144feabdc0. 貸付金利はＥＩＴＩで明らかにされている。前掲、August 2018, p.175.

41 'Bank Accounts Pledge Agreement between Glencore Energy UK and Natixis and The Original Beneficiaries', Glencore Energy UK Ltd, 9 August 2018, Schedule 1, 'Original Beneficiaries', pp.12-13, via UK Companies House, received for electronic filing on 16 August 2018.

42 グレンコアの債務は二〇一五年一二月に総額一四億八八〇〇万ドルで統合、繰り延べされた。以下を参照。'First Review Under the Extended Credit Facility', International Monetary Fund, April 2018, box 1, p.11, https://www.imf.org/~/media/Files/Publications/CR/2018/cr18108.ashx. 国際通貨基金によれば、チャドの二〇一六年のＧＤＰは一〇一億ドルだった。

43 'First Review Under the Extended Credit Facility', International Monetary Fund, April 2018, p.4.

44 'Idriss Déby: "Je ne suis pas un aventurier, un guerrier, je suis un homme seul"', *Le Monde*, 25 June 2017.

45 'Tchad Rapport EITI 2016', Extractive Industries Transparency Initiative, August 2018, p.54.

46 'Second Review Under the Program Under the Extended Credit Facility', International Monetary Fund, Chad,

August 2018, p.6, https://www.imf.org/~/media/Files/Publications/CR/2018/cr18260.ashx.

47 前掲、*Le Monde*, 25 June 2017.

48 ビトルの前払いには、テンギス油田からの将来の供給と引き換えの総額四〇億ドル、カシュガン油田からの将来の供給と引き換えの二二億ドルが含まれていた。KMG investor presentation, October 2019 (http://ir.kmg.kz/storage/files/ad9d29e757f04f5e/NDR_ppt_01112019.pdf).

49 KMGの決算によると、ビトルとの前払い取引を別にすれば、その最大の借入先は一一億三〇〇〇万ドルの融資を受けた中国輸出入銀行である。IMFによると、二〇一七年末でのカザフスタンの対外政府・国営企業債務の総額はGDPの二五・五％、約四〇〇億ドルで、ビトルの期限前返済額はその一〇分の一をゆうに超えた額にあたる。

50 ビトルによれば、この取引は他の大手トレーダーも参加したオープンで競争的な入札の上で成就したものだという。著者たちへの電子メール、二〇二〇年二月。

51 THカズムナイガス・ホールディングSA、二〇〇五年連結財務諸表、p.5. KMG EPのIPO目論見書は、ビトルの役割をさらに立証するものだ。これによると、輸出石油のおよそ半分がウクライナのオデッサの港でKMGトレードハウスという貿易子会社に売却され、「KMGトレードハウスAGからビトル〔ママ〕に再販」されていることがわかる。

52 ビトル・セントラル・アジアSAのスイス企業登記事項。https://www.monetas.ch/en/647/Company-data.htm?subj=1769122.

53 ビトルの二〇〇五年連結財務諸表。本書を執筆している時点で、ビトルの持ち株比率は四二・五％、ティクの持ち株比率は五〇％弱まで減らされていた。

54 ノストラム・オイル＆ガス目論見書、二〇一四年五月二〇日。https://www.sec.gov/Archives/edgar/data/1608672/000119312514207809/d728917dex991.htm によれば、クリバエフとティクには多くの「共有されたビジネス上の利益」があったという。

55 ハウェル・フィリップ、ATキャピタル、著者たちへの電子メール、二〇二〇年二月。

56 イングマ・ホールディングBVの年次財務諸表、この期間の株主への支払総額は一一億二〇〇〇万ドルだった。

57 トルビョルン・トルンクビスト、著者たちとのインタビュー、ジュネーブ、二〇一九年五月。

58 'Commodities: Tougher Times for Trading Titans', *Financial Times*, 2013, https://www.ft.com/content/250af818-a1c1-11e2-8971-00144feabdc0.

59 'Announcement Of Additional Treasury Sanctions on Russian Government Officials And Entities', US Treasury press release, 28 April 2014, https://www.treasury.gov/press-center/press-releases/Pages/jl2369.aspx.

60 'Trafigura Becomes Major Exporter Of Russian Oil', *Financial Times*, 27 May 2015.

61 'Russian State Bank Secretly Financed Rosneft Sale After Foreign Buyers Balked', Reuters, 9 November 2018, https://www.reuters.com/article/us-rosneft-privatisation-exclusive/exclusive-russian-statebank-secretly-financed-rosneft-sale-after-foreign-buyers-balkedidUSKCN1NE132.

62 この会見の映像は以下で閲覧できる。http://en.kremlin.ru/catalog/persons/61/events/53774/videos.

63 ロシア大統領令、二〇一七年四月一〇日付。http://publication.pravo.gov.ru/Document/View/0001201704100002?index=1&rangeSize=1.

64 'US warns Kurdistan over independence referendum', *Financial Times*, 21 September 2017, https://www.ft.com/content/69b5b776-9e58-11e7-8cd4-932067fbf946.

終　章　不都合な秘密はいくらでも

1 'BNP Said to Reduce Commodity-Trading Finance to Trafigura', Bloomberg News, 8 September 2014, https://www.bloomberg.com/news/articles/2014-09-07/bnp-paribas-said-to-curb-commoditytrade-finance-to-trafigura.

2 'BNP Paribas Agrees to Plead Guilty and to Pay $8.9 Billion for Illegally Processing Financial Transactions for Countries Subject to US Economic Sanctions', US Department of Justice press release, 30 June 2014, https://www.justice.gov/opa/pr/bnp-paribas-agrees-pleadguilty-and-pay-89-billion-illegally-processing-financial.

3 事実陳述書、米国ニューヨーク州南部地区連邦地方裁判所対ＢＮＰパリバ、二〇一四年六月三〇日。https://www.justice.gov/sites/default/files/opa/legacy/2014/06/30/statement-of-facts.pdf.

4 この事情を直接知るトラフィギュラの元上級幹部二名が、匿名を条件に、このオランダ企業がトラフィギュラであることを裏づけた。トラフィギュラはほぼジュネーブの本社から事業を行っているが、当時は公式にオランダで法人格を取得していた。そしてのちに法人格をシンガポールへ移した。

5 エリック・ド・テュルケーム、著者たちとのインタビュー、ジュネーブ、二〇一九年三月。

6 匿名希望のトラフィギュラの元幹部による。

7 ＢＮＰパリバの従業員からの電子メールの引用は以下にある。Statement of Facts, US District Court Southern District of New York, United States of America v. BNP Paribas, 30 June 2014, p.25, https://www.justice.gov/sites/default/files/opa/legacy/2014/06/30/statement-offacts.pdf.

8 'Attorney General Holder Delivers Remarks at Press Conference Announcing Significant Law Enforcement Action', US Department of Justice statement, Washington, 30 June 2014, https://www.justice.gov/opa/speech/attorney-general-holder-delivers-remarks-pressconference-announcing-significant-law.

9 'What Are Economic Sanctions?', Council on Foreign Relations, 12 August 2019, https://www.cfr.org/backgrounder/what-areeconomic-sanctions.

10 'Vitol trades Iranian fuel oil, skirting sanctions', Reuters, 26 September 2012, https://www.reuters.com/article/us-iran-oil-sanctionsvitol-idUSBRE88P06C20120926.

11 'Unlawful Corporate Payments Act of 1977', US House of Representatives, 28 September 1977, https://www.justice.gov/sites/default/files/criminal-fraud/legacy/2010/04/11/houseprt-95-640.pdf.

12 'Report of the Securities Exchange Commission on Questionable and llegal Corporate Payments and Practices', US Securities and Exchange Commission, May 1976, p.B-4, https://www.sec.gov/spotlight/fcpa/sec-report-questionable-illegal-corporate-paymentspractices-1976.pdf.

13 同、p.44.

14 'Fines and bribes paid to private individuals should not be tax deductible', Confédération Suisse, Federal Council press release, 18 December 2015, https://www.admin.ch/gov/en/start/dokumentation/medienmitteilungen.msg-id-60078.html.

15 スイスに関するフェーズ４報告、国際ビジネス取引における贈収賄に関するＯＥＣＤワーキンググループ、二〇一八年。http://www.oecd.org/corruption/anti-bribery/Switzerland-Phase-4-Report-ENG.pdf.

16 ‘Switzerland—2019 Article IV Consultation’, International Monetary Fund, p.22, https://www.imf.org/~/media/Files/Publications/CR/2019/1CHEEA2019001.ashx.

17 ‘Jamaica: a Trafigura Scandal Primer’, US State Department, 12 October 2006, in Public Library of US Diplomacy, 06KINGSTON2021_a, WikiLeaks, https://search.wikileaks.org/plusd/cables/06KINGSTON2021_a.html.

18 ‘ADM Subsidiary Pleads Guilty to Conspiracy to Violate the Foreign Corrupt Practices Act’, US Department of Justice, 20 December 2013, https://www.justice.gov/opa/pr/adm-subsidiary-pleadsguilty-conspiracy-violate-foreign-corrupt-practices-act.

19 パウル・ヴァイラー、著者たちとのインタビュー、チューリヒ、二〇一九年六月。

20 ‘Remarks of Secretary Lew on the Evolution of Sanctions and Lessons for the Future at the Carnegie Endowment for International Peace’, US Department of the Treasury, 30 March 2016, https://www.treasury.gov/press-center/press-releases/pages/jl0398.aspx.

21 同。

22 ‘HSBC Holdings Plc and HSBC Bank USA NA Admit to Anti-Money Laundering and Sanctions Violations’, US Department of Justice, 11 Dec 2012, https://www.justice.gov/opa/pr/hsbc-holdings-plcand-hsbc-bank-usa-na-admit-anti-money-laundering-and-sanctionsviolations.

23 ‘Credit Suisse Pleads Guilty to Conspiracy to Aid and Assist US Taxpayers in Filing False Returns’, US Department of Justice, 19 May 2014, https://www.justice.gov/opa/pr/credit-suisse-pleads-guiltyconspiracy-aid-and-assist-us-taxpayers-filing-false-returns.

24 ‘Treasury Designates Russian Oligarchs, Officials and Entities in Response to Worldwide Malign Activity’, US Treasury, 6 April 2018, https://home.treasury.gov/news/press-releases/sm0338.

25 ‘United States Sanctions Human Rights Abusers and Corrupt Actors Across the Globe’, US Treasury, 21 December 2017, https://home.treasury.gov/news/press-releases/sm0243.

26 ‘Treasury Targets Russian Oil Brokerage Firm for Supporting Illegitimate Maduro Regime’, US Treasury, 18

February 2020, https://home.treasury.gov/news/press-releases/sm909.

27 米国財務省プレスリリース、二〇一四年三月二〇日。https://www.treasury.gov/press-center/press-releases/pages/jl23331.aspx.

28 トルビョルン・トルンクビスト、著者たちとのインタビュー、ジュネーブ、二〇一九年五月。

29 'Trafigura, Glencore and Vitol Probed in Brazil Graft Scandal', Bloomberg News, 5 December 2018, https://www.bloomberg.com/news/articles/2018-12-05/trafigura-glencore-and-vitol-ensnaredin-brazil-bribery-scandal.

30 'Ex-Petrobras Trader "Phil Collins" Says Vitol Bribed Him', Bloomberg News, 23 November 2019, https://www.bloomberg.com/news/articles/2019-11-23/ex-petrobras-trader-phil-collins-tells-judgevitol-bribed-him.

31 'Trader Gunvor Pays $95 Million to Swiss in Corruption Probe', Bloomberg News, 17 October 2019, https://www.bloomberg.com/news/articles/2019-10-17/gunvor-strikes-95-million-deal-withswiss-to-end-congo-probe.

32 グレンコア二〇一八年年次報告書、p.126.

33 'SFO Confirms Investigation Into Suspected Bribery at Glencore Group of Companies', Serious Fraud Office, 5 December 2019, https://www.sfo.gov.uk/2019/12/05/sfo-confirms-investigationinto-suspected-bribery-at-glencore-group-of-companies/.

34 'Investigation by the Office of the Attorney General in Switzerland', Glencore press release, 19 June 2020, https://www.glencore.com/media-and-insights/news/investigation-by-theoffice-of-the-attorney-general-of-switzerland.

35 'Glencore Drops as US Orders Documents in Corruption Probe', Bloomberg News, 3 July 2018.

36 'Glasenberg's Legacy Threatened By Long List of Corruption Probes', Bloomberg News, 5 December 2019, https://www.bloomberg.com/news/articles/2019-12-05/glasenberg-s-legacy-threatenedby-long-list-of-corruption-probes.

37 'Back to the Marc Rich Days as US Probes Commodity Traders', Bloomberg News, 25 March 2019, https://www.bloomberg.com/news/articles/2019-03-25/back-to-the-marc-rich-days-as-u-sprobes-commodity-traders.

38 デイビッド・テンドラー、著者たちとのインタビュー、ニューヨーク、二〇一九年八月。

39 イアン・テイラー、デイビッド・フランセン、著者たちとのインタビュー、ロンドン、二〇一九年二月。

40 Bloomberg, Michael, *Bloomberg by Bloomberg* (John Wiley & Sons, 2001), http://movies2.nytimes.com/books/first/b/bloombergbloomberg.html.

41 'Ian Taylor: the oilman, his cancer, and the millions he's giving the NHS', *The Times*, 8 June 2019, https://www.thetimes.co.uk/article/ian-taylor-the-oilman-his-cancer-and-the-millionshes-giving-the-nhs-wnwbtpq2h.

42 'State Commodity Traders Grow to Take On Glencore, Cargill', Bloomberg News, 1 June 2015, https://www.bloomberg.com/news/articles/2015-05-31/state-commodity-traders-grow-to-takeon-glencore-cargill.

43 'Trader who tapped Tehran to power China', *Financial Times*, 27 June 2014, https://www.ft.com/content/4ed3edd6-fc69-11e3-86dc-00144feab7de, and 'Iranian Oil, arms, sanctions … and China's 'Crazy Yang'', Reuters, 16 January 2012, http://news.trust.org//item/20120116002600-enu80/.

44 二〇一二年の制裁については、以下を参照。'Three Companies Sanctioned Under the Amended Iran Sanctions Act', US State Department, 12 January 2012, https://2009-2017.state.gov/r/pa/prs/ps/2012/01/180552.htm. 米国務省は当時、珠海振戎を「イランに対する石油精製品の最大の供給者」と呼んでいた。二〇一九年の制裁措置については、以下を参照。'The United States to Impose Sanctions On Chinese Firm Zhuhai Zhenrong Company Limited for Purchasing Oil From Iran', US State Department, 22 July 2019, https://www.state.gov/the-united-states-to-impose-sanctions-on-chinese-firm-zhuhaizhenrong-company-limited-for-purchasing-oil-from-iran/.

45 イアン・テイラー、著者たちとのインタビュー、二〇一九年二月。

46 グレンコアの二〇二〇年の取引に関する記述は、匿名希望のある上級幹部とのインタビュー、同社の声明、および一般公開されている船舶の動きに関する情報に基づく。

47 'Texas Regulators Weigh Historic Oil Cuts as Coronavirus Pandemic Saps Demand', *Wall Street Journal*, 14 April 2020, https://www.wsj.com/articles/texas-regulators-weigh-historic-oil-cuts-aftercoronavirus-11586886293.

48 グレンコアの最高財務責任者スティーブ・カルミンは、二〇二〇年八月に記者たちに対し、同社の繰り延べ取引における株主資本利益率は「場合によっては」一〇〇%にもなると語った。

49 複数の有力石油トレーダーの試算による。たとえばマーキュリアのマルコ・デュナンは、在庫積み増しを一二・

五億バレルと推定している。'Trader Mercuria Says Oil Has Bottomed With More Shutins Coming,' Bloomberg News, 29 April 2020.

50 ホワイトハウス、コロナウイルス・タスクフォース、プレスブリーフィング、二〇二〇年三月三一日。https://www.youtube.com/watch?v=c2TRmlsmMNU.

51 グレンコア、二〇二〇年中間決算、二〇二〇年八月六日。https://www.glencore.com/dam/jcr:50ad1802-2213-43d8-8008-5fe84e3c65ed/GLEN-2020-Half-Year-Report.pdf.

52 トラフィギュラ、二〇二〇年中間報告（https://www.trafigura.com/media/2648/trafigura_interim_report_2020.pdf）、および'Mercuria scores record profit amid oil market chaos,' *Financial Times*, 13 July 2020（https://www.ft.com/content/72300405-20bc-4dde-b145-9ff28f9da69d）.

53 ムリエル・シュワブ、著者たちとのインタビュー、ジュネーブ、二〇一九年八月。

54 ムリエル・シュワブ、著者たちとの一連のインタビュー、ジュネーブ、二〇一九年八月。電話でのインタビュー、二〇二〇年二月。

55 デイビッド・マクレナン、著者たちとのインタビュー、ミネアポリス、二〇一九年八月。

56 アイバン・グラゼンバーグ、著者たちとのインタビュー、バール、二〇一九年八月。

57 トルビョルン・トルンクビスト、著者たちとのインタビュー、ジュネーブ、二〇一九年八月。

58 イアン・テイラー、著者たちとのインタビュー、ロンドン、二〇一九年二月。

【著者】

ハビアー・ブラス（Javier Blas）

ブルームバーグ、オピニオン・コラムニスト
前フィナンシャル・タイムズ紙コモディティーズ・エディター

ジャック・ファーキー（Jack Farchy）

ブルームバーグ・ニュース、エネルギー・コモディティー担当シニア記者
前フィナンシャル・タイムズ紙コモディティー担当記者

【訳者】

松本剛史（まつもと・つよし）

1959年和歌山市生まれ。東京大学文学部社会学科卒。メンジーズ『1421——中国が新大陸を発見した年』、フォード『ＡＩはすべてを変える』『ロボットの脅威』、フリーマントル『英雄』、ティンティ『父を撃った12の銃弾』、クーンツ『ミステリアム』など、訳書多数。

THE WORLD FOR SALE (ザ・ワールド・フォー・セール)
世界を動かすコモディティー・ビジネスの興亡

2022年10月20日　1版1刷

著　者　ハビアー・ブラス
　　　　ジャック・ファーキー
訳　者　松本剛史
発行者　國分正哉
発　行　株式会社日経BP
　　　　日本経済新聞出版
発　売　株式会社日経BPマーケティング
　　　　〒105-8308　東京都港区虎ノ門4-3-12
装　幀　新井大輔
本文DTP　キャップス（CAPS）
印刷・製本　シナノ印刷株式会社

Printed in Japan　ISBN978-4-296-11547-1